天津社会科学院法学文库

国际犯罪学
前沿问题综述
（2017—2018）

赵希　龚红卫　刘志松　编著

中国政法大学出版社

2020·北京

图书在版编目(CIP)数据

国际犯罪学前沿问题综述:2017—2018/赵希,龚红卫,刘志松编著. —北京:中国政法大学
出版社,2020.11
　ISBN 978-7-5620-9684-9

　Ⅰ.①国…　Ⅱ.①赵…　②龚…　③刘…　Ⅲ.①犯罪学—世界—文集　Ⅳ.①D917-53

中国版本图书馆CIP数据核字(2020)第204808号

出 版 者	中国政法大学出版社
地　　 址	北京市海淀区西土城路 25 号
邮寄地址	北京 100088 信箱 8034 分箱　邮编 100088
网　　 址	http://www.cuplpress.com (网络实名:中国政法大学出版社)
电　　 话	010-58908441(编辑室) 58908334(邮购部)
承　　 印	北京九州迅驰传媒文化有限公司
开　　 本	720mm×960mm　1/16
印　　 张	21.25
字　　 数	350 千字
版　　 次	2020 年 11 月第 1 版
印　　 次	2020 年 11 月第 1 次印刷
定　　 价	85.00 元

编 委 会

序

吴宗宪[*]

"作为一门学科和研究领域的犯罪学，是在西方国家诞生的"，[1]学习西方犯罪学理论、从西方犯罪学研究中汲取学术营养，在相当长的时期内应当是我国犯罪学发展的重要途径。尽管在 20 世纪前期，我国学者已经做了一些犯罪学译介和研究工作，20 世纪后半期在我国重建犯罪学后也进行了较多研究，但是总体而言，我国犯罪学的研究水平与国外特别是西方国家之间尚存在差距，尤其是在基础理论和研究方法方面，我国犯罪学研究者需要向国外同行学习的地方还很多。构建具有中国本土特色的犯罪学理论体系，固然需要我们大力研究我国的犯罪问题，也需要学习和借鉴国外的研究成果。同时，我们的犯罪学研究应当在已有研究（包括外国学者的研究）的基础上进行，只有在前人工作的基础上接着进行研究，才有可能在汲取人类犯罪学研究精华的基础上，推进我国的犯罪学研究；应当避免在不甚了解已有研究的情况下进行重复性研究，更不应该进行"低水平的重复"，[2]以免造成巨大浪费。出于这种考虑，从 20 世纪 80 年代开始，笔者花很大精力做了一些译介西方犯罪学理论学说的工作。我相信，笔者和学界同仁在这方面的共同努力，对

---

[*] 北京师范大学刑事法律科学研究院二级教授、博士生导师，犯罪与矫正研究所所长，兼任中国犯罪学学会副会长、中国预防青少年犯罪研究会副会长。

〔1〕 吴宗宪：《西方犯罪学史》（第 2 版第 1 卷），中国人民公安大学出版社 2010 年版，第 17 页。

〔2〕 吴宗宪：《西方犯罪学史》（第 2 版第 4 卷），中国人民公安大学出版社 2010 年版，"第 1 版后记"第 2 页。

于开阔我国犯罪学研究者的学术研究视野、提升研究质量，是有益的。

在上述基础上接着开展相关的研究工作，是很有必要的。笔者过去的译介内容主要是以往的西方犯罪学理论和研究，对于当代（特别是当下）西方犯罪学理论和研究的关注有限，也缺乏对当下的国际犯罪学成果的系统整理和比较研究。然而，这方面的工作对于拓展我国犯罪学研究者的学术视野，对于了解国外犯罪学研究的最新进展，促进与国外犯罪学研究者的学术交流甚至合作研究，具有十分重要的意义。如果我国的犯罪学研究者对国际犯罪学前沿热点关注不够，在研究中仅仅"自说自话"，不仅影响我国犯罪学研究者与国际同行的交流，也会制约我国犯罪学研究水平的提升，因为我们不能利用全人类在犯罪学研究中获得的经验和积累的智慧以促进我们自己的研究。让我十分欣喜的是，天津社会科学院法学研究所的同仁们看到了这方面存在的突出问题和这方面工作的重要价值，组织编写了《国际犯罪学前沿问题综述（2017—2018）》一书，这是一本具有填补空白性质的犯罪学书籍，必将给大家了解外国和我国的犯罪学前沿研究成果提供极大的便利。这是一项具有明显特色的学术成果，特别是其中对于外国犯罪学研究成果的述评，无论是对于无条件阅读外语文献的研究者，还是对于有条件利用外语文献的研究者，都有很好的参考价值。

本书的内容体现了编写者的独特考虑。本书旨在对国际犯罪学研究的最新成果做出较为全面的综述和恰当的评论，在编写中特别强调了"国际"和"前沿"两方面的特点。本书的编写融合了国际视野和本土反思，对于国外研究成果的综述侧重于美国、欧洲等犯罪学较为发达的国家和地区，对其研究主题、研究方法、新的研究领域都有所介绍。例如，对新型犯罪中的恐怖主义犯罪的特点、成因、预防等问题进行了有针对性的讨论。同时，本书也关注了我国犯罪学 2017 年至 2018 年的主要论文成果，包括的内容较为全面，以国际化视角对同一年度内犯罪学研究所取得的主要成果进行了较为系统的梳理和总结。

本书的编者们较好地进行了文献综述工作。文献综述是一项重要的基础性学术工作。合格的文献综述起码应当包括三方面的内容：第一，准确反映当前的主要研究成果；第二，公允评价研究成果中取得的进展和包含的新意；

第三，恰当指出目前研究的不足和未来努力的方向。本书的编写者们在这三个方面都做了很好的工作，既有对研究成果的筛选介绍，也有对研究特点的总结归纳。例如，总结了美国近期犯罪学研究的特点，认为其主要体现为三个方面：一是对经典理论的传承与发展，二是对本土问题的务实关注，三是对研究视域的开放包容。又如，将欧洲犯罪学近期研究的特点总结为理论整合、语境分层、方法多元。同时，对国际新局势的发展、新问题的出现给欧洲犯罪学研究带来的挑战等进行了综合性分析。再如，从犯罪治理模式的宏观变迁、犯罪学研究关注点的前沿性、犯罪学研究方法的多元性三个方面概括了国外犯罪学研究的新进展。

值得一提的是，本书还提出了若干具有创新性的观点。例如，认为犯罪学研究不应自我设限，学科发展定位的刑法设限及自我设限是犯罪学发展"迷失"的一个重要原因；犯罪学的地位之所以被贬低，一定程度上由犯罪学自身以及犯罪学研究中的特点所决定的。在国外，关于犯罪学的学科属性也是存有争议的，如美国一般将犯罪学作为社会学的分支学科，而欧洲国家则倾向于将犯罪学视为刑事法学中的一门学科。不过，在美国和欧洲，犯罪学研究者都致力于对犯罪以及公共安全的相关决策的正当性和合理性进行分析和检验，努力推动刑事政策乃至公共政策的理性化、科学化。与此同时，犯罪学研究者对于新的社会安全问题的敏锐洞察和审慎验证，将犯罪问题的态势和风险防控的需求传输到社会控制体系当中，为不断修补社会安全防御体系中的漏洞提供第一手资料。因此，西方犯罪学的研究更为务实、严谨和科学，西方犯罪学研究方法的多元化也促进了这些方面的发展。较为可贵的是，本书在对我国犯罪学研究进行综述时，体现了一种客观且理性的精神，既肯定了我国犯罪学所取得的成绩，也认识到了其中存在的不足，还呈现出乐观积极的态度。在分析了我国犯罪学学科尚未取得应有的地位、受到应有的尊重、发挥应有的作用的影响因素之后，也提出了借鉴刑法学的发展历程的经验，提出了努力建构犯罪学自己的体系的解决之道。这些观点值得重视。

本书在框架结构的设计上也有独到之处。编写者们大体上按照犯罪发生和刑事司法工作进行的基本过程，将收集到的代表性论文资料的内容划分到犯罪（crime）的发生、犯罪被发现——警方（police）介入、犯罪被处理——司法（justice）介入、犯罪被矫治——监狱或社区矫正（corrections）框架中，分类呈现出来，使读者能够以清晰的脉络，了解最新的研究成果。这种编排和结构，具有较大的合理性，值得肯定。

本书是天津社会科学院法学研究所（天津社会科学院犯罪学研究中心）一批青年科研人员合作完成的集体成果。本书的编写者主要是一群毕业于北京大学、清华大学、南开大学、中国政法大学、北京师范大学等刑法学、犯罪学研究高地的法学博士们，他们在学习期间大多接受过犯罪学界知名学者的培养和训练，知识结构完整，研究基础较好，是当今我国年青一代犯罪学研究者中的佼佼者。而且，天津社会科学院法学研究所（天津社会科学院犯罪学研究中心）有过辉煌的犯罪学研究历史，它从20世纪90年代开始，连续20余年开展犯罪学实证调查与分析，为我国犯罪学研究提供了丰富的调查数据与资料，是我国实证犯罪学研究的重镇。如今，这群优秀的青年犯罪学研究者齐聚一堂，他们对犯罪学研究有热情、有担当，坚持在"犯罪人实证调查""国际犯罪学前沿""中国犯罪学说史"等基础研究领域踏实耕耘，这种坚实笃定的精神难能可贵。他们计划将国际犯罪学前沿综述这个专题持续地进行下去，持续地为国内犯罪学界和实务部门提供有益的参考和借鉴，这是一件极有价值且需要毅力、耐心和奉献精神的学术工作，我对他们的工作十分赞赏并且充满期待，希望他们把这方面的研究工作打造成一个响亮的品牌，经过长时间的不懈努力，让更多的人知道他们的工作成果，从他们的工作成果中受益，更好地促进中外犯罪学的交流。

当然，我也希望他们总结经验，不断改进，逐步提高这项工作的质量。例如，在以后的工作中，可否增加主题索引、人名索引，以便增强书籍的工具性和可检索性，因为正文前的目录过于简单，仅仅通过目录难以快捷地查找到所需要的内容。又如，可否在正文后增加信息完整（包括所有作者等信息）的文献索引，按照一定规律排列外文和中文文献，正文中只提及文献的简略信息（仅提及第一作者等信息），既满足需要，又节省篇幅。再次，可否进一步优化期刊范围，起码在正文期刊中可否考虑用《青少年犯罪问题》《犯罪研究》《预防青少年犯罪研究》《公安学研究》等替代一些刊发犯罪学文章不多的期刊。

　　我祝贺天津社会科学院法学研究所的这本著作顺利出版，希望这支年轻的团队在犯罪学研究中做出更大的成绩，也希望更多有志于犯罪学研究的人员认真阅读这本书，从中获得知识、受到启发，为从事更高水平的犯罪学研究奠定基础。

吴宗宪 于北京师范大学

2020 年 8 月 20 日

目 录

犯罪学研究不应自我设限

一、"迷失"的犯罪学研究

犯罪学起源于欧洲，并在之后传入美国以及世界其他国家，作为一个专门研究领域，犯罪学在西方始终吸引着大批研究者。德国马克斯-普朗克外国刑法与国际刑法研究所首任所长汉斯-海因里希·耶赛克提出，犯罪学主要包括五大研究领域：第一个研究领域是可罚行为的外在表现形式，主要是对犯罪和越轨行为的各种复杂的现象研究，这是对犯罪及其惩治进行研究的认识论前提。第二个研究领域是犯罪原因论，旨在探讨犯罪行为为什么会发生，包括对犯罪人本人、犯罪人与犯罪环境、犯罪人与被害人之间的关系进行研究。第三个研究领域是对犯罪黑数的研究，所要解决的问题是除了相关犯罪统计所记录的案件之外，人们的生活中还发生了哪些犯罪，以及怎样评估犯罪在民众中造成的实际影响或想象的威胁。第四个研究领域涉及刑事制裁手段对当事人及其家人产生的影响。第五个研究领域被称为对机构的研究或对部门的研究，即研究公安、检察院、法院、刑罚执行机构、缓刑监督机构的运行以及这些机构与公民/犯罪人之间的关系。[1]

虽然国外对于犯罪学的学科属性存在争议，如美国一般将犯罪学作为社会学的分支学科，而欧洲国家则倾向于将犯罪学视为刑事法学中的一门学科，但在美国和欧洲，犯罪学都致力于对犯罪以及公共安全的相关政治决策的正当性和合理性进行验证，推动刑事政策乃至公共政策的理性化、科学化。与此同时，犯罪学对于新的社会安全问题的敏锐洞察和审慎验证，将风险防控的需求传输进社会控制体系当中，为不断修补社会安全防御体系中的漏洞提供第一手资料。

---

[1]　参见［德］汉斯-海因里希·耶赛克："一个屋檐下的刑法学和犯罪学"，周遵友译，载《刑法论丛》2010 年第 2 期。

西方犯罪学发展仍存在各种各样的问题，同样，我国的犯罪学发展也存在一些问题。最主要的是，就犯罪学的学科属性问题学者们长期以来争论不休。我国的犯罪学家王牧教授曾言："没有任何两个学科像犯罪学与刑法学这样特殊，它们在名义上都以'犯罪'为研究对象。这种特有的现象造成两个学科的科际界限从犯罪学产生至今就一直模糊不清"。[1] 这样一个最基本问题上的纠结，反映出我国犯罪学学科地位的尴尬。事实上，在整个刑事法律科学内部，近些年一直呈现出刑法学研究强势、犯罪学研究较为弱势的状况和趋势。无论从犯罪学刊物的评估等级、犯罪学成果数量，还是从犯罪学家的整体数量和影响力来看，相比于刑法学的主流和优势学科定位，我国的犯罪学发展是相对滞后的，甚至可以说在某种程度上是"迷失的"。

之所以"迷失"，主要是因为犯罪学长期以来被刑法学研究"定义""限制""束缚"。一些对犯罪学明褒实贬的评论，如"犯罪学是刑法学发展的助推器""犯罪学是刑法学的辅助学科"，无不用刑法学的眼光、视野和目的来看待犯罪学，犯罪学成了一种"工具"或"手段"，这就意味着犯罪学丧失作为"目的"的主体性地位。服务于刑法，的确是犯罪学研究在客观上能够达到也应该事先达到的目标之一，但这也仅是犯罪学精深广博的学术视野中的一个组成部分——尽管是很重要的一个组成部分。犯罪学不仅研究刑法关心的犯罪问题，还关注越轨问题，乃至关心影响社会安全的刑法不予关注的各种要素；犯罪学不仅关注刑事诉讼参与各方如被告人、被害人、公检法等机关在犯罪、犯罪惩罚当中的行为和角色，还关注这些角色在诉讼程序以外的行为方式、观点态度，以及这些角色以外的其他影响社会安全体系的角色；犯罪学不仅考虑犯罪现象本身，还致力于研究犯罪现象的产生、犯罪环境的分析、犯罪后果的影响。可见，如果将犯罪学仅仅定位为刑法学发展的辅助、服务角色，尤其是在犯罪学家也认同这一自我定位的情况下，那么无疑会极大地遏制犯罪学的成长、贬低犯罪学的应有价值。

学科发展定位的刑法设限即自我设限，是犯罪学发展"迷失"的一个重要原因，但是之所以犯罪学的定位被贬低，一定程度上是由犯罪学自身以及犯罪学研究中的特点所决定的。

---

〔1〕 王牧："犯罪学与刑法学的科际界限"，载《中国法学》2004 年第 1 期。

二、犯罪学研究的特殊性

首先，刑法学作为规范科学，主要的关注点是判断相关行为是否属于值得刑法加以干预的行为、是否是具有"构成要件符合性"的行为。而犯罪学的研究视野较为宏大，并不限于犯罪与犯罪人，也关注越轨行为，甚至会关注与犯罪、越轨无关的日常生活行为。如欧洲犯罪学研究对于保安、街头牧师等角色的关注，保安、街头牧师看似是与犯罪和越轨行为没有直接关联的社会角色，但是在现代都市社会夜生活繁荣的背景下，夜店保安的在场、无私的街头牧师在深夜帮助醉酒人的行为对于夜生活中可能出现的暴力犯罪具有一定的遏制作用。再如，一般认为，从事一份正当的工作、拥有婚姻家庭对于遏制犯罪有积极影响，生命历程犯罪学理论认为工作和婚姻会降低一个人犯罪的概率。但是今天的年轻人正在经历一个被发展心理学家称为"初显期成人"（emerging adult）的时期，在这个20多岁的阶段，青年们虽然已经步入成年，但不必像之前他们的父辈那样过早地组织家庭承担起家庭责任，对待工作的态度也显得更加散漫，带有更多游戏和实验性质。对于初显期成人来说，工作和婚姻对于降低其犯罪概率的作用很可能发生了重大改变。由此可见，犯罪学研究虽然起始于对犯罪、犯罪人、越轨行为（犯罪边缘行为）的关注，但由此引发的衍生性思考往往会超出犯罪和越轨的范畴，进入更为广阔的社会视野。

其次，犯罪学研究在本质上是偏重问题导向的，而非体系逻辑导向。当今德国刑法学最引以为傲的三阶层犯罪论体系，即"构成要件符合性—违法性—有责性"形成一个完整的体系思维，其中构成要件符合性的判断又以德国刑法学者克劳斯·罗克辛教授倡导的客观归责理论为焦点，客观归责理论也分为：制造不被允许的风险、实现不被允许的风险、结果在构成要件的效力范围之内这几个判断层级。尽管德国刑法学界已经认识到问题思维的重要性，但是刑法学之繁荣发展始终立足于体系性思维这个重要前提之上。相比而言，犯罪学并没有这样一个明确的"体系"——无论是阶层体系还是平面体系。犯罪学研究所面临的往往是一个个具体的犯罪问题：犯罪率为什么会产生升降变化？某种犯罪为什么在某个群体中多发？某个地点为什么会成为犯罪"热点"？如何预防青少年犯罪？犯罪学思考的"点对点"的方式意味着体系性思考的尝试无法行得通。这也是犯罪学研究的结果或是产出相关的对策建议，或上升为某个社会学、政治学的宏观理论，却无法提炼成为一个完整的体系性思考的内因。

最后，犯罪学的宏大视野和问题思维导向注定了解决问题的方法必须是多元的。刑法学思考中的核心思维方式是三段论（大前提—小前提—结论），虽然对此有不同的解读，但三段论思维作为基本法律思考工具的地位是获得学者一致认同的，三段论思维是将生活事实与规范事实相互对照，以求得法律是否涵摄相关问题的必不可少的步骤和基本的法律理性。但犯罪学的研究方法非常多元，一般认为犯罪学采取实证分析方法，但这只是笼统而言。犯罪学研究可以分为定性研究与定量研究，在定性研究内部包括深度访谈、扎根理论（grounded theory）、民族志（ethnography）研究等方法；定量研究包括统计分析、元分析（meta-analysis）、复制（replication）等。在统计分析当中，又包含描述统计、假设检验、信度分析、相关分析、方差分析、回归分析、时间序列分析等方法。可以说，犯罪学研究无法只采用唯一的一种方法展开。此外，犯罪学研究方法也具有跨学科属性，这种跨学科特征并非刻意为之，而是无法避免的。刑法学以行为是否符合刑法规定为终极审查目的，但犯罪学所研究的犯罪现象、犯罪原因、犯罪预防等问题本身，无法用一个明确的标准加以概括，犯罪学研究现象的多元、复杂特征，意味着需要动用法学学科以外的很多学科，包括心理学、社会学、政治学、经济学等学科的通力合作，才有可能对某一犯罪学现象进行深入的阐释和解读。

犯罪学所具有的研究视野宏大，问题导向思维、方法论多元的特征，使得犯罪学缺乏如刑法学般明确、体系化的研究思路和明确连贯的研究队伍。目前我国犯罪学研究者大都具有刑法学专业背景，犯罪学属于处于刑法学之下的子学科的三级学科地位。我国的法学教育体系中，犯罪学甚至没有被纳入刑法学的核心课程当中。[1]可以说，正是因为无法形成一个完整的学科体系、无法建立一个"学科槽"，犯罪学在"迷失"状态下不得不陷入由刑法学对其下定义的窘境。

---

[1] 参见郑旭江、杨兴培："论犯罪学与刑法学的相互关系和互补共进"，载《青少年犯罪问题》2014年第3期。

三、走出迷失：犯罪学研究不应自我设限

犯罪学区分于刑法学之处，并不应简单地概括为：刑法学是规范科学，犯罪学是事实研究。刑法学也离不开事实界定，犯罪学中也有规范的一面。犯罪学之所以区分于刑法学，之所以具有独立的研究品格，是对应于犯罪学对人类共同体安全需求的深切关注，一切与安全相悖的因素和隐患都是犯罪学应予思考的，一切有助于解决犯罪问题的理论工具都应当加以运用。犯罪学研究不应自我设限为刑法学的辅助工具，不应当执着于建立一种类似刑法学的稳定的体系系统。"犯罪学是一门具有社会批判精神并充满人文关怀和社会进取精神的学科；它不仅可以为刑事立法提供建议和指引，也可以为整个公共政策提供建议和指引。"[1]

刑法学研究的蓬勃发展与刑法学教育体系的相对完备、人才培养机制的相对健全有关。在学科建设当中，我们可以考虑在法学本科开设犯罪学课程的基础上，建立一个犯罪学研究的多学科联合培养博士研究方案，从而将刑法学、犯罪学、社会学、心理学、政治学等学科融合在一起，促进犯罪学研究的人才培养。在此方面，作为犯罪学研究的后发国家的克罗地亚可以为我们提供某些借鉴。克罗地亚除了探索上述多学科联合培养犯罪学博士的计划之外，还寻求改变犯罪学发展依赖于少数犯罪学研究者的情况，开始致力于与国际知名犯罪学研究机构的合作。克罗地亚萨格勒布大学法学院与德国马克斯-普朗克外国刑法与国际刑法研究所成立了若干合作研究小组，致力于"巴尔干犯罪学"的研究，很大程度上提升了克罗地亚本国的犯罪学研究水平。[2]

当前，国内犯罪学学科发展普遍存在封闭性、碎片化问题，由于对国际犯罪学前沿热点关注不够，国内犯罪学界出现"自说自话"的倾向，缺乏融入国际犯罪学发展核心议题的讨论，致使国内犯罪学研究的影响力提升受到限制，国内缺乏一本能够全面及时反映世界各国犯罪学学术研究前沿的出版物，这也是犯罪学界的整体需求和研究空白。本出版物的编写采取国际化研

---

〔1〕 赵宝成："犯罪学与刑法学的关系——兼谈犯罪学的性质与特点"，载《政法论坛》2001 年第 5 期。

〔2〕 See Anna-Maria Getos Kalac, Reana Bezić, "Criminology, Crime and Criminal Justice in Croatia", *European Journal of Criminology*, Vol. 14, No. 2, 2017, pp. 244-245.

究视角，全面考察犯罪学发展较为发达的国家和地区的犯罪学研究概况，对世界范围内犯罪学取得的主要成果进行系统的学科发展梳理和总结，旨在对国际犯罪学研究的最新成果做出较为全面的综述和批判性评论，重点定位于"国际"和"前沿"。同时着力于评估犯罪学领域新的关注点和知识增长点，掌握新的研究方法和研究趋势，尤其是对新型犯罪如恐怖主义犯罪的特点、成因、预防等问题进行有针对性的讨论。

四、本书的资料选取、基本框架和局限性

本书主要关注美国、欧洲、大洋洲以及我国犯罪学 2017 年至 2018 年的主要论文成果，之所以选取上述国家，主要是基于美国、欧洲、大洋洲是世界犯罪学较为发达的国家和地区。选取的论文范围主要集中于几个具有世界影响力的犯罪学刊物，包括美国《犯罪》（*Criminology*）杂志 2017 年至 2018 年收录论文、美国《犯罪学年度评价》（*Annual Review of Criminology*）2018 年第 1 卷、《英国犯罪学杂志》（*British Journal of Criminology*）2018 年收录论文、《欧洲犯罪学杂志》（*European Journal of Criminology*）2017 年至 2018 年收录论文、《澳大利亚和新西兰犯罪学杂志》（*Australian & New Zealand Journal of Criminology*）2017 年至 2018 年收录论文，以及其他相关犯罪学杂志的论文，总计约 300 篇。综述相关的我国犯罪学论文主要来源于 2017 年至 2018 年法学核心期刊、非法学类核心期刊以及人文社会科学 A 刊上收录的犯罪学相关的论文，总数也在 300 篇左右。国内和国外共计 600 篇左右的文献构成了本综述的研究资料。

这些论文的研究主题丰富多彩，涉及犯罪学研究的各个方面，对此加以分类整合并不简单。最后，基于犯罪在具体事实层面的发生发展过程，形成本综述中各个国家或地区研究的基本框架（大洋洲部分除外），即：

首先是犯罪（crime）的发生。这部分涵盖范围比较广泛，包括犯罪相关的基本理论、社区层面的犯罪防控以及国家和社会层面的犯罪种族差异、性别差异等问题。具体来说包含若干犯罪学经典理论的重构和完善，新的犯罪学研究视角的引入，婚姻、家庭、就业、教育与犯罪之间的关系等问题。

其次是犯罪被发现——警方（police）介入。这部分既包括民众与警方之间的关系、警方处置犯罪的程序和方式方法，也包括警务设备、警务理论、警务文化等方面。

再次是犯罪被处理——司法（justice）介入。该部分主要涉及检察官、法官在刑事诉讼过程中的行为模式分析、量刑均衡分析、司法与媒体的关系、一些特殊司法制度的犯罪学意义，以及大数据给司法带来的影响等问题。

最后是犯罪被矫治——监狱或社区矫正（corrections）。该部分关注监狱等矫正机构在关押管理犯人中面对的若干问题、监禁本身对犯罪人的影响、监狱运营方式等方面。

第一章
美 国

第一节 犯 罪

一、个体层面

对于个体犯罪相关的研究而言，美国犯罪学研究的核心理论之一是生命历程犯罪学（life course criminology），该理论认为个体犯罪的开始、停止过程受到婚姻、家庭、就业等多种连锁因素的影响。美国学者在该理论框架下进行了各种实证研究，以验证生命历程中上述重要因素对于犯罪、再犯、停止犯罪的影响。生命历程犯罪学中的一个关键词是研究犯罪的停止（desistance）。犯罪停止，被广义界定为犯罪人停止犯罪和减少犯罪频率、种类、严重性程度的一个渐进性的过程。犯罪停止在犯罪人生涯的研究中非常重要，对于犯罪人来说，由犯罪到不犯罪，犯罪停止是其中的重要转折点。由于犯罪转折点往往就是犯罪停止的内在因素，二者往往被结合在一起论述。本部分将首先讨论个体犯罪人犯罪停止理论的基本内容和发展情况，然后讨论与个体层面相关的犯罪记录污名化、犯罪动机、枪支与暴力犯罪等问题。

（一）犯罪停止理论的源起和发展[1]

犯罪停止研究可以回溯至 1986 年学者艾德（Elder）的研究，他在观察一

---

[1] 本节内容参见 Bianca E. Bersani, Elaine Eggleston Doherty, "Desistance from Offending in the Twenty-First Century", *Annual Review of Criminology*, Vol. 1, 2018, pp. 311-334; Holly Nguyen, Thomas A. Loughran, "On the Measurement and Identification of Turning Points in Criminology", *Annual Review of Criminology*, Vol. 1, 2018, pp. 335-358. 这两篇文章是对美国犯罪停止理论数年来研究情况和发展的比较全面的总结。需要说明的是，犯罪停止理论与犯罪转折点虽然关注的问题都是在犯罪生涯研究框架之内展开的，一些犯罪转折点往往就是犯罪停止的内在因素，因此二者往往被结合在一起论述。但也有一些转折点如学业失败、加入帮派、监禁、受害或少女怀孕，对于犯罪停止来说则是消极的。美国学者对消极的转折点因素也有所关注，但这两篇美国对于犯罪停止理论的综述性文章主要关注的是

群参加过第二次世界大战或朝鲜战争的美国士兵样本时，发现是否服兵役对于青少年和成年的心理健康和个人能力存在重要的影响。此后不久，1993年，哈佛大学社会学系教授桑普森和劳布强调了个体能动性和选择的作用，认为犯罪停止这一转折点和成人角色的自我选择是个体差异和先前经验的作用，改变很可能是由个体偶发事件导致的。其中，婚姻和稳定就业等重要生活事件可以作为远离犯罪轨迹的转折点。桑普森和劳布在他们理论的后期扩展中将犯罪停止的原因概括为人类能动性和机遇、环境影响、日常活动、当地文化、历史语境等的相互作用，从而认为犯罪停止是个体因素与环境因素相互结合的结果。自此之后，对于犯罪停止的研究主要是建立在人生历程的几个关键假设上，其中的实证研究聚焦在识别如婚姻和就业等事件对于犯罪停止的因果性影响。尽管婚姻和就业占据了实证研究的大部分，学者们也承认生活中的其他重要转变，如服兵役、生育、帮伙成员身份的改变、变更居住地、辍学，以及其他潜在的引起犯罪终止的转折点。

在经历了数十年的相对停滞之后，美国关于犯罪停止的研究兴趣经历了一个指数级的升级。这种突如其来的增长是由21世纪标志性的理论、数据和方法的及时调整所推动的。这种快速萌生的研究兴趣或许可以归因于纵向数据（longitudinal data）可利用性的增强、犯罪的动态理论（dynamic theories）的出现、对纵向趋势建模的方法论的进步、监禁人数的大量扩张以及伴随而来的对有效改变犯罪轨迹的知识的增加。

对停止理论的评价通常以"何为停止"作为开始。过去的20年，研究犯罪停止理论的学者在对停止进行概念化时采取了两个截然不同的方向，其中一个方向主导了理论的发展（即将停止视为一个过程），而另一个方向经常被运用在政策发展中（即认为停止是一个时间点）。其中，作为主流理论的"过程论"认为，犯罪停止是一个渐进式的过程，停止开始之后，并不意味着行为人完全停止犯罪，而是"对犯罪的长期性戒断"，如学者劳布（Laub）和桑普森（Sampson）认为停止是侵犯行为频率和严重性的下降，并不限于犯罪行为实际上完全停止了。尽管美国学者普遍认为停止犯罪（desistance）不是犯罪终止（termination）的同义词，但关注一个人停止犯罪的时间点仍然具有重要意义，特别是对于必须考虑一个人再犯风险的刑事政策而言。因此，"时

（接上页）犯罪停止的积极转折点因素，本节也主要就此展开叙述。

间点论"提出了不同于"过程论"的主张，这一阵营的学者侧重于运用统计方法去测量不去犯罪/"金盆洗手"（crime-free）的时间点或者停止犯罪前救赎的时间点。该路径的目的是，在统计学上确定，将那个时间点上犯罪人的犯罪风险降低到与一般人相一致。例如，其中的代表性研究认为 7 年之内不犯罪的情况下，罪犯的人身危险性就降低为一般人的程度。"清白的时间"（time clean）还会根据不同的犯罪类型有所区别：暴力和严重犯罪需要大概 8 年，财产犯罪需要更短的时间——大概 5 年。

对此，美国学者认为，对停止的定义达成一致是一个前提性问题。犯罪停止仍然欠缺一个明确、一致性的概念。大量学者投身于越来越先进的研究方法当中，如多元回归、轨迹分析、多层次模型等，方法论的更新很吸引人，但是眼花缭乱的方法背后却忽视了"定义"的优先性。正是概念上的模糊限制了停止理论在政策和实践指引上的功能，所以对停止概念的重新认识以及达到一种理解上的共识是有必要的。

美国犯罪学界的主流观点认为，尽管"时间点论"很有吸引力，其研究也颇具启示性，但目前大多数美国学者认为，转折点是过程导向的，仍然应将犯罪停止理解为一个"过程"。因为对于犯罪人来说，其戒断犯罪行为在多数情况下并非一蹴而就，时间点论往往不符合实际，也与犯罪生涯理论的很多基本设想相背离。因此，将犯罪停止的转折点概念化为某个单一的罕见事件并不准确。例如，哈瑞文（Hareven）和正冈（Masaoka）认为，转折点不是一个短期的孤立事件……（而是）一个涉及生命路径改变的过程。但问题是，"过程论"必须要说明犯罪停止的过程究竟是怎样的。首先，需要发生多少变化才能表明停止过程已经开始？学者马鲁娜（Maruna）断言很难确定停止的时间。笔者认为可能更难去界定停止过程正在发生，也就是确定犯罪人正处于停止犯罪的时间段。看上去已经停止犯罪的人，与那些仍然坚持犯罪的人之间存在很明显的区别，但是在这两点之间究竟发生了什么是非常模糊的。如果停止犯罪是一个过程，其中很可能也会出现犯罪时期——因为停止犯罪与终止犯罪是不同的。但需要发生多少变化、持续多久我们才能说停止的过程已经开始或正在进行？总的来说，犯罪停止概念在美国虽然被基本界定为一种逐渐减少犯罪行为的"过程"，但若要明确"停止"的内涵，仍存在很多需要克服的困难，美国犯罪学界尚未解决这个难题。

对于具体哪些人生事件能够成为转折点，学者们一般认为其集中于婚姻、就业、教育等方面。婚姻一直以来都是研究犯罪停止过程中有吸引力的话题。婚姻可以通过身份转变或认知转变来推动犯罪的停止，婚姻可以减少与不良同伴的接触，婚姻还可以带来日常活动的变化。因此，很多研究致力于通过多重的纵向维度样本（multiple longitudinal samples）来揭示婚姻对犯罪的影响力。克雷格（Craig）等人审视了85项旨在探讨婚姻与未来犯罪行为之间关系的研究，发现几乎所有犯罪学家运用的主要纵向研究都记录了婚姻与未来犯罪行为之间的负相关关系，其中包括全美青年纵向调查（national longitudinal survey of youth）、全国青年调查等。婚姻也被认为与其他不良行为的停止有关，包括药物滥用以及酗酒。

利用观察数据来研究成人就业和犯罪之间的关系也取得了类似的进展。桑普森和劳布认为，稳定的就业可以作为犯罪生涯的转折点，从而对中止过程产生影响。因此，与工作的联系越紧密，个人参与犯罪活动的可能性就越小。合法就业可以安排一个人的日常活动，减少花在聚会上的时间，还可以作为一个平台，建立或加强个体之间的联系。其他学者也强调了就业在犯罪停止过程中的重要性，他们认为认知变化和身份变化必须发生在就业之前，这样可以促进、维持和加强放弃犯罪的过程。此外，理论和观测数据支持了就业在停止过程中的积极作用。与婚姻和犯罪的关系相似，就业和犯罪之间的关系也通过一些样本得到了证实。

除此之外，美国学者对年龄、种族、性别与犯罪停止之间的关系也进行了研究。与总体的"年龄-犯罪"曲线的估计相一致，个人犯罪轨迹的分析揭示了一种用单峰分布描述的犯罪轨迹（a unimodal-offending trajectory），这一轨迹在青春期后期达到顶峰，随着年龄的增长而下降。最近的研究支持了这样一种假设，即在生命早期，按种族划分的犯罪人在不同年龄阶段的犯罪行为方面呈现出不同的趋势。根据匹兹堡青年研究（Pittsburgh Youth Study）的数据，勒伯尔（Loeber）和他的同事在2015年发表的研究当中发现了不同种族（和性别）的犯罪行为在年龄分布上的显著差异。从童年到成年早期，非裔美国人在较长一段时间内表现出比白人同龄人更严重的侵犯行为。还有学者总结了青少年中与种族相关的逮捕轨迹，发现在黑人和西班牙裔人中，当他们从青春期过渡到成年早期时，坚持犯罪（而非选择停止犯罪）似乎更常见，对于女性成年后犯罪行为的轨迹研究还比较缺乏。男性和女性的犯罪和犯罪率下降的年龄呈现出相似的单峰模式（a similar unimodal pattern），但女性参与犯罪的频率低于男性。此外，虽然女性的犯罪生涯往往较短，但这种不同的持续时间可能是由较晚的犯罪开始年龄决定的，而并非因为女性犯罪停止的年龄较早。

近年来对上述理论设想的补充完善和运用实证方法加以验证的热度不减，学者们针对就业、婚姻家庭、教育与犯罪之间的关系开展了各种有益的探讨。下文还会对工作与犯罪关系进行具体诠释。

（二）就业与犯罪之间的关系[1]

美国各种犯罪学理论普遍认同下述命题：就业具有遏制犯罪的作用，就业能够加强个体"亲社会"（prosocial）行为和守法行为。例如，社会控制理论认为，就业——特别是高质量的工作，可以克服行为人违反法律的诱惑。紧张理论认为，如果无法获得就业，就会刺激个体通过犯罪行为来获取有价值的目标或减轻负面情绪。学习理论认为，工作场所可以提供一个人际交往的平台，有利于守法行为的学习与强化。而根据理性选择理论，失业者或底薪就业者的犯罪动机更强，因为这些人从事犯罪活动的"成本"较低，违法行为的预期收益更可能超过合法收入的预期收益。日常行为理论（routine activities theory）提出，一个简单的事实是，有工作的人总是很忙，没时间考虑犯罪的问题。参与工作，也就意味着没有足够的时间参与犯罪活动。如果时间分配是零和的，那么每多花一小时在工作场所就可以少花一小时从事犯罪活动。这种从时间分配意义上解释工作对遏制犯罪的作用的观点容易遭受质疑，因为从事犯罪活动完全可以利用工作以外的时间。

对此，学者将日常行为理论的解读进行完善，提出高质量的就业是通过日常行为这一枢纽，与遏制犯罪存在相关性。工作对遏制犯罪产生作用的更为深层的机制，是工作的"情境性"效果：个体从事正规的——特别是全职工作，会通过减少产生犯罪的情境（如酗酒等不良休闲活动以及吸毒等药物滥用行为）来减少犯罪行为。

总的来说，传统观点在解读工作对犯罪的影响时，将工作理解为一种"客观机制"，重视工作环境、工作质量、工作时间、工作薪酬与犯罪之间的

---

[1] See Robert Apel, Julie Horney, "How and Why does Work Matter? Employment Conditions, Routine Activities, and Crime Among Adult Male Offenders", *Criminology*, Vol. 55, No. 2, 2017, pp. 307-343.

关系，这里可能忽视了作为工作主体的工作者本身作用于犯罪行为的"主观机制"。如尽管拥有较高薪酬，但有的人认为工作的价值仍然比不上犯罪所带来的"成就感"；较长的工作时间可能会使从业者疲劳，为了缓解上班的压力而选择酗酒、吸毒、飙车等行为。这可能意味着仅仅从就业的客观属性出发而忽视就业者本身的研究思路是欠缺完整性和解释力的。为了填补这一研究漏洞，美国罗格斯大学的罗伯特·阿佩尔（Robert Apel）和宾夕法尼亚州立大学的朱莉·霍尼（Julie Horney）提出了对工作的承诺（commitment）的概念，强调个体对所从事工作的强烈责任感是遏制犯罪的核心中介因素。那么如何在具体的实证研究中对被调查者的工作承诺进行衡量呢？学者桑普森和劳布在1993年已有尝试，他们将工作承诺具体化为被调查者是否具有进一步学习的渴望、是否希望成为职场中的专业人士，以及是否希望获得更好的收入等。但这种设计可能有些泛化，没有将被调查者与其所从事的具体工作更紧密地关联起来。在两位美国学者的研究中，犯人对工作的承诺情况的问卷题目被设计为一个5分的自我评价，其中最低的1分是指认为自己所从事的工作"仅仅是一份工作"（just a job）；最高的5分代表"一份我非常投入的工作"（a job I was very committed to）。

研究者以美国内布拉斯加州立监狱中关押的男性成年严重犯罪人为样本，研究就业与犯罪之间的关系。研究结果表明，对工作具有承诺的个体，其犯罪行为更少。工作承诺与犯罪之间存在较强的负相关性，对工作具有强烈承诺的人会减少一些不利的休闲活动，如去酒吧、与朋友彻夜玩乐、吸毒等。就具体犯罪而言，对工作的承诺与财产犯罪之间存在负相关性，但与暴力犯罪之间并不存在明显的相关性。

将工作承诺概念引入工作与犯罪关系的检验当中，完善了对犯罪的非正式控制理论。工作一直被视为有助于减少犯罪，但具体的作用机制如何并没有得到准确的检验，上述美国学者的研究认为，工作的客观属性如工作时间、工作收入与减少犯罪之间并不存在明显的关联，起重要作用的是劳动者对工作的承诺这一主观要素。这对于刑事政策的完善具有启示性：应当重视犯人出狱后相关工作扶助计划的制定，倘若这些工作承诺只是针对一些临时性的、卑贱的、难以激发工作者强烈责任感的工作，那么对预防和减少再犯并不会产生良好效果，因此应当重视出狱犯人对即将从事工作的责任感，使其具有工作承诺。当然，上述研究并不意味着工作的客观属性并不重要，收入更高、工作时间更长的人，更容易具有对工作的承诺，工作的客观属性与犯罪之间的关联性并不显著，但却是衡量工作承诺的一个内部指标。除此之外，研究者还发现与妻子或女友居住在一起的男性更容易具有工作承诺，这可能意味着亲密关系也是影响工作承诺的一个因素。

（三）婚姻家庭与犯罪之间的关系[1]

成为父母，开始养育子女是家庭生活中的一个大事件。这样一个关键的生命事件是否会对犯罪行为产生影响？来自美国科罗拉多大学等高校的几位犯罪学学者就讨论了这样一个问题：为人父母对离开街头帮派犯罪活动会产生怎样的影响？他们选取了1997年全美青年纵向调查中466名男性和163名女性帮派成员作为样本（其中的287人有子女），研究为人父母对于帮派成员来说，是否是其终止犯罪的明显转折点。

心理学和社会学理论认为，为人父母是人生中的一个戏剧性事件，其带来了人生角色的巨大变化，迫使人们远离生活状态不良的友人、改变不良的社交和生活习惯，从而为个体提供了建立牢固社会纽带和良好生活习惯的机会。在生命历程犯罪学理论当中，为人父母可能属于犯罪人终止犯罪行为的重要转折点，但其中存在细微的差别：为人父与为人母、第一个孩子与第二个孩子、是否亲自抚养婴儿等，这些差别应当在研究中予以重视。

美国科罗拉多大学等高校的几位犯罪学学者的研究认为，为人父母与退出帮派的关系研究中，上述几个差异性都是有价值的，研究结果认为：①第一次成为母亲，这个身份的变化对于退出帮派和停止犯罪来说具有最大的、持续性的影响力。从没有孩子到成为一名母亲涉及深刻的转变，女性必须把注意力转移到抚养孩子上面，并且需要予以持续的关注，当帮派女性成员成为母亲时，这一戏剧性的变化可能从根本上改变她对自己的看法，接受传统"母亲"身份的设定。相比而言，生二胎可能会产生立刻减少犯罪的影响，因为女性犯罪人的时间、精力和体能被限制，但这种影响力较为短暂，无法与第一个孩子带来的冲击相提并论。②对于成为父亲这个身份来说，如果不与

---

[1] See David C. Pyrooz et al. , "Parenthood as a Turning Point in the Life Course for Male and Female Gang Members: A Study of Within-Individual Changes in Gang Membership and Criminal Behavior", *Criminology*, Vol. 55, No. 4, 2017, pp. 869-899; John H. Boman et al. , "The Role of Turning Points in Establishing Baseline Differences Between People in Developmental and Lifecourse Criminology", *Criminology*, Vol. 56, No. 1, 2018, pp. 191-224.

自己的子女居住，则并不会对自己离开帮派产生有益影响。父亲角色对于退出帮派的积极作用只有当为人父且与子女一起居住时才会发挥出来，并且也限于在第一胎子女时发挥作用。同时，这种益处也无法持久，只是暂时发挥作用。其中的原因可能是，相比于母亲，即使是与子女一起生活的父亲，也很少承担起照料孩子的主要责任。当第一个孩子出生时，最初的养育要求可能是无所不包，而且是持续不断的，以致它们会溢出并影响住在同一屋檐下的父亲。对于一个没有为人父经验的男人来说，孩子出生后这种立即的改变可能是如此的不和谐和具有戏剧性，以致会带来身份和行为的改变。然而，随着孩子年龄的增长，持续的需求有所减弱，父亲的角色可能不会对日常生活和外部社会联系造成那么大的干扰，对男性犯罪人退出帮派的作用也就不那么明显了。总的来说，为人父母对于减少犯罪和退出帮派具有积极作用，但这种作用机制对于男性、女性犯罪人并不一致，并且与是否是第一个孩子、是否与孩子一同居住也存在关联性。

除了为人父母这样的具有戏剧性的转折点，根据生命历程犯罪学的观察，个体的婚姻家庭以及亲朋好友也会对犯罪人终止犯罪产生影响。但是这种影响可能会因人而异，这取决于行为人所处的家庭环境和朋友的好坏。个体变化与周遭的环境密切相关，在幼年和童年期，对行为人的主要影响来自最初的照料者（主要是父母）；在从童年到初显期成人（青年期与成人期之间的阶段）时期，同龄人对行为人的影响替代了照料者。在一定程度上，由于婚姻、生育和找到一份全职工作等转折点的出现，同龄人逐渐被配偶和家庭成员取代，后者成为影响成年早期行为的主要来源。美国博林格林州立大学的研究人员讨论了犯罪人被释放后，其家庭和朋友对其再犯产生的潜在影响。研究表明，家庭对犯罪人的支持能够遏制犯罪人再犯，但这种影响力没有朋友的影响力大，有犯罪倾向的友人是一个更强的风险因素，会促使再犯的发生。该研究的启示是，必须制定相应的措施让刑满释放者远离犯罪同辈，发挥家庭遏制犯罪的作用。

（四）教育对遏制亲密伴侣暴力的作用[1]

亲密伴侣暴力行为一直是犯罪学研究的重点问题，其中的暴力不仅限于

---

[1]　See Abigail Weitzman, "Does Increasing Women's Education Reduce Their Risk of Intimate Partner Violence? Evidence from an Education Policy Reform", *Criminology*, Vol. 56, No. 3, 2018, pp. 574-607.

身体暴力，也包括冷暴力等心理暴力形式。许多学者认为，妇女接受更多教育有利于防止她们成为亲密伴侣暴力行为的受害者。教育的上述功能已经在既有研究中被证实，其中的因果机制被解读为：其一，增加妇女的受教育程度可以扩大她的个人资源，包括她们的认知技能、就业机会和职业地位。反过来，这些个人资源应该会减少女性对伴侣的经济依赖，增强她们摆脱虐待或不愉快关系的能力。其二，更长的受教育时间在帮助女性积累更多物质资源的同时，能够推迟女性的结婚和生育时间，减少早婚早育的概率，可能会让女性有更多机会在家庭之外找到实现自我价值的机会。其三，学校往往是公共卫生运动、信息传播和社会化的重要场所。如果女性在校期间接触到反暴力信息，那么这可能会影响她们对亲密伴侣暴力的态度，进而影响她们在生活中对暴力的容忍程度。

美国得克萨斯大学的阿比盖尔·魏茨曼（Abigail Weitzman）教授试图研究美国和欧洲之外的国家或地区当中，女性受教育程度与亲密伴侣暴力行为之间是否存在关联性。她以秘鲁为样本进行研究，这一样本的选择具有代表性，秘鲁是世界上亲密伴侣暴力行为发生率最高的国家之一，根据秘鲁女性的自我报告数据显示，32%的秘鲁女性一生中经历过心理虐待形式的亲密伴侣暴力行为，39%的秘鲁女性经历过身体伤害形式的亲密伴侣暴力行为，9%的秘鲁女性经历过性虐待形式的亲密伴侣暴力行为。秘鲁从1905年开始实行义务教育。1905年到1992年，义务教育意味着孩子们必须完成6年的小学教育：从6岁开始，到11岁结束。秘鲁政府在1993年修订了宪法，要求再接受5年的教育，使义务教育年限延长到11年。但是，这项政策的改变只适用于到1993年为止尚未完成6年或6年以上学业的儿童。这就为研究中提供了两组女性样本：一组年龄约早于改革时小学毕业年龄，她们也是延长教育时间的第一批受益者；一组高于这一年龄，属于延长教育时间之前的女性样本。这种方法可以隔离所有潜在的混杂因素，也就是可以排除掉女性成长生活中其他可能影响教育与亲密伴侣暴力行为关系的变量，只突出教育在其中发挥的作用。此外，研究者的实证研究中还引入了其他可能影响结果的控制变量，如女性家庭亲密伴侣暴力行为历史等。

研究结果有力地证实了：增加女性教育可以在短期和长期时间中减少三种不同形式的亲密伴侣暴力行为：心理暴力、身体暴力和性暴力。可以预测，秘鲁教育时间延长政策继续扩大，女性平均受教育水平继续提高，亲密伴侣暴力行为也会随之继续下降。研究结论证实了教育对女性的保护作用，这种保护作用是通过女性个人资源的改善、组建家庭年龄的延迟以及伴侣选择的改变来发挥作用的。为了更好地预防和降低亲密伴侣暴力行为，应努力改善女性的受教育水平，特别是贫困地区女性的受教育程度。

（五）犯罪记录的污名化及犯罪背景调查[1]

犯罪记录的污名化，或称"犯罪记录耻辱"，是指对有犯罪记录个体的任何不利的或负面的看法，这种看法使他们仅仅因为犯罪记录而受到歧视或区别对待。污名化会通过公众对被污名个体的不断的负面看法所影响和塑造，使得被污名个体产生自我认同，这些个体感受到的社会惩罚和社会排斥会使他们产生更多痛苦，强化标签化的社会力量。这与犯罪学理论中经典的标签理论相关，早期理论家认为对规范违反的个体的歧视反应会将犯罪人进行特殊"标记"，促使其进一步实施越轨或犯罪行为。当代对标签理论的关注主要集中于对犯罪人的污名化将对其社会和经济关系产生怎样的影响，以及被污名化如何影响其人生轨迹。来自美国佛罗里达州立大学等多所高校的研究者关注这样的一个问题：耻辱性用语的使用在犯罪记录污名化当中发挥了怎样的作用？

学者米德（Mead）在他的符号互动主义理论中强调了语言在意义的建构、解释和传递过程中的重要作用，单词和短语表达特定的意义，通过在表达者和听众之间唤起相同的反应，来获得他们对语言所描述的物理事物、社会事实或抽象事物的相同态度。如"罪犯"这个词汇如果成为一个个体的主要标签，在对话中使用这一词汇就会使得其他人认为该个体不仅曾经犯过罪，他的其他方面也被"犯罪"这个词污名化了。污名化的语言学路径包括人们使用或遇到的与道德判断相关的语言。这是一种以"行为人"为核心的判断，并非是"行为"的好或坏，而是"行为人"的好或坏。对此，坦南鲍姆（Tannenbaum）将标签过程精彩地描述为："从把特定行为视为邪恶，到把特

―――――――――――

〔1〕 See Megan Denver et al. , "The Language of Stigmatization and the Mark of Violence: Experimental Evidence on the Social Construction and Use of Criminal Record Stigma", *Criminology*, Vol. 55, No. 3, 2017, pp. 664-690; Megan Denver et al. , "A New Look at the Employment and Recidivism Relationship Through the Lens of a Criminal Background Check", *Criminology*, Vol. 55, No. 1, 2017, pp. 174-204; Megan Denver, Alec Ewald, "Credentialing Decisions and Criminal Records: A Narrative Approach", *Criminology*, Vol. 56, No. 4, 2018, pp. 715-749.

定个体视为邪恶的转变过程。"

用语的标签化功能在医学领域也有例证，如当某人的神经系统出问题时，神经学医师遂这样描述：这个人"得了病"（having the disease）。而精神病术语中的"躁狂""精神分裂"则认为病人就是疾病本身（is the illness）。对此，美国精神病学协会（APA）在十多年前改变了其在精神疾病诊断和统计手册中的术语：一个常见的误解是，精神障碍的分类是将人分类，而实际上被分类的是人们所患的疾病。因此，第4版《精神分裂症诊断与统计手册》（DSM-IV）和第3版《精神分裂症诊断与统计手册》（DSM-III-R）的文本避免使用精神分裂者或酗酒者之类的词语，而是使用了虽然比较冗长但更准确的词汇，即精神分裂症患者或酒精依赖患者。

犯罪记录污名化的机制，尤其是其中涉及的不同的描述犯罪和犯罪人的用语，对于犯罪人的污名化效果产生怎样的影响，成为美国犯罪学学者关心的问题。美国犯罪学家梅根·丹佛（Megan Denver）等人研究了两种不同的描述犯罪的用语所造成的不同的污名化效果，其研究背景是美国司法部（DOJ）的一项用语改革。2016年4月，美国司法部宣布了一项政策变化，即涉及描述有犯罪记录人的术语变化。具体来说，美国司法部推动以个体优先的术语如"有重罪记录的个体"来替代犯罪优先的术语，如犯罪人、前犯人、重犯。

研究发现，使用犯罪优先的术语如"罪犯""犯罪人"等会导致更大的污名化效果，阻碍犯罪人释放后重新融入社会。这些语言的选择虽然是无意的，但它们会传达这样一个信息：即使在服刑之后，被判有罪的人与其他社会成员仍然存在本质区别，他们被贴上犯罪的标签，人们会永远以他们所犯的罪行来定义他们。具体来说，暴力犯罪人会遭受更多歧视，一般民众会认为，相比于其他犯罪，暴力犯罪人有更大可能再次实施暴力犯罪。在申请就业时，有毒品犯罪记录的申请者被拒绝工作的概率要比暴力犯罪前科的人低56%以上，有财产犯罪记录的申请者被拒绝工作的概率也要比暴力犯罪前科的人低26%以上。

丹佛等人的研究表明，刑事司法中的语言选择应当更为慎重，使用犯罪优先的术语可能会导致更大的污名化，阻碍犯人重新融入社会的目标，特别是对于暴力犯罪人。从另一个角度来说，刑罚改革当中不应只重视非暴力等不严重犯罪人重回社会，而忽视了遭受社会排斥最严重的暴力犯罪人群体，去污名化的努力应对其有所侧重。

犯罪记录的污名化集中体现在犯罪背景调查的使用这一问题上。越来越多的雇主在招纳员工时对员工有无犯罪记录进行背景调查。有犯罪记录的人被拒绝提供就业机会，表面看来可能会最高程度地维护社会安全、增强民众的安全感，但从长远来看，有犯罪记录的人如果没有合适的工作使其养家糊口、重返社会，被犯罪记录污名化而遭受社会的排斥，无异于促使其走向再次犯罪的深渊。但犯罪记录又不能完全被置若罔闻，一些特殊行业如卫生保健、儿童抚育、公共交通等，对有犯罪记录的个体（如性犯罪人）进行排斥也是必要的。如 2006 年，纽约州卫生部门（DOH）被授权对所有临时受雇从事医疗保健行业某些低工资、"直接接触"（direct-access）岗位的个人进行犯罪历史背景调查。"直接接触"是指在有执照的疗养院、辅助生活和家庭卫生保健设施中涉及与病人或居民接触的无执照职位，如护理员和护士助理，这就带来了犯罪背景调查相关政策上的微妙的平衡。

这种冲突与张力在犯罪理论和刑事司法实践中均有体现。在具有开创性意义的"格林诉密苏里太平洋铁路公司案"（Green v. Missouri Pacific Railroad Company，1977）中，联邦上诉法院禁止雇主实施"全面禁令"（blanket bans），禁止雇主将申请人的犯罪记录作为拒绝雇佣的理由，鼓励雇主雇佣有犯罪记录的人，除非犯罪记录会影响商业运营。尽管如此，"全面禁令"仍然普遍存在。目前，有一半的州和哥伦比亚特区允许对有犯罪前科的个人采取"全面禁令"的做法。在过去的 20 年里，雇主在雇佣决策中使用犯罪记录查询的情况有所增加。发生这些变化的部分原因是技术的发展，主要是互联网的发展，以及人们对"9·11 事件"等带来的风险增加的认识。犯罪背景资料的一个主要来源是官方的犯罪记录库，美国指纹卡最初是为刑事司法目的而创建的，而从 2006 年到 2014 年，48 个州和哥伦比亚特区用于非刑事司法目的的基于指纹的背景调查数量增加了 55%。同期，用于刑事司法目的的基于指纹的检查数量下降了 6%。最终的结果是，2014 年，资料库工作人员进行的 2400 万次基于指纹的犯罪背景调查中，大部分都是为了非刑事司法目的，这尚属首次。2019 年度中资料库的从业人员为非刑事司法目的额外处理了 1940 万份基于姓名的犯罪背景调查。

美国犯罪学学者们的主流观点并不支持"全面禁令"，认为应当根据个体犯罪的不同情况进行区分。2012 年，美国联邦平等就业委员会（Equal Employment Opportunity Commission）也发布了类似的指导方针，鼓励雇主对有犯罪记录的工作申请者进行个性化评估（individualized assessment），不应一概否定其就业资格。全面否定犯罪人释放后就业的态度固然不可取，但也不可能对其开放所有就业岗位。如何在公共安全和鼓励犯人就业之间取得利益平衡是一个难题，特别是如何进行个性化评估？这种评估是否因性别、年龄、职业属性而异？这些问题目前在美国犯罪学理论界尚未有实质性突破。对此，犯罪记录污名化研究的领军人物丹佛等学者以纽约州非武装保安人员的招募为研究对象，研究了在行政法官眼中，有犯罪记录的个体成功获得就业许可所需要具备的条件，尝试寻找个性化评估的具体运作机制。

研究背景是纽约州招募非武装保安人员，此类人员不携带武器，也不是执法人员，但这项工作因涉及保护人民和财产，而且由于越来越多的人认识到私人安全是"警察大家庭"的一部分，这项工作受到了更多人的重视，不断下降的公共预算和公众对混乱的担忧加剧，促进了该行业的增长。在纽约州招募非武装保安人员过程中，一旦申请者被纽约执照服务部门拒绝，他可以申请行政法律听证，要求行政法官进行就业申请的个性化评估。美国的行政法官可以被视为政府权力的代理人，虽然行政法官不行使正式的刑事司法权力，但他们对相关案件的裁量属于"准司法领域"的运作。丹佛等学者针对听证会的行政法官的最终书面裁定进行了分析。

研究发现，首先，法官倾向于认为，有犯罪记录的工作申请者具备下述两个亲社会情形之一时，他就具备申请该工作的资格：申请者能够证明他在刑满释放后自身发生了有意义的改变，或是他的犯罪记录只能代表一个异常现象，申请人身上具备其他压倒性力量的亲社会属性。其次，两个关键因素在法官的书面评估中反复出现，即申请人先前犯罪之后，他的表现如何、是否表现良好、是否有其他人对其表现进行肯定，以及申请人在听证会上的证词是否具有一致性和可信性，能够证明他为人诚实、态度诚恳。最后，法官在认定申请人的亲社会特征时，非常重视申请者是否积极负担起了个人责任和家庭责任，是否以实际行动弥补因犯罪犯下的大错。当法官认为申请者缺乏成熟和责任心时，申请者会被视为对其罪行没有悔过，他的状态与之前犯罪时的情况并无二致，没有具备亲社会属性，这样的申请者的请求会被驳回。上述研究为理解就业申请听证中，行政法官如何使用各种类型的信息、如何评估证据以及做出最终决定提供了有价值的启示。

（六）威慑理论与犯罪动机[1]

传统的威慑理论建立在切萨雷·贝卡利亚和杰里米·边沁的启蒙哲学基础上，发展成为解释犯罪原因的一种方法。根据威慑理论，个体犯罪动机的变化与其感知被逮捕的风险变化有关，随着因犯罪被抓获的主观概率的增加，犯罪的可能性或发生率应该降低。威慑理论认为惩罚的确定性、快速性以及严重性会影响犯罪动机。在之后的研究中，研究人员发现惩罚的确定性在影响犯罪决策当中发挥了重要作用——这被视为犯罪学的一项杰出发现，但惩罚的速度和严重性似乎没有发挥明显作用。犯罪的威慑效果主要是基于对犯罪人的理性假设。理性选择（rational choice）观点认为，个体趋向于避苦求乐，他们在对犯罪后果的衡量中整合各种信息，并不断衡量其中的利弊。从犯罪中获得的收益可能是金钱利益，也可能是非金钱利益（如名声或欲望）；犯罪的潜在成本可以分为法律成本（如被羁押的人身限制、辩护要付出的财产）以及犯罪直接后果以外的后果（如污名化和标签效应）。理性假设观点认为个体会对每个潜在后果的确定性、严重性和快速性等进行不断的认知和考虑，以影响最终的犯罪动机。

在这一过程中，刑罚的威慑效果会加剧犯罪决策的弊端，从而达到遏制犯罪的作用。可见刑罚威慑效果实现的前提是：犯罪人在犯罪之前对利弊进行了衡量，以及刑罚会影响犯罪人的衡量。但其中存在的困惑是，犯罪人是如何进行具体衡量的？这种衡量是否是完全认知性的、理性的，缺乏情感因素（如恐惧）？刑罚的威慑效果又是通过怎样的机制介入犯罪人的衡量过程当中？一些学者对理性选择理论进行了质疑，主要的批评观点包括：犯罪人的理性假设可能背离事实、理性选择理论主要用于解读工具性犯罪（instrumental offending），这类犯罪中犯罪人的思考过程可能更具理想化（犯罪是其实现某种目的的工具），但无法合理解读单纯的情绪表达的表达性犯罪（expressive offending），以及为了突出理性选择机制，而有意忽视了其他影响犯罪动机的因素。因此，对于威慑理论的作用机制，以及理性选择的理论解读，都需要进一步完善。

---

[1] See Greg Pogarsky et al., "Heuristics and Biases, Rational Choice, and Sanction Perceptions", *Criminology*, Vol. 55, No. 1, 2017, pp. 85-111; Justin T. Pickett et al., "Toward a Bifurcated Theory of E-motional Deterrence", *Criminology*, Vol. 56, No. 1, 2018, pp. 27-58.

纽约州立大学的三位学者通过在美国对成年人进行的两项全国性调查进行研究，结果显示，犯罪人对制裁风险的认知并不是完全符合理性选择理论的假设，犯罪决策的做出有时是基于"情境性"（situational）的，受犯罪人所处的情境因素的影响，并不完全基于犯罪人的理性分析。

美国学者贾斯丁·皮克特（Justin T. Pickett）等人采取了相似的思路，认为对威慑理论的研究容易犯的错误之一就是忽视"恐惧"这一情感因素。恐惧是一种抑制性情绪，会强烈阻碍犯罪倾向，理性选择理论当中过于强调对犯罪利弊的认知因素，但认知本身并不会直接转化为行动，为了影响行为，认知必须通过情感来运作。也就是，尽管主流观点认为"威慑本身是一种认知现象"，但皮克特等学者认为威慑最终可能是感性的。这就意味着，同样严重程度的制裁风险不会对相同情况下的所有个体产生同样程度的恐惧，个体对制裁风险的情感反应差异在威慑研究中很少得到理论化和实证检验。皮克特等学者的研究发现，恐惧是解释犯罪动机的有力的解释因子，无论是一般情境还是特定情境下，恐惧都可以解释犯罪行为的选择与否。

恐惧是对感受到的环境的一种情感性的反应，情绪在前瞻性决策中发挥着关键作用。神经心理学的研究认为，恐惧并不是对所面对风险的必然反应（对风险的认知与对风险的感受是分离的）。恐惧心理在个体与个体之间也存在很大差异，如一些人可能在认知上分析自己成为被害人的概率不高，但他们在情感上仍然很害怕自己成为被害人。或者相反，一些人认为自己成为被害人的概率很高，但他们对于生死态度豁达，并不感到害怕。同样的，一些人感知到很高的犯罪被捕概率，但他们并不害怕被逮捕，他们可能习惯被逮捕，或者一无所有，对逮捕与否持无所谓的态度，这些见解对威慑研究具有重要意义。与此同时，对犯罪后果的恐惧与其他形式的恐惧在本质上并不存在区别，存在的差异仅仅是恐惧的对象或来源不同。

强调犯罪决策中情感因素的重要性，对于政策制定来说具有重要作用。倘若采取纯粹的认知威慑框架，那么政策就会仅限于增加被逮捕的客观危险，对犯罪人的主观感受可能不起作用。相反，如果威慑是情感意义上的，那么只要能增加被逮捕的恐惧的措施，就会是一项有效的威慑策略——即使这种策略有时不会增加客观的惩罚风险，这些政策可以在不需要提高警察执法水平的情况下遏制犯罪。例如，政策制定者可以通过使用旨在唤起情感反应的公共传播活动来增强威慑——或许可以通过在有关犯罪后果的商业广告中加入范例或个人故事。具体来说，犯罪人所处环境对其情绪、情感的影响，也会对犯罪决策发挥作用。例如，描绘酒后驾车事故受害者伤害的广告会直观地引发对犯罪行为的负面情绪感受，让人更容易想象犯罪之后被逮捕的情境，只要合理利用这些情境因素，使犯罪人认识到很高风险的被逮捕的概率，就可能产生更强的威慑效果。

　　另外，旨在提高警察可视度的政策，如增加警察岗哨活动，有时可能会产生意想不到的副作用，使公众变得麻木，并减少恐惧，反而无法实现威慑效果。如有学者提出，对弱势群体的密集监管可能产生有害影响。从上述强调恐惧的角度来看，被警察严密监视的社区居民可能会习惯于警察的存在和逮捕的威胁，尽管客观上犯罪被逮捕的风险依然很高，但密集监管的长期存在会从根本上削弱人们内心深处对犯罪后果的恐惧。因此，对热点地区的治安防控，持续性的监控措施只在有限的"剂量"下才会发挥最佳效果，而不能长期使用，其背后的理论机制就是威慑中的情感因素。

　　从完善经典的威慑理论的角度出发，强调威慑中情感因素的重要性，不仅可以对理性选择理论进行补充和完善，使表达性犯罪的犯罪动机得到更好的解释，对于威慑效果的实证检验方法的完善也有价值。威慑效果的传统研究方法一般只考虑风险的认知因素，如问卷中常见的问题：一旦选择犯罪，你认为你有多大的风险被抓获？这样对威慑效果的衡量很可能是存在偏差的。总的来说，威慑通过影响犯罪人的情感来干预其犯罪动机，这一机制是未来威慑研究和理性选择理论的优先研究方向。

　　（七）枪支市场与暴力犯罪[1]

　　在美国的犯罪学、公共卫生以及经济学领域中，枪支对暴力犯罪的模式、结果等造成的影响的系统性研究是一个发展迅速的研究领域。美国公民合法持有枪支是一项法律赋予的权利，每年有数以千计的美国公民使用枪支来抵御盗窃或袭击。美国最高法院在"哥伦比亚特区诉海勒案"（2008年）中对在家中保留手枪以防御入侵者的做法给予了特权。

　　但是，就像其他有价值的商品，如汽车、酒精饮料和用于止痛的合法鸦

---

　　[1]　See Philip J. Cook, "Gun Markets", *Annual Review of Criminology*, Vol. 1, 2018, pp. 359-377; David M. Hureau, Anthony A. Braga, "The Trade in Tools: The Market for Illicit Guns in High-Risk Networks", *Criminology*, Vol. 56, No. 3, 2018, pp. 510-545.

片一样，枪支经常被私人滥用，并且造成了相当大的伤害。2015 年，美国有 1.3 万起使用枪支的凶杀案（占凶杀案总数的 73%），另有 6.3 万起袭击案造成非致命枪伤。武器类型之所以重要的观点是基于一个显而易见的事实：相比于刀子和棍棒等武器，枪支为攻击者提供了迅速、远距离、几乎不需费力或下大决心就可以杀人的能力。换句话说，枪比其他武器更容易威胁、攻击和杀死受害者。根据这一观察，使用不同类型武器的犯罪袭击的被害人死亡率有很大差别。例如，2015 年的数据显示，在枪伤中受伤的犯罪受害者的死亡率是在刀伤中受重伤的受害者的 7.6 倍，社会科学家和公众倡导者都在讨论这个工具性问题。一则流行的标语就是："枪不会杀人，人杀人"。但这句话对照来说就有些讽刺："枪支不会杀人，它们不过是让杀人变得简单些"。当一项任务变得更简单时，它就会更容易被完成。现有的研究证据表明，枪支的介入使抢劫、盗窃等犯罪乃至一般意义上的冲突、街头纠纷或争吵变得更加致命。美国学者指出，从事暴力犯罪的人并不希望杀人，只是他们拥有更致命的武器——特别是手枪，这使得发生攻击和冲突的场合更容易致死。

犯罪学对于武器的既有研究的核心问题是在攻击当中，武器的类型是否重要，以及发挥了怎样的作用。研究者得出的最重要的结论是，受害者在袭击中死亡的可能性并不仅仅取决于行凶者的意图，而是很大程度上取决于攻击者使用的武器的内在杀伤力。枪支在美国是合法商品，但暴力罪犯通常通过非法手段获得枪支，如果能够有效限制这些交易，将会对枪支暴力和杀人率产生迅速且深远的影响。因此，更好地了解犯罪分子——特别是那些最可能参与严重暴力行为的犯罪人获得枪支的途径，是实现这一目标的首要步骤。

目前美国学者较为侧重对非法枪支市场的经济学分析。大卫·休瑞（David M. Hureau）和安东尼·布拉加（Anthony A. Braga）认为，枪支研究中存在两个基本命题：一个是让那些本不该拥有枪支的人非法获取枪支，这在美国是一个明显的枪支管控问题，另一个是向犯罪人提供非法枪支，这是决定美国大城市及其他地区致命暴力案件发生率的关键原因。

除了少数例外，用于进行刑事攻击和抢劫的手枪、左轮手枪、来福枪和猎枪都是合法的商品，但被非法使用。这些枪通常掌握在因犯罪记录、年龄或其他特征而被法律剥夺持枪资格的人手中。犯罪中使用的枪支通常来自合法的制造（或进口）、分销和零售供应链。在那之后，它们可能会经过多次转手，其中一些交易可能是基于盗窃或违反一个或多个枪支交易条例。因此，要了解用于犯罪使用的枪支的来源，就需要对枪支供应链以及枪支持有模式有一定的了解，毕竟任何拥有枪支的人都是罪犯的潜在供应者。

枪支市场的范围并不局限于我们通常所理解的自愿以现金交换商品的"市场"。向罪犯提供枪支的相关交易也采取了家庭成员赠送礼物的形式、在团伙内部共享、盗窃以及其他可能的形式。在这些交易中，违法者既可以作为枪支来源，也可能是枪支的接受者。现有研究表明，为危险罪犯提供武器的交易有很大一部分是非法的。罪犯很少直接从正规市场获得枪支，这与普通大众购买枪支的渠道形成了鲜明对比。大部分（70%）持械犯罪者的交易都与社会关系（朋友和家人）或街头来源有关，其中的街头来源可能包括销赃者、毒贩、贩卖枪支的经纪人和黑帮，盗窃枪支只占非常小的一部分。枪支交易通常与家人和熟人有关，说明了社交网络作为枪支来源的重要性。休瑞和布拉加在对波士顿三个犯罪网络中枪支进入情况的研究中发现，犯罪人为了获取枪支往往会付出更高的价格。团伙成员和毒贩为他们非法购买的手枪支付了过高的价格（平均价格＝636美元，中间价格＝638美元，比公平市场价值高出近200%）。枪支贩卖者直接或间接地向这些犯罪人提供枪支，这些枪支是从对枪支管控较弱的州处购买的二手枪支。

对于非法枪支市场的认知有利于制定相应的法律政策，枪支管理条例被证明能够有效地减少对枪支滥用，特别是扩大不具备持枪资格的人的范围可以有效减少枪支犯罪。《布雷迪法案》（*Brady Act*）要求联邦武器执照（FFL）经销商对潜在买家进行背景调查。自1998年全面实施《布雷迪法案》以来，通过这些背景调查，有300万笔交易被冻结。总的来说，对于非法枪支的犯罪学研究不应仅仅注意到私人持有枪支的情况，而应当重视从交易和市场的角度来理解这个问题。此外，盗窃枪支在非法枪支获取中的作用是否被夸大，不同类型的犯罪人是否依赖不同的枪支供应渠道，这是未来研究需要注意的问题。

二、社区层面

对社区研究的犯罪学兴趣始于犯罪学家们认识到理解犯罪的发生、发展不能仅仅关注犯罪的主体——犯罪人，还要关注犯罪的地点，而社区是现代居民的基本生活环境和生活单位。关于社区犯罪的情况，自芝加哥学派早期发展出的社会失序方法（social disorganization approach）以来，一直属于犯罪学的核心理论。这一极具影响力的理论模型关注的是贫穷、种族差异等社区结构性劣势在影响社区对犯罪的非正式控制方面所起到的作用。近年来，美国学者提出了社区集体效能理论、社区生态网络概念等新的理论，对传统的社会失序理论进行了重大改进。本部分首先简要回顾芝加哥学派对社会失序理论的基本构想，之后对社区集体效能理论、社区生态网络概念进行概述。

芝加哥学派的学者肖（Shaw）和麦凯（McKay）开创了社会失序理论，在最初的构想中，他们强调了社区对犯罪非正式控制能力的结构性根源。相比于刑事司法体系、治安体系对犯罪的正式控制（往往采取事后的惩罚方式），社区对犯罪的非正式控制在实际的犯罪预防和控制实践中发挥着不可替代的作用。但社区发挥控制犯罪功能的前提是社区运作良好，相比于探寻怎样的社区是一个"良好"的社区，芝加哥学派最初的理论研究关注于怎样的社区存在结构性劣势，即怎样的社区是"不良"的社区，为此，他们提出社会失序理论，该理论关注的就是这一点。他们认为，贫困、居住环境不稳定、种族和民族分布的异质性都是社区结构性劣势的特质。这些不利因素的存在使得社区资源分配存在不平等、社区生活文化不和谐、社区倾向于分裂而不是团结，这些都降低了社区预防和控制犯罪的能力。社会失序理论提出之后数十年，美国的犯罪学学者纷纷就这一理论展开了多方面的实证研究和理论批判，但这一理论在20世纪逐渐衰落，其中的一个可能性原因是该理论的阐释能力不足，尤其是无法解释为什么同样存在贫困、种族异质性、居民流动性强等问题的社区当中，却存在社区犯罪率高低之别的问题。这可能说明，除了这些结构性劣势因素之外，还存在其他解释社区控制犯罪能力差异的重要因素。

20世纪80年代末和90年代，根植于社会失序理论的对社区的研究才迎来了实质性复兴。从彼时起，对社区控制犯罪的能力不再仅仅局限于对社区的结构性劣势，即"不良"社区的研究，而开始集中于关注"良好"的社区是如何达到有效控制犯罪的目标的，以及其中发挥作用的主要机制是什么。

（一）社区犯罪的系统模型和集体效能理论[1]

社区犯罪的系统模型（systemic model of community crime）是由学者波塞

---

[1] See Christopher R. Browning et al., "Ecological Networks and Urban Crime: The Structure of Shared Routine Activity Locations and Neighborhood-Level Informal Control Capacity", *Criminology*, Vol. 55, No. 4, 2017, pp. 754-778; Ian Brunton-Smith et al., "How Collective is Collective Efficacy? The Importance of Consensus in Judgments about Community Cohesion and Willingness to Intervene", *Criminology*, Vol. 56, No. 3, 2018, pp. 608-637.

克（Bursik）和加拉斯米克（Grasmick）提出的，该理论强调基于邻里关系的社会网络纽带在产生非正式社会控制能力中的作用。

系统模型对社交网络控制犯罪的能力做了过于乐观的估计，对此，集体效能理论进行了重要的矫正，认为尽管社交网络与强化集体效能有关，但并非必要条件，在某些情况下，社交网络反而会阻碍控制犯罪的非正式控制。例如，当邻里社交网络始终与就业、教育、志愿组织和其他机构参与脱钩时，整个社会网络便无法发挥管理犯罪行为的作用，反而可能会促进犯罪的传播。

集体效能理论（collective efficacy theory，以下简称"CE"）是由犯罪学家桑普森提出的，该理论从社会地理学（sociogeographic）的角度研究犯罪及失序问题。桑普森及其同事开创性地研究了芝加哥城市犯罪的空间模式，集体效能被视为是一个关键的因素，用来解释为什么同样存在着社会经济劣势、居住流动性、种族异质性的社区中，一些社区的犯罪率很高，但另一些社区的犯罪率并不高的问题。集体效能被视为是社区的属性，而非个体的属性，是居民之间关系网络、交往准则和相互信赖的结合，具有社会凝聚力的社区拥有完善的社交网络和高度的人际信任，居民之间具有干预越轨、犯罪行为的共同意愿，这种集体效能赋予社区控制和压制越轨及犯罪行为的能力。

传统的社会失序理论更关注于贫困、种族异质等社区的客观属性，CE 将社区居民的认知性因素和情感因素也纳入进来。桑普森认为，同样的情境——一辆随意停放的破旧的小汽车、涂鸦、破碎的窗户——会被赋予不同的解读，这取决于居民对一个地区秩序情况的理解。如在以白人为主的中产阶级社区，一辆被遗弃的汽车不会像在以黑人为主的工薪阶层社区那样，引发与犯罪相关的恐慌。因此，桑普森睿智地点评道，关于秩序的理解，本质上是认知性的和预警性的，是对"被认为"是无序的客观标志的条件反射。换言之，客观上的一些混乱标志，是否被解读为失序，取决于社区的情况，取决于其集体效能的强弱。

因此，社区研究就转向影响居民认知的因素。随着社区内移民集中程度的增加，社区逐渐成为多元文化的交汇点，这并不意味着种族异质性会必然导致社区的失序和犯罪问题，相反，倘若能够就社区干预和控制越轨、犯罪问题达成广泛共识，就能够有力遏制犯罪。一项在芝加哥和洛杉矶进行的研究表明，拉美裔人口的集中程度与社区内的 CE 共识水平之间存在 U 型曲线关系：当拉美裔人口比例较低时，CE 共识随着拉美裔人口比例的增加而降低。然而，一旦拉美裔人口比例达到约 40% 的阈值，拉美裔人口的进一步增加则会导致更高的 CE 共识。

CE 不仅可以更好地诠释不同社区犯罪控制能力的强弱，也可以间接证明移民涌入社区并不会必然降低社区控制犯罪的能力。

（二）社区生态网络概念[1]

俄亥俄州立大学的几位学者认为应当将传统的社会失序理论与 CE 结合起来，运用一种"生态网络"（ecological networks）的框架来理解社区对犯罪的非正式控制，认为居民在从事日常活动时与社区进行互动，公众熟悉程度会提高，信任和集体效能也会提升，这会对控制犯罪产生影响，其中生态网络是指居民通过共享活动场所将邻里家庭连接起来的网络。生态网络强度更好的社区，集体效能更好，财产和暴力犯罪的发生率更低。

传统的社交网络通常发生在个体与个体之间，而生态网络是根据共同的日常活动位置在居民之间建立联系。这种生态网络可以成为传播信任感的地点，通过某些日常活动而定期见面的居民之间会发展出亲密感。例如，相同的购物地点、社区学校、医院等设施，会增进居民间的熟悉和信任。这样的社区，即使存在收入低等劣势，其集体效能仍然很好，更有利于预防和控制犯罪。

社区生态网络概念能够从侧面解释陌生人对社区的影响。随着某些社区内商业活动的逐步发展，外来者涌入社区，社区居民对公共空间所承担的集体安全义务被公共空间自身的安保职能接替，财产犯罪等犯罪的受害者目标可能会增加，社区对犯罪的非正式控制能力被降低。加拿大的一项实证研究表明，前往加拿大某些城市的游客的流量与该城市财产和暴力犯罪呈正相关。但这也并不意味着外来者涌入社区必然导致社会生态网络的破坏，外来者如果能够增加公共空间的活动密度，使居民之间的公共接触变得更加熟悉和信任，也会促进社区生态网络的发展。

---

[1] See Christopher R. Browning et al. , "Ecological Networks and Urban Crime: The Structure of Shared Routine Activity Locations and Neighborhood-Level Informal Control Capacity", *Criminology*, Vol. 55, No. 4, 2017, pp. 754-778.

理论上总是强调人际社交网络预防犯罪的作用，但忽视了帮助社区居民有效拉近彼此距离的社区共享空间的功能。生态网络方法认识到日常流动模式在塑造居民熟悉度、信任感以及最终减少犯罪方面的作用，明确了具有较好集体效能的社区的一个特点：社区家庭共享多个日常活动场所。

（三）不同政治和法律环境下的社区类型[1]

上述研究往往抽离了社区所处的政治、法律文化语境，是在较抽象的层次论证的，因此，有必要通过分析具体社区的具体情态来佐证和发展集体效能等社区理论，将城市社区和农村社区的差异、社区居民的种族差异、社区主导的政治法律理念差异等纳入其中。

对此，美国马萨诸塞大学波士顿分校的安德里亚·利文茨（Andrea Leverentz）和韦伯州立大学的莫妮卡·威廉姆斯（Monica Williams）在社会失序、CE 的基础上，通过对美国两个州四个社区为期两年的比较性的民族志研究以及对 56 名居民和业主的深度访谈，发现种族构成、地理因素以及对犯罪看法的交叉，能够解释不同社区对犯罪的不同控制模式。按照社区与正式的犯罪控制机关（警方）之间关系的差异，社区对犯罪的反应机制可能分为三种类型：主要依赖于正式控制的模式、较不依赖正式控制的模式，以及与正式控制相互联动的模式。

1. 白人主导的城市社区

以波士顿附近的工厂小镇（Factory Town）为例，该镇在历史上以白人为主，近些年一直有大量黑人和移民涌入。根据人口普查数据，工厂小镇的非白人人口从 1990 年的 20% 增加到 2000 年的 38%，到 2010 年的 57%。工厂小镇有很高的犯罪率，其集体效能较差。

具体来说，工厂小镇会针对社区问题（包括越轨和犯罪问题）定期召开社区会议，其中长期居住在镇里的白人居民的观点占主导地位，很少受到挑战，即使存在不同的观点也会被很快否定和压制。工厂小镇居民畏惧帮派犯罪和毒品暴力犯罪，这是该镇犯罪治理会议的主要话题，但这种畏惧是种族化的，白人居民认为犯罪人主要是黑人和拉丁裔人，而白人是受害人。这就

---

[1] See Andrea Leverentz, Monica Williams, "Contextualizing Community Crime Control: Race, Geography, and Configurations of Control in Four Communities", *Criminology*, Vol. 55, No. 1, 2017, pp. 112-136.

使得其他有色人种居民与白人居民之间的关系存在明显裂痕，居民参与犯罪控制的范围有限，社区集体效能较差，社区居民在控制犯罪方面的参与程度很低，许多长期居住在这里的居民认为，警察和刑事司法系统才能有效保护工厂小镇的居民。因此，该社区防控犯罪的主要对策是依赖警方。基于正式犯罪控制体系的能力有限，主要是事后的惩罚，该镇的高犯罪率没能得到有效遏制。

2. 有色人种主导的城市社区

城市之心（Urban Hub）是波士顿市的一个社区，东方都市（East City）是北加州一个人口密集的社区，前者主要由黑人居民构成，后者是非裔居民和拉丁裔居民的混居社区。两个地区的犯罪率都较高，其中城市之心社区长期存在帮派活动和暴力问题，东方都市社区则面对一个紧急事件：安置释放后的性侵害犯罪人。虽然面临的是不同类型的犯罪事件，但两个社区都有种强烈的意识，即认为犯罪属于社区事务，不应依赖城市警方加以解决。

工厂小镇与城市之心社区的居民在犯罪相关问题上的认识存在很大分歧：一是，相比于工厂小镇，其居民认为罪犯都是有色人种，对其充满敌视，城市之心社区中的居民虽然希望维护社区安全，但并不认为应当将所有曾经犯罪的人都从社区当中清除出去。相反，他们希望制止犯罪行为的同时把有犯罪前科的人留在社区。二是，与警方的互动关系差异很大。工厂小镇依赖警方维持治安，但城市之心这样的黑人社区与警方之间一直存在消极互动的历史。20世纪80年代，犯罪团伙、毒品和暴力活动增加，随之而来的是执法部门的镇压行动，导致黑人社区与警方之间的关系紧张。居民不信赖警察，认为犯罪问题需要由社区领导者处理，而不是由执法部门或刑事司法系统处理。

城市之心社区处理的是社区一般性犯罪问题，而东方都市社区面对的问题是一个特殊的与犯罪相关的事件，即如何在社区中安置一名被释放的性侵害犯罪人。地方官员基于法院判决，打算将一名性侵害犯罪人安置在东方都市社区当中，但社区居民表示强烈反对。与城市之心社区类似，东方都市社区也与警方存在长期的紧张关系，社区居民不仅怀疑警方执法行动的动机，而且还对当地的政治机构为社区利益采取行动的动机和能力表示怀疑。东方都市社区对犯罪行为的防控主要依赖于社区控制。

总的来说，城市之心社区与东方都市社区的犯罪防控策略根植于当地环境，包括高犯罪率、经济劣势、被警方过度监管的历史以及对法律不信任的犬儒主义文化（legal cynicism）。这些地方特征与两个社区所面对的犯罪问题相互作用，塑造了两地社区自治与公共机构之间的关系特点。

3. 白人为主的农村社区

沙漠之舟（Desert）社区地处农村，人口较少，犯罪率很低，社区居民主要由较为贫困的白人构成。相比于城市社区，农村社区在控制犯罪方面面临着独特的挑战：他们的地理隔离和人口较少的特点有助于加强地方联系，但与城市社区相比，他们接触正规机构的机会也较少，政府也容易忽视这个地处沙漠之中的小小的贫困的白人社区。

当沙漠之舟社区发生犯罪问题时，社区居民会首先倾向于寻求非正式的解决方式，即通过社区内部解决，只有在非正式机制失败时才会诉诸法律制度等正式解决犯罪的方式。社区居民将社区内的犯罪防控事务形容为自我管理，由于距离最近的警署也有 50 英里的距离，这使得这种自我监督更实用、更有效。但社区居民也认为，在必要时，他们应当寻求法律机构的服务和帮助。

总的来说，工厂小镇的集体效能差，依赖警方等正式的犯罪控制机构；城市之心社区与东方都市社区的集体效能较高，但与警方等正式的犯罪控制机构关系很差；沙漠之舟社区不仅集体效能高，与警方等正式的犯罪控制机构的关系也较好。这可能说明了集体效能若要发挥作用，也要通过与正式的犯罪控制机构之间建立良好的互动关系，才能从根本上实现预防和控制犯罪的目标。同时这也表明对集体效能的研究以及对集体效能概念的拓展和细化，不能忽视特定社区所处的政治文化环境和法律意识水平，也需要注意社区与警方等机构的互动关系。

（四）邻里守望计划[1]

社区研究综述的最后一部分是关于一个具体的社区防控犯罪的计划——邻里守望计划。社区层面的邻里守望（community crime watch，以下简称"CCW"）项目最早起源于 20 世纪六七十年代美国试图以社区为单位解决大

---

〔1〕 See Eric R Louderback, Shouraseni Sen Roy, "Integrating Social Disorganization and Routine Activity Theories and Testing the Effectiveness of Neighbourhood Crime Watch Programs: Case Study of Miami-dade County, 2007−15", *British Journal of Criminology*, Vol. 58, No. 4, 2018, pp. 968−992.

都市犯罪率上升问题的动议。此后 40 多年来，犯罪监测已经成为社区一级最普遍的公民参与犯罪预防和犯罪控制的手段。该项目旨在鼓励居民目击可疑行为或犯罪行为时积极向执法部分报告，进而增强社区层面的正式与非正式的犯罪控制，减少社区的犯罪率。社会失序理论和日常行为理论是该项目的理论基础。其中社会失序理论假设非正式的社会控制和居民的集体效能能够减少犯罪；日常行为理论则认为增加监控可以有效减少犯罪。但 CCW 究竟能够对犯罪行为施加怎样的影响？美国迈阿密大学的几位学者通过使用佛罗里达州迈阿密某县的相关数据，来检验 CCW 对于入室盗窃、抢劫以及严重伤害犯罪的关联性。他们的基本发现是，实施 CCW 力度越大的社区，这三种犯罪的发生概率降低得越明显。

对于这种负相关的解释可能有三个：一是，CCW 项目的存在可以增强社区的非正式社会控制和社区的凝聚力，从而提高集体效能。这使得社区居民能够对可疑行为进行尽早干预，如针对青少年的越轨行为以及社区内部的一些混乱行为。二是，CCW 项目还能够增强对犯罪的正式控制。CCW 计划往往由一名警务人员担当警署与社区之间的联络人。通过 CCW 项目，社区居民和执法部门之间的信息交流渠道更加畅通，增加了居民和警察之间的信息共享，从而有利于预防和减少犯罪行为。三是，社区居民通过积极参与 CCW 项目，有利于教育子女和监督及关心邻里的子女，在子女童年时期培养其更多的社会责任感，增强非正式社会控制的力量，使其社会纽带更紧密，这也在一定程度上减少了犯罪行为的发生。该研究对于 CCW 项目给予了高度评价，认为这一社区层面的防控犯罪的措施成本很低，且能够达成很好的社会效果。

三、社会层面

本部分主要讨论犯罪的群体差异以及犯罪的生理差异。

（一）犯罪的群体差异

1. 种族差异[1]

俄亥俄州立大学社会学系教授鲁斯·彼得森（Ruth D. Peterson）是第一

---

[1] See Ruth D. Peterson, "Interrogating Race, Crime, and Justice in a Time of Unease and Racial Tension", *Criminology*, Vol. 55, No. 2, 2017, pp. 245 - 272; Callie H. Burt et al., "Racial Discrimination, Racial Socialization, and Crime over Time: A Social Schematic Theory Model", *Criminology*, Vol. 55, No. 4, 2017, pp. 938-979.

位担任美国犯罪学协会（American Society of Criminology）主席的非裔美国人，在 2016 年美国犯罪学协会的主席致辞当中，她指出，美国正处于警察与有色人种居民之间的种族关系紧张的大背景之中，相关的致命暴力事件不断引发社会动荡。她认为，必须将种族和民族问题置于美国犯罪和司法研究的中心，与此同时，应当确保"事后真相"（post-truth）[1]不会影响犯罪和司法问题。

彼得森教授认为，种族和民族问题至关重要，犯罪学学者们应当将对犯罪和司法的研究纳入更广泛的社会的结构性不平等当中，认识到种族和民族是社会的组织原则，它们影响了犯罪发生条件的分布、对犯罪的反应以及由此产生的后果。当下的历史节点亟待解决的问题是，从种族/民族和犯罪/司法之间的关联性中我们已经了解了什么、我们还未曾了解什么，以及刑事司法和社会不公平之间究竟存在怎样的关联模式？

种族差异与刑事司法之间的关系研究一直是美国学者关注的重要命题，对二者关系的演绎也经历了认识上的重大转变。早期的警察和有色人种之间的冲突往往是种族敌意的产物。在更早的时期，像警察杀害有色人种犯罪嫌疑人这样引起关注和争议的事件，很可能已经被写入法律，在公共政策中被证明是正当的，并通过白人社会宽容和容忍的暴力来执行。相比之下，今天的种族偏见被认为是含蓄的，更多的是个人思想的反应性，而不是有意识的种族仇恨。当代种族主义的核心，主要是在无意识层面上运作的种族厌恶和潜在偏见。如果在美国这样一个不公平的社会中，隐性偏见（从统计角度来看）是"稳定的"，那么它必须通过刑事司法官员组织工作和对待与其接触的个人的方式等表现出来。但对于犯罪学家来说，问题是大脑中的无意识过程是如何转化为实际行为的？特别是，我们需要去认知何时何地以及怎样的条件下，这样的隐性偏见发挥作用，并转化为实际的歧视行为、歧视言论。

而对于"事后真相"问题，媒体报道和一些较早的观点认为，通过各种机制，移民身份会促使个人更大程度地参与犯罪，会提高总体犯罪率。然而，最近的研究结果表明，移民和犯罪之间的联系是消极的，而不是积极的。从

---

〔1〕 事后真相一词最早出现于 1992 年美国《国家》（The Nation）杂志中，多用来形容"情感比客观事实更能影响舆论"的情况。牛津词典将 post-truth 定义为形容词，它描述这样一种情形——客观事实对于公众心理的影响还不如煽动他们的情绪对他们的影响大。

个体层面而言，事实上自 20 世纪 90 年代起，美国移民增加，伴随的是国内犯罪的减少，这就说明美国本地居民而非移民更多地参与犯罪。从宏观层面而言，有研究数据显示在移民占据更高比例的居住地，犯罪率相对更低。然而，公众和政治观点并不一定与学术工作同步。例如，在当前的政治气候下，新闻报道或民调数据显示，许多美国居民认为移民和犯罪密切相关，这并不罕见。

彼得森教授强调，在种族关系紧张的背景下，学者们需要思考当代犯罪和司法问题当中哪些是已知的，哪些是未知的，并注重将研究成果与公众和政策制定者分享，有助于形成适当的讨论并指出哪些额外的研究是必要的。具体来说，需要去解答种族/民族差异的过程是如何形成的，以及这一种族鸿沟反映了怎样的歧视的上层建筑，使受此体系影响的人更难克服成就和社会流动方面的障碍。

关于具体的种族与犯罪关系的研究，之前的关注点一直是较为宏观的结构性解读，学者们通过关注不同种族的特征、社区犯罪中的种族差异等，将种族作为一个"社会环境星座的标记"，个人被嵌入其中。近年来，学者们指出应当考虑种族分化在微观层面互动过程中的特点，这种方法强调少数族裔面临的具体的不平等社会交往的经历，以及这些经历如何影响少数族裔犯罪人的犯罪行为。此外，学者们还认为，不应仅关注因受到歧视而导致的对歧视者的立即回击的犯罪行为，应当重视歧视性因素如何在一般意义上成为少数族裔犯罪的风险因素。其中发展出的一个重要概念是人际种族歧视（interpersonal racial discrimination，以下简称"IRD"），它是指以恶意、虐待或其他方式伤害少数族裔所采取的公然、微妙或隐蔽的行动、语言或信号，IRD 被视为引发犯罪的风险因素。既有的十余项研究表明，IRD 增加了少数族裔青年犯罪的风险，从而导致了犯罪方面的种族差异。但尚不明确的是，少数族裔在童年时经历 IRD 对于他成年之后造成了怎样的影响。对此，美国华盛顿大学和乔治亚大学的三位学者通过援引犯罪的社会图示理论（the social schematic theory of crime，以下简称"SST"），追溯了美国非裔儿童遭受 IRD 对其之后成年期犯罪行为的影响。

SST 的主要内涵是，为了应对严酷的环境以及不可预测的变化，人类生来就具有适应环境、适应社会的能力，但这种为了生存而做出的适应行为可能会引发危险行为，甚至是犯罪行为。SST 是一种学习理论，认为 IRD 属于不可预测的、严酷的以及不公平的社会环境，它通过受歧视个体的认知结构增加了个人犯罪的倾向。具体来说，对一般个体来说，迟延满足——为了获取更长远、更大的利益而自愿延缓或放弃即刻的、较小的满足——是其适应社会、取得成功的必要素质，而犯罪人往往是缺乏迟延满足的品质的，会为了追求犯罪所带来的即刻满足而牺牲其他长远利益。对于遭受 IRD 的非裔美国人来说，他们发觉，周遭环境是一个充满敌意、无法预测的地方，社会规则和惩罚机制不平等地作用于每个人，IRD 培育了他们在认知上坚信，即使迟延满足也无法成功。他们被逐渐养成冲动型或倾向于即时满足、对关系的敌对观点以及脱离传统规范的意识，而这些认知结构都会滋生犯罪行为，这被称为是一种犯罪导向的认知结构（criminogenic knowledge structure）。

　　美国华盛顿大学和佐治亚大学的三位学者认为，在童年时遭受 IRD 所形成认知结构不会因被歧视个体进入成年期而产生根本改变，这是基于累积连续性（cumulative continuity）效应。累积连续性意指发展是通过一个累积增长的过程实现的，在这个过程中，每一项进步都产生于前一项进步，并建立在前一项进步的基础上。用于解释被歧视个体，他过去的经验会将其引导到未来社会环境所产生的互动当中，在这个过程中，个体会积极寻求与他们的偏好和性情相一致的环境，随着时间的推移，他们的世界观和行为倾向被进一步强化。换言之，个体会倾向于选择进入与他们的认知和行为预测相符合的环境（对于遭受种族歧视的儿童来说，也就是一种恶劣的、不可预测的、充满敌意的环境）。同时，有更高的犯罪认知结构的个体更容易被唤起敌对性，作为结果，这些被歧视的个体更不容易进入一个友好的、支持性氛围的社会互动环境当中。而且，犯罪认知结构更高的个体也容易被具有相似世界观和偏好的个体吸引，他们的伴侣也可能具有较高的犯罪认知结构。这就意味着，遭受种族歧视不仅会导致成年之后生活环境的持续恶劣，也会影响被歧视个体的婚姻家庭生活。

　　上述研究深刻分析了非裔美国人犯罪率较高的内在形成机制，突出了童年时期遭受种族歧视的不利影响，强调了反种族主义运动中需要进一步努力的方向。该研究表明，如果想充分理解犯罪和司法体系中种族差异的深层根源，不能仅限于探寻体制因素，也需要重视个体因素。

2. 移民与犯罪的关系[1]

与犯罪的种族问题密切相关的是移民与犯罪的关系问题。根据移民的身份划分，研究大体可以分为非法移民与犯罪——特别是暴力犯罪之间的关系研究，以及合法移民与犯罪之间的关系研究。这两个问题往往交织在一起，对非法移民的过度打击也会影响合法移民的权益，合法移民犯罪率增加或减少的情况也会影响对非法移民的容忍度。

1990 年至 2014 年，美国的非法移民数量增加了 3 倍多，从 350 万增加到 1130 万。这一波移民浪潮使得公众对非法移民的犯罪行为产生了极大的忧虑，从而促使政府出台了移民改革政策和旨在减少非法移民的犯罪政策，对非法移民的担忧可以说是联邦政府近几十年来最高的刑事执法重点。1986 年至 2008 年间，美国边境巡逻人员的数量增加了 5 倍，边境执法预算增加了 20 倍。目前美国政府在移民执法机构（美国海关与边境保护局和美国移民与海关执法局）上的支出，超过了包括联邦调查局（FBI）、缉毒局（DEA）、特勤局（Secret Service）、马歇尔局（Marshal's Service）等在内的所有其他主要刑事执法机构的总和。2005 年至 2010 年间，美国各州立法机构颁布了 300 多部反移民法，包括拒绝向非法移民提供公共福利、服务和医疗保健的规定，以及惩罚雇佣非法移民的雇主和向非法移民出租房屋的房东的法律。对于非法移民来说，这些法律使他们的生存环境更加恶劣，他们几乎被所有形式的联邦援助拒斥。

事实上，假定非法移民和犯罪——尤其是暴力犯罪之间存在关联已经成为公众、政治和媒体话语中反移民叙事的一个核心主张，并且是近年来一些最具争议的移民改革政策的核心依据。这些反移民政策致力于维护公共安全，然而非法移民与犯罪问题之间是否存在关联性（正相关或负相关）是缺乏可靠的经验研究的。

担心非法移民会使得暴力犯罪增多的观点，主要有三个方面的主张：其一，非法移民因为被排除出就业市场，相比于一般美国人可能更容易有经济问题，成为贫困人群。非法移民向社会上层流动的合法机会有限，可能转向

---

[1] See Min Xie, Eric P. Baumer, "Reassessing the Breadth of the Protective Benefit of Immigrant Neighborhoods: A Multilevel Analysis of Violence Risk By Race, Ethnicity, and Labor Market Stratification", *Criminology*, Vol. 56, No. 2, 2018, pp. 302-332; Michael T. Light, Ty Miller, "Does Undocumented Immigration Increase Violent Crime?", *Criminology*, Vol. 56, No. 2, 2018, pp. 370-401.

非法的经济追求，如抢劫、盗窃或贩卖毒品。其二，由于政府排斥非法移民，二者之间无法建立有效的沟通机制，聚集在同一社区的非法移民生活在担心被发现的阴影当中，可能感到被社会孤立，对法律和社会失望，可能会倾向于用暴力解决争端。其三，非法移民往往是一些年轻人，18 岁至 24 岁的非法移民居多，这一年龄段的青年人暴力行为的发生概率处于人生阶段的高峰期。

但是，相反的观点认为非法移民不仅不会增加犯罪，反而有利于减少犯罪。很多移民往往是为了自己和家人而远赴他乡追求更好的经济收益和教育成就，非法移民所要付出的成本更高，害怕被发现、被遣返，因此非法移民比合法移民有更强的动机避免牵涉犯罪。另外，非法移民的注入可以增加税收、开发新的商业和社会资本，补充就业市场。

美国威斯康星大学和普渡大学的研究人员通过对 1990 年至 2014 年美国非法移民与暴力犯罪之间的关系同时进行了横断面分析（cross-sectional analyses）和纵向分析（longitudinal analyses），其中横断面分析显示出非法移民与暴力犯罪之间的弱的正相关性，但纵向分析则表明了二者很强的负相关性，非法移民大体上与暴力犯罪的减少存在关联，无论从警方的报告还是受害人的数据来看，非法移民和暴力之间都存在负相关。研究人员认为纵向分析中更强、更具有统计上显著性的负相关性的重要性要大于横断面分析中较弱的、不具有统计上显著性的正相关性。因此非法移民的增加不仅没有促生暴力犯罪，反而有利于减少暴力犯罪。

相比于非法移民与暴力犯罪问题上正反观点的激烈交锋，合法移民对减少犯罪的影响得到更多美国学者的认可。移民在总体上有利于减少犯罪，这得到了广泛的认可。美国国家科学院（National Academy of Sciences）的评估结论认为，移民已成为美国经济增长不可或缺的一部分，对于创造就业、鼓励创新、增加财富具有诸多优点。但是这种益处是否适用于不同种族背景的群体、其减少犯罪的原理和机制如何，尚无定论。

既有观点认为，移民的大量集中会增加经济机会、增加家庭的稳定性，并促进更广泛、功能更强的社会网络，因此移民的集中与犯罪行为之间存在负相关，大多数学者认为移民对犯罪控制的优势功能是一种线性过程（移民越聚集，犯罪预防效果越好）。但少数学者认为，移民在犯罪防控方面存在"门槛效应"（threshold effects），即移民的上述益处只有在移民人口超过一个高水平的临界点时，才可能对所在社区的振兴和犯罪预防发挥作用。当移民在人口中只占很小比例时，上述积极作用可能不会产生。

立足于上述观点，马里兰大学帕克分校和宾夕法尼亚州立大学的犯罪学学者利用 2008 年至 2012 年美国全国犯罪受害调查的相关数据，证实了"门槛效应"的存在。在移民集中度低的地区，移民虽然没有减少犯罪的作用，也没有明显的促生犯罪的作用；当移民在社区的聚集程度接近或高于全国移民密集度的平均水平（13%）时，暴力犯罪案件数量会显著降低，移民聚集对暴力犯罪具有较强的抵制作用。另外，相比于黑人和白人社区居民，拉丁裔居民从移民聚集中获得了更大的抵制暴力的好处，这可能是因为拉丁裔居民与移民住得更近，具有更相似的社会文化特征。

值得注意的是，尽管越来越多的实证研究显示移民有利于犯罪防控，但一些政客和大部分公众仍然对此抱持怀疑态度，他们对移民具有根深蒂固的刻板印象，这种印象通过新闻媒体的"选择性"报道或耸人听闻的偶发事件的报道加以强化。这恰恰呼应了前文俄亥俄州立大学彼得森教授的观点，事后真相这样的煽动情感比描述客观事实更能影响舆论的不利因素，且仍然广泛存在。研究如何引导民众用科学分析代替非理性的情绪、正确对待移民与犯罪之间的关系，仍然是任重道远的。

3. "有问题的青少年"群体的犯罪与被害问题[1]

少数族裔和移民都可以被视为社会的边缘群体或非主流群体，还有一类社会边缘群体得到了美国学者的关注。这部分群体包括女同性恋者、男同性恋者、双性恋者和有问题的青少年（lesbian，gay，bisexual，questioning youth，以下简称"LGBQ"），他们在学校携带校园武器、遭受伤害、社交孤立的风险更高。

尽管在过去几十年里，校园暴力有所减少，但它仍然是一个持续存在的严重问题。2014 年，12 岁至 18 岁的在校学生中发生了 85 万多起非致命性伤害事件，相当于每 1000 名学生中就有 33 起伤害事件。在同一年，65% 的公立学校报告称，校园中至少发生了 1 起暴力事件。学者们探索了校园暴力的诸多方面，包括受害者和行凶者的经历，以及校园暴力的各种原因和后果，一

---

〔1〕 See Deeanna M. Button, Meredith G. F. Worthen, "Applying a General Strain Theory Framework to Understand School Weapon Carrying among LGBQ and Heterosexual Youth", *Criminology*, Vol. 55, No. 4, 2017, pp. 806–832.

直受到注意的一个令人感兴趣的领域是在学校使用武器。这些数字比例在那些认为自己是 LGBQ 中占比更高。LGBQ 携带武器上学的比率是异性恋青年的 3 倍到 6 倍。

狄安娜·巴顿（Deeanna M. Button）等人的研究认为，校园中的 LGBQ 群体无论在受孤立或其他伤害的被害方面，还是携带武器等越轨行为方面，其比例都高于普通的青年群体（异性恋同龄人）。LGBQ 更有可能遭受武器威胁或攻击、忍受频繁的身体暴力或因其性取向等问题遭受嘲弄和欺负。与此同时，LGBQ 会因此产生攻击性反应，其携带武器的比例更高。

如何解释 LGBQ 的上述特征？经典的犯罪学理论——一般紧张理论（general strain theory）可以进行很好的诠释。一般紧张理论认为紧张或压力是犯罪、越轨以及其他消极行为产生的主要原因。压力可以表现为四种形式：①目标未能实现；②期望与成就的脱节；③缺乏积极的刺激；④消极刺激的存在。当一个人没有得到他想要得到的对待时，压力就会产生，随之而来的负面情绪就会产生，并成为引发犯罪行为的催化剂。有害的或犯罪的行为被认为是逃避令人厌恶的情况的手段，或者是当无法逃脱逆境时，情感上的"反击"。但并不是所有经历过紧张的人都采用消极或犯罪的应对方式，那些能够获得社会支持或认知、行为或情绪应对策略的人更不容易出现适应不良、越轨或犯罪行为。理论家认为，这是因为这些资源允许个体以更亲社会和更有效的方式处理负面情绪。对于那些缺乏社会支持的人来说，犯罪行为可以作为压力的一种反应，因为犯罪是可以通过逃避、补偿和报复作为解决问题的一种适应性手段。校园武器携带行为与感觉脆弱、受到威胁或目标感密切相关，这些经历在美国学校的 LGBQ 中尤其常见。

如何减少 LGBQ 的被害与犯罪行为？巴顿等研究者认为学校管理者应当引入接受过 LGBQ 相关问题的教育和培训的专业人员，让这样的专业人员和 LGBQ 之间建立良好的联系和沟通机制，对其越轨行为进行干预，对其被害情况进行抚慰和犯罪预防，使 LGBQ 群体相信学校具有解决相关问题的能力，从而降低其紧张感和压力感。此外，同性恋-异性恋联盟（GSAs）和其他支持性团体、非学术咨询机构、学校反欺凌政策、学生法庭或其他学生机构以及同辈辅导系统都可以改善 LGBQ 学生的上述问题。

（二）犯罪的生理差异

1. 性别差异[1]

犯罪中男性和女性犯罪情况的差异研究主要涉及两个方向：一是在侧重两性犯罪特征对比的基础上研究两性犯罪特点的区别，尤其是试图探寻为何男性犯罪率要明显高于女性犯罪率；二是重点讨论女性犯罪的生成变化，关注女性犯罪的最新趋势和内在机理。

男性的犯罪率高于女性是一个不争的事实，犯罪的性别差异在不同的时空、文化当中都存在。证据表明，反社会行为的性别差异早在婴儿时期就可以被观察到。为何会存在上述性别差异呢？对此，至少存在四个相关的犯罪学理论：社会控制理论（social control theory）、差别交往理论（differential association theory）、紧张理论（strain theory）和重新整合性羞辱理论（reintegrative shaming theory）。

社会控制理论认为，对男性和女性在培养和社交方面的差异源于性别预期。这些差异会促使女性产生同理心和情绪调节等特质，从而提高她们控制冲动的能力。与此同时，以冲动和冒险倾向为特征的男性自我控制水平较低，被认为更容易产生犯罪行为。差别交往理论提出，男性犯罪率较高的原因是，女性与犯罪同龄人的关系更密切，她们可能受到更严密的监督，与非传统他人互动的机会更少。该理论还表明，由于社会学习，男性更有可能被教授强调冒险等特征的身份，并持有鼓励冒犯的信念。而紧张理论提出了这样的观点，即性别差异可以归因于男性对紧张的高度暴露和对紧张的情绪反应，这更有利于促生犯罪。重新整合性羞辱理论强调，女性比男性经历更多的自我意识情感，使她们更不容易犯罪，这些理论分别有实证研究加以佐证。

上述社会性导向的观点是解释犯罪性别差异的主流理论，这些理论都不是无懈可击的，存在若干局限性，如实证研究并没有明确支持哪一个理论；理论无法完全解释性别差异；解释不同类型犯罪的性别差异的能力不足；缺乏纵向数据的检验；等等。特别是，上述理论无法解释为什么早在 17 个月的婴儿时期就能观察到反社会行为的性别差异，而且这种差异可以持续到成年。

---

[1] See Olivia Choy et al. , "Explaining the Gender Gap in Crime: The Role of Heart Rate", *Criminology*, Vol. 55, No. 2, 2017, pp. 465–487; Jukka Savolainen et al. , "Does the Gender Gap in Delinquency Vary by Level of Patriarchy? A Cross-National Comparative Analysis", *Criminology*, Vol. 55, No. 4, 2017, pp. 726–753.

考虑到这些限制，社会学家也承认，包括生物学因素在内的其他原理也有助于解释犯罪行为中的性别差异，尤其是用来解释为何在相似的环境下，女性的犯罪率仍然低于男性。

既有的检测生物因素是否构成性别差异基础的一项研究认为，男性性激素可以解释为何男性犯罪率高于女性。另一项研究发现前额皮质三个区域的灰质体积差异能够解释反社会行为中的性别差异。以宾夕法尼亚大学的犯罪学研究者为主的研究团队以 894 名参与者为样本，研究静息心率（resting heart rate）是否对性别与犯罪之间的关系产生影响，研究者检验了参与者在 11 岁时的静息心率以及 23 岁时刑事犯罪的情况。在控制了体重、种族、社会劣势等变量之后，发现男性在 11 岁时的静息心率更低，这可以在一定程度上解释为何男性在 23 岁时的犯罪率更高。在另外一项针对 35 302 名个体进行的研究中，1 周岁到 79 周岁的各个年龄段样本里，女性的心率都明显高于男性，甚至在对出生 1 天至 7 天的新生儿的研究中也发现，女婴的心率明显高于男婴，个体一生中出现心率上的性别差异在出生时就已存在。

具体来说，较低的静息心率被广泛认为与反社会行为和犯罪行为存在关联，其中发挥作用的机制是无畏（fearlessness）。低心率与自主神经觉醒的降低有关，个体的恐惧程度会降低，更有可能从事反社会行为。低心率也会使得个体通过反社会行为寻求刺激。较低的静息心率也会影响其他心理变量，如自我控制、预期羞辱、情绪变化等，这些因素也会对犯罪的性别差异产生影响。

这种以生物学理论为基础的阐释并不意味着对经典的社会学理论的对立与否定，相反，二者可以相互印证。心率的高低会造成个体在自我控制方面的差异性，这补充了社会控制理论对性别差异的解释，因为与性别相关的心率差异可能有助于解释自控能力的性别差异，而自控能力的性别差异反过来又会导致犯罪率的差异。研究结论也符合重新整合性羞辱理论，低静息心率与情绪有关，比如对攻击行为感到内疚或羞耻的可能性较低，心率低与同理心减少有关。这种关联支持了来自重新整合性羞辱理论的观点，即自我意识的情感可能介导性别与犯罪之间的关系。

对于主要研究女性犯罪的路径而言，弗雷达·阿德勒（Freda Adler）1975 年的著作《犯罪的姐妹：新女性犯罪的上升》（*Sisters in Crime：The Rise of the New Female Criminal*）被视为是以性别作为研究中心的理论发展的起点。阿德勒认为，处于公共领域的女性具有较少的传统性别意识形态，并以此为前提，提出了被解放的女性可能会犯更多的罪，从而激发了一种从妇女解放观念出发的犯罪学观点。西蒙（Simon）在其专著《妇女与犯罪》（*Women and Crime*）中指出，传统上妇女比男性的犯罪机会少，因为她们参与家庭以外的活动的场合更有限。因此，学者们假设，随着女性在社会上地位的进一步提升，她们会在生活的各个领域模仿男性——包括犯罪领域。

密歇根大学的尤卡·萨沃莱恩（Jukka Savolainen）教授等多名研究者根据 30 多个国家 67 883 名受访者的样本，研究犯罪的性别差异问题。他们研究所贯穿的主线是：男性和女性的犯罪情况如何受到父权制固有的性别不平等的影响。其中对于父权社会的衡量借鉴了联合国开发计划署（United Nations Development Programme）的性别不平等指数（the gender inequality index），该指数描述了各国在人类发展和社会成就领域的性别差异。主要评估了三个方面：生殖健康、赋权和经济状况。为了捕捉这些维度，该指数纳入了某些衡量指标中不同性别比例的差异，包括受教育程度，这是基于受过一些中等教育的成年人的比例，以及 15 岁以上人群的劳动力市场参与率。该指数还包括基于产妇死亡率、青少年出生率和妇女在议会中所占席位比例的计算。可能的指数得分范围从 0 到 1，0 表示性别平等，1 表示男女之间最大的差异。研究结果显示，在国家父权制水平降低的情况下，犯罪的性别差距会减少。回归系数计算的概率预测表明，这种缩小是女性犯罪率上升的结果。

具体来说，犯罪中的"男性效应"在男权价值重的社会中表现得最为明显，这一社会结构当中女性也处于更为不利的地位。而在男权价值（重男轻女）更轻的体系当中，研究发现男性会更少犯罪，女性会更多犯罪（相比于男权价值更重的体系）。但一个国家在结构条件方面可能更具父权制，而在性别规范价值方面则不那么父权化。例如，在上述研究当中，塞浦路斯虽然在结构上不那么具有父权化特征，但塞浦路斯的男性似乎更受传统的男性气概以及其他父权价值的影响，男性的犯罪率更高。也许文化的改变，而不仅仅是社会结构的改变，是显著减少男性犯罪的必要条件。

关于为什么父权观念的减少会导致更少的男性犯罪，除了社会结构的改变、文化的改变之外，也与受教育程度等其他因素相关。父权制的衰落改变了西方民主国家的社会秩序，女性劳动力参与率的增长导致了美国父权家庭结构的侵蚀。由于经济独立程度的提高，当代女性结婚的可能性更小，离婚的可能性更大。"女性的崛起"在教育领域尤其引人注目。在美国，男女受教育程度的差距不仅缩小了，而且在 1960 年以来出生的人群中，女性的教育表现也比男性好得多。但如何解释女性犯罪率的提升，需要从个体层面和社会层面进行更深入的检验和分析。

2. 基因差异[1]

美国萨姆休斯顿州立大学、内布拉斯加大学的六位研究人员关注基因与压力源之间的关系，用以解释犯罪和越轨行为的变化。虽然遗传学研究中发现，反社会行为中约 50% 可以归因于遗传因素，但仍然需要大量的工作来揭示基因变异导致反社会行为（包括犯罪行为）风险的确切形成途径。其中的一个研究路径是对基因—环境相互作用的研究。这一路径认为，精神病理学不同形式的发展，包括显著的反社会行为，受到了复杂的生物和环境过程交互作用的影响。

研究结果表明，MAOA-uVNTR 基因与犯罪行为相关。但并不是说二者直接相关，而是必须借助外在环境的介导作用发生关联。基因变异的存在并不绝对导致犯罪行为，只是在特定环境下被激发之后，才与犯罪存在关联性。换言之，反社会行为的形成受到了生物和环境过程复杂的交互作用的影响，这是一种基因—环境互动的观点。研究显示，MAOA-uVNTR 基因分解单胺类神经递质，表现出对血清素和去甲肾上腺素的偏好。在那些经历过童年虐待的人群中，携带 MAOA-L 基因的人表现出更明显的行为障碍和更高的暴力犯罪率。

四、其他研究

（一）恐怖活动的犯罪学解读[2]

虽然恐怖活动犯罪的研究在近些年呈爆炸式增长，但研究主要借助的是政治学、社会学、心理学等学科的理论，很少有学者运用犯罪学理论来解释个人参与极端主义政治暴力的行为。究其原因，可能是政治观念驱动的暴力犯罪在很多方面与普通犯罪不同。政治暴力的首要目标和最终理由是实现某

---

[1]　See Jessica Wells et al., "Stress, Genes, and Generalizability Across Gender: Effects of MAOA and Stress Sensitivity on Crime and Delinquency", *Criminology*, Vol. 55, No. 3, 2017, pp. 548-574.

[2]　See Gary Lafree et al., "Correlates of Violent Political Extremism in the United States", *Criminology*, Vol. 56, No. 2, 2018, pp. 233-268.

种政治目的，犯罪人会认为自己的行为是利他的，会对更广泛的民众带来更大的好处，但普通犯罪的罪犯很少认为他们的罪行是利他的。此外，普通犯人总是极力避免自己的罪行被别人发现，但政治暴力的犯人往往寻求更多的"观众"，这可以解释犯罪学理论在政治暴力犯罪解读中的缺位。

美国著名犯罪学研究机构马里兰大学帕克分校的加里·拉夫里（Gary Lafree）教授认为，尽管政治暴力犯罪和一般犯罪之间存在上述差异，但从犯罪学角度来理解极端主义分子的犯罪特征和犯罪动机仍然是有意义的。与普通犯罪类似，政治暴力行为破坏了社会信任，对所在社区造成恶劣影响，最重要的是，犯下普通罪行的个体和犯下恐怖犯罪的个体在基本特征上是相似的，年轻人从事这两种犯罪方式的程度都远远超过其他人口群体。

拉夫里教授等研究者研究了1473名参与了极端组织的美国公民。通过适用经典犯罪学理论，研究得出的基本结论是，是否具有稳定的就业、是否有政治观点激进的同辈、是否患有精神病以及是否具有犯罪记录，这几个因素可以预测行为人从事暴力极端犯罪的情况。

上述研究具有重要的刑事政策/社会政策意义。首先，稳定的就业往往导致积极的社会关系的发展，并需要个人时间和注意力的投入，这可能会抑制极端主义活动。强调获得与工作相关的技能的打击暴力极端主义（countering violent extremism，以下简称"CVE"）项目对于促进高危人群的持续就业可能是有效的。其次，研究发现，那些激进化易发生在由志趣相投的极端分子组成的虚拟和面对面网络中的个人之中，他们极有可能采取暴力行动。当同伴们被组织成一些小的、孤立的群体时，常见的偏见机制，如群体思维和组内/组外偏见，往往会产生越来越极端的行为。必须考虑到同伴关系在激进化过程中发挥的重要作用，制定CVE项目和执法遏制战略。再次，有效的CVE工作需要心理健康和社会服务专业人员作为预防和干预工作的利益攸关方。这些专家可发挥重要作用，与社区领导人合作，确认患有精神卫生问题的高危个人，在社区和执法部门之间建立信任，并将CVE作为一项公共卫生关注事项。最后，那些在极端主义信仰形成之前就从事犯罪行为的人，在激进化后更有可能尝试或实施暴力行为。关于犯罪和恐怖主义行为之间联系的研究结果显示，恐怖主义集团与犯罪组织、街头帮派与恐怖主义集团以及刑事司法系统内的政治激进主义之间有一些相似之处。重要的是将这些可能从事极端暴力行为的人尽早识别出来。

桑普森和劳布提出的生命历程理论认为，一些生活事件发挥了个体与社会关联的纽带作用，是生命中的转折点。其中，就业、婚姻、教育、从军经历都会影响个体与犯罪的关系。拉夫里教授等人认为上述四个特征可以作为预测从事政治暴力犯罪的因子，但既有的一些犯罪学以外的研究情况也值得重视。例如，三K党（Ku Klux Klan）的组成成员的职业范围很广泛，从蓝领工人到企业主。还有研究认为，参与恐怖活动的个体往往不是社会中最贫困的成员，而且参与恐怖活动的人比普通民众的受教育程度更高。贝雷比（Berrebi）对哈马斯和巴勒斯坦伊斯兰圣战组织进行分析发现，与该组织有关联的个体，特别是自杀式炸弹袭击者，通常可能接受中等或高等教育，这高于普通的巴勒斯坦公民。而对于政治暴力分子的婚姻、从军经历与其从事政治暴力行为之间的关系，既有研究的结论并不统一。

拉夫里教授认为，未来的研究应该着眼于从犯罪学的发展角度来揭示意识形态和非意识形态因素如何共同作用，随着时间的推移形成暴力极端主义行为。例如，应当努力将儿童和青少年早期存在的各种因素的影响，如创伤、家庭破裂、父母犯罪和忽视，纳入激进化理论。这样做可以更准确地解释为什么一些极端分子会施行暴力，而另一些极端分子则不施行暴力。

（二）民众对死刑的态度[1]

世界上近70%的国家在法律上或实践中废除了死刑，美国是世界上少数继续使用死刑的国家。了解公众对死刑适用的意见是很重要的，因为它既影响立法者对于政策的重塑，也影响法官对现有政策的解释。

根据美国民调公司的调查，总体趋势显示，从1950年末到1960年中后期，支持死刑的人数开始下降，然后在整个1970年和1980年，支持死刑的人数逐渐增加，在1990年又开始下降。尽管随着时间的推移出现了波动，但自20世纪60年代末以来，超过一半的美国人表示支持死刑，目前的支持率估计为61%。虽然大部分美国人支持死刑，但在社会和政治团体内部，不同的种族、宗教和政治背景的公民之间，存在着差异。来自美国多所高校的学者针对这一问题进行了研究，他们使用了1974年至2014年美国普通社会调查（general social survey）中民众是否支持死刑的数据进行分析。研究发现，

[1] See Amy L. Anderson et al., "Age, Period and Cohort Effects on Death Penalty Attitudes in the United States, 1974-2014", *Criminology*, Vol. 55, No. 4, 2017, pp. 833-868.

目前对死刑持支持态度的主要集中于白人、新教徒和共和党人当中。

支持死刑已成为更多的美国白人新教徒的观点，其背后可能涉及少数威胁假说和冲突理论，社会多数群体倾向于利用更严厉的社会制裁来捍卫他们的既得资源和权利。美国白人对死刑的支持率高于非白人群体，尽管这一差异可能在逐步缩小，新教徒也会倾向于动用严厉的刑罚。天主教和其他宗教信仰者相对来说更不支持死刑。而关于共和党人和民主党人的死刑态度，尽管在 20 世纪八九十年代两党在支持死刑方面的差异缩小了，但是进入 21 世纪，这一差异开始显著扩大。21 世纪初美国犯罪率的降低使得民主党人和其他无党派人士倾向于适用更缓和的刑罚，但共和党人则不然。

研究的另一个重要发现是，暴力犯罪率的变化与民众支持死刑的态度之间存在关联性。但民众对暴力犯罪率的感知主要是通过新闻媒体的报道，当媒体优先报道、过度渲染暴力犯罪时，公众的感知可能存在偏差，立法者有时也会根据对犯罪形势的误解制定刑事司法政策。此外，研究还发现，相比于中年人，美国年轻人和老年人更少支持死刑，女性也比男性更不可能支持死刑，但对于出生在 20 世纪 50 年代至 70 年代的美国人来说，这种差异要小得多。

研究总体认为，民众对死刑的惩罚态度与特定的文化和历史背景相关，种族、政治和宗教影响的变化导致了死刑支持者人数的变化。美国的白人、新教徒和共和党人最有可能支持死刑适用，但拥有这些身份标签的公民数量在美国人当中逐渐减少。

（三）铅暴露与犯罪行为[1]

美国在 20 世纪很长一段时间里，作为一种危险环境的铅暴露普遍存在。美国在 20 世纪 70 年代开始禁止在汽油和油漆中添加铅，但铅仍然广泛存在于人们的生活空间当中。铅中毒对儿童的影响很大，婴儿时期接触铅会有害发育，并产生长期的负面后果。铅会加重多动症、冲动行为和心理健康问题，这些问题被证明与犯罪行为有关。

铅暴露在空间上的分布是不均匀的，美国当代的铅暴露与贫困的少数族

---

[1] See Robert J. Sampson, Alix S. Winter, "Poisoned Development: Assessing Childhood Lead Exposure as a Cause of Crime in a Birth Cohort Followed Through Adolescence", *Criminology*, Vol. 56, No. 2, 2018, pp. 269-301.

裔、少数社区以及少数个体相关，这主要是由于含有铅涂料残余的破旧房屋主要由这些人居住。因此，铅可能是一种将不平等与犯罪联系起来的机制。大多数当代的铅暴露来自于铅污染的房屋灰尘，这些灰尘是由铅涂料和土壤中残留的铅造成的，这些灰尘不知不觉地进入了家庭，并在儿童很小的时候通过正常的童年行为被摄入。因此，铅作为一种外部毒素，对儿童来说比许多发育学或犯罪学的主要研究对象更具有外源性。父母也常常不知道孩子所处环境中的铅含量。尽管铅涂料被明令禁止，但仍存在于数百万套住房中，有时是因为房屋翻修引起的，有时是因为房东用新刷过的油漆将其隐藏起来，等新刷的油漆剥落时，这些铅涂料就会暴露出来。

科学界一致认为铅暴露会造成严重损害，而且铅依旧是当代社会的威胁，特别是在贫困和种族隔离地区，但现实中学界对儿童铅暴露和犯罪发展过程的了解却少得惊人。特别是，对代表性样本的长期随访的纵向研究是罕见的。对此，哈佛大学著名犯罪学家桑普森及其同事对芝加哥社区人类发展项目（the project on human development）中 200 多名婴儿的铅中毒与违法行为之间的关系进行了四次纵向跟踪，研究显示，铅暴露是导致儿童早期发育不良的诱因，儿童时期的铅暴露与个体长大之后的反社会行为之间存在相关性。铅与反社会行为之间的关系是通过类似冲动等心理问题作为介导因素而发生的。铅中毒会导致儿童大脑和神经系统的损伤，会使得儿童面对家长和老师时的态度更冲动、具有攻击性。

如果说犯罪学家李斯特的名言："最好的社会政策就是最好的刑事政策"历久弥新，具有强大的生命力，那么上述研究的一个重要启示是，最好的环境政策也会成为最好的犯罪政策。大力整治残留的铅，减少铅暴露，不仅有益于居民——特别是儿童的身体健康，也会是一项有效预防和减少犯罪的政策。

（五）毒贩文化中幽默的意义[1]

叙事犯罪学（narrative criminology）是美国犯罪学中一个不断发展的领域，研究者主要探索罪犯的叙述如何塑造他们的（犯罪人）身份以及相关的犯罪动机。叙事犯罪学建立在心理学、社会学和社会语言学基础上，认为人

---

[1] See Timothy Dickinson, Richard Wright, "The Funny Side of Drug Dealing: Risk, Humor, and Narrative Identity", *Criminology*, Vol. 55, No. 3, 2017, pp. 691-720.

们的生活是不断与叙事交织在一起的，如果离开了叙事，就很难理解个体如何看待他们的身份与经历——或者说他们对于"自己是谁"的认知。当回忆生活事件和经历时，回忆是带有主观色彩的，被回忆的事件和经历存在一些有目的的排序，个体有选择性地组织他们生活中的事件，目的是服务于他们所描述的故事的"要点"，这个过程被称为"情节化"（emplotment）。经由情节化，个体回溯性地赋予一系列行为和事件以意义。也就是说，他们强调一些回忆（同时牺牲其他记忆），以向自己和他人解释过去的事件和经历如何与他们的现状和自我身份相关联。

个体建构其当前身份主要通过两种方式：一是将其现在的身份与过去的行为和身份联系起来，这可以被视为一种身份"统一"的过程；二是将现在的身份与过去的行为和身份区分开来，这属于"区隔"的过程。此外，个体还通过建立符号边界，如通过定义他们"不是怎么样的"，来将自己与其他人区分开来，建立自己的独特属性。

叙事也是由文化组成的，通过叙事，群体成员就事件的解释、好坏价值的区分以及如何选择行动或不行动达成一致。这发生在讲故事者和观众之间社会认同的相互过程中。当叙述者分享故事（以及其中的道德准则）时，他们会在社会上认可拥有相似规范、价值观和信仰的听众。同样地，当听众听到这些故事并认为它们是可以接受的，他们就会在社会上认可这些故事的内容，从而认可叙述者。这种相互认同为叙述者和听众提供了一种群体认同感，以避免他们将自己视为局外人或被别人视为局外人。

犯罪学家运用叙事分析的方法做出了重要的贡献，他们阐述了罪犯的叙事如何解释和构建他们的离经叛道或亲社会身份，并维护他们的文化权威。但是需要注意的是，犯罪人如何讲述这些故事的方式也是很重要的（如语气），这是因为：其一，故事的讲述方式会影响观众对其内容的感知。叙述的语气可以表明它对听众的突出之处，因此也就说明了对叙述人来说什么是重要的。其二，与之相关联的是，讲述故事的语气也反映了讲述者的身份，帮助讲述者和听众确定一种情境。

得克萨斯大学的蒂莫西·狄金森（Timothy Dickinson）和佐治亚州立大学的理查德·莱特（Richard Wright）研究了犯罪人的诋毁性幽默在影响他们的身份认同当中发挥的作用。他们主张，幽默是一个关键机制，个体通过幽默来表达对事件以及身份的理解。他们将幽默定义为个体意图激发他人愉悦、快乐的认知、情感或生理反应的口头表述或行为表达。幽默也可以指上述的愉悦感、快乐感等反应。幽默包括诸如玩笑、俏皮话、讽刺和反讽等言语手段，以及诸如快速呼气、扬起眉毛、大笑和微笑等身体表达。尽管个体在独处时确实能感受到幽默，但它主要是发生在社会互动者之间的一种现象。

来自不同学科的学者，包括人类学、传播学和语言学、哲学、心理学和社会学，都强调了幽默的几个关键功能。首先，个体经历或承担的压力、风险或不确定环境都可以通过幽默缓解其中的焦虑和负面情绪。其次，个体通过使用幽默来表达对他人的优越感，这种幽默的使用将幽默者与他们所调侃的对象区分开，从而降低了他者对幽默者所施加的威胁感知，还表达了个体的文化权威。当人们以这种方式使用幽默时，他们是在有针对性地尝试与他人建立社会联系。当听众对这类幽默反应良好时，这可能意味着听众理解了幽默者心照不宣的暗示内容，他们分享了相似的看法，也许最重要的是，听众承认并赞许了幽默者试图表达的身份，这种赞许可以建立或加强听众和幽默者之间的群体团结。幽默在建立和维持社会关系方面的作用不止于此，幽默的一个独特的方面是可以用于"检验"听众是否理解并赞同他的观点、是否认同他们的身份，而不必担心会招致破坏团结的后果。如果效果不好，大可以"我就是开个玩笑"来结束。基于这些原因，幽默成为人们与他人互动时表达自我身份的常用工具。

通过对居住在密苏里州圣路易斯的 33 名活跃毒贩的深度访谈和观察，狄金森和莱特发现毒贩在描述自己和非常危险的贩毒经历时喜欢使用贬损性的幽默语言，幽默主要在两个方面促进了身份认同：其一，毒贩的幽默的叙事象征性地将自己（自我认同为"聪明的"毒贩）与那些"愚蠢的"毒贩区分开来。其二，这些叙事还象征性地降低了他们对威胁的感知，特别是来自警方和警方线人的威胁。

毒贩认为，那些做出或可能做出引起警方注意行为的毒贩是"愚蠢的"。毒贩嘲笑那些被警察逮捕的人。例如，一位毒贩在描述另一位被警方抓获的毒贩时进行嘲讽，说他把四分之一磅的大麻放在车里太蠢了。再如，一个 30 岁的白人海洛因售卖者将另一名售卖者形容为"蠢货"，因为他进入一家全是黑人的地点买毒品，很容易引起警方的注意。不仅如此，毒贩还会调侃那些虽然没有被逮捕但是行事很不稳妥的毒贩。这些故事当中的贬低性幽默在建构幽默的毒贩与他们所描述的"愚蠢的"或轻率的毒贩之间的符号性界限当中发挥了作用。通过幽默这种方式，毒贩认为他们的地位等级更高，与那些所谓"愚蠢的"毒贩相区别。表现在用语当中，他们会倾向于使用整体代词"他们"（they）、"人们"（people）来指代"愚蠢的"毒贩。

除了划定愚蠢和聪明毒贩的符号边界，幽默还发挥着证实和维护亚文化权威的作用，即什么是聪明的毒贩。其中最重要的能力就是逃避警察和逃避处罚的能力。如果一名毒贩没有做大摇大摆卖毒品、带陌生人来进行交易、随便把信息透露给外人等愚蠢的行为，那么他就基本上符合了这种亚文化。为了证明他们拥有这种亚文化资本，以及他们对这种资本在他们各自的毒品交易圈子里亚文化权威的构成，毒品贩子们幽默地诋毁那些行为不检点的毒品贩子。此外，毒贩还通过幽默地将自身过去行为形容为愚蠢，以此来构建当下的身份。如形容自己当初没有贩毒经验、畏惧警察、认为现在的自己更加聪明等。

该研究以幽默为毒贩叙事的切入点，揭示了毒贩维护其身份和群体文化的机制。在犯罪学的意义上，幽默的作用之一是降低了毒贩对于被警方抓获的风险认知。既有研究表明，经历相同威胁环境的人，如纳粹占领或住在离核设施很近的地方，会彼此分享关于他们共同困境的幽默故事。通过这样做，他们可以改变对这些情况的看法，使它们变得不那么具有威胁性，也更易于管理。毒贩和他们的同伙也表现得很相似，在他们对这些威胁的叙述中使用幽默，通过三种方式减少他们对这种威胁的感知，为他们的身份认同工作。它低估了他们对于"明显的""不诚实的"和"无能的"警察发现和惩罚他们的意愿和能力的理解；将潜在的"告密者"分类为无威胁的，并积极地将毒贩的身份与他们过去和当前面对这一威胁的经历联系起来，产生一种积极的"幻象"，认为自己过去贩毒时太愚蠢，但现在很聪明，因此认为不容易被警察抓住。

这对于威慑理论的理解具有启示性，只有当犯罪人感知到惩罚的风险时，威慑才会发生。潜在的罪犯是否会放弃或改变他们的犯罪计划在很大程度上取决于他们的认知，也即威慑作用的实现关键不在于客观，而在于主观。狄金森和莱特希望通过探寻幽默来更好地认知犯罪人的内心世界，以更好地进行犯罪预防和犯罪干预。

第二节 警 务

一、热点地区警务问题[1]

在犯罪热点地区加强警务工作，能够有效预防犯罪，这是过去警务研究中的共识，密集的警力配备通常被视为是犯罪率下降的可信影响因素。

热点地区警务的犯罪控制效果有两个犯罪学理论加以支撑，即一般威慑理论以及减少犯罪机会理论。传统的跨司法管辖区域的警察的预防性巡逻、对犯罪事件的快速响应以及后续调查对罪犯的威慑性影响很少。相反，当警察把注意力集中在犯罪高发区的小区域时，就可以大大提高在热点犯罪场所发现犯罪和逮捕犯罪人的可能性，提高潜在罪犯对被抓捕的风险认知，从而有效解决犯罪和混乱问题。

以抢劫为例，抢劫案件引发的恐惧对于城市居民的生活质量具有深远影响，根据对劫匪的深度访谈和其他证据，劫匪对于犯罪地点的选择遵循着理性选择的观点，他们更希望先发制人，获得尽可能多的财产，然后安全逃离，他们必须考虑在什么地点实施抢劫更方便逃跑。因此，地点对于决定是否实施抢劫特别重要。研究人员发现，1980 年到 2008 年间，波士顿大约 66%的街道抢劫案集中发生在该城市 8%的街道和十字路口。因此，判断哪些地点是热点警务地区并相应配备更密集的警力，可以有效预防和减少犯罪。

美国乔治梅森大学和天普大学的几位研究者为了验证热点地区警务与传统警务之间防控犯罪的优劣对比情况，在一个模拟的城市中测试了两种警务方式，研究结果表明，相比于传统警务的随机巡逻方式，热点警务能够在更大程度上减少热点地区的犯罪，对当地犯罪率产生实质性影响。并且，热点警务对于犯罪率较高的地区的影响更大。对于存在严重犯罪问题的城市，热点警务的优势更明显。

但是，研究也谨慎地指出，虽然热点地区警务能够有效防控犯罪多发地点的犯罪率，但是从更广泛的区域考虑，如从整个城市的犯罪率来看，热点地区警务是否会造成顾此失彼的不利后果？这也是下一步警务研究需要关注

---

[1] See David Weisburd et al., "Can Hot Spots Policing Reduce Crime in Urban Areas? An Agent-Based Simulation", *Criminology*, Vol. 55, No. 1, 2017, pp. 137–173.

的问题。

二、警方与民众关系研究[1]

一些要求警方实施改革的主张呼吁警察应转变与民众的互动方式，特别是与少数族裔的互动。因为当警方与民众的互动良好时，他们会认为警方是公正的，更愿意遵守法律、与警方合作。

警方与民众良好互动根植于一种遵从的规范性理论，该理论强调警察在执行公务时遵循程序的正义性和对待执法对象的公平性，人们愿意遵守法律并与警方合作，是基于他们相信警方的行动是正确的、一视同仁的。公平对待执法对象不仅可以减少警方遭遇敌对态度可能带来的伤害，而且还会促进民众态度和行为的改变。一些研究人员认为，公平、尊重地对待民众本身就是一种犯罪控制形式。

美国警方与民众，特别是与少数族裔民众的关系紧张问题由来已久，各地多发的抗议警方的活动凸显了这种紧张关系。尽管其中的很多抗议活动起源于警察射杀黑人居民，但透过这些事件可以看到，警方的行为不仅影响人们对警察及其合法性的看法，也会影响人们与执法部门合作的意愿，甚至可能会促生违法犯罪行为。

根据费根（Fagan）和泰勒（Tyler）的观点，对法律、执法部门公正性的态度是在儿童和青少年时期的法律社会化过程中形成的。法律社会是个体社会经验的积累，包括个体的观察和经验、与他人的分享和通过媒体的报道。与警察直接接触的经历对法律社会化过程特别重要，因为警察是国家权力的代表，与警察的接触和互动时，人们直接感受法律权威，通过与警察的互动，人们获取自身在社会秩序中位置和处境的信息。认为自己受到公平对待的公民会认为自己受到了主流社会的尊重，是社区中有价值的一员，这种被认同感促进了民众与警方的合作。相反，当人们对执法部门对待他们的方式感到不满时，就会使他们与主流社会疏远，对警方的看法产生有害影响，导致若干消极后果。

---

〔1〕　See Lee Ann Slocum, Stephanie Wiley, "'Experience of the Expected ?' Race and Ethnicity Differences in the Effects of Police Contact on Youth: Variability in the Consequences of Police Contact", *Criminology*, Vol. 56, No. 2, 2018, pp. 402-432.

这对于年轻人尤其重要，因为他们的身份认知的行为模式还处于流变之中。与警察打交道的经历也对人们如何处理冲突和安全威胁产生了影响。警察的不公平对待可能会使人们认为他们不能求助于法律或其他当局，而必须由自我对自己的安全负责。在这种情况下，报复成为对受害者的一种可接受的反应方式，暴力被视为获得尊重和防止未来袭击的一种方式。当年轻人对警察对待他们的方式感到不满意时，他们很可能采用在某些情况下允许使用暴力的规范，因为他们不愿意寻求执法部门的帮助。

通过对 3245 名黑人、白人和拉丁裔青年人的研究，美国密苏里大学的李·斯洛科姆（Lee Slocum）和加拿大西蒙弗雷泽大学的斯蒂芬妮·威利（Stephanie Wiley）研究了不同族裔青年与警方互动的情况如何影响他们的认知和行为。研究的基本结论是，相比于没有与警方接触的年轻人，那些被警方拦截、逮捕并对警方行为不满意的年轻人，会产生更多后续不利后果；对于白人和拉丁裔青年来说，即使是与警方的中性接触（如正常的日常检查等）也会降低他们遵守法律的意愿。该研究还观察到一个现象——与警方接触效果的不对称性，即对警方处置很满意不会收到太多成效，但倘若不满意却会引发很大的负面效果。

该研究的启示在于：首先，年轻人与警察的良好互动会减少他们与警方发生冲突等不利后果，二者关系的缓和对于警务工作的顺利开展非常重要，警察需要严格遵循程序正当性要求，公平执法。其中，警察机构也应当以程序公正的方式对待其警员，并开展相关的培训项目，以增进一线警员对程序公正的认知和支持。其次，从研究中发现，很多青年人对警方存在一种"偏见"，即使警方遵循了程序正当，他们仍会认为自己受到了不公平对待。有鉴于此，虽然积极的接触有可能抵消年轻人的消极态度和行为结果，但减少不必要的警察主动接触可能是减少潜在伤害的更可靠途径。例如，社区可以创建由社会工作者、心理健康专家和其他服务提供者组成的临时收容中心。警察可以帮助那些有轻微不当行为的年轻人，而不是逮捕他们或无视他们的行为。这种模式符合学者福雷斯特·斯图尔特 2016 年提出的"治疗性警务"（therapeutic policing）概念。最后，与白人青年相比，少数族裔与警方的接触更多，对他们的待遇也更不满意，有必要继续研究警方主动的执法行为对这一群体的影响。

三、警用随身相机的效果检验[1]

如前所述，警务工作的减少不仅会减少公众与警方可能产生的冲突，对于警方自身也能够起到保护作用。美国从 2014 年以来发生了一系列备受争议的警察射杀嫌疑人事件，导致了公众抗议、骚乱以及要求警方进行改革的全国性运动。为了回应公众对警察改革的要求，白宫于 2014 年底成立了"21 世纪总统警务特别工作组"（president's task force on 21st century policing），时任总统奥巴马责成该工作组确定最佳做法并提出建议，以建立社区信任和加强警察问责制。该特别工作组 2015 年的最终报告包括了几十项关于改革的建议，其中强调了警用随身相机（body-worn cameras，以下简称"BWCs"）作为一种工具，可能有助于缓解当前警察执法行为合法性方面的危机。

近年来，BWCs 在执法领域得到了广泛的推广，部分原因是联邦政府通过资金和技术援助提供了大量支持。此外，越来越多的研究表明，BWCs 可以产生一系列积极的结果，包括减少使用武力和公民投诉，以及增强对程序正义的认知。但对于 BWCs 的使用存在正反两派观点。支持 BWCs 的主要原因是其具有监视潜力，既可以向公民展示透明度，也可以监视警官的行为。配备BWCs 后，警员的自我保护意识可能会增强，因为他们敏锐地意识到，摄像头可以对他们的行为进行外部和内部的详细审查。与此同时，人们对 BWCs 的适用提出了一些担忧，包括对官员和公民隐私侵犯的可能性问题、政策问题以及成本/资源需求问题。有人担心 BWCs 会造成警官行为主动性的下降。BWCs 是一种监视形式，它增加了外部（公共）和内部（部门）对警官行为的审查，因此，当警官们寻求将风险（专业风险、安全风险或其他风险）最小化时，可能会导致去警务化。BWCs 也并没有被普遍接受，在一些司法管辖区，警察坚决反对使用 BWCs。

因此，有必要对如下问题进行检验：BWCs 能在多大程度上产生去警务化的效果？BWCs 是否会导致警官变得不那么积极主动？BWCs 是否影响警官的响应时间？美国亚利桑那州大学的丹尼尔·华莱士（Danielle Wallace）率领的美国所有高校研究者在内的研究团队，通过使用来自华盛顿斯波坎市的

---

〔1〕 See Danielle Wallace et al., "Body-Worn Cameras as a Potential Source of Depolicing: Testing for Camera-Induced Passivity", *Criminology*, Vol. 56, No. 3, 2018, pp. 481-509.

BWCs 随机对照试验的数据来测试去警务化的出现，从而填补了这一研究空白。

研究结果显示，没有证据表明 BWCs 的使用会产生警务工作的消极性。BWCs 除了能够协助警察进行公共场所监督之外，还有其他潜在优点，其作为证据的价值尤其突出，可以在刑事诉讼中作为证据加以使用。此外，警察也可以将 BWCs 作为一种保护措施，以减少没有正当理由的公民投诉和诉讼，以及对警方行为的不完整、误导性描述。倘若警察认识到 BWCs 的上述优点，就会有效避免消极警务的问题。但是，为了防止 BWCs 可能产生的消极警务效果，也需要制定更明确、可执行的使用指南，使一线警员能够更好地理解和适用 BWCs。

四、使用军用设备对警方治安能力的影响[1]

根据美国国防部第 1033 号项目，美国警察执法部门可以在一定条件下配备军用设备，包括装甲车、飞机、自动武器部署部队等。警察获取和使用军事装备不仅是为了应对高犯罪率，也是为了应对毒品和恐怖主义战争，这些战争改变了警察的工作性质。

国防部第 1033 号项目符合"警察军事化"（police militarization）这一背景，警察机构通常被描述为准军事机构，其制服、纪律、装备和文化等类似于军队。许多美国政客、执法部门的专业人士和普通民众也赞同，模拟的军事战术、指挥系统、文化和设备可以补充和完善警方维持社会治安的能力。警察装备的军事化被看作应对高犯罪率、参与禁毒、预防警察本身面对危险的理性的公共选择的结果。警察制服的军事风格可以被用来传达权威感，有利于实现威慑效果。学者皮特·克拉斯卡（Peter Kraska）将警察工作军事化的理论化总结为四个维度：一是军事技术和装备的物质性使用；二是军事语言、价值观和风格的文化运用；三是运用军事组织原则管理警务工作；四是运用军事战术和原则进行警务工作。

宾夕法尼亚州立大学和丹佛大学的几位研究者研究了上述警方军事化的

---

〔1〕 See David M. Ramey, Trent Steidley, "Policing Through Subsidized Firepower: An Assessment of Rational Choice and Minority Threat Explanations of Police Participation in the 1033 Program", *Criminology*, Vol. 56, No. 4, 2018, pp. 812-856.

第一个维度，即军事技术和装备的物质性使用。具体地说，他们探讨了警察获得现代军队的军用通信和运输设备、军装、枪支和武器装备的决定因素。研究结果发现，当警方有遏制暴力犯罪的要求和呼吁时，政府部门更有可能批准警署获取更多有价值的军事以及非军事装备。但毒品执法部门并不倾向于获取军事装备，这可能是因为美国毒品执法能力已经较强。另外，随着地方少数族裔人口相对规模的增加，警察部门更有可能获得更多军事装备，这可能意味着警察军事化在一定程度上是种族威胁机制的产物。

研究者认为，警察机构应该公开他们已经获得军事装备的信息，包括公开这些装备的使用频率和使用能力，这样的披露能够促使警方对他们使用军事装备的行为负责。此外，鉴于研究发现少数族裔的存在与第 1033 号项目的参与密切相关，披露政策可能有助于解决或阐明警察军事化可能造成的种族偏见和紧张关系。此外，研究认为，恐怖袭击与警方军事化之间并不存在明显的关联性，其原因值得探寻，或许警方军事化与作为罕见事件的恐怖袭击并不相关，而与暴力事件相关的社会治安的日常稳定存在更强的关联性。

五、对警方致命枪击事件的研究[1]

警察射击平民事件已经成为美国主要的民权问题之一。1968 年，马丁·路德·金被谋杀后引发的骚乱中，帕特里克·V.墨菲（Patrick V. Murphy）作为华盛顿特区警察局长向芝加哥市长戴利（Daley）发起了挑战。戴利命令芝加哥警方向骚乱中趁机打劫的人开枪，墨菲则下令他的警察不要开枪。这引发了一场关于致命武力的全国性辩论，1972 年，墨菲对纽约警察局警察射击的政策、培训、监督、审查、纪律和组织学习系统的结构进行了重新设计。这一系列行动使得截至 2010 年，纽约警察杀人事件减少了 91%——从 1971 年的 93 名公民死亡下降到 2010 年的 8 人。随后，其他警察局也纷纷效仿墨菲的做法，但是美国警察开枪射击事件仍然屡见不鲜。

2016 年 9 月 16 日，在俄克拉何马州的塔尔萨，警察贝蒂·谢尔比（Betty Shelby）射杀了 40 岁手无寸铁的黑人男子特伦斯·克拉彻（Terence Crutcher），事发时克拉彻正站在他的汽车旁边的街道中央。几段视频显示，正当克拉彻

---

〔1〕 See Lawrence W. Sherman, "Reducing Fatal Police Shootings as System Crashes: Research, Theory, and Practice", *Annual Review of Criminology*, Vol. 1, 2018, pp. 421-449.

准备进入自己的汽车时谢尔比朝他开了枪，在枪击之后，克拉彻倒在血泊中数分钟而一群警察毫无作为。一周之后，当地检察官指控谢尔比警官犯有一级过失杀人罪。2017 年 5 月 17 日，陪审团裁定谢尔比无罪，她的辩护理由是她的行为与她受到的训练是一致的。陪审团认为，无法排除合理怀疑地得出下述结论：当时的情境下，该名警官在职权以及受训范围之外做出了其他行为。对于很多批评人士来说，这起案件未能追究一名警官个体的责任，是一场悲剧。但对于那些希望减少每年死于美国警方致命射击人数的人来说，这一案件未能使组织体系承担责任，才是其失败之处。

美国曾有一次减少警察致命枪击事件的先例，在这场被称为公众与学者反对可以避免的警察射击的"伟大的初次觉醒"事件中，犯罪学发挥了关键作用。从 1970 年到 1985 年，50 个城市中超过 25 万居民采取行动，促使这些城市每年被警察射杀的公民总数从 353 人减少到 172 人，该时期的主要变化表现为逐渐增长的禁止射杀未使用暴力的逃犯。这一"觉醒事件"的结局是，1985 年美国最高法院在"田纳西州诉加纳案"（以下简称"加纳案"）中宣布，美国近一半的州允许警察杀死非暴力犯罪嫌疑人的法律违宪。这一判决似乎推动了美国联邦调查局全国范围内自愿填报的警察正当杀人案件数量的降低，特别是在那些没有采纳这一禁令的小城市中。

随着 20 世纪 80 年代末的可卡因泛滥，第一次大觉醒逐渐消退。伴随大城市的凶杀率飙升，犯罪学家和国家新闻媒体似乎没有意识到，警察杀害公民的案件在 20 世纪 90 年代初已经有所上升，当时许多警察机构从使用左轮手枪转向配备大型弹夹的半自动手枪。美国最高法院在"Graham v. Connor 案"（以下简称"Graham 案"）（1989 年）的判决意见被视为推翻了之前加纳案中的观点。在 Graham 案中，法院裁定，倘若警察合理怀疑其被射杀的人威胁到他人生命，那么警察的射杀行为就是合法的。尽管大小城市中黑人社区的领袖们很清楚他们社群所面临的被警察杀戮的情况，但一直到 20 世纪 90 年代中期，犯罪学领域中最受关注的是全国范围内谋杀率下降的好消息。直到 2014 年 8 月 9 日，警官达伦·威尔逊（Darren Wilson）在密苏里州弗格森杀害迈克尔·布朗（Michael Brown），美国人才见证了对"警察—公民暴力"的关注和辩论引发的第二次大觉醒运动。

与第一次大觉醒不同的是，第二次大觉醒受到智能手机的很大影响，智能手机的广泛使用可以使用户在线观看到警察射击的视频。2014 年弗格森事件后，当地警方的公众支持率降低到 22 年来的最低点，随着之后一系列警察被杀事件的增加（2015 年 41 人到 2016 年 63 人），民意调查显示警方的支持率创下半世纪内的新高，这种波动也能反映出公众对于警方的关注从 2014 年以来持续增强。

第二次大觉醒并未带来警察射杀事件的实质性降低，但带来了其他重要变化。其中最重要的变化是对致命警察射击的全国性测量的变化——并非由政府测量，根据总统 21 世纪警务工作队（2015 年）的建议，测量由《华盛顿邮报》（*Washington Post*）和《卫报》（*The Giardian*）这两家报纸独立进行。两家报社都属于在线新闻报道，他们统计的美国警察射杀致死事件是警方自愿记录的联邦数据的两倍多。两家报纸对 2015 年和 2016 年警察射击致死的案件数量统计大体一致，两年中每年都接近 1000 人。第二次大觉醒还促生了其他改变，如 16 个州采取立法方式训练警察、采取减少冲突升级的策略，佩戴摄像机的警察也越来越多。此外，警方领导提出了一些新举措来延缓警方射杀的行为。

齐姆林（Zimring）2017 年发表的研究对于警察射击案件进行了详细的统计。他利用了大量统计数据，特别是《卫报》网站上死于美国警方之手的人数统计，发现 2015 年的前半年约有 551 人（2015 全年共有 1146 人）死于警察射杀。

齐姆林的统计结论主要有：①大多数接警的警察（police responding to calls）杀死的人是非西班牙裔白人（52%），此外还有非裔美国人（26%）和西班牙裔美国人（17%）。②非裔美国人被杀害的可能性是白人的 2.3 倍，美国原住民被杀害的可能性是白人的 2 倍，西班牙裔的死亡率并不高于非西班牙裔白人。③警察射击最常见的情况是骚乱（23%），其中大约一半是家庭骚乱。犯罪调查占死亡事故的 15%，逮捕和正在进行的犯罪一共占比 14%，交通拦检占比 9%，其他一些情况占比 7%。④大多数警察射击致死的案件中，有超过一名警察在场占 65%，但警察单独一人杀死没有枪的嫌疑犯的案件占 37%，有多名警察在场时，此数据为 11%。⑤在 40% 的案件中，嫌疑人促使警察开枪的挑衅举动是用枪指着警察或朝警察开枪，24% 的案件中是挥舞一把枪，13% 的案件中是扑向警察（charging at police），4% 的案件中是开车冲向警察，3.4% 的案件中是逃跑，1% 的案件中是警察被刺伤或捅伤。⑥在报告了开枪次数的样本中，32% 的案件中警察向嫌犯开了 4 发或 4 发以上的子弹，这极大增加了嫌犯死亡的概率。

美国犯罪学界目前对于警察射击事件的解读，已经从单纯地寻求警察个体责任上升为一种对系统性责任的高度上来。佩罗（Perrow）在定义系统事故时提出的中心观点是，责备个人的冲动常常阻碍体系解决方案的寻找。佩罗将系统事故/正常事故定义为"每个人都非常努力地想要小心谨慎，但是两个或多个故障（由于交互复杂性）的意外交互导致了一连串故障（由于紧密耦合）"。这种故障经常是无害的、单独的，甚至是联合的。但是当它们与其他正在进行的过程发生相互关系时，就可能成为灾难性的。仅要求相关警员承担全部责任仅仅看到了问题的表象，警察射击事故事实上是一种系统性责任。

因此，解读警方致命射击事件，关键是要注意到警务工作的交互复杂性。警务工作的交互复杂性产生于许多类型的互动中，如警察与市民面对面的互动、与同一市民打交道的警员之间的互动、警员之间的互动、组织体系与个别警员之间的互动。关键的是，当警察面对不遵守警察命令的公民时，复杂性就会出现。人们不服从警察命令的方式有很多，这使得这些人的下一步行动出人意料。当警察遇到不顺从的人时，由此产生的压力有时会使警官根本没有时间来进行任何形式的防止事态升级的措施。警方所面临的压力主要有两个：一是尽快完成相关工作的压力；二是警方还承担着控制风险的压力。后一种压力源于不顺从的公民的行为以及这种行为可能对警察或第三人产生伤害，两者结合起来，产生了压力。倘若警察不立即终止这种行为，那么行为很可能会溢出当前无威胁的状况而导致实际损害。这能够解释，为什么在很多情况下，警察会射杀那些挥舞着刀子的人，因为他们没有立即放下手中的刀子。

从系统论的角度出发，美国学者认为，未来对于警察致命射击问题的讨论，可以从如下三个层面展开：①如何减少警察必须快速行动的压力，以避免瞬间决策？②在面对法律上充分的挑衅和正当化的情况下，警察能否避免射杀嫌犯？③从警方记录上能否观察到某些警察比其他警察更易非法或没必要地开枪？从而基于这一证据，在街头冲突时不派遣这些警察。此外，犯罪学家还应当努力与警方合作，探讨每一起警方开枪事件是否都应接受开枪警察所在部门以外的同行审查程序，以及在枪击事件发生后，警察局领导人能否通过各种表示遗憾或努力和解的声明来建立更多的社区信任等问题。

六、大数据与警务工作的结合 [1]

与 1967 年相比，如今美国的警务数据环境确实发生了变化，大数据的一些关键特征对警务工作产生了巨大的影响。几十年来，警务工作一直依赖于数据的数量、速度和多样性。接听电话、核实身份、破案、向公众汇报工作总是依赖于地理、摄影以及行政管理数据。1967 年与今天的不同之处在于，数据的容量、速度和种类都增加了几个数量级。两项运动——数据开放运动和资源开放运动，加速了这一演变。

大数据讨论中经常描述的三个主题可以用三个 V 来概括：容量（volume）、速度（velocity）和多样性（variety）。其中容量就是警方收集和存储数据的量；关于速度，经济性存储的技术性进步，以及高速无线网络的汇合，意味着数据传播能够达到较高的速度；多样性意味着，有了存储和传输大数据的能力，警方现在可以利用各种各样的数据源。警方继续记录传统的执法活动，如拦截、逮捕和犯罪报告，但与此同时也获得了前所未有的新数据来源。

事实上，直到 1997 年，美国警方才开始使用数据，主要是将警方记录数字化以及计算机辅助制图。但在数据方面取得的所有进展中，警方的核心职能是否得到了改善尚不清楚。尽管技术有了进步，但犯罪的破案率并没有特别明显的提升，凶杀案破案率甚至有所下降。显然，技术进步降低了数据收集和存储的成本。但要想让大数据对犯罪行为、犯罪预防和破案产生影响，必须弄清楚如何将数据转化为关于犯罪的知识和策略。

大数据在警务工作中的具体应用主要包括预测警务、跟踪警务地点和衡量绩效。预测警务可能是大数据时代最受期待的产品，其是在预测模型中使用数据来预测和预防犯罪。这些预测通常是关于犯罪可能发生的时间和地点，也可以是关于谁可能是罪犯或受害者。犯罪预测并不是警务预测的唯一焦点，如在警察招募过程中大数据也会发挥作用，数据的分析有助于帮助招聘人员确定合适的候选人。如可以开发一个计分系统，每个新招募的人根据他们的住处离工作地点的远近、受教育程度高低，以及他们的初步背景评估问题来打分。

---

〔1〕 See Greg Ridgeway, "Policing in the Era of Big Data", *Annual Review of Criminology*, Vol. 1, 2018, pp. 401-419.

对于追踪警方位置，自动车辆定位（AVL）是一项有规律的、频繁传输车辆位置的技术。自动车辆定位系统具有"极其有效的调度移动警察部队的能力"。到目前为止，警察部门在很大程度上使用了自动车辆定位系统。例如，在呼叫服务的附近派遣车辆。但实践中已经出现了适用自动车辆定位技术所面临的更大的战略机遇。蓝色力量追踪系统是对安全人员位置监控系统的总称，它能够使指挥官、主管人员和警官察觉哪些区域有警察覆盖。例如，洛杉矶警察局在体育场馆使用蓝色力量追踪系统。监督员和指挥官员可以不断地看到彼此的位置，可以观察到场馆内哪些地方聚集了很多警察、哪些地方没有警察。他们还使用这种技术来提高警官执法行为的安全性，例如，当周期性的野火季节来到洛杉矶时，他们就命令警官撤离。这些例子表明，位置数据可以成为更有效利用警察资源的战略资产。

大数据对于测量警员表现也有贡献。警务领域的大数据只是打击犯罪的一部分，大数据对于警察署管理警察和公众监控警察的表现同样重要。监督员可以追踪警员的表现，包括暴力率、受伤率、与少数族裔的接触率和投诉率，并将不寻常率标注出来。例如，假设某个警察拦截检查的行人当中有86%都是黑人，该名警察所巡视的时间、地点和背景能够告诉我们86%的比例是否是合理的。我们也可以对比相同条件下其他警员拦截检查的行人当中黑人的比例，以此用来评估该警员的行为是否具有正当性。

大数据应用于警务工作也面临着风险和挑战。警务创新的副产品是担心加剧种族偏见以及侵犯个人隐私。例如，警方拦截检查个人之后，留下了相关个人的数据信息。在大数据时代已经到来的今天，其挑战在于，如何更有效地使用数据，并向官员提供新的信息，而非简单重复他们已经知道的数据。在错误的时间交付数据、交付的数据量太大而不能及时使用，或者太少而不能提供帮助，这些情况都会干扰官员，并被他们忽略。大数据的潜力掩盖了这些挑战。倘若我们能够弄清楚收集什么、分析什么和交付什么，警务数据就能包含有助于解决犯罪、识别高风险地区以及判断警察表现等有用信息。实践中还有很多问题有待解决，如：如果数据显示某个特定的人有很高的受害危险或犯罪风险，警方应该如何处理？如何利用大数据来有效分配警力？

第三节 司 法

一、司法体系中差异性对待问题

从前文美国犯罪学的研究概况中可以看出，犯罪学家非常重视少数族裔与犯罪问题，其在警务执法领域涉及的是对少数族裔的选择性执法问题，而在司法领域，这一问题可以被概括为司法人员的差异性对待问题。这种差异性对待并非凭空而起，而是由来于长期的司法历史根源和种族关系状况。因此，本部分首先对美国有关非裔被告人惩罚性司法政策的历史进行概述，随后将美国学者对于检察官和法官在刑事案件的起诉、审理过程中所存在的对被告人差异性对待的研究做一概述。

（一）美国对非裔被告人惩罚性司法政策的历史回顾[1]

近几十年来，美国的刑事司法体系逐渐转变为以惩罚和严厉手段控制犯罪为优先目标。这种惩罚性的转变带来了一系列的变化，包括减少复归经费、加大对严厉的量刑法案的投入、更长的徒刑、"看不见的惩罚"（如限制罪犯的居住地、工作或投票权）以及学者们所称的"大规模监禁时代"。民众对犯罪问题更加情绪化、更为担忧，这种担忧还蔓延到社会的其他领域，比如赞同日益严格的社会福利和移民政策。

长期存在的种族紧张关系是这次惩罚性转变的核心，许多学者记录了在实施严厉政策方面的种族差异和影响。黑人相较于白人被逮捕、定罪、判刑、判长期监禁或判死刑的可能性要大得多。研究结果表明，尽管犯罪率的差异可能解释了一些观察到的差异，但其他因素——如种族主义、偏见、种族化的政策制定，以及"毒品和犯罪控制政策"的制定和执行——发挥了更大的作用，这些政策给美国黑人带来的负担要比白人沉重得多。学者们用种族威胁理论（racial threat theory）及其变体来解释上述的惩罚性转向。该理论的核心观点是，多数群体运用正式的社会控制手段，如对执法和法律惩罚措施的分配，来控制那些被视为对主流政治、经济和文化秩序构成威胁的少数群体。

---

〔1〕 See Eric A. Stewart et al. , "Retracted: Lynchings, Racial Threat, and Whites' Punitive Views Toward Blacks", *Criminology*, Vol. 56, No. 3, 2018, pp. 455-480.

　　但是，种族分裂并不是美国在近代才发生的，而是存在了数个世纪。历史语境对于理解当代美国刑罚观是至关重要的。鉴于此，学者们试图探寻这种历史力量是否以及如何与种族分裂产生关联。其中的重要研究集中在 19 世纪末 20 世纪初发生的私刑（lynching）。

　　美国的私刑时代，是指美国南北战争之后贯穿于 1880 年到 1930 年的白人对黑人等少数族裔滥用死刑的时代。在内战之后，种族关系的动态是不稳定的，因为第十三修正案结束了合法的奴隶制和白人对南方黑人的绝对控制，这种情况引起了白人对他们在社会中的政治、经济和文化地位的担忧。因此，他们试图通过不同的策略来维持自己的霸权地位，以支配黑人、表达白人的优越性。私刑提供了一种控制黑人的策略。他们也提供了一种工具，用来回应对黑人犯罪的恐惧，以及对美国社会阶层中地位丧失的感知。许多学者认为私刑的历史继续影响着当代的社会控制，特别是刑法及其执行。正如雅各布斯（Jacobs）等学者认为，在私刑普遍存在的地方，这种暴行所体现的强烈的反黑人情绪可能会持续下去，足以影响当代的法律惩罚。类似的理论逻辑也适用于其他研究，例如，金（King）等研究者曾断言，种族对立根植于私刑盛行的时代，往往在文化中根深蒂固，很难去除。

　　种种线索表明，私刑年代与当代对黑人的惩罚性司法政策存在内在的勾连，但是其中的内在机制如何勾连需要加以明确。来自美国佛罗里达州立大学、宾夕法尼亚州立大学、德克萨斯州立大学的多位学者就这一主题进行了合作研究。研究的数据库是一项 2013 年开展的对全美范围中 2408 名美国成年人进行的随机电话调查，受访者均为非拉丁裔美国白人。研究结果显示，与假设相符合，历史上有过对黑人更多敌意的社区（表现为私刑的使用），居住其中的白人对黑人的仇视也更多，更倾向于对黑人罪犯进行严厉惩罚，包括加重量刑、允许使用死刑等。他们还支持对黑人罪犯进行比白人罪犯更严厉的惩罚。

　　该研究强调了历史背景对于塑造当代惩罚性司法政策的重要性。历史背景中诸如私刑的使用，将黑人视为天生的犯罪人，影响着美国当代白人对黑人的惩罚性情绪，也会在司法实践中显性或隐性地影响着对黑人以及其他少数族裔人的裁判。

（二）检察官审查起诉时的差异对待[1]

在美国的刑事司法诉讼程序当中，大部分刑事案件首先由警方逮捕嫌疑人或给嫌疑人发传票开始，警方提出初步指控，之后由检察官对指控进行审查，以确定是否对被告人提起刑事诉讼。检察官在处理案件方面起着关键作用，美国检察官享有广泛的自由裁量权，可以决定受理或拒绝案件，也有权在审查起诉阶段变更起诉，或与被告人达成辩诉协议（由主审法官批准）。在美国司法处遇的种族差异问题上，警务政策以及法官的量刑情况通常是研究者关注的焦点，但是检察官在起诉阶段也可能存在差异对待的情况。警方行动—检察官审查起诉—法院判决量刑这一整个司法体系的处置具有连贯性，既然警方和法院判决可能存在差异对待不同背景的被告人的情况，那么也有必要审查检察官的履职行为。

通过运用 2010 年至 2011 年纽约区域的司法数据，佛罗里达国际大学的贝西基·卢卡·库塔杰拉泽（Besiki Luka Kutateladze）教授分析了检察官对不同族裔的被告人审查起诉的情况。评估检察官起诉的合理性，首先需要确定一个合理的指控的概念。库塔杰拉泽教授认为，不能简单地认为检察官决定减少指控就更有利于被告人，或者反过来理解，不能认为检察官决定增加指控就不利于被告人。如果被告人是清白的，那么减少指控就是不公正的，而当惩罚更加合理或公正时，增加对被告人的起诉也未必是坏的。因此，合理的指控需要重新界定。他认为，合理的指控可以包括在某一司法管辖区跨种族一贯适用的指控，这些指控反映的是法律因素而不是法外因素，以及案件的特征在多大程度上反映了犯罪的法律分类。不合理的指控超出了犯罪的法律定义，并包含法律以外的因素，而这些因素本身可能是有偏见的。

根据累积劣势理论（cumulative disadvantage theory），进入司法程序系统之前的负面事件都会增加一个人经历后续负面事件的概率。例如，居住在犯罪率较高的社区，这在低收入的有色人种中更为常见，会减少一个人的亲社会机会，使一个人暴露在更大的执法机构面前，并增加一个人接触和参与反社会同龄人群体的可能性。这些因素中的每一个都可能增加被逮捕的风险，

---

[1] See Besiki Luka Kutateladze, "Tracing Charge Trajectories: A Study of the Influence of Race in Charge Changes at Case Screening, Arraignment, and Disposition", *Criminology*, Vol. 56, No. 1, 2018, pp. 123-153.

一旦进入司法系统，被审前拘留的可能性也会增加，从而增加被判更严厉刑罚的风险。随着时间的推移，这些不利因素会在执法部门（包括法官和检察官）和公民中自我强化。

研究揭示了指控变更与种族之间的复杂的关系。一方面，在审查阶段黑人和拉丁裔被告人更高的起诉减少的情况可能反映了检察官对于潜在偏见以及不合理的逮捕指控的一种补偿，尤其是在轻罪的情况下黑人和拉丁裔被告人比白人被告人更有可能（轻微的可能性）得到起诉减少的机会，起诉增加则意味着证明那些被告人对公共安全有更大的威胁。整体来说，相比于白人被告人，黑人和拉丁裔被告人更可能在审查阶段被变更起诉，但在其他阶段起诉不太会被变更。对于亚裔被告人，他们更不可能被增加起诉（影响力明显），这表明检察官对亚裔被告人更加宽容。

但在审查之后的传讯、决策阶段，黑人和拉丁裔被告人更少可能被减少起诉。这表明检察官在传讯时（更多的司法监督）的指控决定与在筛选时不同，而且在某种程度上不利于黑人和拉丁裔被告人。总的来说，调查结果表明，在处理案件时继续需要解决种族差异问题。黑人和拉丁裔被告人的案件开始时处于略微不利的地位，指控变更的可能性和时机加剧了这种不利地位。

对亚裔被告人宽大处理的另一种可能解释是，在亚裔被告人的案件审理过程中，家庭懊悔发生了作用，即法官和检察官可能会受到亚裔被告人家属出席听证会的影响。无论如何，与其他有色人种如黑人和拉丁裔被告人相比，亚裔被告人经历了截然不同的指控模式的变化，进一步的研究应该旨在更加关注亚裔被告人在司法系统中的待遇。此外，检察官似乎对男性被告人行使了更大的指控自由裁量权，女性被告人被指控的可能性大大降低，这可能反映出检察官认为女性被告人的危险性和罪责较小，了解这种基于性别的差异处理值得进一步研究。

（三）法官量刑差异性[1]

近年来，美国学者对于法官量刑的差异性研究可以划分为两种：司法的

---

[1] See Armando Lara-Millán, Nicole Gonzalez Van Cleve, "Interorganizational Utility of Welfare Stigma in the Criminal Justice System", *Criminology*, Vol. 55, No. 1, 2017, pp. 59-84; Rhys Hester, "Judicial Rotation as Centripetal Force: Sentencing in the Court Communities of South Carolina", *Criminology*, Vol. 55, No. 1, 2017, pp. 205-235; Brian D. Johnson, Ryan D. King, "Facial Profiling: Race, Physical Appearance, and Punishment", *Criminology*, Vol. 55, No. 3, 2017, pp. 520-547.

地域差异与法官对于被告人的差异对待。

当涉及量刑问题时，地点是非常重要的。过去50年的研究表明，法院会发展出各自的地方法律文化，在案件处理规范和实质性惩罚方面表现出地域差异。地方法院被视为"政策的竞技场"，不同的政策在不同的地理分区中发展，形成了不同的规范和判决结果。因此，其中一条主要的研究路线是关注地方法院之间的差异，地点在判刑中是重要的，因为不同地方法院的规则、实践及结果存在差异。有学者认为，量刑受到地方性文化和非正式规范力量的塑造，促使量刑地域性差异的产生。

不同地点的法官在量刑上的差异对于被告人来说会产生实质影响，辩方甚至发展出了一种针对性的诉讼策略，即"选购法官"（judge shopping），作为一种诉讼策略，它是指因为一些法院判决结果更有利于被告，被告会有选择性地寻找对其最"友善"的司法管辖区——即使这个管辖区和他的案件并无直接关联。

明尼苏达大学法学院的里斯·赫斯特（Rhys Hester）教授对南卡罗来纳州13名法官进行了定性访谈，以研究他们定罪量刑的过程，他认为，一种法官的轮换制（rotation）可以促使量刑的同质化，减少法官量刑的地域差异。

南卡罗来纳州没有量刑指南，审理刑事案件的法官判处一个最高刑期，假释委员会根据各种法定规则决定释放日期，这种设计被描述为"限制性的不确定性"。尽管其量刑体系并不像那些实施了量刑指南的州一样呈现出结构化特点，但南卡罗来纳州自20世纪70年代以来已经实施了各种量刑法律，包括量刑确定性（truth-in-sentencing）、强制性最低量刑以及其他一些法律。总体来说，南卡罗来纳州的法官享有很高程度的自由裁量权，仅受偶尔的强制刑期的约束。然而，与其他司法管辖区的研究相比，该州在监禁决定和刑期决定方面，县与县之间的差异更小，这就颇值得玩味。赫斯特教授认为，这与该州实施的法官轮换制有关。

南卡罗来纳法院制度的一个值得注意的特点是，在各个巡回法院实行审判法官轮换。南卡罗来纳州的法官并不止在一个法院或一个县任职，而是一年中在不同的县进行巡回审判。在轮换制情况下，一名法官的名声很快建立起来并在全州范围传播，法官们很容易自我认定为"严厉""严格""强硬"，或者"宽大""辩诉法官"（plea judge）。轮换制使被告人有机会等待辩诉法官到镇上来，从而避开严厉的法官。这就使得最宽大的法官会受理更多的案件，而一些不那么宽大的法官也会考虑到这一现实，改变他们的量刑偏好。实用性量刑会软化他们的偏好，或接受更多协商性或建议性量刑，以保持案件审理的连续性。

由此，赫斯特教授认为，法官的轮换制具有明确的量刑政策意义，轮岗有助于形成一个更统一的全州审判文化。他还指出，虽然定量分析对于定义我们对法院和判决的理解至关重要，但定性调查对于发展我们对法院程序和结果的洞察力同样重要，通过定性访谈可以捕捉到定量研究中不易察觉的法官量刑中潜在的重要因素。

在法官量刑对被告人的差异对待问题上，美国学者关注于法官发挥自由裁量权是否对不同群体进行区别对待，既有理论已经就少数族裔群体可能进行的量刑不平等问题进行了很多探讨。近期美国学者的研究虽然仍然以上述主题为研究的核心，但其关注点更具创新性。

刑事司法一般被视为发挥着加重被告人不利惩罚的作用，但一个新的研究进路独辟蹊径——将刑事司法理解为司法专业人士发放的一种"福利救济"。在公共援助不足的社会中，司法惩教机构成为向城市贫困人口分配"监禁化援助"的中心枢纽，这些援助既包括诉讼之中的更烦琐的正当程序启动（相比于简易程序）等，也包括被定罪量刑之后监狱对犯人的资源分配，还包括犯人出狱后帮助被告人复归社会的服务、商品、医疗、就业等方面。刑事司法工作似乎兼顾了"福利"和惩罚属性。在这样的背景下，法官逐渐改变了对被告人的认知，司法人员的角色也被重新解读：惩罚成了一种"特权"，被告人不再被单纯视为需要被审判和惩罚的犯罪人，而是社会管理的负担；司法人员变成了类似社会福利分配的管理者，目的是给合适的人以合适的福利资源。

这种立足于司法资源分配的解读与美国司法案件大量羁押、司法资源有限的大背景相关。巨大的诉讼压力已成为美国大城市法院系统的一个普遍特征，如库克郡的 36 名法官平均每人每年要负责 275 个待审案件。从有效管理的角度来看，面对大量案件时，一些诉讼资源——如时间周期更长的审理程序——只能分配给少数人。法庭审理时间的分配也是如此。

来自加州大学伯克利分校和天普大学的研究者在此基础上提出了"福利性耻辱"（welfare stigma）概念，是指司法人员在分配司法资源时存在的不公平对待现象，包括出庭次数、诉讼请求、审判情况、监狱床位、食品配备、医疗福利等资源的分配。通过为期 20 个月的民族志研究，研究者发现美国司法实践中存在着将基本权利保障和福利资源分配给特定群体的不公平分配现象。如庭审周期更长的诉讼程序（更有利于被告人的程序）一般会被分配给重刑犯，但也会分配给犯轻罪的白人被告人。更长的庭审时间也被分配给白人、更富有的被告人，少数族裔则被剥夺正当审理程序利益。

研究者认为，司法人员将卷入刑事诉讼的一些群体视为获取被监禁的各种"好处"，基本诉讼权利和福利资源反而成了"特权"，这样的潜在思维方式事实上是对少数族裔群体的一种"歧视"。这样扭曲的观点忽视了一个事实：犯罪人必须服从被监视、丧失自由以及监禁所带来的许多可怕的后果，即使没有被判入狱，也会对就业、住房和教育前景产生终生的影响。

马里兰大学帕克分校的布莱恩·约翰逊（Brian D. Johnson）和俄亥俄州立大学的赖安·金（Ryan D. King）从被告人的外貌特征出发，将 1100 多名已定罪的罪犯的照片与判决情况联系起来，研究被告人面部特征与法官对其产生的威胁感知以及最终的量刑结果之间的关系。

人们通常会根据外表来判断一个人的性格，心理学家已经证明，看起来可信的政治候选人更有可能当选。社会知觉理论认为，个体根据他人外貌来判断其性格的同时，还会形成与种族和其他外貌有关的刻板印象，外貌似乎传达了一个人的潜在意图、情绪和其他社会属性信息。重要的是，基于外貌的评价即使是不正确的，也会对后续信息的解释和吸收产生重要影响。例如，在模拟陪审团审判中，外表上被认为不那么值得信任的人，只需要较少的证据就能被判有罪。因此，被告人的外貌是否可能会影响法官的判断，是一个值得探讨的命题。

约翰逊和金认为，以下因素可能影响法官对其危险性的判断：少数族裔特别是黑人容易被认为在外观上比白人更具威胁性；拥有"娃娃脸"的成年人被视为拥有孩童的幼稚、顺从的特征，被认为更加无辜，外表更好看的成年人也会获得更多好感；明显的伤疤和面部文身可能标志着离经叛道的生活方式，会被视为更具威胁性。虽然研究结果显示上述命题成立，但这种危险性的判断在该研究中与最终的量刑结果并不具有明显的关联性。外貌差异被认为与量刑差异相关，但其中的中介因素或许不是外貌所展现的威胁性。法官对于罪犯罪责和危险的司法评估显然超出了被告人的外表因素，但这并不意味着被告人的外貌对量刑结果毫无影响。"面部特征分析"在刑事法庭上是存在的，未来的犯罪学研究应当探寻这些影响量刑的"无形的因素"。

二、青少年弃权政策研究[1]

20 世纪 80 年代末和 90 年代初，随着青少年犯罪率的上升，政策制定者以少年法庭未能实现对青少年犯的复归理想为幌子，推动对青少年犯采取更严厉的惩罚。青少年弃权政策——将 18 岁以下的青少年犯置于成人刑事司法系统的管辖之下——作为一种潜在的补救措施蓬勃发展，以减少犯罪，并对更严重和暴力的青少年犯提供更严厉的惩罚。这种在某些情况下将少年当作成人移送刑事法院审判，以排除少年法院原始管辖权的法律机制被称为青少年弃权（juvenile waiver）机制。几乎每个州都在 20 世纪 90 年代和 21 世纪初通过降低青少年法院最高管辖年龄、增加检察官和法官将青少年转处到成年法院的机制等措施，使青少年犯更容易被转移到成年法院，政策制定者希望青少年弃权这一机制可以更好地产生对青少年犯的威慑效果。根据最近的统计数据，美国每年约有 20 万低于 18 周岁的未成年人在成年刑事司法体系受到审判和关押，这种措施最初旨在针对最严重的暴力犯罪或惯犯，但后来这一政策被扩张适用到其他青少年犯。

美国青少年犯在少年司法体系和成人司法体系中的境遇存在较大差别：其一，少年司法体系能够给青少年犯提供更具个性化的改造和复归方案，包括情感、教育各个方面，而成人司法体系为青少年犯提供的帮助往往是一般性的、结构性的、与成年犯并无二致的方案，无法满足青少年个体矫正和发展的需求。其二，不同的矫正机构中受教育的资源配置有所不同，美国少年矫正体系中可以为青少年犯提供高中教育使其获得高中学历，但成人矫正体系中并不提供高中学历，只提供一个相当于高中学历的证书，该证书的就业前景显然更差。其三，在成人监狱中关押的青少年犯有更多机会接触到罪行更严重的青少年犯以及更年长、更具犯罪经验的成年犯，青少年犯有向其学习犯罪技能的可能。有研究显示，青少年犯会花很多时间与更有经验的成年犯交谈，以便适应成人监狱的矫正环境。其四，成人矫正设施中的青少年犯

---

[1] See Megan Bears Augustyn, Thomas A. Loughran, "Juvenile Waiver as a Mechanism of Social Stratification: A Focus on Human Capital", *Criminology*, Vol. 55, No. 2, 2017, pp. 405-437; Megan Bears Augustyn, Jean Marie Mcgloin, "Revisiting Juvenile Waiver: Intergrating the Incapacitation Experience", *Criminology*, Vol. 56, No. 1, 2018, pp. 154-190.

比他们在少年矫正设施中的同龄人更害怕受害，也更有可能成为暴力（包括性暴力）的受害者，他们也更不信赖矫正官员。其五，相比于青少年犯罪记录，成人犯罪记录的污名化效果更显著，对青少年犯的影响更大。少年法庭试图保护年轻人，使他们不会因为过去的轻率行为而在未来付出更多代价，但成人法庭没有这方面的考虑。青少年犯的犯罪记录通常是密封的，或被永久删除的，但美国的成年犯罪记录可以向公众公开。

得克萨斯大学梅根·拜尔斯·奥古斯汀（Megan Bears Augustyn）是研究这一问题的专家，她与美国其他高校的学者合作，在对亚利桑那州某县557名青少年犯进行为期7年的跟踪调查以及收集亚利桑那州和宾夕法尼亚州两个城市1454名罪行较为严重的青少年犯的数据基础上，关注青少年弃权制度对青少年犯产生的不利影响。研究结果显示，弃权在减少青少年再犯方面没有发挥实质性作用。青少年弃权政策的扩张最初是为了对罪行严重的青少年犯施加更加严厉的处罚，这种政策的正当性被伪装为可以遏制未来再犯。然而这种想法并没有得到实证研究的支持。奥古斯汀教授等人认为，必须斟酌青少年弃权这一政策的具体目标究竟是什么，如果是为了对更严重犯罪人加重惩罚，但实际上很多被弃权的未成年犯并没有犯特别严重的罪，也并不是惯犯。

研究还表明，决定青少年犯再犯情况的核心因素是教育因素，能否获取高中文凭被证明与再犯率存在关联性。高中文凭是美国工人职业收入的分水岭，2012年，在25岁至34岁美国工人当中，没有高中学历的工人收入的中位数是22 900美元；具有高中学历或同等学历的工人收入为30 000美元。这就需要在对青少年犯进行矫正时——对无论是在少年司法体系还是成人司法体系关押的青少年犯，都应重视相关教育项目的贯彻落实，以减少青少年犯出狱后的再犯率。

需要指出的是，虽然弃权在减少再犯方面没有发挥作用，但研究结果同时显示，这种方式也并没有明显促进再犯的发生。被弃权转移到成人司法体系的青少年犯以及在少年司法体系中的青少年犯的再犯情况并不存在显著差异。奥古斯汀教授认为，这一研究结果的出现有可能是研究中存在选择性偏差（selection bias），即研究过程中因样本选择的非随机性而导致得到的结论也存在偏差，也有可能是研究中忽视了某些重要参数。

三、媒体对司法的影响研究〔1〕

公众对犯罪形势和司法公正性的看法是很重要的，与犯罪控制相关的政治倡议以及相关的犯罪政策与公众的上述看法密切相关。而公众是如何得出所在社会环境的犯罪形势和司法情况的看法的？当被提问"您所在城市的犯罪率正在上升吗"之类的问题时，大多数人事实上并不知道基于科学方法系统收集数据得出的实际犯罪趋势，那么，人们是如何得出这些问题的答案的？媒体报道在司法体系与公众之间的关系的建构，特别是刑事案件的公开中发挥了重要的桥梁作用。因此，关于媒体如何影响公众对犯罪和司法的理解，成为犯罪学的关注点。

认知心理学的研究结果揭示了我们如何利用现有信息来确定我们还不了解的信息。人们必须经常在信息不完整的情况下对犯罪进行判断，这主要是由于他们缺乏直接的犯罪相关的经验和无法获得完整的犯罪知识。在对一种现象发生的频率做预估时，人们试着去想这种现象发生的事例。当人们很容易回忆起过多的事例时，他们更有可能相信这种现象经常发生。当信息源自不同的渠道（如新闻媒体、大众媒体和真实世界的经验）时，一致性越强，人们就越有可能形成并相信结论。从这个意义上说，媒体形象与个人经历的契合程度会影响我们对这些信息的理解。

美国东北大学的犯罪学研究者指出，与犯罪学学者致力于揭示犯罪现实、犯罪规律等科学研究目的不同，媒体对犯罪进行报道的目的并不是构建一个客观科学的犯罪现实。媒体的目标是"出售故事"，通过报道犯罪事件来最高程度地吸引观众的注意力。一些其他因素也会影响记者选择的报道内容，如报道的截止日期、信息的可用性、报道一个故事的时间和金钱成本等。其结果是，由媒体构建的"犯罪现实"往往由一些耸人听闻的故事组成，偏离了更普遍的犯罪模式和犯罪趋势。媒体对犯罪问题的描述方式对人们理解犯罪的方式以及如何应对犯罪有着实实在在的影响。当报道方式能够更贴近观众的居住环境这种地方语境，就能获得更多的共鸣，媒体的不同类型的特点会

---

〔1〕　See Andrew J. Baranauskas, Kevin M. Drakulich, "Media Construction of Crime Revisited: Media Types, Consumer Contexts, and Frames of Crime and Justice", *Criminology*, Vol. 56, No. 4, 2018, pp. 679-714.

影响观众产生的共鸣。相比于报纸或广播，电视的可视化效果会使得犯罪事件的报道更突出。电视观众选择回避特别耸动的犯罪事件报道的余地更少，媒体的报道也可能存在潜在的种族歧视。与官方的犯罪统计数据相比，美国新闻节目高估了黑人犯罪率，尤其是暴力犯罪率，并且低估了他们参与非暴力犯罪的概率。当非裔美国人在犯罪新闻报道以及犯罪主题的影视剧中被提及时，他们的角色更有可能是罪犯，人们因此会更容易视非裔为犯罪嫌疑人。

研究认为，无论是犯罪相关的新闻还是影视剧，都在塑造着公众对犯罪和犯罪政策的理解。除电视节目之外，未来的研究有必要去探索互联网以及其他形式的社交媒体等新媒体（Facebook、Twitter 等）、视频剪辑和播客在塑造人们对犯罪与司法政策的理解方面所发挥的作用。

第四节　矫　正

一、美国的大规模监禁[1]

美国作为世界上最发达的资本主义国家，曾经历过犯罪率居高不下、街头犯罪猖獗的时代。近几十年来，美国犯罪率呈现总体下降趋势，但与此同时，美国监禁率却大幅上升，监狱关押犯人膨胀，甚至被冠以"监狱国"（carceral state）之名。美国人口约占世界总人口的 5%，但美国监狱关押着约占全世界犯人总数的 20%。[2]美国国家科学研究委员会 2014 年发布的研究报告中更是使用了"史无前例"（unprecedented）这一词汇来形容美国的高监禁率现状。[3]在唐纳德·特朗普（Donald Trump）当选美国总统之后，特朗普及其盟友很大程度上借鉴了 20 世纪 80 年代种族主义化的法律和秩序言论，他们强调犯罪率上升的危险，认为应当对所有的犯罪行为加强监控，并施加更

---

〔1〕　本节部分内容刊载于赵希："重刑主义的教训：美国大规模监禁的源流、反思与启示"，载江溯主编：《刑事法评论》2020 年第 43 卷。（已收稿待刊发。）

〔2〕　See Angela J. Davis, "The Prosecutor's Ethical Duty to End Mass Incarceration", *Articles in Law Reviews & Other Academic Journals*, 2016, p. 1063.

〔3〕　See Jeremy Travis, Bruce Western eds., *The Growth of Incarceration in the United States: Exploring Causes and Consequences*, The National Academies Press, 2014, p. 68.

为严厉的惩罚。[1]芝加哥大学法学院伯纳德·哈考特（Bernard E. Harcourt）教授对此不无讽刺地评论道：在美国这样一个最强调政府不干涉（hands-off）态度的国家里，关押着世界上最多的囚犯。[2]

美国大规模监禁的势头不减以及监禁率与犯罪率逆向发展的吊诡态势引发了学界的警惕和关注，犯罪学、社会学等领域的学者们对此进行了多年的持续讨论和深入思考，形成了诸多丰富的学术成果。对美国大规模监禁的源流、影响和改革思路的介绍，能够为我国犯罪学、监狱学的发展以及刑罚理论和实践的进步带来启示和借鉴意义。

（一）美国大规模监禁的基本情况

1. 概述

当代著名犯罪学家大卫·加兰（David Garland）在 2001 年使用了大规模监禁（mass imprisonment）这一术语，意在引起人们对美国监狱人口的空前扩张以及大规模系统性关押的关注。从彼时起，大规模监禁一词就开始被爆发式地使用。学术界普遍关注造成大规模监禁的原因及其导致的后果，学者们更是创造了"监狱国"（carceral state）一词，用以强调刑罚的扩张态势。[3]广义的"监狱国"涵盖了一系列惩罚措施和社会控制措施，其中不仅包括地方监狱、州立监狱、联邦监狱，也包括联邦、州的社区矫正体系、假释、缓刑监管体系，以及联邦移民拘留系统。[4]但狭义的"监狱国""大规模监禁"一般是指前者意义上的大规模关押、拘禁犯罪人的情况，其中监禁率是核心指标。监狱人口（prison population）是指一个国家监狱系统中被关押人的总数，包括已决犯和未决犯。监禁率（prison population rate）是指一个国家每10 万人口中被监禁人员的数量。[5]

---

〔1〕 See Katherine Beckett, "The Politics, Promise, and Peril of Criminal Justice Reform in the Context of Mass Incarceration", *Annual Review of Criminology*, Vol. 1, 2018, pp. 235-259.

〔2〕 See Bernard E. Harcourt, "On the American Paradox of Laissez Faire and Mass Incarceration", *Hofstra Law Review*, Vol. 125, 2012, p. 54.

〔3〕 See Katherine Beckett, "The Politics, Promise, and Peril of Criminal Justice Reform in the Context of Mass Incarceration", *Annual Review of Criminology*, Vol. 1, 2018, pp. 235-259.

〔4〕 See Carl Takei, "From Mass Incarceration to Mass Control, and Back Again: How Bipartisan Criminal Justice Reform May Lead to a For-Profit Nightmare", *University of Pennsylvania Journal of Law and Social Change*, Vol. 20, 2017, p. 132.

〔5〕 周勇："2000-2015 年世界监狱人口发展趋势", 载《犯罪与改造研究》2018 年第 10 期。

过去几十年间，美国的犯罪率虽有波动，但整体呈现出下降趋势。美国犯罪率的降低始于 20 世纪 90 年代，甚至可以追溯至 20 世纪 70 年代。无论是暴力犯罪还是财产犯罪，都出现了大幅度的下降。[1]然而令人不解的是，美国的监禁率从 20 世纪 70 年代开始出现前所未有的上升，其中既包括联邦监狱，也包括州立监狱以及地方监狱。根据美国国家科学研究委员会对美国监禁率的研究，从 1973 年开始，美国的监禁率逐年增长。1972 年每 10 万人中就有 161 人被监禁，到了 2007 年，该数字上升为最高的 767 人。之后虽有轻微下降，但到 2012 年，每 10 万人中就有 707 人被监禁，是 1972 年被监禁人数的 4 倍还多，监狱中被关押的犯人绝对数增长到 223 万人。[2]截至 2015 年，美国联邦和州监狱关押的犯人约为 153 万人，地方看守所关押约 72.8 万人。[3]

相比而言，其他发达国家的监禁率比美国低得多。根据 2014 年《世界监狱简报》（World Prison Brief）的统计，芬兰、瑞典、丹麦、荷兰每 10 万人中的监禁人数均在 100 人以下。[4]2011 年至 2013 年，世界一些国家每 10 万人口中被监禁人数分别为：俄罗斯 474 人，乌克兰 286 人，土耳其 188 人，英国 148 人，西班牙 145 人，澳大利亚 133 人，加拿大 118 人，意大利 105 人，法国 100 人，荷兰 82 人，德国 77 人，芬兰 58 人。[5]到 2015 年，美国的监禁率有所下降，降至每 10 万人口 670 人，相比 2007 年，降幅近 13%，但美国仍然是世界上最大的"监狱国家"。[6]

大规模监禁时期的监狱管理和惩教哲学变得越来越专业、官僚、理性和精于计算，缺乏感情色彩，更多关注于囚犯分类和囚犯管控，而非复归或矫

---

〔1〕 See Eric P. Baumer et al. , "Bringing Crime Trends Back into Criminology: A Critical Assessment of the Literature and a Blueprint for Future Inquiry", *Annual Review of Criminology*, Vol. 1, 2018, pp. 39-61.

〔2〕 See Jeremy Travis, Bruce Western eds. , *The Growth of Incarceration in the United States: Exploring Causes and Consequences*, The National Academies Press, 2014, p. 23.

〔3〕 See Carl Takei, "From Mass Incarceration to Mass Control, and Back Again: How Bipartisan Criminal Justice Reform May Lead to a For-Profit Nightmare", *University of Pennsylvania Journal of Law and Social Change*, Vol. 20, 2017, p. 132.

〔4〕 See Nicola Lacey et al. , "Understanding the Determinants of Penal Policy: Crime, Culture, and Comparative Political Economy", *Annual Review of Criminology*, Vol. 1, 2018, pp. 195-217.

〔5〕 See Jeremy Travis, Bruce Western eds. , *The Growth of Incarceration in the United States: Exploring Causes and Consequences*, The National Academies Press, 2014, p. 36.

〔6〕 See Katherine Beckett, "The Politics, Promise, and Peril of Criminal Justice Reform in the Context of Mass Incarceration", *Annual Review of Criminology*, Vol. 1, 2018, pp. 235-259.

正。这些趋势显著表现为单独监禁措施的频繁使用（包括管理性隔离、纪律隔离以及保护性关押）以及超级监狱（supermax）——用来管理那些被认为具有高度破坏性、存在逃跑风险或被害风险的犯人。犯人的大量涌入导致了新监狱的仓促建设，通常的设计是将因犯分成小组，让犯人们在每天的工作任务、吃饭、编排和锻炼之间来回穿梭，这种被分割和程式化的存在通常被称为仓库监禁（warehouse imprisonment），因为它寻求通过犯人的不停移动和小任务的完成来减少犯人的暴力行为。[1]

2. 大规模监禁的特点

大规模监禁在美国的发展并不平衡，这表现为州别差异、种族差异和性别差异等方面。

首先，美国的州与州之间的监禁率存在很大差别，南部各州的监禁率普遍偏高。2015 年，美国一些州的监禁率接近或超过每 10 万人中 900 人（如亚拉巴马州、路易斯安那州、密西西比州等），但一些州的监禁率约为每 10 万人中 300 人（如明尼苏达州、缅因州、马萨诸塞州等）。那些具有日益增长的政治影响力的州——特别是美国西部和南部各州在总统选举时具有更大的影响力，这些州试图在选举中渗透南部传统的严苛和种族主义的刑罚文化，从而获取政治利益。而那些培育了较高政治参与度且限制公众情绪影响的州（如纽约州），它们则维持了相对缓和的刑罚制度。[2]尽管存在上述洲际差别，大规模监禁之所以能达到目前的规模，离不开各州立法人员的持续政治支持——制定相关的惩罚性法律、政策。甚至许多州的监狱犯人数量翻了 1 倍甚至 3 倍之后，要求对犯罪采取更为严厉处置措施的政治呼吁仍然得到了相当程度的支持。[3]

其次，关押犯人的种族差异也很显著。年轻黑人男性的监禁率是同等年龄白人男性的 6 倍多，年轻的西班牙裔男性监禁率接近白人的 2.5 倍。在加利福尼亚州，少数族裔与白人犯人的比例从 1951 年的 0.5∶1 上升到 2011 年的

---

〔1〕 See Derek A Kreager, Candace Kruttschnitt, "Inmate Society in the Era of Mass Incarceration", *Annual Review of Criminology*, Vol. 1, 2018, pp. 261-283.

〔2〕 See Michael C. Campbell, "Varieties of Mass Incarceration: What We Learn from State Histories", *Annual Review of Criminology*, Vol. 1, 2018, pp. 219-234.

〔3〕 See Michael C. Campbell, "Varieties of Mass Incarceration: What We Learn from State Histories", *Annual Review of Criminology*, Vol. 1, 2018, pp. 219-234.

3.5：1。这种族裔差别同样体现在女性犯人当中。黑人女性的监禁率远远超过白人女性和西班牙裔女性。2000 年黑人女性的被监禁率是白人女性被监禁率的近 5 倍，是西班牙裔女性被监禁率的 2 倍多。目前黑人女性约占犯人总数的 21%，接近她们在全国人口中所占比例的 2 倍。[1]监禁率中的年龄、性别和教育程度差异也很显著。特别是，种族与教育差异两个因素的混合，使得高监禁率的对象集中在那些教育程度很低的少数族裔身上。[2]

最后，美国大规模监禁的另一个突出特点是女性监禁率的明显增长。在过去 25 年间，美国监狱中的女性犯人数量猛增，目前有超过 20 万女性关押在监狱中。从 1977 年到 2004 年，入狱女性的比例激增了 757%，这个数字几乎是同期男性入狱人数增长的 2 倍。[3]1980 年至 2000 年期间，根据联邦和州监狱的统计，女性监禁率从十万分之十一上升到十万分之五十九，并在 2008 年达到了最高点（十万分之六十九）。[4]

此外，基于强制最低刑期法案、三振出局法[5]以及对毒品违法行为的严厉惩罚趋势，犯人服刑时间延长，监狱当中老年囚犯的数量增长明显。根据美国司法统计局（Bureau of Justice Statistics）最近的一份报告，从 1993 年到 2013 年，州立监狱里 55 周岁及以上的囚犯数量增加了近 400%，目前这一年龄群体的囚犯总数占到州监狱人口总数的 10%。[6]

3. 大规模监禁的影响

大规模监禁造成的影响深远，并不局限于被监禁人本人，其影响涵盖个体、家庭、社区以及更广泛的社会。美国国家科学研究委员会将大规模监禁

---

〔1〕 See Derek A Kreager, Candace Kruttschnitt, "Inmate Society in the Era of Mass Incarceration", *Annual Review of Criminology*, Vol. 1, 2018, pp. 261–283.

〔2〕 See Jeremy Travis, Bruce Western eds. , *The Growth of Incarceration in the United States: Exploring Causes and Consequences*, The National Academies Press, 2014, p. 64.

〔3〕 See Ernest Drucker, "Drug Law, Mass Incarceration, and Public Health", *Oregon Law Review*, Vol. 91, 2013, pp. 1098–1124.

〔4〕 See Derek A Kreager, Candace Kruttschnitt, "Inmate Society in the Era of Mass Incarceration", *Annual Review of Criminology*, Vol. 1, 2018, pp. 261–283.

〔5〕 强制最低刑期是指要求法官对法律规定的具体罪行一律处以所规定的最低刑期，但对最高刑期不做出硬性规定，可由法官自行决定。"三振出局"是指对犯有三次重罪（三振）的犯人从严判刑，直至判处终身监禁，使之不再有重返社会再次犯罪的可能性（出局）。参见韩铁："二十世纪后期美国刑罚领域的'严厉革命'"，载《历史研究》2012 年第 6 期。

〔6〕 See Derek A Kreager, Candace Kruttschnitt, "Inmate Society in the Era of Mass Incarceration", *Annual Review of Criminology*, Vol. 1, 2018, pp. 261–283.

所造成的影响归纳为五个方面：对犯人身心健康的影响、对犯人释放后就业和收入的影响、对家庭和子女的影响、对社区的影响以及对美国社会的影响。[1]

　　监禁对个体的影响是显而易见的，社会学家将监狱生活形容成一种"制度化"的生活，犯人被制度环境塑造，被"监狱化"，反自然和不正常的监狱环境对犯人造成了严重的心理伤害。特别是，大规模监禁造成的监狱拥挤将监狱生活的压力进一步放大。[2]不仅如此，犯人在被释放之后，还会在求职、社会福利、受教育方面遭受额外的不利后果。现代信息技术使犯罪记录传播得更加广泛，从而加剧了对有犯罪记录人的歧视，而越来越多的组织、机构以及个体通过获取犯罪记录来做出相关的决策。企业越来越寻求于获取求职者的背景信息，犯罪记录的流通和使用正在稳步增加。有犯罪记录的人在教育培训、福利项目、就业方面越来越被边缘化。[3]随着被定罪人数的增加，数百万人（其中主要是穷人）正背负着刑事司法相关的债务。[4]在家庭层面，很多犯人都为人父母，监禁对他们的家庭和孩子伤害很大。父母被关押，子女无法得到关爱，家庭的经济负担加重；父母单方因犯罪被关押，留在家里的父母另一方单方面承担起抚养子女和照顾家庭的重任。这通常导致犯罪人的子女受教育程度较低，再加上因父母犯罪而具有的"污名"，使得这些孩子未来的犯罪风险增加。在社区层面，一个普遍的看法是把犯人都关押起来是解决高犯罪率的社区安全的最好办法。但很矛盾地，更高的监禁率并不会使社区变得更安全。由于高监禁率多发生在那些贫困、弱势的社区，当犯人获释重回社区时，其政治、经济和社会地位很低，社区仍然会停留在弱势地位上，从而形成某种恶性循环。不仅如此，大规模监禁还破坏了人际网络，减弱非正式社会交往的力量。当一个家庭成员被关押时，或许可以依赖亲属和朋友构建的关系网缓解这种社交压力，但当关系网中的多个家庭中都有成

〔1〕　See Jeremy Travis, Bruce Western eds. , *The Growth of Incarceration in the United States*: *Exploring Causes and Consequences*, The National Academies Press, 2014, p. 36.

〔2〕　参见姜文秀："美国监禁刑之高监禁率现状研究"，载《河南社会科学》2011年第1期。

〔3〕　See James B. Jacobs, "Mass Incarceration and the Proliferation of Criminal Records", *University of St. Thomas Law Journal*, Vol. 3, 2006, pp. 387–389.

〔4〕　See Katherine Beckett, "The Politics, Promise, and Peril of Criminal Justice Reform in the Context of Mass Incarceration", *Annual Review of Criminology*, Vol. 1, 2018, pp. 235–259.

员被关押时，这种关系网可能会变得支离破碎。[1]

正如大规模监禁的发生、发展在不同种族当中存在着不平衡，大规模监禁的影响也存在重大的种族差异，这也许是美国大规模监禁所造成的最大的社会影响。社会学家贝琪·佩蒂特（Becky Pettit）2012 年的著作《隐形人：大规模监禁和黑人进步的神话》（*Invisible Men: Mass Incarceration and the Myth of Black Progress*）揭示了一个残酷的现实：由于美国在评估公共健康的真实状况时没有考虑到囚犯人口的数据，大规模监禁掩盖了美国人口健康统计中的种族差异——这与人们通常认为的黑人群体的地位正稳步提高的设想不符。她的结论是：美国黑人的地位得到了提升这一看法实际上是过于夸大的，而大规模监禁有效掩盖了这一点。[2]

大规模监禁的整体影响对于非裔美国人来说表现得最为明显。与 1850 年美国内战爆发前被奴役的非裔美国人相比，今天，数量更多的非裔美国人被关押在监狱或被判处缓刑或假释。此外，还有一长串"看不见的惩罚"，如住房损失、劳动力市场排斥以及政治权利的剥夺，会在犯人被释放后的很长时间困扰他的生活。大规模监禁控制了数百万非裔美国人的社会生活和经济生活，并且延续了由种族决定的结构性劣势的历史模式。刑事司法体系被视为"制度性种族歧视"的重要一环。虽然白人和西班牙裔美国人也会因监禁而遭受经济和社会损失，但根据相关统计显示，服刑后回归社会的白人和西班牙裔美国人不仅比非裔美国人更有优势，曾在监狱服刑的白人甚至比那些没有任何监禁记录的黑人更有优势。[3]

大规模监禁与非裔美国人的艾滋病感染率存在很大关联。艾滋病最初是在美国的白人同性恋之间传播，但目前艾滋病已经成为 25 岁至 34 岁非裔美国妇女的主要死亡原因。更令人不安的是，年轻的非裔美国女性新感染艾滋病的概率是同年龄白人美国女性的 20 倍。据统计，绝大多数被感染的女性，其感染是源于与非裔异性的性行为。而非裔男性之所以感染艾滋病病毒的比

〔1〕 See Anne R. Traum, "Mass Incarceration at Sentencing", *Hastings Law Journal*, Vol. 64, No. 2, 2013, p. 423.

〔2〕 See Ernest Drucker, "Drug Law, Mass Incarceration, and Public Health", *Oregon Law Review*, Vol. 91, 2013, pp. 1098-1124.

〔3〕 See Jacqueline Johnson, "Mass Incarceration: A Contemporary Mechanism of Racialization in the United States", *Gonzaga Law Review*, Vol. 47, 2011, pp. 301-317.

例更高，一个很重要而被忽视的原因就是大规模监禁。2010 年，联邦和州监狱关押犯人的艾滋病病毒感染率比未被关押的人高出 5 倍不止。在监狱服刑的犯人中，美国黑人男犯被诊断出感染艾滋病病毒的可能性是白人男犯的 5 倍，是西班牙裔/拉丁裔男犯的 2 倍。[1]

（二）美国大规模监禁的原因探析

事实上，所谓的“大规模监禁”并非基于任何事先形成的总体规划，也没有一套明确的法律、政策和制度结构来决定大规模监禁的开始和持续。[2]那么，美国为何会出现持续的大规模监禁？美国犯罪学家、社会学家对此展开了长期的研究，形成了各种不同的理论观点。

探索高监禁率的原因，首先能够设想的是可能存在的高犯罪率直接导致监禁率的提升。但纵观美国监禁率与犯罪率的同时期数据对比，二者并非同步增长。1973 年监禁率开始上升时，犯罪率并未同步上升。20 世纪 80 年代监禁率大幅度上升时，暴力犯罪在 20 世纪 80 年代前 5 年下降，后 5 年上升；监禁率在 20 世纪 90 年代继续攀升，暴力犯罪率却开始下降。最后，在 2000 年之后，犯罪率在较低水平保持稳定，但监禁率却在 2007 年达到顶峰。因此可以说，高监禁率的现实不能简单归因于高犯罪率。[3]美国学者达成的普遍共识是：刑罚扩张的主要驱动力是政策和实践的改变，而非犯罪率的上升。[4]

1. 表层原因：政策法律的变化

高监禁率在法律政策上可以归结为下述几个层面：政治宣导、毒品战争、司法体系变革等。

首先，政治立场倾向于支持高监禁率。美国有学者指出，美国政治变革的一个核心特征，是对深刻而持久的扩张监狱规模的政治承诺。犯罪问题的政治化解决倾向最初有利于共和党人，他们更愿意采取较为激进的刑罚制度

〔1〕 See Michele Goodwin et al. , “Sex, Drugs, & HIV: Mass Incarceration's Hidden Problem”, *Houston Journal of Health Law & Policy*, Vol. 16, No. 1, 2016, pp. 5-12.

〔2〕 See Michael C. Campbell, “Varieties of Mass Incarceration: What We Learn from State Histories”, *Annual Review of Criminology*, Vol. 1, 2018, pp. 219-234.

〔3〕 See Jeremy Travis, Bruce Western eds. , *The Growth of Incarceration in the United States: Exploring Causes and Consequences*, The National Academies Press, 2014, p. 47.

〔4〕 See Katherine Beckett, “The Politics, Promise, and Peril of Criminal Justice Reform in the Context of Mass Incarceration”, *Annual Review of Criminology*, Vol. 1, 2018, p. 235-259.

纲领。但自 20 世纪 80 年代以来，越来越多的民主党人担心在遏制犯罪方面表现软弱，为了赢得选举，他们开始发表更为严厉的打击犯罪的言论，开始采取与共和党同样激进的犯罪控制纲领。1992 年总统大选当中，民主党总统候选人比尔·克林顿在竞选中采取了更为极端的立场，并在上台后签署了对大规模监禁进行扩大补贴资助的法案。在此之后，两党都争相超越对方，不断为犯人制定新的惩罚性和侮辱性措施。[1]这种措施直至特朗普当选总统之后仍未发生实质改变，甚至愈演愈烈。哈考特教授认为，美国一方面奉行自由主义的市场经济体系，另一方面却呈现出大规模监禁的"监狱国"现状，这种经济自由主义与惩罚奉行的大规模监禁之间的悖论根植于某种集体想象：一方面抵制政府干预经济领域，另一方面通过制定新的犯罪法案挥舞着刑罚的鞭子，在刑罚领域，政府的干预被视为合法、有效且必要的。正是这一矛盾的信念支撑了监狱的扩张。[2]

其次，不可忽视的是，高监禁率与美国对毒品犯罪的加大打击政策有关。尽管各类犯罪的监禁率均有所增加，但增长幅度最为剧烈的是毒品犯罪。1980 年时毒品犯罪监禁人数非常少，为每 10 万人中有 15 人被监禁。但 2010 年这一数字增长了近 10 倍，达到每 10 万人中有 143 人被监禁。[3]但也有学者认为，"毒品战争"[4]对于美国大规模监禁的贡献主要集中在监禁率的增长初期。美国刑罚政策趋势分为三个时期：1980—1993 年（从宣布毒品战争开始到其巅峰时期）；1994—2000 年（从犯罪率下降到高监禁率趋于稳定）；2001 年至今。美国监禁率的增长最突出地表现在 1980 年到 1993 年这一时期。在这一时期，监禁率增长的 33% 归因于毒品犯罪，43% 归因于暴力犯罪，其余则归因于财产犯罪和其他犯罪。在此期间，关押的毒品罪犯人 1980 年到 1993 年从占监狱总人口的 6% 增长到 22%。但在 1994 年至 2000 年期间，监禁率增长的主因并非是毒品犯罪。监禁率增长的 58.1% 都归因于暴力犯罪，只

---

〔1〕 See Michael C. Campbell, "Varieties of Mass Incarceration: What We Learn from State Histories", *Annual Review of Criminology*, Vol. 1, 2018, pp. 219-234.

〔2〕 See Bernard E. Harcourt, "On the American Paradox of Laissez Faire and Mass Incarceration", *Harvard Law Review*, Vol. 125, 2012, p. 54.

〔3〕 See Jeremy Travis, Bruce Western eds., *The Growth of Incarceration in the United States: Exploring Causes and Consequences*, The National Academies Press, 2014, p. 47.

〔4〕 毒品战争是指为了治理在 20 世纪 70 年代开始泛滥的毒品滥用问题，里根政府于 1982 年正式启动了"毒品战争"政策。

有 14.9% 是归因于毒品犯罪。1994 年至 2000 年期间的监禁率增长的主因并非毒品犯罪，而是因为暴力犯罪的增加导致服刑刑期的增加。2001 年至今则主要在于对轻微暴力犯罪以及财产犯罪的监禁率的增加。[1]

最后，刑事司法体系的若干环节也对大规模监禁提供了"助力"。有观点提出，假释和缓刑的扩大适用对于大规模监禁具有重要影响。当假释犯和缓刑犯违反相关监管规则时，他们很可能会被收监。据统计，近几十年间州立监狱中入监人数的大幅度增长与假释者被重新收监有关。1980 年，假释犯被重新收监的人数占总收监人数的 20%，到 1991 年增长为 30%，到 2010 年达到 30% 至 40%。这表明刑事司法系统应对犯罪策略的明显转变——越来越依赖于监狱，而非其他的矫正措施。[2]

也有观点认为，大规模监禁可以归因于更严厉的量刑政策。一方面，20 世纪 80 年代之后，美国检察官增加了对重罪指控的倾向，因犯重罪入狱关押的人数显著增加，检察官的权力广泛且不受约束。另一方面，犯人服刑时间明显增加，特别是长期服刑和终身监禁犯人的增加。例如，从 1984 年到 2004 年，谋杀犯和过失杀人犯的服刑时间增加了 55%，抢劫罪犯的服刑时间增加了 44%。在其他西方国家的重罪案件中，不到 10% 的犯人被判处 1 年以上监禁，只有 1% 至 3% 的犯人被判处 5 年以上监禁。但美国州法院 2009 年判处的平均刑期为 4.3 年，其中暴力犯罪的平均刑期为 7.5 年。其他民主国家中，终身监禁非常罕见，但七分之一的美国囚犯正在服终身监禁。[3]

还有学者认为司法官员角色对大规模监禁负有直接责任。约翰·普法夫（John Pfaff）教授致力于探究"谁"最应该为大规模监禁负责，即在刑事司法体系的所有角色当中，立法者、警察、检察官、法官、假释官员以及其他人，究竟是谁在促进监禁暴增的过程中扮演了核心角色？立法者通常因其颁布更为严苛的法律而被视为大规模监禁的"始作俑者"，然而，通过对 11 个州近 20 年的数据统计分析，普法夫得出结论：监狱的膨胀是入监人数增加的

---

〔1〕　See Heather A. Achoenfeld, Heather Alma Schoenfeld, "The War on Drugs, the Politics of Crime, and Mass Incarceration in the United States", *Journal of Gender, Race & Justice*, Vol. 15, 2012, pp. 315-352.

〔2〕　See Jeremy Travis, Bruce Western eds., *The Growth of Incarceration in the United States: Exploring Causes and Consequences*, The National Academies Press, 2014, p. 41.

〔3〕　See Katherine Beckett, "The Politics, Promise, and Peril of Criminal Justice Reform in the Context of Mass Incarceration", *Annual Review of Criminology*, Vol. 1, 2018, p. 235-259.

结果，且与刑期的长短并无直接关系。但谁又要为入监人数增加负责？普法夫认为，检察官在其中扮演了关键角色。检察官越来越多地选择对重罪提起诉讼，是推动大规模监禁的主因。[1]

2. 深层原因：刑罚文化的变迁

犯罪学家加兰强调，刑罚变化必须在更广泛的社会和文化力量的背景下加以理解，正是社会文化力量塑造了刑罚文化。20 世纪最后 30 年在美国、英国以及其他发达国家出现的后现代性（late modernity），带来了一系列危险、不确定以及难以控制的问题，这些问题在我们制定对犯罪的反应对策时扮演了核心角色。这意味着以复归和福利国家为导向的刑罚时代已经终结，新的刑罚政策更加侧重对犯罪风险进行"控制"。[2]尽管公众总体上支持对大规模监禁的现状进行改革，但是当面对某些具体犯罪行为时，公众仍然倾向于支持更具惩罚性、报应性的措施。惩罚的报应性在我们的文化和法律体系当中根深蒂固，而且也植根于我们的生理和心理层面，这是我们进行改革的主要障碍。[3]

加兰认为，20 世纪最后 30 年间发生了如下变化：其一，复归思想的衰落，"复归"不再是刑事司法体系的主导思想，也不是刑罚措施的主要目的了。其他刑罚目的，特别是报应思想、剥夺犯罪能力、管控风险等理念日趋占据上风。其二，表达性司法（expressive justice）的再现。刑罚体系越来越强调表达公众愤怒和憎恶的需要，新的法律以及刑罚政策开始常规性地诉诸被害人、被害人家庭的感受或公众的恐惧和愤怒。其三，与表达性司法相契合的是被害人形象开始受到重视。有关被害人的刑事政策发生了变化——被害人必须受到保护、被害人的声音要被倾听、被害人的愤怒和恐惧需要被表达。若干以被害人名称命名的法案如《梅根法案》（*Megan's law*）、《布莱迪法案》（*Brady bill*）相继出台。最重要的是刑罚政策亦发生了变化——强调对于公共安全的保护。虽然公共安全保护一直以来都是刑事政策的重要价值诉求，

---

〔1〕　See Michael M. O'Hear, "Mass Incarceration in Three Midwestern States: Origins and Trends", *Valparaiso University Law Review*, Vol. 47, No. 3, 2013, pp. 714-715.

〔2〕　See David Garland, *The Culture of Control: Crime and Social Order in Contemporary Society*, Published to Oxford Scholarship Online, 2012, Preface.

〔3〕　See Mark Robert Fondacaro, Megan O'Toole, "American Punitiveness and Mass Incarceration: Psychological Perspectives on Retributive and Consequentialist Responses to Crime", *New Criminal Law Review*, Vol. 18, 2015, pp. 477-509.

但在强调矫正、复归的时代，公共安全往往不是驱动政策变化的主因，然而目前对于公共安全、识别及遏制任何可能的危险的强调已经成为政策法律变化的主要驱动力。[1]

刑事司法体系面临着前所未有的困境，这种困境源自 20 世纪最后 30 年的两个主要社会事实：高犯罪率的常态化以及刑事司法国家能力的有限性。尽管犯罪率近些年有所降低，但相比于 20 世纪五六十年代，犯罪率无法同日而语。被犯罪伤害的风险不再是异常或罕见的，而已成为一种人们必须面对的 "日常风险"。犯罪学家和政策制定者逐渐达成一个共识：仅凭政府机构本身无法成功地控制犯罪。[2]罗伯·马丁森（Rober Martinson）教授在 1974 年发表的报告《什么有效？关于监狱改革的问与答》通过实证研究，认为现行所有的矫正方法对减少再犯没有任何明显的效果。心理学家雷·辛普森（Ray Simpson）也提出，没有任何证据表明治疗的方法对罪犯的行为与性格倾向有效，监狱迄今为止的改革都是愚蠢而不适当的。[3]

在此背景下，一方面，刑事司法领域中出现了取代改造、复归思想的 "强硬手段"（get tough）作为刑罚的基本观念。美国对于罪犯处置日趋变得严厉且具有惩罚性。[4]另一方面，犯罪控制不再限于刑事司法体系，一种新的预防危险和方位社会的机制成长起来，其中包括犯罪预防组织、政府与私人合作、社区监管计划等，从而显著扩张了犯罪控制体系。犯罪控制不再仅局限为刑事司法专家的研究主题，而是牵涉到更广泛的社会经济层面。整个犯罪控制体系不再执着于对犯罪个体进行起诉及审判，而是旨在通过最大程度降低犯罪风险而减少犯罪事件。社区安全成为头等大事，而法律体系不过是实现这一目的的工具和手段而已。[5]在过去的刑罚-福利体系（penal-welfare

---

〔1〕　See David Garland, *The Culture of Control: Crime and Social Order in Contemporary Society*, Published to Oxford Scholarship Online, 2012, pp. 8–12.

〔2〕　See David Garland, *The Culture of Control: Crime and Social Order in Contemporary Society*, Published to Oxford Scholarship Online, 2012, pp. 105–109.

〔3〕　转引自刘崇亮、严励："对中国 '罪犯改造无（有）效论' 的实证分析"，载《政法论丛》2018 年第 5 期。

〔4〕　刘崇亮、严励："对中国 '罪犯改造无（有）效论' 的实证分析"，载《政法论丛》2018 年第 5 期。

〔5〕　See David Garland, *The Culture of Control: Crime and Social Order in Contemporary Society*, Published to Oxford Scholarship Online, 2012, pp. 170–171.

system）下，监狱作为矫正机构的最后一环，旨在关押那些用其他感化挽救措施无法起作用的罪犯，而在犯罪控制文化影响下，以公众安全的名义，大规模监禁成为一种排斥和控制机制，用来隔离对公众存在危险的人。[1]

约瑟夫·肯尼迪（Joseph E. Kennedy）提出一种理论，认为修复市民社会的断裂所需的社会团结使得犯人成为替罪羊，从而造成了大规模监禁的后果。这种替罪羊并非传统意义上的妖魔化少数人，将其行为犯罪化，而是采取一种更为微妙和更普遍的形式，即将社会问题的来源确定为群体以外的，将美国社会 20 世纪八九十年代的犯罪困扰问题——毒品滥用、对儿童的性虐待、随机的暴力、一系列谋杀案以及青少年犯罪人解读为一个普遍的模式。犯罪人被妖魔化，为了应对这些人们所设想出来的"怪物"（monsters），一个严苛的刑罚体系被创设，犯罪人所受到的平均的刑罚被不成比例地加重。[2]这与涂尔干的犯罪侵害集体意识的理论存在相通之处。涂尔干认为："既然犯罪所触犯的感情是最具有集体性的，既然这种感情表现出了特别强烈的集体意识，那么它根本不可能容忍任何对立面的存在。如果这种对立面不仅是一种纯粹理论上的、字面上的，更是行动上的，那么它就猖狂到极点，我们无法不义愤填膺地予以反击。"[3]

（三）美国大规模监禁的改革设想

1. 司法体系内部的改革

美国近期旨在降低监禁率的改革措施主要集中于对一些罪行较轻的犯罪人进行审前转处（diversion）[4]。但是这种努力对于限制大规模监禁来说，成效甚微。因为转处主要针对轻微犯罪，此类犯罪人在监禁人口中只占很少

---

[1]　See David Garland, *The Culture of Control: Crime and Social Order in Contemporary Society*, Published to Oxford Scholarship Online, 2012, pp. 177-178.

[2]　See Joseph E. Kennedy, "Monstrous Offenders and the Search for Solidarity through Modern Punishment", *Hastings Law Journal*, Vol. 51, No. 5, 2000, pp. 829-908.

[3]　[法]埃米尔·涂尔干：《社会分工论》，渠东译，生活·读书·新知三联书店 2000 年版，第 62 页。

[4]　审前转处，又称转向，是指对本应受到刑罚处罚但因情节和危害较轻的犯罪人采取非刑罚方法处理，由检察官做出对罪犯适用转处项目的决定，只要对罪犯的指控在一个特定的时间段里被撤销或该罪犯成功完成转处项目，刑事诉讼将不再进行。审前转处的具体措施包括：对法定应进入司法程序的，酌情不予进入；对已经进入司法程序的予以暂停或中止；减少对罪犯的监督控制程度，或将罪行显著轻微的犯罪嫌疑人安置到非司法机构进行管理教育和矫治。详见刚彦、王敬："美国审前转处制度之评析"，载《法制与社会》2014 年第 24 期。

的比例。如美国目前因持有毒品罪和盗窃罪而服役的犯罪人分别只占州监狱人数的 3.5% 和 3.6%。而晚近出现的大规模监禁的特点恰恰是：对少数轻微犯罪判处更短的刑期或进行审前转处，对暴力和性犯罪以及毒品犯罪判处更长的刑期。因此，通过扩大适用审前转处来减少监禁的做法是治标不治本的。[1]

　　在美国大规模监禁改革方案中，最受欢迎的改革建议之一是通过扩大缓刑的适用来代替监禁。然而，有学者提出，缓刑并非是大规模监禁症状的"灵丹妙药"，缓刑适用的扩张不仅无法控制监禁率，反而会进一步扩张刑事法网。美国早在 20 世纪 70 年代就开始将扩张缓刑适用作为替代监禁的一种方案，研究表明，扩张适用缓刑之后，这些被判处缓刑的人在将来更有可能被监禁。这主要表现为：其一，缓刑的扩张适用诱导法官把那些介于判处缓刑和只需处以社区服务、罚款或警告的"边缘性"案件更多地判处缓刑，从而间接扩张了刑事法网。其二，缓刑对当事人的限制和监管，如强制会面、亲属来访、常规吸毒检测等，与人们的日常生活并不兼容，再加上缓刑监控技术的发达，轻微违法不难被探知，被判处缓刑的人很容易因违反缓刑管制要求（或仅仅是技术性违反）而被撤销缓刑收监。[2]

　　有学者认为，美国对于毒品犯罪的政策导向和量刑趋势将决定美国大规模监禁的未来。以大麻的合法化为例，美国已有三十几个州通过了医用大麻合法化的法案。2012 年科罗拉多州和华盛顿州的选民通过的一项投票，使得大麻的娱乐性使用合法化。[3]2018 年 6 月 28 日，美国参议院以 86 票赞成、11 票反对的结果通过一项大麻合法化法案，该法案允许种植、加工和销售工业大麻。[4]对毒品犯罪的合法化倾向能够对逮捕和监禁产生影响，纽约市 2011 年逮捕了 5 万名与大麻有关的犯人，设想一下，一旦大麻合法化，这些人

〔1〕　See Katherine Beckett, "The Politics, Promise, and Peril of Criminal Justice Reform in the Context of Mass Incarceration", *Annual Review of Criminology*, Vol. 1, 2018, pp. 235–259.

〔2〕　See Michelle S Phelps, "The Paradox of Probation: Community Supervision in the Age of Mass Incarceration", *Law & Policy*, Vol. 35, 2013, pp. 51–80.

〔3〕　See Ernest Drucker, "Drug Law, Mass Incarceration, and Public Health", *Oregon Law Review*, Vol. 91, 2013, pp. 1098–1124.

〔4〕　参见姜舒译："美国参议院通过大麻合法化法案大麻可作为农产品种植出售"，载 https://baijiahao.baidu.com/s? id=1604600893017729491&wfr=spider&for=pc，访问日期：2018 年 11 月 20 日。

将不再会被逮捕和关押。[1]此外，在经历了打击毒品滥用政策的一系列失败之后，美国的毒品犯罪政策也发生了改变，越来越多地转向对毒品滥用进行治疗的政策，即致力于寻求把轻微的毒品罪犯由监狱服刑转化到社区治疗机构行刑，成为社区矫正的一项重要内容。[2]

解决过度监禁化问题，但不解决"监狱国"的权力过度扩张的方案，充其量是片面解决，而且很可能在改革的幌子下将权力从监狱国家的一部分转移到另一部分，使问题更加恶化。[3]其中，限制司法权成为解决大规模监禁的一个侧面。

有学者提出，减少大规模监禁固然需要多方面的努力，但检察官在其中扮演了至关重要的角色，这是由于检察官所拥有的广泛的自由裁量权。美国检察官在是否提起诉讼决定以及是否进行、如何进行辩诉交易当中拥有广泛的自由裁量权，《联邦量刑指南》以及《强制最低刑期法案》的通过更加增强了检察官的权力。检察官权力过大，迫使被告人不得不认罪，不接受辩诉交易的被告人往往会遭到更严厉的刑罚处罚。[4]但问题是，检察官的角色是很模糊的。诚如有学者所言："人们往往会期待检察官承担起两个互相矛盾的角色：他们被要求成为公正的司法人员，但又期待他们成为打击犯罪的有力领导者；盼望他们严格执行法律，但又有时指望他们心存宽厚。"美国检察官是美国刑事司法程序和组织体系的重要中介，承担起沟通警察部门和法院的职责，其所扮演的角色不可避免地具有一定的模糊性。[5]

也有学者寄希望于法院的角色，认为法院可以在量刑过程中发挥减少大规模监禁的作用。在量刑阶段，法官可以全面评估被告人的性格、成长经历、未来的预期情况。与此同时，也要去衡量公共安全、公平的刑罚、符合法律

---

[1] See Ernest Drucker, "Drug Law, Mass Incarceration, and Public Health", *Oregon Law Review*, Vol. 91, 2013, pp. 1106-1107.

[2] 参见姜文秀："美国监禁刑的困境、出路及其启示"，载《中国刑事法杂志》2011年第3期。

[3] See Katherine Beckett, "The Politics, Promise, and Peril of Criminal Justice Reform in the Context of Mass Incarceration", *Annual Review of Criminology*, Vol. 1, 2018, p. 239.

[4] See Angela J. Davis, "The Prosecutor's Ethical Duty to End Mass Incarceration", *Hofstra Law Review*, Vol. 44, No. 4, 2016, pp. 1063-1085.

[5] See David Alan Sklansky, "The Problems with Prosecutors", *Annual Review of Criminology*, Vol. 1, 2018, p. 461.

规定等因素。法官应当慎重考虑监禁可能给被告人带来的后果。然而,《强制最低刑期法案》的实施限制了法官意图判处被告人更低刑期的自由裁量权。该法案对毒品犯罪的监禁率升高贡献最大。2008 年,根据《强制最低刑期法案》被定罪的人当中有 82.5%的人被控毒品犯罪。[1]

2. 司法体系之外的努力

有学者对大规模监禁改革的未来持悲观态度,认为如果不从根本上解决种族平等问题以及社会制度问题,所谓大规模监禁的替代措施将会导致"大规模控制的梦魇"。大规模控制的图景下,有色人群虽不被关押在监狱,但仍被刑事司法体系以各种方式进行"标记"——也许是电子手铐、也许是看不见但广泛存在的假释或缓刑监控,警察的管控将变得更加严格和具有侵入性。[2]美国学者戈特沙尔克认为,既有的一些改革措施将消除大规模监禁与减少暴力联系起来的思路是错误的。如某些社区的暴力犯罪集中,是基于经济发展不平衡和种族不平等造成的,这种不平等比大规模监禁更深刻地根植于美国历史和社会,因此很难解决。而且,美国的高监禁率并不是犯罪模式所起的作用。世界上很多低监禁率的国家,其总体的犯罪率与美国差不多,甚至更高一些。[3]

美国监狱膨胀植根于经济状况不平等。监狱关押的大多数犯人是处于劣势的黑人,他们的受教育程度很低。这种经济状况的不平等尤其根深蒂固,这不是一次性转移支付的抚恤金,或司法系统的表面改革能够解决的。补救办法可能更多地在于能够扩大社会公民身份的社会政策。[4]这让人想起了刑法学家李斯特的名言:"最好的社会政策就是最好的刑事政策。"

进一步减少大规模监禁固然离不开刑事司法体系的改革,需要从根本上降低对监禁的依赖性,并致力于寻求监禁刑的替代性措施。特别是对毒品犯

---

〔1〕　See Anne R. Traum, "Mass Incarceration at Sentencing", *Hastings Law Journal*, Vol. 64, No. 2, 2013, p. 423.

〔2〕　See Carl Takei, "From Mass Incarceration to Mass Control, and Back Again: How Bipartisan Criminal Justice Reform May Lead to a For-Profit Nightmare", *University of Pennsylvania Journal of Law and Social Change*, Vol. 20, 2017, p. 125.

〔3〕　See Katherine Beckett, "The Politics, Promise, and Peril of Criminal Justice Reform in the Context of Mass Incarceration", *Annual Review of Criminology*, Vol. 1, 2018, pp. 245-246.

〔4〕　See Bruce Western, Christopher Wildeman, "Punishment, Inequality, and the Future of Mass Incarceration", *University of Kansas Law Review*, 2009, pp. 851-852.

罪以及其他非暴力犯罪的监禁刑的修改，另外应当缩短包括严重犯罪在内的一些犯罪的刑期。但是仅靠刑事司法体系内部的改革是远远不够的，对那些贫困社区必须进行实质性的资金投入和制度设计，确保在贫困社区出生和长大的人能够有机会去追求合法的生存、发展机会。[1]通过减少对非暴力犯罪人的监禁率，能够有效降低监狱管理的经济成本，节省出来的资金可以投入教育、就业支持、戒毒治疗、改造犯罪率高的不良社区等。[2]加兰认为，控制文化以及相应的大规模监禁的结果，本质上反映了国家独自应对犯罪的能力不足，无论是刑罚—福利体系，还是控制体系，单纯依赖统一的命令和强制，无法很好地解决犯罪防控问题。从根本上说，控制犯罪需要社会的普遍参与和知识贡献。地方组织和社区在防控犯罪中应与国家一起分享管控犯罪的权力。[3]

总的来说，美国学者对于美国的大规模监禁历史及现状基本持批评检讨的态度。大规模监禁所导致的"监狱国"，并不是一个成功的刑事政策，它不仅对于预防和减少犯罪并无直接的贡献，滥用监禁刑还造成了对个体、家庭、社会、国家的诸种不利后果。对大规模监禁的反思和改革至今仍是美国犯罪学、社会学、政治学等学科所热议的话题。

二、监禁对犯罪人的影响研究

（一）监禁对犯罪代际传播的影响[4]

随着美国监禁率的上升，犯罪学家对监禁如何影响犯罪人产生了研究兴趣。其中关于监禁的代际传播的研究由来已久，特别是一些家族中犯罪集中发生的现象成为研究的样本，监禁的代际传播目前仍然属于很活跃的研究领域。由于男性的犯罪率高于女性，研究更多集中于关注父亲被监禁与其子女

---

〔1〕 See David Cole, "Turning the Corner on Mass Incarceration?", *Ohio State Journal of Criminal Law*, Vol. 9, 2011, pp. 39-40.

〔2〕 See Jacqueline Johnson, "Mass Incarceration: A Contemporary Mechanism of Racialization in the United States", *Gonzaga Law Review*, Vol. 47, 2011, pp. 317-318.

〔3〕 See David Garland, *The Culture of Control: Crime and Social Order in Contemporary Society*, Published to Oxford Scholarship Online, 2012, pp. 204-205.

〔4〕 See Christopher Wildeman, Signe Hald Andersen, "Paternal Incarceration and Children's Risk of Being Charged by Early Adulthood: Evidence from a Danish Policy Shock", *Criminology*, Vol. 55, No. 1, 2017, pp. 32-58.

的童年、青春期乃至成年期的一系列不良结果之间是否存在关联性。

康奈尔大学的克里斯多夫·怀德曼（Christopher Wildeman）等研究者寻找到了一个非常适合进行监禁的代际影响力研究的样本，即丹麦 2000 年进行的刑事司法改革。虽然丹麦的刑事司法体制和量刑制度与美国存在差异，但丹麦关于父亲被监禁对子女的影响方面的研究，与美国存在高度相似。如丹麦研究认为父亲被监禁增加了子女被寄养的概率以及提高了子女死亡率。因此，在丹麦进行的父亲被监禁对子女犯罪的影响的研究可以对美国语境产生借鉴作用。

丹麦 2000 年进行的司法改革主要是扩张社区矫正这一非监禁刑的适用，从而减少对犯罪人适用监禁刑，改革允许法官将醉酒驾驶以及一些严重交通犯罪的被告人判处社区服务，而非监禁。怀德曼教授等研究者以 1999 年 4 月至 2000 年 4 月以及 2000 年 9 月至 2001 年 9 月被定罪的父亲及其子女的犯罪数据作为样本，划分了实验组和对照组，以研究父亲犯罪后没有被判监禁对减少子女之后犯罪行为是否存在影响力。

研究结果显示，相较于改革之前，改革之后男性犯罪人的儿子 10 年内被刑事起诉的概率有明显降低。在司法改革前父亲被定罪，64% 的男孩在未来 10 年内被起诉，而在改革之后这一数字为 57%，这一差异在统计上是显著的和实质性的，相当于被起诉的风险下降了 7%。对于女孩来说，前后差异为 2%，虽然这一差异仍然代表着被起诉风险的下降，但在统计学上并不显著。研究的意义在于，进一步强调了犯罪的代际传播中监禁刑的影响力——特别是对男孩的影响力。下一步的研究应当关注于这种影响的内在机制，以及父亲被监禁对其儿子和女儿产生不同影响力的原因。

（二）监禁对帮派身份的影响[1]

在美国被监禁的犯人当中，有很高比例的犯人是帮派成员，帮派在矫正机构的管理秩序当中占据了一个核心地位。在监狱中，毒品市场以及其他形式的违禁品市场主要受帮派控制。囚犯骚乱和制度混乱也随着帮派在监狱设施中的集中而增加。帮派也会对因帮派间竞争而复杂化的囚犯住房安排等管理秩序产生挑战。更重要的是，犯罪团伙的触角延伸到青少年监舍和监狱的

---

[1]　See David C. Pyrooz et al. , "Consequences of Incarceration for Gang Membership: A Longitudinal Study of Serious Offenders in Philadelphia and Phoenix", *Criminology*, Vol. 55, No. 2, 2017, pp. 273-306.

围墙之外。监狱中帮派组织与社区的联系情况不容乐观，帮派指示有可能蔓延到街头。

在监狱的语境下，监禁与帮派之间的关系是怎样的？关键是要厘清究竟是监禁促生了帮派的上述不利影响，还是相反，帮派本身的不利因素被植入监狱这个新环境当中，是一种帮派文化的"漂移"。对此，存在三种解释模式：其一，"起源"（origination）模式，认为监禁本身是监狱中帮派和帮派成员的驱动力。在这种模式中，制度环境的本土影响导致囚犯寻求与帮派的联系。一套独特的约束和激励机制在监狱、拘留所和青少年设施中发挥作用，推动囚犯加入帮派。帮派提供了一条适应制度环境的途径。囚犯通过"监禁"被社会化到这种文化中，这最终使囚犯在自由世界中建立了一些生活特征，包括自主性、人际关系、安全感和地位。帮派填补了在日益暴力和不值得信任的制度环境中治理的空白。其二，"表现"（manifestation）模式，该模式主张监禁对帮派和帮派成员来说，没有什么特殊之处，矫正机构只是刑事司法系统发现、逮捕、起诉和判刑的罪犯的接收者。该观点赞同"输入模式"，即监狱文化实际上是源自监狱之外的文化，而不是独自衍生的。其三，"强化"（intensification）模式，该模式通过结合起源模型和表现模型的要素，提供了一种混合的方法来研究监禁和帮派成员之间的联系。强化模式认为，如果帮派多发生在青少年时期，帮派成员更可能源于街头而不是监禁环境。然而，监禁通过建立或加强帮派关系使帮派成员的轨迹复杂化，影响了帮派成员的连续性和变化。这可能至少以两种方式发生：首先，在监狱这样的有利于帮派关系的环境中，入狱前就是帮派成员的人最好维持这种身份，否则对其不利。其次，监禁给想脱离帮派的人制造了很多困难。脱离帮派的动机，如婚姻、家庭、工作，在监禁环境中都不存在。即使真想脱离也会困难重重，他们会被视为叛徒和告密者。此外，很少有以促进脱离帮派的机构的项目存在。在监禁期间退出帮派，虽然不是不可能的，但违反了帮派的准则，被认为是会有后果的。

科罗拉多大学等多所美国高校学者以1336名费城和菲尼克斯的重刑犯为研究对象，对监禁与帮派之间的关系进行了联合研究。整体研究结论是，研究基本完全否定了起源模型，对表现模式有一定的肯定，对强化模型理论的认可程度最高。首先研究结论可以确定的是，监禁与帮派身份存在显著关联性，相比于生活在街头，被监禁会导致更大的加入帮派的可能性。但最常见的情况是团伙成员从街道转移到监禁机构，然后再返回街头。如一个帮派成员被关进监狱之后，他并非完全作为监狱中的"新来的/菜鸟"，而是会发现监狱中有很多相似的帮派成员、帮派盟友或对手。但与街头帮派不同的是，监狱中的帮派成员进入的是包含秩序、等级、非正式社会控制在内的组织。帮派文化虽然源自街头，但监狱对这种文化产生了制度性的影响力。然而，在多大程度上可以将帮派成员的身份连续性归因于制度化的帮派文化或监狱中特殊的管理方式尚不清楚，这需要进一步的学术关注。

（三）监狱犯人相互交往对再犯的影响[1]

既有的犯罪学理论中，倾向于认为犯人之间交往互动产生更多的是促生犯罪的负面效果，而不是积极的威慑性效果。人们总是认为囚犯之间的互动结果是创造了更有犯罪能力的罪犯，而不是有责任心的公民。这主要是立足于著名犯罪学家萨瑟兰（Sutherland）的不同交往理论（differential association theory），该理论认为，犯罪行为或从事犯罪行为的潜在倾向，是在与其他具有更深刻的犯罪价值观和更强的犯罪技能的人互动中产生和发展的。因此，在一个以犯罪经验水平为特征的差异关联情境中，犯罪经验较多的人相比经验较少的人，促进了更多的犯罪行为。学者克莱默（Clemmer）将萨瑟兰的理论应用到监狱环境中，他认为，囚犯之间的互动交往，会通过灌输反社会规范加剧犯罪行为，他预计囚犯会通过与狱友的社交互动而（再度）入狱。

最近，美国加利福尼亚大学、马里兰大学以及宾夕法尼亚惩教署（Pennsylvania Department of Corrections）的多位研究人员为了检验上述假设，对宾夕法尼亚惩教署的一组初次犯罪刑满之后被获释的犯人进行研究。该研究选择初次入狱的人作为研究对象，因为这些人缺乏犯罪和监禁的经验，更容易受同狱人的影响。研究得出了与不同交往理论不同的结论，初次犯罪的人与罪行更严重的犯人关押在一起时，要么对其再犯没有影响，要么会产生遏制再犯的作用，但并未发现这种交往会明显促进再犯。有经验的犯罪人经常试图鼓励犯罪经验较少的犯人改过自新，特别是当前者也有这种想法时。研究者审慎地提出，仅凭本研究结论不足以否定不同交往理论的合理性，但研究促

[1]　See Heather M. Harris et al., "Do Cellmates Matter? A Causal Test of the Schools of Crime Hypothesis with Implications for Differential Association and Deterrence Theories", *Criminology*, Vol.56, No.1, 2018, pp.87-122.

进犯罪学学者反思，既有对犯人交往产生促进犯罪效果的定论是否存在一定的偏见。

(四) 监狱对老年犯人健康的影响[1]

作为美国大规模监禁的附带后果，监禁与许多涉及健康和福祉的有害后果联系起来。监禁会恶化人口健康指标，并增加传染病和食源性疾病的风险。此外，监禁与慢性疾病、肥胖、精神健康问题和提前死亡有关。监禁和健康之间的这些联系现在由于囚犯人口的老龄化而变得更加复杂。

在过去的几十年里，美国的囚犯人数经历了广泛的增长。从人口统计学上看，被监禁的犯人正在变老。目前11%的男性囚犯处于55周岁以上这个年龄段，而2000年这一比例仅为3%。老年人比年轻人更容易患糖尿病和心脏病等慢性病，被关押的经历也会加速他们的生理衰老，使他们在生命历程的晚期容易受到慢性健康状况的影响。年龄较大的囚犯处于更不利的地位，因为监狱的设计从来就不是为了满足老年人口的需要，监狱的特点通常是长长的走廊，需要大量的步行，坐卧不舒服的家具，以及小容量的医疗单位，这对老年人来说是极其不利的空间。

美国克里夫兰州立大学的梅根·诺维斯基（Meghan A. Novisky）对279名老年犯人（50周岁及50周岁以上）进行了为期13个月深度访谈的定性研究。研究发现，老年犯人对于健康问题非常关注，在获取医疗信息、调整饮食方面有强烈的需求，但他们在监禁期间享有的医疗保健服务并不是平等的，对老年犯人的身体健康的照料也是结构性的、一般性的，缺乏个体性考虑。医生是由监狱管理部门而不是病人来选择的，且很少有第二种选择。监狱潜在的管理理念是"关押第一，治病第二"。这些因素，加上对狱警和囚犯之间的敌对关系，使监禁成为一种急性和慢性压力源。

研究号召监狱改善对老年犯人的饮食和医疗待遇，这能够改善老年犯人的健康水平，减少监狱中可能的破坏监规、再犯、心理健康问题、暴乱和自杀等影响监狱管理的因素。可以考虑增加囚犯获得卫生保健和知识的机会。一种选择是让监狱与社区卫生专家协调，定期举办卫生研讨会，给囚犯提供了解他们的身体健康状况的机会。

---

[1] See Meghan A. Novisky, "Avoiding the Runaround: The Link Between Cultural Health Capital and Health Management Among Older Prisoners", *Criminology*, Vol. 56, No. 4, 2018, pp. 643-678.

三、矫正官员的行为与态度研究

（一）监狱管理方式对犯人的影响[1]

监狱中违反规则的行为包括违反日常监规的行为以及犯罪行为。违反监狱规则的囚犯获释后再犯的概率也更高，因此了解监狱犯罪的来源对制度和公共安全都有重要意义。

既有的研究的结果强调了囚犯特征（如年龄）、监狱环境特征（如拥挤）和管理实践（如使用纪律住房）在预测违反规则方面的相关性，很少有学者考虑监狱管理人员所代表的管理方式对犯人施加的潜在影响。监狱管理犯人是依据法律行使国家权力，而权力的行使涉及一个人影响另一个人行为的能力。权力的基础是指权力的拥有者和权力的接受者之间的关系，也就是权力的来源。赫伯恩（Hepbur）提出了监狱管理人员行使权力的五种不同方式：合法式（legitimacy）、参照式（referent）、专家式（expert）、奖励式（reward）以及强制式（coercion）。

其中合法式的履权方式是指监狱管理人员基于其职业属性进行的管理。参照权力（referent power）是指囚犯出于对狱警的尊重或钦佩而服从狱警的规定。使用特殊技能或知识来获得服从的狱警会调用专家权力（expert power）。这些技能或专业知识可能包括帮助囚犯解决问题、解决他们之间的分歧。当囚犯认为狱警有能力并愿意为他们提供特殊福利或特权以换取他们的服从时，狱警就会行使奖励权力（reward power）。正式的奖励在监狱中是有限的，但官员可以发放非正式的奖励或互惠的规则，例如，警官忽略了囚犯的轻微违规行为，以换取囚犯遵守监规或协助控制其他囚犯。官员在惩罚或威胁惩罚违规者时使用强制权力。监狱中正式纪律手段的例子包括房间限制、额外的责任、特权的丧失和隔离，而非正式纪律可能包括未能保护囚犯免受其他囚犯的伤害、干扰囚犯的日常生活以及身体伤害的威胁。

内布拉斯加大学的本杰明·斯坦纳（Benjamin Steiner）和辛辛那提大学的约翰·伍德瑞（John Wooldredge）以赫伯恩提出的框架为基础，研究了俄亥俄州 33 所监狱的 3886 名囚犯的代表性概率样本，这些囚犯在州监狱服刑

---

[1]　See Benjamin Steiner, John Wooldredge, "Prison Officer Legitimacy, Their Exercise of Power, and Inmate Rule Breaking", *Criminology*, Vol. 56, No. 4, 2018, pp. 750-779.

至少 6 个月，还包括 2758 名监狱管理者样本。为了避免在讨论监狱官员行使权力、官员合法性和违反规则之间的联系时产生混淆，研究使用 "位置权力"（positional power）一词来代替合法权力。

研究人员发现，有证据表明，监狱管理者对待犯人的方式，会影响犯人对监狱合法性的看法，以及他们随后遵守法律的概率。总的来说，致力于维护囚犯尊严和帮助囚犯解决问题的管理方式更可能对监狱安全产生积极影响。具体来说，位置权力和专家权力都有助于减少犯人的非暴力违规行为，位置权力也可以减少暴力违规。相反，参照权力则与更高的非暴力违规和暴力违规有关，强制权力也与更高的非暴力违规相关。

（二）监狱一线管理人员对矫正政策的不同态度研究[1]

宏观和微观矫正政策在监狱的贯彻落实，与监狱一线管理人员对政策的认知和态度有关。一线管理人员并不仅仅是政策的 "翻译者"，即将政策原封不动地用于实践，也不是简单的政策的代言人。在 "纸面政策" 转变为 "实践政策" 时，一线管理人员对政策进行了某种 "加工"。有学者认为，惩教系统的行动者从来没有完全服从于新刑罚的管理指令，而是依靠对惩教需求的个别评估并运用实际管理权的行使来实现个性化的矫正和惩罚目的，从而抵制新刑罚政策的全面实施。

矫正机构改革以及新的矫正政策的出台与一线管理人员的实际工作之间可能存在某种紧张和冲突，由于一线员工很少参与到改革相关的实质讨论当中，改革往往会给这些人带来实质性的麻烦，他们可能要应付新的工作量和优先事项，以及不同工作目标的相互矛盾的信息。在许多改革措施中，监管者感觉自己被自上而下的方法忽视，从而触发了规避改革关键内容或质疑改革总体原则的抵制策略。换言之，一线管理人员对某些新政策的拒斥，并不仅仅是因为新政策限制了他们管理权的行使，也是因为他们的观点没有在新政策中受到尊重和考虑。

美国多所高校的学者针对这一问题开展了联合研究，研究团队于 2008 年 6 月至 2010 年 9 月，对堪萨斯矫正署雇员进行了 27 次焦点小组研究，涵盖矫正署内各个级别的官员，并对矫正署的最高管理者进行了 8 次一对一的半结

---

[1] See Andres F. Rengifo et al., "When Policy Comes to Town: Discourses and Dilemmas of Implementation of a Statewide Reentry Policy in Kansas", *Criminology*, Vol. 55, No. 3, 2017, pp. 603-630.

构性访谈、进行了 8 次实地调研。研究团队发现，被访谈人员对改革措施表达了三种类型的不满：①拒绝/否认（denial），认为实践中不应发生任何变化；②忽视（dismissal），认为改革是无关紧要的；③反抗（defiance），认为改革对于组织来说是有害的。

具体来说，"拒绝"的态度主要表现为，员工认为新的改革措施没有创新之处、不会被执行；"忽视"的态度表现为，认为改革措施持续不了多长时间，改革仅是在很表层的层面展开的；"反抗"的态度则认为改革措施是完全错误的，甚至会制造新的问题。上述态度产生的原因可以分为三种：一是"规范性判断"，涉及对改革内容、程序的正当性以及改革潜在价值的质疑；二是"实用主义判断"，涉及对改革的有效性、客观性、质疑性的质疑；三是一种表达性、情绪性、以自我为中心的对改革不满的宣泄，其中实用主义判断往往被一线员工、监管者表达，而表达性的判断在中高层管理者中更不明显。

研究认为，新的矫正政策的贯彻落实不能忽视一线管理人员的看法，改革应当更加明确具体而不是过于抽象、令执行者无所适从，改革具体方案的执行应与一线工作人员进行深入沟通，了解他们所面临的实际问题。如不能仅要求一线员工解放思想、执行新政，同时却没有去指导他们如何具体适用这些新政，当执行时存在资源分配问题时，一线员工也得不到有效指引。此外，新政策如果在实践中被拒斥和忽视，那么需要检讨政策本身存在的问题，如当一线员工认为改革缺乏实质内容，或者新政策只是把实践中早已存在的做法换了种表达方式，那么改革本身就是缺乏创新性的。

四、监狱运营方式研究[1]

在过去 30 年里，监狱设施的私营化一直是美国刑事司法政策中一个有争议的、不断变化的话题。截至 2014 年，有 13.13 万名囚犯被关押在私营监狱当中。虽然这在监狱总人数中所占比例仍然很小，但这一数字比美国司法部 1999 年开始跟踪私营监狱囚犯人数时增加了 90%。鉴于特朗普总统领导下的司法部推翻了奥巴马总统早些时候做出的逐步停止使用私营联邦监狱的决定，

---

〔1〕 See Peter K. Enns, Mark D. Ramirez, "Privatizing Punishment: Testing Theories of Public Support for Private Prison and Immigration Detention Facilities", *Criminology*, Vol. 56, No. 3, 2018, pp.546-573.

私营监狱的增长可能会继续下去。除了私营监狱之外，移民拘留中心（Immi-gration Detention Center）已经成为监狱行业增长最快的部分。特朗普的政策团队要求国土安全部（Department of Homeland Security）大幅提高关押移民囚犯的能力，2012年大概43%的移民在押人员被关押在私营设施中，大约80万名年轻移民可能在被驱逐出境前被拘留在私营设施中。

康奈尔大学的皮特·恩斯（Peter K. Enns）和亚利桑那州立大学的马克·拉米雷斯（Mark D. Ramirez）致力于研究公众对私营监狱的支持情况，如果民意并不支持私营监狱的大幅扩张，那么特朗普扩张私营监狱的做法就是脱离民意的。恩斯和拉米雷斯提出了四种可能存在的公众对私营监狱的态度模式：种族敌意模式、商业更优模式、利益冲突模式，以及问题升级模式。

种族敌意模式认为，推动新的刑事司法机构、新的惩罚形式的制定，其背后发挥作用的是种族偏见、冲突以及希望对少数族群进行社会控制。根据这一观点，不难想象，很多人可能会把私营监禁机构视为监禁少数族群的设施。商业更优模式建立在自由市场理论基础上，认为在监狱人满为患、监禁成本不断上升的背景下，私营监狱的运营效率比公立监狱更高，也更可能节省纳税人的钱，该模式认为私营监狱为监狱过度拥挤和"纳税人不愿意承担新的建设成本和增加的运营费用"所带来的成本增加提供了一个解决方案。利益冲突模式反对私营监狱，认为私营监狱缺乏可信的监督和问责机制，它们更可能存在腐败、囚犯生活条件恶劣和侵犯人权等问题。问题升级模式是指，当犯罪问题与移民问题交织在一起并不断升级时，人们越来越担心他们的生活方式可能受到破坏。出于对自身安全的担心和对公立监狱缺乏信心，人们会倾向于支持新的矫正机构如私营监狱来作为替代品或作为公立监狱的补充。

恩斯和拉米雷斯认为，与政府设想存在出入，民意并不支持监狱设施的私营化。其一，尽管从理性的自由市场角度考虑，私营监狱的运营效率更高，然而监狱的财政成本始终就不是公众支持公立或私营监禁设施的重要的预测因素。人们普遍愿意支付大规模监禁和其他形式的惩罚的高昂成本，以便在日常生活中感到更安全，即使这样的计算是不理性的。其二，人们认为，私营监狱在道德上令人反感，不应把关押犯人的任务交给那些关心利润和投资回报的人，不应从别人的不幸中获取利益。对私营监狱的支持与否与种族敌意也不存在明显关联。

第五节 方 法

一、研究方法概述

(一) 重视定量研究

定量研究 (quantitative research) 是与定性研究 (qualitative research) 相对的概念,也称量化研究,是社会科学领域的一种基本研究范式,也是科学研究的重要步骤和方法之一,主要指在考察和研究事物的时候,采用数学的工具对事物进行数量的分析。学术界普遍认为定量研究主要有两种方法:调查法和实验法。笔者着重以这两种研究方法为角度介绍美国犯罪学的定量研究。

1. 调查法及其操作化

调查法是一种古老的研究方法,是指为了达到设想的目的,制定某一计划全面或比较全面地收集研究对象某一方面情况的各种材料,并做出分析、综合,得到某一结论的研究方法。学者们通过调查法收集资料以后,会通过不同的数学工具对这些数据进行分析,于是产生了几种不同的调查方法。

(1) 层次分析法

层次分析法 (analytic hierarchy process,以下简称"AHP") 是将与决策相关的元素分解成目标、准则、方案等层次,在此基础之上进行定量和定性分析的决策方法。在对美国犯罪受害者趋势研究中,学者们收集了过去40年的凶杀数据和国家犯罪受害调查 (NCVS) 中主要暴力和财产犯罪类别的数据材料,利用 AHP 对包括个人、家庭、学校、社区和其他宏观空间实体以及宏观时间周期等不同分析单元进行受害相关关系研究。该方法是美国运筹学家匹兹堡大学教授萨蒂于20世纪70年代初,在为美国国防部研究"根据各个工业部门对国家福利的贡献大小而进行电力分配"课题时提出来的。具体到现实中,人们在做出最后的决定以前,必须考虑很多方面的因素或者判断准则,最终通过这些准则做出选择,我们将这样的复杂系统称为决策系统。这些决策系统中很多因素之间的比较往往无法用定量的方式描述,此时需要将半定量、半定性的问题转化为定量计算问题。AHP 是解决这类问题的行之有效的方法,其采用应用系统理论和多目标综合评价方法,将复杂的决策系统层次化，提出一种层次权重决策分析方法，通过这种逐层比较各种关联因素的重要性来为分析以及最终的决策提供定量的依据。[1]

（2）概率基因分型软件

概率基因分型软件（probabilistic genotyping software）是指使用算法和预测模型对复杂或具有挑战性的脱氧核糖核酸（DNA）样本测试结果进行解释和赋予意义的软件程序。由于各类犯罪现象构成了一种难以测量的复杂混合物，由此促进了分型软件工具的发展，这些软件工具的目标是破译观测数据并赋予其统计价值。最突出的例子是美国刑事法庭在审判涉及 DNA 测试的刑事案件时，引入了 TrueAllele 和 STRMix 这两种分型软件测试方法，它们也得到了控辩双方的承认。这类分型软件的主旨是从 DNA 测试中获取观察到的数据，然后通过大量的模拟运行以得出对观察到的数据的最合理的解释。[2]

（3）经济学模型

经济学模型（economic model of choice）研究方法的使用是建立在行为经济学理论的基础之上的。行为经济学将背离传统微观经济学的经验理论整合为一个严谨且描绘更精确的经济学模型[3]。美国学者们使用行为经济学模型研究犯罪决策当中如何帮助我们改善犯罪选择理论以及确定增强犯罪控制政策的创新可能性，这种经济学模型主要强调经济理论是规范性的，且在逻辑上证明了自私的行为者如何将个人利益最大化。

具体来说，根据行为经济学的三个方面进行组织：前景理论、双过程决策、启发和偏差。根据这种简明的理性选择模型，行为人在特定的犯罪机会和保持现状之间做出选择。经济参与者使用一个效用函数 U 来评估自身的利益，用来重新评估及比较不同的结果（例如，监禁之于金钱）。对特定犯罪机会的克制得出 U（现状）。相反，选择犯罪是一个未知的路径。有三个变量有助于捕捉这种不确定性：p，侦破案件和受处罚的可能性；Y，行为人期望从犯罪中得到的利益；f，一旦被抓受到的惩罚。根据可能性（1-p），行为人将

---

〔1〕 See Janet L. Lauritsen, Maribeth L. Rezey, "Victimization Trends and Correlates: Macro-and Micro-influences and New Directions for Research", *Annual Review of Criminology*, Vol. 1, 2018, pp. 103-121.

〔2〕 See Erin Murphy, "Forensic DNA Typing", *Annual Review of Criminology*, Vol. 1, 2018, pp. 497-515.

〔3〕 See Greg Pogarsky et al., "Offender Decision-Making in Criminology: Contributions from Behavioral Economics", *Annual Review of Criminology*, Vol. 1, 2018, pp. 379-400.

会规避抓捕和经历 U（Y）；根据可能性 p，行为人被抓获并被处罚。在这种情况下，f 的惩罚性是从犯罪的收益 Y 当中减去的。因此得出行为人的行为 U（Y-f）。犯罪的预期收益是对风险和结果的总体评估。概言之，一个人将会犯罪，即符合：

EU（犯罪）= pU（Y-f）+（1-p）U（Y）> U（现状）

注意，犯罪的预期效用随着 p（确定性）和 f（惩罚的严重性）的增加而降低，这种理性选择模型会促使通过其他犯罪学概念对犯罪形成威慑。如法外威慑（耻辱）、自律、时间偏好（time preference，时间偏好就是人们对现状的满意程度与对将来的满意程度的比值，越不满意现状，时间偏好值越低）。

行为经济学模型将犯罪的产生解释为一种框架效应（framing effect）。框架效应是一种反映不对称风险偏好的行为经济学模型，框架的改变导致个体对同一问题的备择方案产生偏好转变。其中框架是指决策者对特定问题的选择、结果和结果可能性的感知。而预期理论（prospect theory）则是解释框架效应的经典理论，该理论将犯罪的产生解释为在收益中规避风险，在损失中寻求风险。行为经济学的主旨之一就是利用框架效应去解释犯罪行为的选择，进而提出预防和威慑的措施。在论文中，学者们认为未来的犯罪研究应根据研究需要继续完善框架模型的标准特征和常规控制变量。

（4）层次线性建模

在对美国居民年龄与犯罪率的研究过程中，学者们使用层次线性建模（hierarchical linear modeling）。这种建模将犯罪终止的动态过程和群体或个人类别的描述进行统计，并形成相关性曲线。通过使用这种方法，研究人员预测了犯罪终止的发生情况和持续程度，以及终止过程的一般性。层次线性建模的产生说明美国犯罪研究逐步向精确化方向发展，分析工具也逐渐进步。[1]

（5）生命历程研究方法与固定效应回归模型

在生命历程研究方法最初被概念化时，人的能动性不仅是生命历程建构的核心方面，也是嵌入生命历程的转折点的核心方面。生命历程研究方法将转折点和转折点的策略描述为递归过程，其中变化的度量和过程是相互关联的。

---

〔1〕 See Bianca E. Bersani, Elaine Eggleston Doherty, "Desistance from offending in the Twenty-First Century", *Annual Review of Criminology*, Vol. 1, 2018, pp. 311-334.

事实上，学者们在研究这种递归过程的时候，经常采用固定效应回归模型（fixed-effects regression model）、倾向评分法、随机对照试验方法、联立方程（simultaneous equation）模型等实证方法来捕捉转折点的递归性质，其中应用实证意义最强的就是固定效应回归模型。

具体来说，在对美国居民就业与犯罪率之间的关系进行生命历程研究时，为了排除选择性偏差，研究者们利用固定效应回归模型测试了失业变化与暴力犯罪、财产犯罪以及酒后驾车的关系。通过这种方法，研究者们排除了选择性偏差，最后证明了失业与财产犯罪之间存在正相关关系，但与暴力犯罪或酒后驾车无关。[1]固定效应回归模型在解决选择性偏差问题时，将组成生命历程理论最基础的个体行为选择、个体能动性和累积效应三个部分全部考虑进去，这样更有利于我们对重要的生活事件与犯罪行为的潜在因果关系的理解。

2. 实验法及其操作化

实验法是指操纵一个或一个以上的变量，并且控制研究环境，借此衡量自变量与因变量间的因果关系的研究方法。实验法有两种，一种是自然实验法，另一种是实验室实验法。

（1）实验研究与启发式判断方法

在对美国年轻重罪犯的纵向数据进行分析时，学者们通过实验研究，对同一组受试个体在不同时间上进行重复观测，发现携带枪支实际上降低了感知逮捕风险。然而，非法持有枪支和携带枪支，本身就是重罪，但无法确定集体犯罪对犯罪率的影响。

为评估集体犯罪风险、成本和回报感知的因果效应，学者们又做了另一项实验研究。他们的研究发现，随着共犯人数的增加，参与者认为被捕的风险和参与的非正式成本（例如，感知到的责任、家庭的失望）要低一些，而从犯罪中获得的回报（例如，乐趣和兴奋）要高一些。[2]

但是，实验研究存在的缺陷，使得研究者们还需要探索个体在不同情境下罪犯是如何产生犯罪动机的。这就需要引用启发式（heuristics）判断方法。

---

〔1〕 See Holly Nguyen, Thomas A. Loughran, "On the Measurement and Identification of Turning Points in Criminology", *Annual Review of Criminology*, Vol. 1, 2018, pp. 335-358.

〔2〕 See Greg Pogarsky et al., "Offender Decision-Making in Criminology: Contributions from Behavioral Economics", *Annual Review of Criminology*, Vol. 1, 2018, pp. 379-400.

心理学上"启发法"指用于解释人们如何进行决策、调整和解决问题的简单有效的概测规则,通常用以处理复合的问题和不完全的信息。这个规则可以在实验中通过提前设定不同情境作为启发,进而判断不同情境下的犯罪决策。但是这种方法也不是没有争议,因为罪犯在特定的情形下可能导致系统性的认知偏差,而且他们如何使用直觉推理来判断犯罪风险、成本以及犯罪的回报,还是未知的。因此,我们还需要进一步研究来测量罪犯个体对制裁的感知以及情境因素的随机化呈现。

(2)实验研究与协变量的控制

在实验的设计中,协变量[1](covariate)是一个独立变量(解释变量),不被实验者操纵,但仍影响实验结果。

在心理学、行为科学中,协变量是指与因变量有线性相关并在探讨自变量与因变量关系时通过统计技术加以控制的变量。常用的协变量包括因变量的前测分数、人口统计学指标以及与因变量明显不同的个人特征等,如:

降雨量(t) = K×t×温度(t) + e

其中,t 是自变量时间,降雨量(t)是因变量,而温度(t)则是协变量,K 为一个常数。

在对芝加哥中心城区的小学生的大样本数据进行研究时,学者们评估了学校参与对于犯罪行为的三个约束维度(情感的、行为的以及认知的),反之亦然。其中情感和认知参与的影响很小或较为模糊,而行为参与的影响较为显著。通过测量小学生在总的休闲时间中花费在作业上的时间,发现行为参与能够强烈预测越轨——即使考虑到先前越轨的影响、其他参与维度以及交互作用。而犯罪对于行为或情感参与的影响,无论采取何种分析模式,都不是很明显,但犯罪的确可以负向预测认知参与。

(3)环境设计理论

奥斯卡·纽曼(Oscar Newman)曾做过一项著名的环境设计实验,他在研究小规模场所的(犯罪)情境机会的时候,认为(犯罪)情境机会与场地布局和设计特性具有关联性,这被视为有助于场地管理者控制犯罪的能力。

---

[1] See Paul J. Hirschfield, "Schools and Crime", *Annual Review of Criminology*, Vol. 1, 2018, pp. 149-169.

当代研究一般关注于场地和设计特征在多大程度上发挥对访问入口的控制、目标强化以及监控潜能。其中的目标强化是指"接触私人财产目标被严格限制在拥有合法权限的所有者和使用者手中的机制"。监控是指与建筑物、街道和人行道的类型、设计、分布相关，同时也与照明和安全摄像头等技术设备有关。[1]

环境设计理论研究将访问控制、目标强化和监视等影响犯罪情境机会的内容引入，用来判断犯罪与周围情境机会之间存在的相关性。

（二）定性研究与定量研究的结合

任何事物都是质和量的统一体，在具体运用时，学者们也不单一使用定性或定量方法，而是更多地把定性研究和定量研究有机地结合起来，不是主观地割裂质和量的关系，这样才能在研究中避免孤立地、片面地和静止地分析和研究各类现象。

1. 田野调查

田野调查（ethnographic study）是人类学的一种研究方法，是建立在人群中田外野地工作基础上第一手观察和参与之上的关于习俗的撰写。学者们在研究校园犯罪时，由于其影响因素复杂，包括校园心理学、公共卫生、教育和社会工作各个领域，为了能够解决美国校园暴力激增和校园枪击案的突发事件，同时为了适应文化、社会、经济和政治转型，校方采取了包含更加频繁、持续时间更长的针对轻微违法行为的排斥性惩罚措施，其中包含了执法部门使用的相关策略和工具（如摄像头、警犬、搜查手段等）。犯罪学家们以此为契机，将学校纪律的刑罚化（criminalization of school discipline）进行理论化研究，并采用访谈以及田野调查方法，对学校的纪律和安全制度的转变进行研究。[2]

但是，由于校园犯罪研究摆脱不了学校教育失败、教育期望、参与、学校纽带、分组实践等因素的影响，田野调查方法也克服不了选择性偏差对研究的阻碍，同时，在田野调查实践中还发现学校问题和犯罪行为也许是交织在一起的。所以，为了克服上述几个障碍的影响，学者们通过引入不同学校

---

〔1〕 See Pamela Wilcox, Francis T. Cullen, "Situational Opportunity Theories of Crime", *Annual Review of Criminology*, Vol. 1, 2018, pp. 123-148.

〔2〕 See Paul J. Hirschfield, "Schools and Crime", *Annual Review of Criminology*, Vol. 1, 2018, pp. 149-169.

相关的预测因素和历时性协变量（如同辈犯罪、破坏性生活事件、父母的依赖和监管），对学校教育与越轨行为的双向关系进行解释，并预测校园犯罪与校园枪击案发生趋势和应对措施。

2. 双交叉方法

学者们综合了 1994 年至 2014 年美国移民犯罪研究中的宏观社会单元（如地理空间）的研究资料，使用双交叉方法（two-pronged approach）将叙事评论的定性方法与系统元分析的定量策略相结合展开研究。

具体来说，学者们在解释美国移民与犯罪关系之时，首先回顾和评估了 1994 年至 2014 年间，在社会学文摘和科学社会科学引文索引数据库中发表的相关研究成果，从文献综合当中采取双交叉方法将叙事评论的定性方法与系统元分析的定量策略相结合。其次通过创建虚拟编码（dummy-coded）的调节变量（moderator variables），用来作为在元分析回归模型中研究效果的预测因子。通过构建的元分析回归模型定量地探讨了移民—犯罪的效应—规模估计在核心概念测量、分析单元、时间设计和目的地语境中是否以及如何发挥作用的。最后对研究设计关键方面的变化进行评估，研究其如何对既有研究结果产生影响。

笔者还注意到，学者们在使用双交叉方法对美国移民犯罪进行研究时，还引入了调节变量、虚拟编码、元分析方法三个定量研究方法。

调节变量表现为：如果变量 Y 与变量 X 的关系是变量 M 的函数，则称 M 为调节变量。也就是说，Y 与 X 的关系受到第三个变量 M 的影响。调节变量可以是定性的（如性别、种族、学校类型等），也可以是定量的（如年龄、受教育年限、刺激次数等），它影响因变量和自变量之间关系的方向（正或负）和强弱。比如学生的学习效果和指导方案的关系，往往受到学生个性的影响——一种指导方案对某类学生很有效，对另一类学生却无效，从而学生个性是调节变量。

虚拟编码则是为不同的估计模型提供了一种使用分类变量的方法，比如线性回归模型。当自变量中存在无序多分类的变量，比如血型，分为 A、B、O、AB，因为它们之间不存在等级关系，所以在引入回归时，不能直接用 1、2、3、4 来表示，需要将血型转化为哑变量，并且要设置一个参照。虚拟编码使用 0 或 1 来表达所有类别的必要信息，这些取值并不代表数量的大小，仅仅表示不同的类别。

元分析方法是以综合已有的发现为目的，对单个研究结果进行综合的统计学分析方法，是一种应用特定的设计和统计学方法对以往研究结果进行整体性和系统性的定性和定量分析。

这种通过整合叙事评论和元分析方法的互补优势，充分利用从这些方法中收集到的信息，有利于学者们对犯罪学研究本身产生更清晰、更全面的理解。当然，由于上述方法过度依赖官方发布的犯罪数据，而官方犯罪数据存在着统计不全、概念模糊等问题，导致该方法在运用时面临很大阻碍。[1]

3. 文献评估

在对美国街头犯罪进行研究时，研究者通过研究犯罪学理论文献中的街头犯罪率，从中发现街头犯罪的发展趋势。[2]

具体来说，学者们收集了 20 世纪 70 年代以来的美国每 1000 人中强奸率的统一犯罪报告（UCR）和全国犯罪被害调查（NCVS）中的犯罪率，之后采取因果模型，对犯罪率下降的趋势进行定量化解释。该模型包含了以下一个或多个因果过程：①对个体施加的社会控制增强了，从而减少了个体犯罪；②犯罪的倾向和动机减少了；③个人接触导致犯罪的物质环境或社会环境的机会减少了。研究者还强调，如果能够将更多的注意力集中在因果机制本身上，我们可能会更好地了解犯罪动机的趋势变化和因果作用机制。

二、新方法的探寻

（一）新的思维方式的提倡[3]

犯罪学研究中占据主导地位的定量研究体现了规范科学的属性，规范科学规则要求研究人员系统地研究现有理论的每一个可能的推论。如果一个指标没有产生预期的结果，那么尝试另一个指标，并继续尝试，直到达到理论预期或必须放弃理论为止。

以犯罪趋势研究为例，犯罪学理论上认为经济与犯罪率存在关联性，当

---

〔1〕 See Graham C. Ousey, Charis E. Kubrin, "Immigration and Crime: Assessing a Contentious Issue", *Annual Review of Criminology*, Vol. 1, 2018, pp. 63-84.

〔2〕 See Eric P. Baumer et al., "Bringing Crime Trends Back into Criminology: A Critical Assessment of the Literature and a Blueprint for Future Inquiry", *Annual Review of Criminology*, Vol. 1, 2018, pp. 39-61.

〔3〕 See Richard Rosenfeld, "Studying Crime Trends: Normal Science and Exogenous Shocks", *Criminology*, Vol. 56, No. 1, 2018, pp. 5-26.

经济负增长时，由此带来的大量失业问题会促使犯罪率的飙升。2007 年由次贷危机引发的美国经济大衰退（the great recession）是 20 世纪 30 年代大萧条以来最严重的一次经济衰退，失业率上升，经济负增长。犯罪率被预计也会上升，然而与预期不同的是，犯罪率不仅没有上升反而有所下降。这种与理论预期背离的状况使犯罪学学者陷入窘境，要么选择放弃理论，要么选择修改理论，对理论进行改进。

美国犯罪学协会前会长理查德·罗森菲尔德（Richard Rosenfeld）教授采用规范的科学思维方式，对上述经济与犯罪率的关系进行了补充，发现一个经济指标——通货膨胀率没有受到理论的重视。事实上，通胀率在大衰退时期处于历史低点，研究证明，低通胀率有助于解释为何大衰退时期犯罪率并没有上升。罗森菲尔德教授指出，上述研究仍旧沿着传统的规范科学思路进行，但有时当犯罪率表现为与正常的犯罪趋势科学的预期背道而驰时，仅仅将新的指标、因子纳入旧的体系模型当中是不够的，模型本身必须被替换。近期美国杀人率（homiciderate）的上升就是一个例证。

美国大城市杀人率已经经历了长时期的下降，但 2014 年至 2015 年，美国的杀人率上升了 11.4%，这是自 1968 年以来最大的增幅，其中主要是由美国大城市杀人案的增加引起的。在 46 个大城市的统计当中，14 个城市的杀人率增加了 25% 以上；在 9 个城市，这一增幅超过了 50%。这种犯罪率的突然上升，既无法用宏观经济条件的变化加以解释，也无法用通胀率的变化加以解释，至今尚无有力的研究成功对此加以说明。

罗森菲尔德教授指出，上述现象并不罕见，美国 20 世纪 60 年代犯罪率突然上升，80 年代末青年暴力急剧上升，以及 90 年代初犯罪率开始下降。每一次冲击都扭转了以前的犯罪率轨迹，并在一段时间内让犯罪学家感到困惑。这些"意外"事件对既有犯罪学理论的冲击很强大，促使犯罪学家用新的思考方式，打破对犯罪的惯常思维。犯罪学作为一门学科，其规范的研究方法是其研究中必须坚持的立场，但与此同时不应作茧自缚，应以开放包容的心态和大胆假设、小心求证的态度不断检验传统犯罪学理论，对其进行必要的理论改进。

（二）大数据对犯罪学研究的意义和局限[1]

美国犯罪学研究的重地马里兰大学帕克分校的詹姆斯·林奇（James Lynch）教授在 2017 年美国犯罪学协会主席演讲中，深度解析了大数据对于犯罪学研究所带来的意义和局限。

犯罪学和刑事司法是应用学科，学者们希望从收集了数据和进行了分析之后，为有关司法政策和实践的公众辩论提供有效信息。数据在其中充当了关键角色，数据的收集方式和分析方式都受到了严格的限制。若要进行有意义的政策讨论，一个学科应该有一组公认的事实或一个信息库，可以用来定义问题的维度和性质，并提出解决问题的策略。我们不能简单地编造事实，或者使用未经探索和未文档化的数据源来建立"替代事实"。数据源必须采用一致同意的收集标准，并且可以访问，以便进行复制和检验。但"大数据"的出现，在使一些数据变得越来越可用的同时，也破坏了人们对数据质量的共识。林奇教授提出，大数据虽然为犯罪学研究开辟了数量可观的数据来源，但大数据很难取代犯罪学和刑事司法领域的传统数据来源，也很难发挥传统资源在知识建设方面的潜力。

林奇教授将"大数据"定义为，源于行政数据收集的扩张以及互联网信息可利用性所产生的信息爆炸。刑事司法体系中数据大量增加，如当市民报警、警方响应并到达现场，都被记录下来。检察院、法院的司法行为也被记录下来。除了这些数据外，还开发了新的技术，将未数字化或不宜立即作为统计数据使用的其他数据数字化。例如，图像可以被解析、扫描并转换为可分析的数据。互联网是大数据的第二个来源途径。当我们"抓取"网站时，收集他人收集的数据，并将这些数据收集的收益汇集到另一个数据集中，就是一种数据收集形式。几乎每家企业和许多个人都有自己的网站，他们在上面发布各种各样的信息，这些信息可以被收集起来，转化为自己的数据集，然后进行分析。公开来源和行政记录这两种大数据来源正变得越来越可利用，越来越多地出现在关于犯罪和司法问题的新闻报道中，越来越多地用于学术界和政策研究人员的分析。例如，《卫报》和《华盛顿邮报》使用开源数据来质疑联邦调查局对警察枪击事件的估计。

---

[1] See James Lynch, "Not Even Our Own Facts: Criminology in the Era of Big Data", *Criminology*, Vol. 56, No. 3, 2018, pp. 437-454.

毋庸置疑，大数据拥有传统犯罪学数据所不具备的诸多优点，它们易于获取、数据量庞大、费用小甚至完全免费。但这些优点容易使人们忽视大数据在犯罪学研究中的缺陷性：研究人员和统计人员并不拥有这些数据，也无法控制数据收集的设计，而这是我们传统上保证质量的主要方法。例如，在报纸文章是从开放资源中获取的数据的情况下，我们不知道不同的记者使用什么定义或方法来组织他们的报道。

比较一下传统的家庭调查方法——可以视为社会科学中传统数据收集的黄金方法：从具有已知概率的人口中选择单位样本进行观察。标准化的工具被用来确保每一个单元都被问到同样的问题。数据收集过程被记录下来并通过监控来执行。虽然这些传统的数据收集技术远非完美，但如果遵循这些技术，就可以提供高质量的数据。这些数据质量和文档的标准不仅在犯罪领域，而且在社会科学支持的其他政策领域有助于定义和维持一系列一致同意的事实。相比而言，这种模型发生在行政管理记录和开源数据上的可能性要小得多，这主要是因为研究和统计这些大数据并不是收集数据的主要目的。

林奇教授指出，大数据的两个来源：行政管理数据和互联网数据都存在数据来源、收集、分析中的不可控因素。

行政管理相关数据大多不是由研究人员和统计学家收集的。拥有数据的人对为统计和研究目的取得数据的重要性缺乏共识。这一问题在诸如警察部门、法院和惩教部门所保存的行政记录数据方面尤其严重。这些组织对他们所认为的"他们的数据"，以及他们何时、如何以及是否提供访问这些数据的权限都有自己的设想。为了避免数据被公众滥用，限制公众访问数据是其管理数据库的重要方面，但这种做法与研究和统计界中规范数据使用的规范背道而驰。不仅如此，很多对犯罪学研究的最重要的行政数据并不对研究者开放。如美国枪支追踪数据就并不开放，还有一些行政机构要求研究者研究之后销毁数据。相比而言，互联网数据更为杂乱无章，各式各样的信息充斥其中。这些数据如何获取、以什么标准进行筛选，过程往往都是隐蔽的。

林奇教授认为，大数据时代，若要发挥大数据对于犯罪学研究的重要价值，就必须致力于数据质量的改进。一方面，国家应致力于开发国家层面的刑事司法数据中心，改善犯罪和司法行政数据的获取和质量，可以在基金会的资助下设计成数据共享的公共产品。如 1999 年，美国教育部创建了全州纵向数据系统（SLDS）项目，该项目创建了州中心，将教育数据与同一个人的收入和劳动力信息联系起来。各州的学校以及教育部提供了小学、高中和大学学生的教育成绩数据,这些教育数据与美国劳工部的劳动力参与数据相关联。最终这些数据就对学生形成了一个纵向记录,使机构和研究人员能够观察到学生的表现及其对劳动力表现的影响。这种类型的数据库对于评估教育系统及其对劳动力绩效的影响至关重要,因为这些数据可以让人们了解早期努力对后续成果的影响,而这是特定的学校或劳动部门无法轻易做到的。

此外,林奇教授还建议,犯罪学研究生课程必须改变他们的方法论课程,使学生不仅熟悉传统的统计和计算方法,而且熟悉工程学和计算机科学的技能,这些技能对操纵这些新的数据来源,尤其是开源数据至关重要。

三、研究视野的融合 [1]

华盛顿大学的罗斯·松枝 (Ross L. Matsueda) 教授重新审视了犯罪学研究中的宏观与微观视角,主张一种用综合方法开展研究的"分析犯罪学" (analytical criminology)。

微观-宏观 (micro-macro) 问题——有时也被称为"解释层面的问题",是犯罪学长期研究的问题。致力于宏观层面开展研究的学者试图解读整体或群体的犯罪率等问题,会忽略微观层面。相反,在微观层面工作的学者试图解释个体犯罪行为的起源,但往往以忽视相关社会背景、社会组织的作用为代价。宏观解读的学者更倾向于采取整体主义的研究方法 (methodological holism),而微观解释的学者更偏爱个体主义的研究方法 (methodological individualism)。

整体主义方法论的极端表述是,集体现象是由个体共同创造的,但不能将其归结为个体行为,应当将研究群体作为一个整体来揭示宏观层面的因果关系。涂尔干将社会事实视为自身独立存在,不受个体的约束,但能够对个体施加影响。在犯罪学方面,整体主义传统的研究人员以大都市、城市和社区为分析单元,考察了结构性变量对犯罪率的影响。如果研究人员使用个人数据,通常会将其聚合到相应的宏观级别。

个体主义方法论也由来已久,其观点的极端表述是,认为因果关系仅仅

---

[1] See Ross L. Matsueda, "Toward an Analytical Criminology: The Micro-macro Problem, Causal Mechanisms, and Public Policy", *Criminology*, Vol. 55, No. 3, 2017, pp. 493-519.

在个体层面运作，因此群体、集体和社会是个体层面因果机制的简单集合。方法论上的个人主义排除了宏观层面的因果关系、背景效应。这一立场对实证研究具有重要的启示性，实证研究可以就此完全关注于将个体数据作为分析单位来进行收集和分析。萨瑟兰采取个体主义的方法论，提出了个体层面的不同交往理论：犯罪是习得的，对犯罪的有利定义胜过了对犯罪不利定义的结果。个体主义方法论的共通之处是认为，并不承认某种因果机制是整体才能呈现，而个体呈现不出来——这恰恰是整体主义方法论的核心主张。

上述两种方法论各执一端，一种整合的观点也逐渐被很多学者支持。这种整合的观点一方面承认个体层面的因果机制的重要性，与此同时也赞同当个体效应汇集时，产生的群体效应并不是简简单单的个体累加，而是会产生独立的作用。例如，日常行为理论和犯罪机会理论认为，犯罪决策的做出是个体与环境的互动结果，犯罪的客观机会根据个体是否有合适的犯罪目标、犯罪环境中是否存在有能力的监护者而发生变化。宏观方法与微观方法的整合需要解决的重要问题是：个体的目的性行为是如何受到既有的社会结构和社会组织的影响（承认整体的作用）？个体的社会互动又是如何产生群体层面的效力（承认个体的作用）？

松枝教授认为，犯罪学研究方法的整体论与个体论的融合可以借鉴经济学的研究进展。其中社会互动的经济模型（economic models of social interaction effects）认为个体之间相互依赖，一个人的偏好选择会影响其他人的偏好选择，但社会互动会产出溢出效应（spillover effects），个体从事某项活动时，不仅会产生活动所预期的结果，也会对个体之外的人或社会产生影响。如跨国公司对外直接投资的行为不仅影响自身的经济效益，也会对东道国产生经济影响。社会互动所产生的群体属性不仅仅是个体成员属性的总和。

宏观与微观方法的结合意味着否定那种认为对整体的研究只能从整体出发、对个体的研究只能从个体层面展开的观点，必须承认，对个体的干预也会产生干预整体的效果，否则无法解释为何一项较为宏观的社会政策也会产生对个体干预的效果。彻底的宏观论认为只有改变社会才能解决犯罪问题，彻底的微观论主张只有改变个体才能解决犯罪问题，但二者事实上并行不悖，没有必要建立人为的区隔。换言之，犯罪学未来的有前景的发展方向要求研究者将不同的研究视野加以融合。

第六节　评　析

作为全世界犯罪学研究最为发达的美国，犯罪学研究话题涉及广泛，从个体、社区到社会、国家，从种族差异到性别差异、个体差异，从犯罪的发生发展到司法力量的介入和矫正体系的治疗。犯罪学研究的蓬勃发展离不开学者们孜孜不倦的耕耘，在美国顶尖犯罪学期刊《犯罪》当中，所有的研究论文都遵循理论—方法—数据—分析—结论这一科学的分析框架，很多论文都是多所高校学者历时长久的联合研究。笔者认为，美国近期的犯罪学研究主要具有三个特点：对经典理论的传承与发展、对本土问题的务实关注以及对研究视阈的开放包容。

一、对经典理论的传承与发展

美国犯罪学近期的发展，离不开经典的犯罪学理论的指引，生命历程犯罪学、日常行为理论、不同交往理论、理性选择理论经常被学者作为研究赖以开展的理论起点，几乎每篇规范的犯罪学研究论文都是从一个或多个经典犯罪学理论出发的，这从一个侧面说明了美国经典犯罪学理论旺盛的生命力。当时空特征发生转变时，这些理论仍然具有很强的诠释力，这说明这些对犯罪乃至对人性本身进行深度透视的理论具有一定的普适性。犯罪学的思考离不开对人性本身的深度洞察，以生命历程犯罪学理论为例，人生中关键的转折点如婚姻、家庭、就业、教育与犯罪之间的关系依然是热门讨论的话题。不论时空发生怎样的转变，这些生命中的关键节点仍然发挥着影响人生、影响性格、影响与他人关系的重要作用。这种研究方式也有利于形成一个规范的犯罪学研究圈，有益于学者们在一个较为统一的学术框架内展开研究。

在对经典理论的传承基础上，美国学者们对很多理论的细节进行了更为精细的雕琢。比如工作与犯罪的关系并不局限于工作的客观属性，如工作时长、工作薪酬与犯罪的关系，而是扩展到了主观属性，即工作者对工作的承诺。再如，为人父母这一身份角色的巨大改变不能直接与停止犯罪画上等号，为人父、为人母、是否是第一胎、是否与子女一起生活这些事实差异都会影响到上述关联的有效性。威慑理论的传统观点强调犯罪人对风险利弊的认知因素，却忽视了犯罪人的情感因素，尤其是恐惧心理。这就将传统的威慑理论发展到了新的高度，开辟了新的研究路径。重视情感因素有利于制定更为切实可行的刑事政策，达到更好的刑罚威慑效果。

二、对本土问题的务实关注

种族问题作为敏感的社会问题，一直是美国犯罪学研究的重点领域。美国作为移民国家，外来族裔人口占总人口的比例很高，基于历史原因，非裔美国人和美国白人之间的矛盾由来已久，虽然那种"显在"的歧视已难以寻觅，但"隐性"的歧视仍然存在着，少数族裔聚居的社区犯罪问题、少数族裔青年与警察的关系问题、少数族裔被告人的量刑公正化问题、监禁公正化问题都是犯罪学研究一直密切关注的。目前这些研究已经扩展到非裔美国人以外的亚裔、西班牙裔群体。随着非法移民趋势的增加和特朗普政府排斥移民的态度，移民问题与种族问题交织在一起，激发了很多学者的研究兴趣。

社区犯罪以及大规模监禁，是美国犯罪学中两个重要的研究领域。美国学者对于社区犯罪的研究，在关注社区本身特征的同时，也注意与社区文化、社区居民的政治和宗教信仰相结合，强调社区"集体效能"在控制犯罪的非正式机制当中发挥的作用，而且重视在社区与社区之间进行对比分析。伴随着美国进入"大规模监禁时代"，犯罪率与监禁情况的矛盾性发展引发了学界的警惕和关注，监禁表现为州别差异、种族差异和性别差异，对犯罪人个体、所在家庭、社区和社会都造成了冲击，对大规模监禁形成的原因和可能的改革方案，美国犯罪学家开展了长期研究，形成了各种不同的理论观点。

无论是犯罪的种族差异问题、社区犯罪还是大规模监禁，都是极具美国本土化特征的犯罪学问题，相关领域的研究很具务实性，研究结论可以为刑事政策的完善提供良好的建议，除此之外，美国学者对于枪支犯罪、警察射击行为等研究也与美国的社会实际问题密切相关。

三、对研究视阈的开放包容

美国学者开展研究时，并不拘泥于单一的研究方法或研究思路，而是善于运用多种方法。虽然量的研究——各种令人眼花缭乱的统计学工具的运用——仍然是美国犯罪学研究的主导方法，但与此同时，质的研究也并未完全被排斥。甚至在很多研究领域当中，美国学者都在强调质的研究的重要性。研究方法本身是很重要的，但从得出合理的研究结论这一目的性考虑来看，研究方法只是工具，工具的合理性取决于研究目的的需要。如在研究哪些因素构成法官的量刑"偏好"时，单纯从判决文书中抽象出若干统计数据是不够的，对法官进行深度访谈这种定性分析会派上用场。透过深度访谈，抽象出若干影响因子，也能为定量研究提供宝贵的研究线索和研究思路。

多学科分析模式也在美国犯罪学中崭露头角，经济学与犯罪学的关联已被广泛认可，犯罪人的理性选择模式正是奠基于经济学理论。此外，生物学、环境学、心理学学科知识对于犯罪学研究的重要性也被广泛承认。特别是最近的环境犯罪学，研究环境因素的变化对于犯罪行为的影响，这种影响机制并不是环境—犯罪这样简单的二元关系，而是环境—中介因素—犯罪，因此"中介因素"就成为环境犯罪学的难点和重点问题。犯罪学学者们致力于找到若干因素，这些因素能够预测犯罪行为，这种尝试已经初具规模。

从研究视角来看，美国学者认识到，单纯的宏观视角与单纯的微观视角都存在若干问题，奠基于整体主义方法论的宏观视角过于侧重集体效应而忽视个体因素，立足于个体主义方法论的微观视角则只关注个体特征而忽略集体效应，宏观–微观相融合的方法能够将两种方法论的优点整合，一方面承认研究个体具有研究整体所不具备的独特意义，另一方面也认可集体效力并不是个体的简单叠加。这种包容性、整合性的研究视角逐渐为更多的美国犯罪学学者认可。

第一节　犯　罪

一、个体层面

（一）情境行为理论

1. 情境行为理论的内容和价值

情境行为理论（situational action theory，以下简称"SAT"）主要由英国剑桥大学的佩尔·奥洛夫·维克施托姆（Per-Olof H Wikström）教授提出和阐释。该理论的基本思想是将以环境为导向的犯罪原因论和以人为导向的犯罪原因论结合起来。这种观念可以追溯到 20 世纪 90 年代初，当时召开了一次倡导将犯罪的环境因素和个人因素一体化的会议。琼·麦克德（Joan McCord）在 2004 年出版的《情境行为理论》一书以一章的篇幅对 SAT 进行了最初的描述。虽然之后维克施托姆教授发展的理论与该书的基本命题保持一致，但 SAT 澄清了其中引起误解的关键命题，并对基本术语的内涵进行了重要改进。SAT 成为欧洲犯罪学家们解释犯罪原因时被引用最多的犯罪学理论。该理论的核心论点是：具有某种犯罪倾向的个体与某种促进犯罪发生的环境之间的相互作用触发了感知选择过程，这一过程最终导致了犯罪行为的发生。

关于犯罪原因有两个核心的犯罪学发现：犯罪行为在人口中的分布是高度倾斜的——一小部分人要为大部分犯罪负责，以及犯罪事件往往集中于特定的时空当中（这被称为"热点"——hotspot）。在犯罪学既有研究当中，理论和研究往往关注个体的角色（犯罪倾向），或关注犯罪的环境，但是很少在一个理论框架中同时考虑二者。事实上这种做法是错误的，因为脱离了彼此，上述两个因素的任何一个都无法单独且很好地解释犯罪原因。

根据维克施托姆教授的观点[1]，SAT 是一个一般性的、动态的、系统性的犯罪因果关系阐释理论。它的出发点是将犯罪行为作为"破坏规则"（rule-breaking）行为加以分析，强调个体与环境交互作用的重要性。相比大多数犯罪学理论（如控制理论和机会理论）仅强调人们基于自利动机做出行为选择，SAT 认为人们是规则导向（rule-guide）的生物，社会或社会秩序是建立在分享规则的基础上的。犯罪行为是一种道德评价意义上的行为，具体来说，犯罪行为的定义是"违反法律规定的行为规则的行为"，在解释人们为什么遵守或违反法律规则时，也应该解释他们为什么遵守或违反其他类型的道德规则。

"情境性"是 SAT 中的关键词，因此对"情境性"的解读非常重要。之前的犯罪学研究中对"情境"（situation）这一术语多理解为行为发生的环境因素，既有的所谓情境性分析也只是简单地区分个体因素和环境因素。SAT 则认为"情境"是当个体置身于某个环境设定时，个体对行为选择的特殊认知。因此，"情境"并不是指环境因素，而是"对环境选择的认知"，它发生在个体和环境的交互作用当中。这就涉及对个体倾向与环境因素的"交互作用"的理解。交互是双向的，意味着人们的犯罪倾向、所处的犯罪性环境以及二者的互动关系，最终引发了犯罪行为。

其中人们的犯罪倾向很大程度上取决于他们与法律相关的个人道德（内化的行为准则及羞愧、内疚等道德情感）以及自我控制能力。道德水平越强、自我控制能力越强，就越不可能被诱惑去违背自己的道德。由此，SAT 假设了两个极端情境：即使身处犯罪诱惑性的环境当中，遵守法律的道德感强以及自控能力强的人也不容易犯罪。相反，低道德、低自控能力的人置身于犯罪性环境当中，则很可能会选择实施犯罪行为。

行为倾向虽然重要，人们自身当然是其行动的来源（source），但行为的原因（cause）却应当是情境性的。个体的犯罪倾向被所处的犯罪性环境激发，但犯罪环境也不是全然客观性的。SAT 认为，犯罪环境因素很大程度上取决于个体所感知到的法律相关的道德语境，即一个环境是否容易导致犯罪

---

〔1〕 See Per-Olof H Wikström et al. , "Young People's Differential Vulnerability to Criminogenic Exposure: Bridging the Gap Between People-and Place-Oriented Approaches in the Study of Crime Causation", *European Journal of Criminology*, Vol. 15, No. 1, 2018, pp. 10-31.

的产生，受制于个体所感知的道德规范等因素。

SAT 的理论内涵可以用 PEA 假定来加以说明：对于任何特定的动机（诱惑或挑衅）导致的行为 A，是感知—选择过程的结果，该结果是个体倾向 P 与暴露在特定环境 E 当中的交互作用的结果。

得出公式：P×E→A。（×表示交互作用；→表示感知—选择过程。）

其中 SAT 认为感知选择过程（→）对理解人们的行为至关重要。"感知"作为信息选择的过程，与人们所处的环境有关；"选择"作为特定的行为意图与行为联系起来。感知选择过程在一定程度上是符合决定论的原理的：当这一过程发生在人们熟悉的环境，且与人们认可的规则相一致时，人们会倾向于做出符合习惯的行为；当这一过程发生在陌生环境时，人们会倾向于进行选择——此时，当具有犯罪倾向者面对一个强有力的犯罪动机（诱惑或挑衅）做出反应时，犯罪行为最有可能发生。

可见，SAT 对于犯罪原因的解读并不是简单地将个体犯罪倾向与环境因素进行并列或叠加，也不是片面强调个人因素或环境因素对犯罪产生的排他性作用，而是将个体犯罪倾向与环境因素有机结合起来。SAT 成功地整合了既有的个体导向和环境导向的犯罪行为理论，深刻阐明了导致犯罪行为的机制。SAT 的显著特点是关注犯罪因果关系链条中各种因素和过程的相互作用。"问题的核心在于交互作用（interactions）"，这一句话极好地阐释了 SAT 的要旨。[1]

2. 对 SAT 的研究情况

自 2004 年以来，很多欧洲学者对这一理论表现出强烈兴趣，并通过自己的研究数据对这一理论的一些基本命题进行验证。对 SAT 的实证检验尤其关注对"交互作用"的研究，主要集中于三种交互机制：①个体倾向和外在环境之间的交互作用（个体犯罪倾向高时，环境诱导犯罪的作用更强）；②威慑和个体犯罪倾向之间的交互作用（个体犯罪倾向更高时威慑会发挥更大的作用）；③个体道德和自我控制之间的交互作用（个体道德感弱时自控能力会发挥更大的作用）。其中的主要研究发现是：对于 SAT 的基本命题——犯罪是个

---

〔1〕 See Helmut Hirtenlehner, Jost Reinecke, "Introduction to the Special Issue with Some Reflections on the Role of Self-Control in Situational Action Theory", *European Journal of Criminology*, Vol. 15, No. 1, 2018, p. 3.

体倾向与环境之间交互作用的结果——是被检验最多的命题。检验结果也最为稳定，很多研究证实了这一命题的真实性。但是对于个体道德与自我控制之间的交互作用，以及威慑犯罪倾向之间的交互作用虽然得到了大多数研究的证实，仍有部分研究对此提出了异议。[1]

由于 SAT 提出了一个与以往主流犯罪学理论不同的"自我控制"概念，使得欧洲学者对于这一概念的研究成为 SAT 研究当中的核心话题。一直以来对于自我控制能力在犯罪因果关系中究竟发挥了怎样的作用，犯罪学学者之间并没有达成一致。造成学者之间分歧的一个重要原因是对自我控制定义以及具体检验机制的多元化。

传统犯罪学理论认为（欠缺）自我控制是导致犯罪行为的一个重要因素，同时认为自我控制因素的作用是相对稳定的，不因情境的变化而变化。但SAT 将自我控制纳入行为理论当中，对自我控制的作用进行了一个全新的解读。SAT 区分了"作为过程的自我控制"和"作为能力的自我控制"，立足于"情境性"理论根基，SAT 将自我控制过程理解为"当个体道德与情境规范产生冲突时，个人能否坚守住个体道德"这样一个过程。而自我控制能力则是指个体有能力实施自我控制，是"基于对个体面对的外在情境的诱惑和挑衅过程中，自我道德管理的执行性能力"。从 SAT 对自我控制过程的界定可以看出，SAT 认为道德是一个更基本的决定因素，它可以导致个体遵守或违反规则，而不论自我控制水平如何。在这一过程中，自我控制的作用更像是一种"威慑"。换言之，SAT 对于自我控制的理解，更倾向于将其定位为个人道德的辅助工具。同时，自我控制的作用也并非稳定的，而是取决于情境，只有当个体开始仔细考虑是否要从事犯罪活动时，自我控制能力才会发挥作用。

为此，学者重点检验了自我控制能力与道德之间的相互作用。其中一个论点得到了多次支持：当个体对于是否实施破坏规则行为时有强烈的道德信念，那么自控的作用就会被实质性降低，甚至完全没有什么用处。这相对容易理解：强大的道德感使个体信奉法律，甚至完全没有意识到犯罪是一种应然的选择。在这种情况下，自控力的大小大概是无关紧要的，因为它们只有

---

〔1〕 See Lieven J. R. Pauwels et al. , "Testing Situational Action Theory: A Narrative Review of Studies Published Between 2006 and 2015", *European Journal of Criminology*, Vol. 15, No. 1, 2018, pp. 35-45.

在个体进入"是否应当实施犯罪"的思考过程中时才会发挥作用,而既有的研究忽视了对那些偏离道德信念的人的自我控制的具体运作探讨。SAT 认为只有当道德过滤器不发挥作用,个体开始考虑是否实施犯罪的选择过程时,自我控制才变得有意义。但德国学者科罗内贝格(Clemens Kroneberg)教授指出,迄今为止没有被注意的是,在个体考虑是否实施犯罪的过程中,自我控制应该会导致道德信念相对正确的个体更不容易犯罪,但会使道德信念存在偏差的个体更容易犯罪。原因很简单:自我控制促使这两组个体都遵循个人所信奉的或对或错的道德准则。因此,在科罗内贝格看来,SAT 当中,自我控制并不简简单单作为道德的辅助,而是关于犯罪和越轨的"双刃剑"。为此,科罗内贝格与舒尔茨(Sonja Schulz)共同合作,对德国五个城市中关于青少年暴力行为的面板数据进行研究,希望通过实证研究来检验三个假设。即,假设 1:当个体道德水平很高时,自我控制无法发挥作用;假设 2:当个体道德水平居中时,自我控制会降低犯罪的涉入;假设 3:当个体道德水平很低时,自我控制或不会发挥什么作用,或会增加犯罪涉入。其中假设 3 的观点与 SAT 的理论假设是相反的。科罗内贝格与舒尔茨的实证研究结果显示,假设 1 与假设 2 得到了验证,但是假设 3 没有得到验证。[1]这可以解读为 SAT 的正确性,但也可以从另一个侧面看出 SAT 中内部概念内涵和子命题还需要进一步的精细化。

此外,SAT 当中,自我控制与威慑二者的关系如何,也是一个比较模糊的问题。在上述科罗内贝格与舒尔茨的实证研究当中,他们还提出了三个关于自我控制与威慑关系的假设。分别接续为,假设 4:当道德水平很高时,自我控制和威慑性的作用不大;假设 5:当道德水平居中时,自我控制会降低威慑对于犯罪涉入的影响;假设 6:当道德水平很低时,自我控制和威慑或不会发生什么作用,或会降低威慑对犯罪涉入的影响。然而因为种种原因,研究中对相关数据的分析并没有证实上述假设。

与对自我控制的传统理解进行修正类似,SAT 也对威慑提出了新的理解。传统观点一般认为,威慑的效果是基于这一假设:法律惩罚的威胁会遏制犯罪的发生。但 SAT 同样将威慑理解为一种情境性机制,是在特定环境中对违

---

〔1〕 See Clemens Kroneberg, Sonja Schulz, "Revisiting the Role of Self-Control in Situational Action Theory", *European Journal of Criminology*, Vol. 15, No. 1, 2018, pp. 57-71.

反道德规则的行为具有影响力。同自我控制的作用机制相似，SAT认为威慑只对某些类型的个体才会产生制约作用，即只有当某个人将犯罪视为一种行为选择，并对于是否犯罪做出道德判断，对于后果的恐惧才可能影响他的选择。倘若个体认为犯罪并不是一种行为选择（如无论怎样都会犯罪），那么威慑也就无法成为行为的控制性因素。但是既有研究中可能忽视的一个问题是，自控—道德交互作用机制，与威慑—道德交互作用机制之间是什么关系？自控与威慑二者之间又存在怎样的关系？[1]

既有研究除了对SAT体系中的自我控制、威慑的作用机制进行讨论之外，SAT中的犯罪倾向问题也引起了欧洲学者的关注。德国马克斯-普朗克外国刑法和国际刑法研究所的研究人员在对青少年犯罪展开研究时发现，置身于犯罪性环境当中会影响青少年的行为，但与此同时，青少年在这些环境中究竟会选择从事怎样的行为很大程度上也取决于其同伴的犯罪倾向，这是既有研究中较为忽视的问题。[2]

3. 对SAT的深化和发展

SAT认为有些人之所以会选择实施犯罪行为，是基于这些人之前已经形成的心理-社会过程，特别是道德教育和认知教育的过程。但是，对于犯罪原因的进一步理解，取决于进一步分析个体认知过程以及社会环境是如何形成的，也就是必须研究"原因的原因"（cause of the cause）。

有学者就这一问题进行了具体展开。在《青少年犯罪原因的原因：情境行为理论语境下的社会劣势》一文中，黛比·舍伯斯（Debbie Schepers）运用SAT来分析犯罪和社会劣势地位之间的关系，来解读青少年犯罪行为。其中社会劣势地位不应如传统观点一样被理解为犯罪的原因，而应将其理解为犯罪原因的原因：个体犯罪倾向是犯罪的原因之一，而社会劣势地位会影响个体的犯罪倾向。

SAT认为犯罪行为的直接原因是"情境"，这种情境是个体倾向和环境交

---

〔1〕 See Debbie Schepers, Jost Reinecke, "Conditional Relevance of Controls: A Simultaneous Test of the Influences of Self-Control and Deterrence on Criminal Behaviour in the Context of Situational Action Theory", *European Journal of Criminology*, Vol. 15, No. 1, 2018, pp. 78-79.

〔2〕 See Dominik Gerstner, Dietrich Oberwittler, "Who's Hanging Out and What's Happening? A Look at the Interplay Between Unstructured Socializing, Crime Propensity and Delinquent Peers Using Social Network Data", *European Journal of Criminology*, Vol. 15, No. 1, 2018, p. 111.

互作用的结果。一个人一生中的社会背景和交往的熟人可能是引导他产生犯罪倾向的动因，明确这些因素的具体涵指，是运用 SAT 进行犯罪预防的重要步骤。这些因素可能包括性别、教育程度、经济状况、移民背景、家庭情况等。舍伯斯的研究认为，对青少年活动缺乏监督以及青少年与越轨同伴交往密切，与越轨行为存在正相关性，但性别、经济状况、家庭结构等与越轨行为并不存在显著的关联性。[1]由于犯罪倾向很大程度上是一个主观因素，不容易被测量，对 SAT "犯罪原因的原因" 的探明往往需要借助某因子与实际的犯罪行为的关联性进行测量，这可能是某种无奈的选择，但某一因子如果与犯罪行为选择无关，是否必然认为该因子与犯罪倾向无关，对此可能存在疑问。但无论如何，SAT 的进一步深化和发展，必须对 "原因的原因" 进行探析，这一点是欧洲犯罪学界所普遍认同的。

总的来说，当代欧洲犯罪学对于犯罪原因的研究兴趣以对 SAT 的提出和讨论为主。SAT 是对传统犯罪学理论中的理性选择理论的某种颠覆。理性选择理论认为，犯罪人是基于选择而从事犯罪活动的，这样的犯罪人形象往往是 "理性" 且精于计算的，但这一理论受到了学者们的广泛批评，犯罪人的犯罪决定本身可能并非基于理性，关注犯罪决定本身，不如关注行为人如何做出决定的这个 "过程"。于是 SAT 应运而生，强调用 "感知—选择过程" 来描述犯罪决策做出的过程。[2]SAT 立基于道德价值和道德行为的一般理论基础之上，将个体因素和环境因素整合在一个综合框架中来解释犯罪行为。该理论认为犯罪行为之所以会发生，是因为它是一种行为选择，犯罪行为发生的可能性取决于一个人的犯罪倾向以及他被暴露于怎样的犯罪环境当中，因此犯罪是个人倾向和所处环境相互作用的结果。SAT 克服了犯罪学理论中的几个核心的弊病，包括对犯罪、犯罪原因定义的不明确、解释机制的片面性、不同层次不同因素之间的整合性不强，以及对发展和变化的理解和应对不足等。[3]对 SAT 的精细化发展，以及将该理论运用于犯罪原因的探析和犯

〔1〕 See Debbie Schepers, "Causes of the Causes of Juvenile Delinquency: Social Disadvantages in the Context of Situational Action Theory", *European Journal of Criminology*, Vol. 14, No. 2, 2017, pp. 145-156.

〔2〕 See Lieven J. R. Pauwels, "Analysing the Perception-Choice Process in Situational Action Theory. A Randomized Scenario Study", *European Journal of Criminology*, Vol. 15, No. 1, 2018, pp. 130-140.

〔3〕 See Debbie Schepers, "Causes of the Causes of Juvenile Delinquency: Social Disadvantages in the Context of Situational Action Theory", *European Journal of Criminology*, Vol. 14, No. 2, 2017, p. 144.

罪对策的有针对性制定，将会是欧洲未来犯罪学研究的持续性热点问题。

（二）威慑理论

赫尔穆特·赫腾莱纳（Helmut Hirtenlehner）和维克施托姆的《经验还是威慑？重温一个古老但被忽视的问题》一文，对威慑理论进行了检验，并提出了自己的见解。[1]

威慑理论认为，对制裁的恐惧确保了法律的遵守。威慑可以被认为是由于对消极后果的恐惧而避免或不实施犯罪行为，这种恐惧取决于干预的确定性和预期的惩罚的严重性。经典的威慑理论假设：出于对法律制裁的恐惧，人们会避免实施犯罪行为。这种理性选择理论的核心存在三个前提基础：①人类行为是避苦求乐的动机所驱动的；②决定实施犯罪行为，是在若干行为选择中进行的衡量成本和收益之后的选择；③个人的选择和行为至少有最低限度的理性，也就是至少预期收益大于损失时人们才会选择违背法律。因此，法律惩罚在预防犯罪当中的作用就是确保犯罪的付出要超过犯罪的所得。但是，关于法律制裁的威慑作用的实证研究仍然没有定论，这尤其适用于感知的威慑（perceptual deterence）研究。

感知的威慑研究依赖于对惩罚的感受（预期到会接受惩罚或预期接受严重的惩罚）以及犯罪活动之间的关系的调查。也就是，感知的威慑可以区分为预期受到惩罚的确定性感受，以及预期受到惩罚的严厉性感受。既有的实证检验结论一般认为，无论是可感知的惩罚的确定性还是可感知的惩罚的严厉性，都与做出犯罪这一行为选择不具有紧密的因果关联性。唯一的共识是，对行为选择而言，惩罚的确定性比惩罚的预期严重性更重要。但赫腾莱纳和维克施托姆认为，既有研究存在着方法论的问题，罪犯在做出犯罪行为选择时具有的较低的惩罚风险感知可能是犯罪行为的结果，而并不是犯罪行为的原因。也就是，研究者对于威慑认知与犯罪选择之间的因果关系的假设可能与实际情况是颠倒的：并不是低的威慑感知导致了行为人选择实施犯罪行为，而往往是，实施了犯罪行为，但发现在大多数情况下可以摆脱法网追究时，犯罪人对于惩罚风险的认知降低。

赫腾莱纳和维克施托姆意图克服上述研究缺陷，通过对英国的相关面板

---

[1] See Helmut Hirtenlehner, Per-Olof H. Wikström, "Experience or Deterrence? Revisiting an Old but Neglected Issue", *European Journal of Criminology*, Vol. 14, No. 4, 2017, pp. 485–502.

数据的分析，对威慑感知与犯罪之间的联系进行探究。二人的研究结果表明，将感知到的制裁风险和犯罪之间的关系作为威慑有效性的常见做法是一种严重的误解。但是他们强调，这一研究结果并不必然意味着在政策上需要彻底放弃威慑的考量。在总体人口中找不到或很难找到的设想可能会发生在小规模的群体身上。威慑描述了个人对制裁威胁的反应能力，这种威慑能力可能取决于个人的特点和环境的性质。威慑感知对行为的影响取决于其他因素，关键问题不在于惩罚是否具有威慑作用，而在于惩罚在何种条件下，或者针对怎样的人产生了威慑作用。坚持认为人们对制裁威慑的反应是不同的，就等于假定威慑变量与犯罪（或服从）因果关系中的其他特征相互作用。个人道德、自我控制水平、社会连带类型以及醉酒可能在其中起到了调节作用。对于某些人来说——如经常思考犯罪后果或对风险有很高的敏感性的人——惩罚的威胁就能够起到较好的犯罪预防效果。由此可见，感知制裁风险在控制犯罪行为中并没有独立的作用，只有在道德力量薄弱的情况下才会发挥作用。

赫腾莱纳和维克施托姆对威慑理论的检验和发展具有重要价值，威慑理论是刑罚学中的经典理论之一，既有的实证研究对威慑效果究竟是否存在争论不休、观点各异？赫腾莱纳和维克施托姆的论文指出，威慑与犯罪之间的因果关系检验很大程度上是个伪命题，但威慑的价值仍然需要肯定，威慑发挥其作用实际上要取决于其他的维度，特别是个人道德和习惯的作用。但个人的道德和习惯与威慑之间究竟存在怎样的关系，是今后调查的一个重要领域。

（三）青少年犯罪

1. "初显期成人"

近年来，"初显期成人"的犯罪问题逐渐成为欧洲青少年犯罪研究中的一个重点问题。对许多年轻人来说，成年初期的性质在最近几十年发生了巨大的变化。这一阶段被发展心理学家称为"成年初显期"，其特征是传统的成人角色被推迟，有更多自由去探寻和尝试。自20世纪70年代以来，西方社会的年轻人参与社会角色的平均年龄大幅上升，而这些社会角色长期以来被认为是划分成人生活的界限。例如，在荷兰，妇女第一次结婚的平均年龄从1970年的24岁增加到1990年的28岁，第一个孩子的出生时间也遵循了同样的增长方式。这些人口统计学上的变化促成了青少年和成人之间新生命阶段的逐渐显现，发展心理学家将这一阶段称为新生命阶段"初显期成人"。相比于他们的长辈，20世纪80年代的青少年向成年转变的时期更长。长辈们进入劳动力市场预示着他们其他成年责任的开启，如组建家庭。但今天的年轻人正在经历的初显期成人阶段当中，成年人的角色可能被戏耍（be flirted），但完全成熟的成人责任却被推迟。这些变化可能导致与青少年犯罪有关的危险因素的持续相关性，或导致这一年龄组特有的危险因素的出现。

荷兰的杰西卡·希尔（Jessica M. Hill）等犯罪学家认为，在初显期成人犯罪问题的研究中，最重要的是去检验哪些成年初显期的特殊因素增加了年轻人的犯罪风险，以及检验哪些青少年时期的风险因素在成年初显期仍然发挥影响。通过对一组荷兰的初显期成人（18—24 岁）的样本进行检验，他们认为，低自我控制能力、攻击性和犯罪性态度以及酗酒都是初显期成人犯罪的主要危险因素。但与之前的青少年犯罪研究结果不同，生活环境不良与这群青年的犯罪危险并不关联。[1]希尔等人的研究表明，作为"初显期成人"的青少年犯罪问题，其表现形式、产生的原因等方面可能与传统的青少年犯罪问题不同，只有找到其中存在的特殊因素，才能对青少年犯罪产生的新情况、新特点有深入了解，才能提出针对性的预防犯罪和矫正犯罪的有效措施。

此外，欧洲犯罪学家还就初显期成人犯罪与工作之间的联系这个具体问题进行了研究。[2]根据初显期成人的状况分析，从事一份有薪工作的经历可能仅仅被他人视为一种必要的赚钱手段，以此为独立的生活方式提供资金，而并不是一份值得追求的事业，这一变化可能会对就业与犯罪的联系方式产生影响。根据社会控制理论，个体与传统社会之间的纽带所产生的"直接"控制力量，会阻止个体从事犯罪和越轨行为，但是，"间接"控制对个体的影响力比直接控制更强，这种间接控制包括结婚、生子、工作等。

一份工作意味着对个体行为会产生直接控制，因为雇员被要求准时上班、在工作时间进行常规活动，并且受到同事和主管的监督。根据控制理论（以及日常行为理论），作为这种直接控制的结果，工人相比于失业者会更不容易进行犯罪行为。控制理论更多地强调间接控制在预防犯罪和越轨行为当中的作用。当与传统社会之间的纽带代表了被关联个体的某种价值时——这种价

---

〔1〕 See Jessica M. Hill et al., "Risk Factors for Self-Reported Delinquency in Emerging Adulthood", *European Journal of Criminology*, Vol. 15, No. 5, 2018, pp. 544-566.

〔2〕 See Maaike Wensveen et al., "Examining the Work-Crime Association in Emerging Adulthood: A Longitudinal Analysis Based on a Dutch Populaion Sample", *European Journal of Criminology*, Vol. 14, No. 4, 2017, pp. 467-484.

值是他不愿去牺牲的，此时就会产生间接控制。对于工作来说，对工作的主观评价会影响这种感知价值，进而影响由此产生的间接社会控制水平。主观的衡量标准，例如，初显期成人对工作的投入程度和未来发展可能性的感知将会影响社会纽带的强弱程度。基于间接控制很大程度上是建立在个体的认知基础上的，因此当个体认知发生改变时，工作-犯罪之间的关系也会发生相应改变。

　　既有的关于初显期成人犯罪与工作之间的关系的研究结论并不一致。有的学者认为工作降低了初显期成人的犯罪行为，但也有持相反观点的研究。还有学者认为，工作与初显期成人犯罪之间的关系需要划分年龄层次，对于18 岁至 19 岁的样本来说，工作机会似乎反而增加了越轨和犯罪行为。但对于24 岁及 24 岁以上的人来说，工作机会会减少犯罪。一些批评观点认为，"初显期成人"这种所谓的自我探索时期主要适用于受过高等教育的年轻人，受教育程度较低的年轻人在很大程度上仍将被迫在青春期之后直接过渡到成年。因此，工作与违法行为之间的联系，特别是这种联系的年龄依赖性，在不同社会背景或教育水平的年轻人之间可能有所不同。因此，对于初显期成人的表现形式、特点、初显期成人现象是否存在城乡差异、性别差异、年龄差异等问题，还需要展开更多研究，特别是需要去检验哪些成年初显期的特殊因素增加了年轻人的犯罪风险。

　　2. 青少年犯罪原因的探析

　　（1）青少年道德情感与犯罪的关联

　　很多犯罪学家认为道德较低是犯罪的关键原因。这一观点被犯罪学研究中与犯罪相关的不同道德维度的研究证实。既有研究不仅表明了善恶判断这样的道德价值与犯罪行为有关，羞愧感、罪恶感这样的道德情感也与犯罪行为有关，但传统犯罪学领域很少关注这一点。最近，欧洲学者开始关注道德情感与犯罪，特别是青少年犯罪之间的关联，因为青少年时期是道德情感形成的关键时期。对此，瑞典、比利时和荷兰的犯罪学家展开了青少年道德情感与犯罪的联合研究。[1]其联合研究的理论基础建立在 SAT 之上。在 SAT

---

　　〔1〕 See Robert Svensson et al., "Explaining Individual Changes in Moral Values and Moral Emotions A-mong Adolescent Boys and Girls: A Fixed-Effects Analysis", *European Journal of Criminology*, Vol. 14, No. 3, 2017, pp. 290-308.

中，违规的原因（犯罪倾向与犯罪环境之间的相互作用）与直接导致人们违规的因素的潜在原因是有区别的。存在导致违规的间接因素（维克施托姆称之为原因的原因），道德价值和道德情感就是重要的间接原因。

事实表明家庭对个体道德价值和道德情感的发展最为重要。家庭首先在父母和子女间建立了初步的情感关联。如果这种情感关系是积极的，那么子女也会与其父母建立起较强的联结。这种联结越强，子女越会遵守父母的规则和价值。父母控制是重要的社会化过程。父母对子女的纪律约束、监督和惩罚如果是有效的，子女就会逐渐建立起对错是非的观念，以及羞愧和负罪感等。同时，学校也是最重要的社会化机构，因为它教导技能的同时也致力于将儿童整合进社会当中。另外，儿童和青少年也会受到同辈人的影响，尤其是青少年。在与同龄人建立新的情感关系的基础上，儿童甚至更多的青少年可能会认同这些新的榜样。

瑞典、比利时和荷兰等学者的联合研究证实了下述三个假设：假设1：个体对父母的依恋、父母监管、对学校的认可和依恋与个体内部传统道德价值观的改变、羞愧感和内疚感呈正相关；假设2：个体越轨同伴的增多与个体内部传统道德价值观的改变、羞愧感和内疚感呈负相关；假设3：女孩遵守传统道德价值的可能以及羞愧感和内疚感比男孩高，但在父母、学校、同辈人对道德观的影响上面，男孩和女孩是相似的。

（2）电子游戏与青少年犯罪的关联

关于青少年犯罪原因的一个很有意思的研究分支是对于游戏和青少年犯罪之间关系的讨论。既有理论认为，打电子游戏对犯罪行为具有一种"自愿的"抑制作用。荷兰犯罪学学者检验了电子游戏《侠盗猎车手5》（*Grand Theft Auto V*，以下简称"GTAV"）与荷兰的青少年犯罪之间是否也具有这种负相关关系。[1]

在国际范围内，青少年犯罪总体呈下降趋势。对这一现象的其中一种解释是社会的电子化趋势增加——这主要发生在犯罪行为风险最大的年轻人当中。数字化为犯罪行为开辟了新的途径，传统犯罪开始转向网络犯罪。传统犯罪比网络犯罪更难侦查，这种转向可能会导致传统犯罪的明显减少。此外，

---

[1] See Marinus GCJ Beerthuizen et al. , "The release of Grand Theft Auto V and Registered Juvenile Crime in the Netherlands", *European Journal of Criminology*, Vol. 14, No. 6, 2017, pp. 751–765.

数字化及相关的消费也可能会改变非犯罪行为。例如，现在有相当一部分年轻人的社交、休闲和职业生活都是在电脑或智能手机前度过的。年轻人的休闲方式从传统活动向数字化活动的转变也可能导致传统犯罪的减少。考虑到越来越多的娱乐活动都是数字化的（例如，YouTube 上每天上传的视频估计有数十万个，一个人只需点击几下鼠标就可以保持忙碌），由于部分青少年犯罪被认为源于闲适和无聊，通过沉溺于数字娱乐来消除无聊感可能是传统犯罪减少的部分原因。根据日常活动理论（routine activity theory），当有动机的犯罪人遇到了合适的犯罪对象，且在当时当地缺乏有力监管者时，犯罪就会发生。娱乐可以消除无聊导致的犯罪动机，某些形式的娱乐活动使得人们在物理上远离犯罪目标（即自愿的通过娱乐剥夺犯罪能力，如在电影院看暴力电影），这种剥夺方式区别于非自愿的剥夺犯罪能力（如被关押在监狱当中）。

许多游戏具有使人上瘾的特征，能让人沉浸其中数个小时。电子游戏的时间消耗性、娱乐价值以及需要在游戏机上或家中电脑上玩的事实，表明电子游戏对于使个人远离街道，也因此远离犯罪是"有效的"。但也有观点认为玩暴力电子游戏会导致攻击性行为的增加。荷兰学者的研究集中关注于一个特定的电子游戏——GTAV 与犯罪降低之间的关系。GTAV 是当时最受欢迎和销量最高的视频游戏，这使得它成为最有可能独自对犯罪产生显著影响的游戏。研究关注的重点是未成年男子（12—18 岁）和青年人（18—25 岁）的犯罪情况。

研究的假设是：这款游戏发行后，青少年犯罪数量将随之降低，这种负相关性在游戏的最初发行阶段最强（这时下载、玩游戏的人最多），随后则会出现一个下降趋势。研究结果表明，这种显著的负相关性是存在的。但是这种负相关性只适用于传统犯罪，对于新型的网络犯罪会产生怎样的影响目前还不清楚。有可能会增加网络犯罪，如偷盗网络游戏中的虚拟物品等。尽管二者之间存在上述负相关性，但学者们仍不建议青少年们多玩电子游戏，因为有很多研究表明游戏中对暴力和越轨的强化会使青少年们产生攻击性犯罪态度等不利影响。总的来说，荷兰学者的研究支持了数字化社会里，人们休闲行为的改变会降低传统青少年犯罪的论断。但是，对于网络犯罪产生怎样的影响还需要进一步研究。

（3）青少年朋友与青少年犯罪的关联

朋友会对一个人的行为产生很大影响，它可能促进其产生正面行为，也可能促进其产生负面行为。在犯罪学中，朋友对一个人与犯罪相关的影响力引起了关注。数十年的研究表明了与越轨同伴的交往会影响到本人的犯罪行为。然而，大多数关于同伴对犯罪行为影响的研究仅使用了青少年的样本。因为朋友通常在青少年时期比生活中的其他任何时候都具有更大的影响力，所以朋友参与犯罪是否也会在（早期）成年期对人产生影响还有待观察。既有的研究认为，与犯罪的朋友关系更亲密、交往时间更长时对一个人牵涉进犯罪的影响力更强。而本人自控能力强或者朋友中有好有坏时，这种影响力会减弱。同时，研究还将友谊对犯罪的影响扩展至友谊对被害的影响。荷兰有学者关注这样一个问题：朋友涉入犯罪在多大程度上影响青少年本人涉入犯罪？[1]

研究结果表明，不良的朋友关系会增加人们自己犯罪的风险，但只有当个人生活在这些朋友的附近时，这种不良作用才会表现出来。这种居住环境的邻近性也解释了为什么那些经常与犯罪的同龄人接触并对他们有强烈依恋的人自己更有可能成为罪犯。这一发现清楚地支持了规范性影响的观点，即人们通过观察和模仿他人的行为来学习行为。人们与犯罪的朋友住得越近，这些朋友就越能传播犯罪的价值观，并起到不良示范的作用。同时，研究还认为，友谊的这种作用不仅在青少年时期产生影响，而且在之后的人生阶段中也会产生影响，这种影响的程度也不取决于友谊本身的亲密程度，而是取决于居住的远近和交往的频率。此外，德国研究者也观察到，青少年在和同伴消磨时光以及没有成年人监管的情况下更容易犯罪。这一观察也被 SAT 验证。根据 SAT，暴露在犯罪性情境中会影响未成年人的行为。[2]

（4）青少年帮派行为研究[3]

对青少年帮派的研究也一直被欧洲学者重视。既有的对于帮派犯罪职业生涯的研究很多关注于青少年的情况。研究发现一种“选择效应”（selection effect），表现为：加入帮派的青少年罪犯比没有加入帮派的青少年罪犯所犯的

---

〔1〕 See Josja J Rokven et al. , "How Friends' Involvement in Crime Affects the Risk of Offending and Victimization", *European Journal of Criminology*, Vol. 14, No. 6, 2017, pp. 697-719.

〔2〕 See Dominik Gerstner, Dietrich Oberwittler, "Who's Hanging Out and What's Happening? A Look at the Interplay Between Unstructured Socializing, Crime Propensity and Delinquent Peers Using Social Network Data", *European Journal of Criminology*, Vol. 15, No. 1, 2018, pp. 111-129.

〔3〕 See Maria Libak Pedersen, "Do Offenders Have Distinct Offending Patterns Before They Join Adult Gang Criminal Groups? Analyses of Crime Specialization and Escalation in Offence Seriousness", *European Journal of Criminology*, Vol. 15, No. 6, 2018, pp. 680-701.

罪行更多，也更严重。也就意味着，帮派成员身份提升了罪行等级。青少年
帮派成员经常被误认为是暴力犯罪"专家"，因为他们犯下了不成比例的大量
罪行，尤其是暴力犯罪。学者们大体一致的观点是，对于青少年犯罪来说，
犯罪的严重程度在其整个青春期都在增加，在成年早期趋于稳定，然后逐步
减少。并且，相比未加入帮派的犯罪人，帮派犯罪人的罪行更为严重。

其中丹麦的相关研究显示，初犯的年龄和初犯的犯罪类型都与未来犯罪
具有相关性。第一次犯罪年龄越小的人往往之后的犯罪数量最多、犯罪生涯
最长。初次实施的犯罪行为是抢劫、入室盗窃或车辆盗窃的个人比第一次犯
罪行为是商店行窃的人更有可能成为惯犯或职业罪犯。在青年时期加入帮派
或飞车党之前，他们往往已经表现出暴力性。相比于其他犯罪人，他们犯罪
生涯更可能是以一个暴力犯罪作为开始的。此外，学者们关注于识别有加入
帮派风险的青少年，也就是，假设青少年单独或共同实施犯罪行为之后，加
入帮派继续实施性质更为恶劣的犯罪行为，在这个过程中是否存在一个青少
年加入帮派的临界点，倘若能够找到这个临界点，并进行有效干预，那么就
可能减少这些青少年加入帮派的概率，也会降低其所犯罪行的严重程度。但
是目前的研究表明，这样一个临界点并不容易划分。

（四）毒品犯罪

欧洲对毒品犯罪的讨论主要集中于大麻是否应当作为毒品。围绕吸食、
出售大麻等行为的合法性，欧洲存在着国别差异，其中持最宽容政策的无疑
是荷兰，在荷兰街头的咖啡店当中，吸食和购买大麻及大麻制品是合法的。
但英格兰和威尔士地区对于大麻的管制则更为严格，携带大麻的行为可能会
构成犯罪。但是有一点需明确，对于种植大麻以及大规模出售大麻的行为，
荷兰和英格兰、威尔士都共同采取执法主导的路径。欧洲内部为何会存在如
此大的政策差异？[1]这是值得进一步研讨和深思的。

荷兰对毒品市场执法的路径所显示的明显的目的是尝试将毒品市场区分
为硬性毒品与软性毒品两种。大麻这样的软性毒品属于"可以接受的危险"，
但此外的"硬性毒品"则属于"不可以接受的危险"。1976 年荷兰出台的
《麻醉剂法案》（*Opium Act 1976*）正式确立了这一点，它建立了一个两级的非

---

〔1〕 See David Brewster, "Culture（s）of Control: Political Dynamics in Cannbis Policy in England & Wales and the Netherlands", *European Journal of Criminology*, Vol. 14, No. 5, 2017, pp. 566-585.

法药物管制制度，将大麻列入其中。通过将毒品界定为一个健康问题，并将大麻视为可接受的危险，该框架背后的理论基础是倘若持有大麻构成犯罪，那么那些吸食少量大麻的年轻人会因受到刑事制裁而被边缘化和污名化。鉴于吸食大麻与吸食其他硬性毒品的本质差异，这部分人不应被定罪。同这一理念相结合，在实践当中，荷兰最初的地方起诉的标准是"容忍政策"。"容忍政策"是指供应商和消费者可以合法从事小规模的出售和持有大麻。自从供应和吸食大麻的咖啡店出现以来，它们的数量在 20 世纪 80 年代至 90 年代初呈指数级增长。

然而，自 20 世纪 90 年代初达到 1500 家左右的峰值之后，政府实施了一系列更严格的措施和方法，咖啡店的数量逐渐减少了一半以上。这些法律赋予了地方政府和执法机构更多的权力，主要是打击那些以"咖啡店"为幌子的其他违法犯罪行为和涉及种植和供应的有组织的犯罪。这些更严格的措施包括：减少咖啡店每天出售给每位顾客的大麻的数量；赋予地方政府选择"零选择"的权力和关闭当地相关场所的权力；赋予其调查相关场所财务背景的权力；对于种植大麻监管的多部门合作；咖啡店与中学之间的距离标准为 250 米，并成立了国家特种师组织的大麻种植工作组。很明显的是，"咖啡店"作为区分合法与非法毒品市场的基础性功能被强化。荷兰最近的政策变化似乎进一步向更规避风险、更注重安全的战略转变。2011 年，荷兰政府宣布采取三项新的更严厉措施，旨在减少"咖啡店"的数量和规模。这三项新措施包括限制荷兰居民进入"咖啡店"，要求"咖啡店"成为私人会员俱乐部，会员人数上限为 2000 人，并关闭中学 350 米范围内的所有"咖啡店"。第一项措施 2013 年在全国实行，但是 2012 年的《检察官指引》（*Prosecutor's Guidelines*）中删去了关闭俱乐部和学校距离要求两项，仅留下第一项措施，这给实际执法带来了更大的灵活性。

英格兰和威尔士对于大麻的当代控制源于 1971 年的《滥用毒品法案》（*Misuse of Drugs Act 1971*）。该法根据危害和危险程度对非法物质 A、B 和 C 进行了三级分类。该法的主要目的之一是对不同的毒品犯罪（如持有、出售意图的持有、生产毒品）规定不同的刑罚，其中 A 类物质相关犯罪受到的惩罚最严重，C 类物质相关犯罪受到的惩罚最轻。最初，大麻被列为 B 类毒品，携带大麻的人最高可被判处 5 年监禁和（或）无限罚款，生产或供应大麻的人最高可被判处 14 年和（或）无限罚款。

大麻的分类位置一直保持不变，直到 2000 年左右这个问题成为人们关注的焦点，在五年的时间里发生了两次对大麻的重新分类。2004 年第一次从 B 级改为 C 级时，产生了强烈的反对的声音。之所以决定对大麻的毒品等级降级，是基于减少大麻相关行为的犯罪化。然而基于媒体和公众施加的种种压力，立法者最终妥协，将生产和供应大麻仍旧保留在 B 等级毒品范围。此外，在英格兰、威尔士的司法事务当中，通常采用庭外处置办法，即大麻警告，从而导致刑事司法系统自 2004 年以来处理的大麻相关案件数量大量增加。在 2004 年重新分类事件之后，仅仅五年后的 2009 年，同一届新工党政府就在戈登·布朗（Gordon Brown）的领导下改变了自己的决定。等级重返 B 级别将会采取更严厉的措施，以保护公众"免于遭受一个清晰而严重的问题"，其中特别提到关注英国国内商业化种植大麻以及与青年人心理健康问题的关联。总的来说，重新分类造成了广泛的混乱，同时赋予警方更大的权力，以灵活处理成年人持有大麻的行为。

英国学者戴维·布鲁斯特（David Brewster）认为，之所以荷兰和英国对于持有和出售少量大麻行为采取了如此迥异的政策立场和法律制度，并不是由毒品的危害性、毒品市场的管制等客观因素决定的，而是特定的政治利益均衡和更宏观的结构性因素共同作用的结果。荷兰之所以对大麻更为宽容，是因为荷兰一直寻求在极端的政治立场之间找到一种中间立场，正是这一政治导向促进了对大麻政策的一种广泛的渐进式管理风格。而对于英格兰和威尔士来说，两个主要政党在毒品政策上有着大体相似的公共价值观，即要求对大麻犯罪者采取更严厉的惩罚行动。但是，这种惩罚倾向遇到一个突出的现实，即充分适用法律将给刑事司法系统造成不切实际的行政负担。布鲁斯特更为认同荷兰的做法，他认为，在西方国家对大麻控制这一特殊问题广泛的逐渐解禁化的背景下，荷兰的政策导向代表了一种更进步、禁得起检验的方式。

关于毒品管制法律政策的导向问题，比利时学者也认为，毒品政策制定过程中，相关的科学知识和理性思考往往无法发挥更大作用，刑事司法决策——特别是毒品政策是在一个"激烈的"敌对和情绪化的环境中进行的，这种环境很少以理性辩论为特征。相关决策的制定往往依靠本能、意识形态或情感。以比利时的大麻相关行为的合法性争论为例，尽管很多科学研究认为大麻作为毒品加以定性较为牵强、大麻与其他毒品存在本质区别等观点，但这些提议并没有在政策制定当中发挥作用。一位政策制定者开诚布公地指出："科学研究对于政策制定来说并不总是有用的。例如，如果出现了批判意见，如果与主要决策者的意见存在太多分歧，它们就很难发挥作用。"[1]这一方面说明了毒品这一较为敏感问题的法律规制方式的讨论当中，政治因素或许发挥了更大作用，同时也给犯罪学研究带来了困惑：在这样的政策制定当中，犯罪学的相关研究结论如何对政策决定者、法律制定者产生作用？

（五）被害人研究

1. 女性被害人

很多有关家暴的研究关注于年轻女性，而忽视了中老年女性。这种年龄歧视的观念对老年受害者揭露和报告受虐待情况以及获得适当服务造成了障碍，使他们容易受到危险环境的伤害。对此，有研究者专门对 45 岁以上的女性遭受家暴情况进行了研究。[2]

家庭暴力涉及一系列的行为伤害，包括身体、情感、性和经济方面的伤害，通常由（但不限于）现任和前任亲密伴侣实施。然而，家暴是一个不受年龄、性别、文化或种族限制的社会问题。由于许多事件未得到充分报道，这一犯罪的完整程度仍不清楚，但在英国，截至 2013 年，已有 120 万起女性事件被记录在案。笼统地估计，四分之一的英国女性将在一生中的某个时候经历家暴。家庭暴力有可能比任何重复性犯罪被害都要严重，而且这种虐待在关系终止之后往往也不会停止。由于报告的家暴案件很少是老年妇女，这部分群体很大程度上被忽视了。

研究表明，相比于媒体以及公众更为关注的年轻女性家暴受害人，45 岁以上的女性家暴受害人有几个特殊之处：通常情况下，这种虐待会跨越好几代人，随着伴侣年龄的增长，这种行为会变得更根深蒂固、更容易被接受、更习以为常。此外，年龄较大的妇女可能不知道她们的法律和经济权利，也不知道她们在这些问题上可以得到的支持。她们可能在家庭上投入了更多的时间，因此不太可能有工作或教育背景，因为她们主要的经济支持来源是她

---

[1] See Julie Tieberghien, Mark Monaghan, "Public Scholarship and the Evidence Movement: Understanding and Learning from Belgian Drug Policy Development", *European Journal of Criminology*, Vol. 15, No. 3, 2018, pp. 278-295.

[2] See Nikki L Carthy, Richinda Taylor, "Practitioner Perspectives of Domestic Abuse and Women Over 45", *European Journal of Criminology*, Vol. 15, No. 4, 2018, pp. 503-519.

们的伴侣。在目前所提供的服务中，很少有考虑到年轻和老年妇女在社会经验上的这些差异。虽然年轻的妇女也可能遇到类似的问题，但缺乏为老年人提供的服务使寻求支助的障碍更加相关。因此，在家庭暴力问题的讨论当中，关注年轻受害女性的同时，中老年女性的权益也应当被重视。

2. 男性被害人

欧洲有学者关注男性强奸同性中的受害者权益问题。[1]其研究的侧重点是说明社会文化观念是如何影响相关的法律政策和实践的。

目前对强奸被害人的研究是存在问题的：大多数研究都集中在女性受害者身上。虽然受害的妇女远比男子多，但由于报告率的性别差异，男性受害者与女性受害者的比例可能有偏差。由于男性和女性受害者都经历过类似的社会制裁和负面后果，类似的社会力量和意识形态对男女强奸受害者都有不利影响。很多男性作为强奸受害人遭受了"二次伤害"（secondary victimization）。二次伤害是指对被害人提供服务者的态度和行为是麻木不仁的，再次造成创伤的，并"指责受害者"，这些态度和行为使正在接受这种服务的性暴力受害者再次受到创伤（例如，警察、志愿部门、卫生保健系统和法院）。一些男性强奸受害人感到接受审判的并不是罪犯，而是他自己。很多男性强奸受害人后悔向警方报案，还有人形容法律程序"对他的伤害比被强奸本身更严重"。男性强奸被害人的上述遭遇导致这部分人的权利没有得到重视——报案率、立案率低，即使案件能够进入司法程序，男性被害人还可能受到二次伤害。

研究者发现，之所以会产生上述扭曲现象，是由于在社会文化观点看来，对男性强奸受害者存在"污名化"的倾向，人们似乎认为，只有身为同性恋身份的男人才可能被强奸。一些官员和志愿机构从业人员将男性强奸受害者定义为"变态"和/或"不正常"，因为他们的性受害者身份挑战了异性恋男性行为的期望和异性恋制度化。研究倡导作为解决性别不平等和不公正的一种方式，男性也可能成为性暴力的受害者。否则，男女的性别期望和男权意识形态可能继续得到加强，使妇女处于其"较低"的地位，使男子处于性别等级的顶端。

---

〔1〕 See Aliraza Javaid, " 'Poison Ivy': Queer Masculinities, Sexualities, Homophobia and Sexual Violence", *European Journal of Criminology*, Vol. 15, No. 6, 2018, pp. 748-766.

3. 被害感知和被害预防[1]

对犯罪的恐惧是一个热门话题。驱动讨论的事实是：害怕被犯罪侵害的人比实际受到犯罪侵害的人更多。为了解释这一现象，一些研究致力于讨论为什么有些人比别人更害怕被侵害。虽然性别、年龄、受教育程度和受害程度等社会人口统计变量已经被广泛地与犯罪恐惧联系在一起，但既有的研究忽视了某些个体变量的作用，这些个体变量如个性特征和情绪特征可能对理解犯罪恐惧有更重要的价值。事实上，很少有研究人员在解释对犯罪的恐惧时考虑心理变量。学者们区分了具体的犯罪恐惧与抽象的犯罪恐惧。其中具体的犯罪恐惧是指个体对自身安全或个人财产安全的焦虑或不安，抽象的犯罪恐惧是对犯罪作为一个社会问题的关注。还有观点将对犯罪的恐惧区分为具体的恐惧与无形的恐惧，其中具体的恐惧是与特定犯罪相关联的，如抢劫或袭击，无形的恐惧则是与非特定犯罪相关联的更普遍的恐惧。在实证研究中，犯罪的恐惧经常被操作化为单一的项目，最常见的问题设置是："你认为天黑之后在你的居住区附近独自散步是否是安全的？"一些论者讨论了这些研究中存在的可信度和有效性问题。

三位葡萄牙犯罪学研究者在上述理论假设基础上，通过对 205 个样本的调查，探索了个体差异和犯罪恐惧、受害风险感知（认知维度）以及行为表达之间的关系，发现在情绪敏感与抽象的犯罪恐惧之间存在着正相关关系，其他两个维度则不存在这种关系。他们还发现，恐惧情绪仅与抽象的犯罪恐惧相关联。与假设相反，社会期许与抽象的犯罪恐惧、认知维度以及行为维度呈正相关关系。此外，研究者还观察到：神经过敏特质的人与抽象的犯罪恐惧之间存在关联性。神经过敏体征（neuroticism personality）的个体更容易产生负面情绪，比如焦虑和担忧，与神经过敏水平较低的人相比，他们更容易对与恐惧相关的情况做出强烈的反应。研究者认为，在今后的研究中，有必要测量和探讨对犯罪的恐惧的情感成分。关于犯罪恐惧问题最重要的争论之一是其本质。问题仍然是：对犯罪的恐惧是一种情感还是一种社会建构？

此外，欧洲学者还对于收入不平等、少数群体与犯罪恐惧之间的关系进

---

[1] See Inês Maria Ermida Sousa Guedes et al., "Fear of Crime, Personality and Trait Emotions: An Empirical Study", *European Journal of Criminology*, Vol. 15, No. 6, 2018, pp. 658-679.

行了研究。[1] 既有的脆弱性假说（vulnerability hypothesis）有很多研究，认为性别、种族、身体残疾等社会人口因素是犯罪恐惧的预测因素，因为属于这些社会群体的人们会感到身体上或社会上的脆弱，也因此有更高的被害概率。其他研究强调被害经历对于犯罪恐惧的直接或间接的影响。犯罪恐惧的影响非常广泛，涉及身体的、心理的、行为性的，还会产生社会影响。它不利于人们的身心健康，也会影响人们的行为。如基于犯罪预防，人们会紧锁大门，并避免在夜晚单独出行。尽管这在短时间内会增强安全感，但同时也会导致社会退缩（social withdrawal）以及脱离社区活动，而这些都与个体的主观幸福感存在重要的关联性。鉴于对犯罪的恐惧主要是一种心理现象，其后果在心理层面上应该最为突出。大量的个人层面的研究确实证实了犯罪的恐惧对人们的主观幸福感是有害的。

相关研究表明：①社会个体的收入不平等越大，群体越恐惧犯罪行为；②老年人、残疾人和女性对犯罪更为恐惧。与本文的预先假设相反的一个结论是，多数族裔比少数族裔更惧怕犯罪——当生活在收入不平等性很高的国家中时。这进一步证明了，在特定的子样本中，对犯罪的恐惧情况可以解释收入不平等与主观幸福感之间的负相关关系。

除了被害感知之外，欧洲学者还研究了被害人受害后的行为选择。德国下萨克斯州犯罪学研究所的金娜·罗莎·沃林格（Gina Rosa Wollinger）就针对遭受夜盗后被害人的行为选择问题进行了深入探寻。[2] 该研究关注于夜盗之后被害人的不同的行为选择：迁移、采取安全措施以及被动消极。研究的样本源于德国五个大城市的 1329 个样本。与其他国家类似，德国近些年夜盗发生率有所上升，但是其中仅有 15.9% 的犯罪人被警方发现，仅有 2.6% 的案件中被告人被判刑。尽管夜盗并不直接针对被害人的身体，但是被害人仍然深受其害。既有研究多关注夜盗被害人的心理压力，通常的反应有感到焦虑、惶恐，在熟悉环境中不安，以及存在睡眠问题。除了感情结果，很多被害人也改变了他们的行为，如加强防范措施，有些甚至改变了居住地。这些做法的时间、金钱等成本都很高。然而，也有一些被害人什么都不做。这意

---

〔1〕 See Christin-Melanie Vauclair, Boyka Bratanova, "Income Inequality and Fear of Crime Across the European Region", *European Journal of Criminology*, Vol. 14, No. 2, 2017, pp. 221-241.

〔2〕 See Gina Rosa Wollinger, "Choice Behavior After Burglary Victimization: Moving, Safety Precautions, and Passivity", *European Journal of Criminology*, Vol. 14, No. 3, 2017, pp. 329-343.

味着夜盗被害人的反应存在差别。研究主要关注两个问题，即：为何夜盗被害人会采取不同的行为方式？哪些因素对夜盗被害人的行为决定产生了影响？

根据行动理论（action theory），人们以目标为导向行事。接受这一理论，意味着行为可以用目的论的方式来解释，即考虑行为的利益。此外，人们在追求最大结果的意义上的理性行为，这意味着人们通过评估成本和收益来计算他们的行为。同样地，预期结果也是相关的，它描述了处于危急情况下的人们，他们在权衡不同行动的结果。实证研究之后的结果表明，32.7%的受访者没有改变行为，58.1%的受访者投资在了安全措施上，9.3%的受访者因为夜盗而选择迁居。研究表明，心理紧张、年龄、住房条件、家庭收入、社会凝聚力、社会组织混乱是夜盗之后行为选择的相关预测因子。

（六）犯罪记录问题

欧洲犯罪学家注意到，欧洲各国对于犯罪记录的管理、披露方式存在差异。如对于未成年时犯罪所产生的犯罪记录，西班牙或法国会在该行为人成年时删除其未成年的犯罪记录。但在英国及荷兰，即使是未成年时犯罪，如果所涉嫌的罪名是性犯罪，那么相关的犯罪记录不会被删除，这会对行为人的就业产生影响。在管理犯罪记录的方式上，欧洲各国也存在区别。以西班牙和荷兰为例，两国都在法律上规定了哪些类型的工作需要核查申请者的刑事犯罪记录，这些岗位包括司法部门、政府部门、警察、公务员、医务人员、私人保安和出租车司机等。在荷兰，教师和儿童看护者也有义务提供行为证明，但两国的审查机制并不一致。在西班牙就业市场上，雇主无法直接获得一个人的犯罪记录，但他们可以要求职位申请者提交一份他们犯罪记录的摘要。而在荷兰，雇主无权获取具体的犯罪记录，荷兰司法部下设的一个行政机构会颁发一份与就业有关的证明文件，即行为证明（certificate of conduct），用以证明职位申请者没有与其申请岗位有关的犯罪记录，这份文件不会泄露任何犯罪记录的信息。鉴于此，相比于西班牙，荷兰犯人释放后会面临更少的就业障碍。然而在实际的运作当中，由于荷兰就业市场上雇主无法得知工作申请者的犯罪信息等具体细节，这种方式可能会导致申请者变得更加"神秘"或"危险"，让雇主产生更多猜忌，反而更不利于犯人刑满释放后的就业。[1]

犯罪记录的保密程度可以分为五个不同程度：其一，完全保密阶段，即除非适用于刑事诉讼，犯罪记录不会被泄露给第三方，并且这一规则不存在例外情况。其二，与完全保密相反的是几乎完全透明，这是另一个极端。欧洲学者认为美国属于这种情况，美国媒体对犯人隐私较不尊重，刑事犯罪相关的法庭文件、罪犯历史等信息几乎完全可以通过互联网获取。在这两个极端之间还有另外三种情况。其三，有限的公开，即在当事人同意的情况下获取犯罪记录，西班牙雇主就可以获得雇员犯罪记录的有限信息。其四，污点保密（stain secrecy），是指仅当与刑事司法系统接触时才提供相关信息。其五，"协商基础上的忽视"，是指当雇佣方对受雇者的社会背景没有兴趣时，不涉及犯罪记录有无问题，这种情况可能发生在雇主不想知道他认为表现良好的员工实际上有犯罪记录，否则他可能会被迫解雇员工，或者他可能会在法律上对工作场所的任何该员工引起的不当行为负责。但在正式的犯罪记录管理之外，在就业机会一般通过亲朋好友联络的情况下，社交网络可以成为传播犯罪记录的重要手段。在这种情况下，雇主可能就不需要一份总结所有犯罪前科的文件了，通过非正式方式就可以获取某人的犯罪背景。[2]

瑞典斯德哥尔摩大学的一些学者以瑞典出生于 1975 年和 1980 年的被判短期监禁刑（4—10 个月刑期）的男性犯罪人为样本，研究了监禁与出狱后就业之间的关系。[3]与很多认为监禁对释放后的就业存在负相关的研究不同，该研究认为监禁对犯罪人出狱后就业的负面效果应当一分为二：监禁的负面效果主要体现在入狱前与劳动力市场存在依恋的紧密关系的犯罪人身上。根据劣势累积观点（cumulative disadvantage），对于监禁之前没有收入的犯罪人来说，他们由于在服刑之前就已经累积了大量的资源不足，在劳动力市场上处于不利地位，监禁对改变他们的就业状况几乎起不到什么作用。换言之，

［1］ See Elina Kurtovic, Marti Rovira, "Contrast Between Spain and the Netherlands in the Hidden Obstacles to Re-entry into the Labour Market Due to a Criminal Record", *European Journal of Criminology*, Vol. 14, No. 5, 2017, pp. 506-515.

［2］ See Elina Kurtovic, Marti Rovira, "Contrast between Spain and the Netherlands in the Hidden Obstacles to Re-entry into the Labour Market Due to a Criminal Record", *European Journal of Criminology*, Vol. 14, No. 5, 2017, pp. 509-510.

［3］ See Olof Bäckman et al., "Locked Up and Locked Out? The Impact of Imprisonment on Labour Market Attachment", *British Journal of Criminology*, Vol. 58, No. 5, 2018, pp. 1044-1065.

监禁对就业的不利影响实际上取决于犯罪人入狱前对劳动力市场的关联程度。这项研究的重要启示是，关于监禁与就业的关系研究中不应忽视的是，犯罪人出狱之后就业状况明显恶化的事实究竟在多大程度上是监禁所造成的影响，多大程度上与监禁并不直接关联，而是犯罪人自身本来就属于社会劣势群体，无论是否被监禁都无法找到工作。在从事此类研究时，对比组样本的选取获取不应简单比较一般人就业与犯罪人出狱后的就业情况，应当根据犯罪人入狱前的劳动能力和就业状况进行分层和研究。

二、社区层面

(一) 荷兰社区的 CCW 项目

前文提到过美国社区的 CCW 计划，这一社区层面的犯罪防控机制在欧洲国家也被广泛采纳。荷兰学者瓦斯科·勒布 (Vasco Lub) 通过为期一年的民族志研究，包括对荷兰不同城市当中四个不同富裕程度的社区中 CCW 小组的实地观察、访问、对相关文献进行分析等方式，对荷兰 CCW 项目的实施情况进行了深入的实地考察。[1]CCW 是社区预防犯罪的一种形式，旨在促进社区安全和提高生活质量。CCW 计划的团队将执行巡逻任务，包括识别可疑行为和不安全的情况并报告给警方，如不正确处置生活垃圾、路灯破损或者青少年越轨行为。CCW 组织的出现，是荷兰政府和警方推动公民参与生活质量和安全问题的总体趋势的一部分。与其他西方国家一样，"大社会" (big society) 的新自由主义话语在荷兰占据主导地位，强调公民更大的自我责任感，并在各种公共领域提倡自愿参与。CCW 在荷兰的普及也可以看作是社会"安全化" (securitization) 的一个特征，因为它并不只发生在不安全的邻里中。安全化是指人们越来越多地从安全的角度来看待社会问题的过程，表现为政府和公众对商业安全服务消费的增加、情境性犯罪预防等。

勒布认为，从理论上看，CCW 通过四种不同方式有助于减少犯罪和无序。首先，作为一种可见的威慑效果。让犯罪人实施犯罪时三思后行。其次，减少犯罪机会，如通知房屋内外存在安全隐患的居民。再次，通过与警方的信息交流等措施减少犯罪。最后，积极进行社会控制活动，如与有问题的青

---

[1] See Vasco Lub, "Neighbourhood Watch: Mechanisms and Moral Implications", *British Journal of Criminology*, Vol. 58, No. 4, 2018, pp. 906-924.

少年对话等。然而不可忽视的是，CCW 项目也具有其弱点，它可能导致对社区居民特别是社会边缘群体个人生活的过度控制。具体来说，有三个方面的隐忧：其一，造成对居民日常生活的困扰。CCW 计划对于"安全"价值的过度倡导，将安全置于其他价值之上，使得人们对安全威胁的感知被放大和夸张化，CCW 小组会做出一些"过分"的行为，如为了维护"安全视野"而砍树、安装永久照明设备、反复骚扰某户居民让其拆卸院子中的梯子以防止窃贼使用等，这种做法牺牲了公共空间的审美情趣以及居民的隐私和个人选择。其二，对犯罪隐患的识别过于主观，缺乏客观判断标准。社区安全维护者很可能出于维护自身利益的目的将自身的价值观和观点凌驾于他人之上。数字监控设备的使用会加剧这一点，因为缺乏报告犯罪隐患的明确的标准，究竟什么现象是"有问题的"、什么人是"可疑的"、什么环境是"不安全的"，都缺乏明确标准。CCW 计划的安全员们向警方或其他居民举报可疑行为或人员，只需轻轻点击手机或鼠标，但此类报告的标准却难以被明确化，这也会造成警力资源的浪费。其三，人们倾向于将混乱的迹象与社会刻板印象联系起来，从而导致对某些群体的污名化和社会排斥。对某些群体的定性可能与对"异类他人"的恐惧增加有关，在荷兰，这种恐惧似乎在地位较高的居住地比地位较低的地区更为突出。地位较高的郊区在社会和文化上的同质性较强，有时会引起不安全感；任何偏离我们熟悉的同质图景的观察都可以被视为潜在的威胁。一些社区安全员为了防止年轻人在某些公共场所闲逛，将他们赶出他们常去的地方。然而，这样做并没有法律依据。

对于 CCW 计划的总体评价，勒布强调其利大于弊。在没有 CCW 计划时，情况可能更糟糕，CCW 计划对打击犯罪和制止骚乱做出了贡献，在社区居民中建立了对犯罪行为的额外的警惕性，是警务工作的有力辅助和有益延伸。但对于 CCW 计划的弊病，勒布认为应当适用学者泽德纳（Zedner）提出的几项原则来进行纠正。首先是社会防卫适用的前提性要件。如果认为政府对社会防卫的安排不足，就会增加自我正义的风险。泽德纳建议，在选择社会防卫之前必须有一项"效力要求"，任何拟议的安全措施必须有效，或至少有足够的可能性实现它所提出的具体目标。这意味着，在任何一个特定的地区，CCW 都必须合理地对它应该解决的问题做出贡献。其次，"必要性"原则，意味着当安全措施会构成滋扰时就选择不采取。泽德纳提出了一个"阈值测试"，在采取行动之前，威胁必须达到这个阈值。对于邻里监督组织来说，这种门槛测试需要评估威胁的特殊性和严重性，并考虑如果不采取行动，情况会如何。再次，"最小化"原则，即进一步限制 CCW 的过度反应。安全安排所造成的负担应保持在最低限度。只有当较少的方法不能满足需要时，才应该使用措施。这一原则旨在保护个人自由。CCW 可以成功地打击犯罪和骚乱。这样的做法，不能过度影响个体面临的实际后果或牺牲其他理想。邻里观察组织应批判性地评估其行动对某些群体或安全以外的其他价值观的影响，并始终优先考虑可能达到同样安全效果的侵入性较小的替代方案。最后，比例原则可适用于 CCW。在刑法中，这一原则规定，刑罚的轻重必须与所犯的罪行成比例，这也可以应用于犯罪预防措施。一个人在未被证明无罪之前被推定为无罪。仅仅是某一特定社会、文化或年龄群体的成员不足以构成值得报告的风险，必须清楚这个人构成了实际的威胁。因此，倘若 CCW 的成员仅仅因为某些人的衣着、年龄或外貌而将某些个人或团体排除在特定地点之外，就不符合这一原则。CCW 小组应评估他们的怀疑依据是什么，以及特定个人或群体受到威胁的可能性。此外，要使 CCW 小组成功地运作而不产生不良影响，就需要在政策一级（市政当局）以及业务一级（地方警察和机构）进行组织一体化的重新设计。

（二）集体效能共识问题[1]

英国萨里大学、南安普顿大学、布里斯托大学的学者就社区集体效能问题，以伦敦社区为样本进行研究，强调了集体效能共识的重要性。

集体效能（collective efficacy）被视为是社区的属性而不是个体的属性，是居民之间网络、规范和信赖的结合，被赋予控制和压制反社会和犯罪行为的能力。集体效能在塑造犯罪模式、失序、不同地点被害风险认知方面发挥了重要作用。集体效能被视为是网络、价值、互惠规范的融合，能够促使个体和社区干预和抑制越轨行为、维护社会秩序。一系列研究表明集体效能更高的地区，其犯罪率更低，被害恐惧和失序认知也更低。集体效能被作为一种社会—心理机制，通过该机制，地方区域的结构性特征影响犯罪相关的结构，调节邻里社会经济劣势和被记录及感知的犯罪率之间的关系。

---

〔1〕 See Ian Brunton-Smith et al. , "How Collective is Collective Efficacy? The Importance of Consensus in Judgments about Community Cohesion and Willingness to Intervene", *Criminology*, Vol. 56, No. 3, 2018, pp. 608-637.

英国学者认为，集体效能高并不意味着社区控制越轨行为的能力也越高，关键在于居民是不是对集体效能存在共识（consensus）。如果居民之间存在实质性分歧，那么更高的集体效能并不会转化为协调一致的社区行动。集体效能的关键在于"我怎么想别人在想什么"这一点，正是这一点才会使集体效能发挥作用，形成一种控制机制。研究团队认为，缺乏共识会导致有能力监管者的缺失，进而促生犯罪机会。

研究团队的研究数据来自英国大都会警察局进行的公共态度调查（MET-PAS），这是一项对 15 岁及以上伦敦居民进行的面对面调查。它采用多级抽样设计，每个季度从伦敦 32 个行政区的邮局地址文件中随机抽取住户。研究者使用了 2007 年 4 月到 2010 年 3 月的调查数据。

研究结果表明，在伦敦，社区居民意见的异质性与社区的种族构成有关。当社区黑人居民所占比例较低时，集体效能共识随着黑人集中度的增加而降低。但是，当黑人居民的总比例超过大约 30% 的阈值时，黑人人口的进一步增加与集体效能共识水平的提高有关。同样的非线性关联在亚洲居民的比例中也很明显，尽管这种效应较弱，在统计学上也不显著。这个阈值代表了一个拐点，在这个拐点上，种族集中度进一步增加的结果从社会无序的过程转变为"移民复兴"（immigrant revitalization，这是一个特定概念，指移民的聚集会带来诸多好处）。种族集中度的进一步提高提高了社区凝聚力、信任和对干预意愿的共同信念。

研究强调，为了更全面地说明集体效能如何在本地环境中发挥作用，有必要在这些评估中不仅考虑平均水平，而且还要考虑个体和社区之间的可变性，即研究集体效能共识。在这类关于集体社区资源的判断中，共识的程度似乎在塑造犯罪和混乱模式方面发挥着关键作用，这为社区研究增添了一个重要的新视角。但是，关于这种共识差异的原因和后果，包括当地环境的其他结构特征、这些调查结果在其他国家和国际情况下的普遍性以及对犯罪和失序的其他指标，仍有许多方面需要了解，这些都是未来研究的方向。

三、社会层面

（一）布尔迪厄社会学理论的犯罪学应用

皮埃尔·布尔迪厄（Pierre Bourdieu）是法国当代最具国际影响力的思想大师之一，是著名的哲学家和社会学家。布尔迪厄一直致力于超越社会科学中的二元对立与二分法，他认为社会生活应被看作是结构、性情（disposition）以及行为这些因素的交互作用。布尔迪厄提出了三个基本概念来理解社会生活：习性（habitus）、资本（capital）和场域（field）。近些年，运用布尔迪厄的社会学研究成果来理解复杂的犯罪现象在欧洲犯罪学界越来越受到重视。

1. 布尔迪厄场域理论的犯罪学运用

在对犯罪行为进行解读时，乔克·扬（Jock Young）的文化犯罪学是一种颇具启示的犯罪学理论，认为不同犯罪背后的核心情感是社会结构性带给个体的羞辱体验，从而在对犯罪现象的分析时将个体能动性与社会结构联系起来，但是扬并没有说明这种联系的具体实现路径。对此，布尔迪厄的场域理论有助于更好地理解社会结构条件如何影响个体对世界的认知，以及相关的情感取向，从而有助于更好地理解犯罪现象。

犯罪学理论的主要内容都是试图回答为什么有些人犯罪，而大多数人不犯罪。解读的路径也往往泾渭分明：有的研究强调社会结构性的作用；有的则强调个体能动性的影响。丹麦奥尔堡大学的研究者安尼克·普里厄尔（Annick Prieur）将这些因素概括为五大类：动机；犯罪倾向或机能受损（心理或生理紊乱）；主流群体、同辈人以及规范指引；结构性引起的紧张（如社会转型过快）；结构性不平等。其中前两种因素解读过于关注个体因素，后两种因素解读过于关注结构性因素，而中间的因素解释只是关注宏观层面，解释力不足，更有力的解释路径应当将结构性和能动性二者结合起来。对此，布尔迪厄的场域理论具有更强的合理性。[1]

对布尔迪厄来说，社会是一个由不同的社会价值资源分配构成的空间；在社会群体的形成过程当中，经济资产和非经济资产相互作用或相互对立。他的一个主要观点是，非经济资产，特别是文化资本，在社会群体获得地位并沉迷于支配和排斥行为时发挥了重要作用。另一个主要观点是，人们对社会的感知取决于他所处的社会空间的位置，通过一个人的习惯，它将影响个体从社会愿景到道德判断的一切。不同的社会是由不同的场域组成的。"场"是一种力量的空间，在这个空间中，处于不同位置的社会主体努力获得其他

---

〔1〕 See Annick Prieur, "Towards a Criminology of Structurally Conditioned Emotions: Combining Bourdieu's Field Theory and Cultural Criminology", *European Journal of Criminology*, Vol. 15, No. 3, 2018, pp. 344 - 348.

参与者的认可，为特定领域的符号资本而斗争。例如，对于社会科学家来说，符号资本是通过出版物、引文等方式获得同行的认可——这种认可对我们领域之外的人来说似乎毫无意义和价值，但对于圈内人来说，领域内同行的评价远比圈外人的评价重要。[1]

来自捷克的犯罪学学者运用布尔迪厄的场域概念来解读夜店保镖在犯罪学中的功能。既有的犯罪学理论认为保镖在夜生活当中，有利于抑制消费者过度饮酒所导致的暴力等反社会行为。既有的研究或从犯罪的情境预防出发，认为保镖可以有效防止西方国家娱乐场所潜在的暴力行为升级，或侧重于对保镖工作模式的实地观察研究。但运用布尔迪厄的场域概念，可以对保镖角色进行更深层次的解析。保镖应被置身于后工业时代的社会结构当中，在这一社会背景下，人们的夜生活被"商品化"，在夜晚这样的特殊时段需要保护商品消费者——夜店顾客的人身和财产安全。保镖因此被理解为地方安全政策当中的"守门人"，是国家刑事安全系统之外的社会安全保障系统的一个重要环节。[2]

2. 布尔迪厄实践理论的犯罪学运用[3]

布尔迪厄的实践理论的主要方法论目标是通过强调个体及其日常"实践"所蕴含的潜在的影响力，来获得对社会更为复杂和全面的理解。英国学者莉亚·莫伊尔（Leah Moyle）和澳大利亚学者罗斯·库姆（Ross Coomber）将这一理论运用于毒品犯罪中的一个特殊群体"以贩养吸"的行为观察当中。这些人具有双重身份，他们既是吸毒者，也是贩毒者。

传统犯罪学理论认为毒贩子在很大程度上是不道德的主体，他们精明地追求自身利益；有的认为毒贩子是社会中的劣势者，因为贫困、吸毒成瘾或社会混乱而被迫卷入非法的毒品交易当中。传统理论或过于主观主义，或带有决定论的色彩。一个布尔迪厄式的研究路径会设想：贫困、失业以及阶级

〔1〕 See Annick Prieur, "Towards a Criminology of Structurally Conditioned Emotions: Combining Bourdieu's Field Theory and Cultural Criminology", *European Journal of Criminology*, Vol. 15, No. 3, 2018, pp. 344-348.

〔2〕 See Kupka Petr et al., "'I'd Say It's Sround Me': Introducing Field Analysis into Bouncer Ethnography-The Case of a Czech City", *European Journal of Criminology*, Vol. 15, No. 3, 2018, pp. 365-382.

〔3〕 See Leah Moyle, Ross Coomber, "Bourdieu on Supply: Utilizing the 'Theory of Practice' to Understand Complexity and Culpability in Heroin and Crack Cocaine User-Dealing", *European Journal of Criminology*, Vol. 14, No. 3, 2017, pp. 309-328.

等更广泛的文化和社会结构会在个体和群体层面相互作用，形成无意识的行为和倾向，由此来解释为何某些群体会选择实施犯罪行为。具体来说，"以贩养吸"的实施环境、行为策略为何？吸毒者们为何会选择贩毒这种创收方式，而非其他方式？

布尔迪厄的"实践的理论"公式是：

（习性×资本）+场域＝实践
[（habitus）（capital）] +field＝practice

其中"实践"是指"人们做了什么"，或者说他们的社会行动选择；场域则是指一个实践所发生的社会性场所；"习性"概念是用以解读那些处于边缘化的个体应对压力的方式，以及他们通常采取的无意识的、越轨的行为方式。

布尔迪厄并不认为人们的犯罪行为仅仅源自习性，正如上述公式所展示的，犯罪行为是应被置于社会地位的结构化系统中，才能加以理解的。

从布尔迪厄的实践理论出发，将日常行为与特定的社会影响和互动情境结合起来，需要从习性、资本和场域三个维度进行解读。

首先，从习性来看，以贩养吸行为实际上代表着那些无法合法供养吸毒习性的瘾君子们的"自然的""正常的"应对方式。吸毒者同时参与毒品贩卖是由很多因素共同决定的。以贩养吸者往往抱持这样的观点：出售毒品是对其困境的完全符合逻辑和常识的应对策略。"贩毒"成了"吸毒"之后的自然发展和延伸。一个毒贩自述道："一开始我觉得很冒险，但当我知道我要卖给谁的时候，这真的只是每天的事情，只是例行公事，只是每天的生活。就像喝杯茶一样平常，我想这只是我日程中的另一件事。"

其次，从资本和场域维度出发，毒品市场有着属于自己的独特规则。某些试图以贩养吸的人可能会贩毒"失败"而不得不从事扒窃抢劫等行为，这一方面是因为毒品质量和数量的标准限制了以贩养吸者的收入，如某个吸毒者因为找不到高质量的毒品源不得不在商场行窃。另一方面，缺乏资本可能对吸毒者"启动"贩毒活动的能力产生不利影响。如某个吸毒者没有钱购买用于出售的毒品。通过适用布尔迪厄的实践理论框架，可以进一步理解结构性压力和特定场域的文化可能会使某些个体将其习性"内在化"——认为以贩养吸或实施其他犯罪行为是非常正常的——进而实施犯罪行为。

值得关注的是,对于吸毒者的小规模的贩毒行为,英国法院的量刑实践中,往往会将其刑罚判得轻于纯粹的商业贩毒行为,理由是前者的罪责更轻。布尔迪厄的实践理论或许能够解释罪责较轻背后的深层社会性根源。相较于一般意义上的贩毒犯罪人,之所以对以贩养吸的犯罪人科处更轻的刑罚,是因为在特定的社会环境当中,对于一个人来说,不选择实施犯罪行为的可能性极小,他并没有太多的选择余地。甚至可以说,实施犯罪已经成为其生活的正常组成部分。以贩养吸者所面临的环境是合法获取毒品的渠道太少,他们很容易为了购买毒品而走上犯罪道路。

(二)移民与犯罪

1. 总体情况

在格奥尔基耶夫(Georgiev)2010 年撰写的名为《迈向共同的欧洲边界安全政策》的论文中预测了欧盟内部边界安全面临的挑战。其中最主要的预测是,基于区域冲突而向欧洲流入的非法移民的增加。他推测,中东地区不断加剧的动荡将是"不受欢迎的"移民增多的一个重要原因。他指出:"鉴于一些欧盟成员国目前在管理和防止非法移民流动方面的困难,应对未来挑战的能力和资源等方面的差距令人担忧。"[1]当前的移民潮可谓二战以来规模最大的一次。很多欧洲领导人和欧洲主流媒体将这种情况描述为"危机""紧急状态",甚至是"欧洲的崩溃"。欧洲移民问题的愈演愈烈,使得许多欧洲国家开始加强边境警力部署、安装防护网以及加强边境监控。

犯罪、安全、移民与融合之间的关系问题是一个老问题,学者们创造了"移民犯罪"(crimmigration)这一词汇,将犯罪控制与移民控制融合起来,[2]可以说欧洲对于移民犯罪问题的讨论由来已久,但从斯腾普夫(Stumpf)2006 年发表的著作开始,移民犯罪问题转变为对"刑事司法的移民化"或移民行政管理的"犯罪化/刑事司法化"的讨论。移民犯罪并不是刑法和移民法律两个领域的简单融合,移民法律一方面朝着刑事制裁的方向转变,另一方面刑事制裁体系也受到了移民问题的影响,移民的相关管理措施和实践从仅

---

〔1〕 See Maartje van der Woude et al. , "Crimmigtration in Europe", *European Journal of Criminology*, Vol. 14, No. 1, 2017, p. 3.

〔2〕 See Maartje van der Woude et al. , "Crimmigtration in Europe", *European Journal of Criminology*, Vol. 14, No. 1, 2017, pp. 3-4.

适用于外国人，到逐渐也适用于本国刑事司法体系。在此过程当中，在西欧，监狱成了安置犯罪移民的主要场所。很多监狱中关押了数量不少的外国犯人。而监禁事实上是驱逐移民出境的不可避免的前奏，仅仅对犯罪的移民进行关押是不够的，只有驱逐才能实现目的。后文即将说明，即使是在挪威那样的欧洲最温和的监狱体系中，挑选、排斥、固化的移民处置策略也逐渐占据了主导地位。[1]

2. 移民与犯罪的国别语境

（1）英国[2]

英国经历了所谓的"外国犯人危机"。英国采取了一个不伦不类的政策，即"Hub and Spokes"（最初含义是指若干政党 Spokes 与一个领导性政党 Hub 之间签订了秘密的非法协议），设计了若干专门关押外国犯人的监狱，由英国边境管理局（UKBA）和监狱体系联合管理，二者之间签订了秘密的工作协议。随后英国边境管理局被废除，移民问题目前由两个部门负责：英国签证和移民部门，以及移民执法部门。

从某种程度来看，英国监狱转变为"边境控制"的场所，英国的监狱管理人员变成了类似移民局官员的角色。因为监狱可以在外国犯人服刑期满之后，以行政管理之名进行继续关押（类似行政拘留），并且这种关押是没有时间限制的，这就可能造成很粗暴的结果，外国犯人会被迫在监狱滞留相当长的时间。可见英国对于移民犯罪的管理很大程度上并不依赖于移民法律和刑法的混合，而是基于政策因素加以控制。

（2）荷兰[3]

荷兰在采取严格的反移民政策方面可谓欧洲的先驱国家。在过去 20 年间荷

---

〔1〕 See Francis Pakes, Katrine Holt, "Crimmigration and the Prison: Comparing Trends in Prison Policy and Practice in England & Wales and Norway", *European Journal of Criminology*, Vol. 14, No. 1, 2017, pp. 63-77.

〔2〕 See Francis Pakes, Katrine Holt, "Crimmigration and the Prison: Comparing Trends in Prison Policy and Practice in England & Wales and Norway", *European Journal of Criminology*, Vol. 14, No. 1, 2017, pp. 63-77.

〔3〕 See Jelmer Brouwer et al., "Framing Migration and the Process of Crimmigration: A Systematic Analysis of the Media Representation of Unauthorized Immigrants in the Netherlands", *European Journal of Criminology*, Vol. 14, No. 1, 2017, pp. 100-119; Maartje van der Woude, Joanne van der Leun, "Crimmigration Checks in the Internal Border Areas of the Eu: Finding the Discretion That Matters", *European Journal of Criminology*, Vol. 14, No. 1, 2017, pp. 27-45.

兰出台了一系列对非法移民的监测、拘押和遣返政策。荷兰政府引入了移动安全监察员制度，实施申根安全检查，包括由荷兰皇家马瑞豪斯（Marechaussee）实施的有时限的移民控制措施。在边境区域，荷兰官员有权拦截任何车辆或任何个人，检查其身份信息。

荷兰犯罪学家针对荷兰媒体对非法移民的负面报道与对非法移民居留的犯罪化动议之间的关系展开研究，意在探寻新闻媒体报道在对于移民犯罪问题的政策制定当中，扮演了怎样的角色。通过对荷兰报纸的分析，发现荷兰媒体在非法移民报道当中使用最多的词汇是"非法的"（illegal），并且报纸关注的主要话题是非法移民的犯罪化问题。研究者预期媒体给移民这个特定群体贴上了负面标签，引起了公众对于移民犯罪化问题的关注，由此产生的道德恐慌夸大了移民所带来的社会威胁，从而加剧了荷兰移民政策的严厉化。然而荷兰莱顿大学法学院的犯罪学学者们的实证研究显示，媒体报道的舆论导向并不必然将非法移民描绘为犯罪人，甚至一些媒体因为发表了反对移民犯罪化的文章而促进了相关方案的撤销。换言之，与其说媒体的负面报道对移民犯罪化产生了推波助澜的作用，不如说媒体是追随移民政策的变化而进行讨论，而非主动推进，媒体报道并不必然促进移民问题的犯罪化进程，可能会发挥相反作用。

（3）意大利[1]

尽管在整个欧洲国家的移民法律存在相似性，但是欧洲边境控制仍然需要依赖地方性语境。意大利博洛尼亚大学法学院的犯罪学学者朱莉亚·法比尼（Giulia Fabini）审查了意大利博洛尼亚市内部边境的警察、法官和移民的交互作用，发现该地区的警察倾向于通过选择性执法来管理非法移民，而非一概采取强制驱除的做法。

寻求排斥移民已经成为欧洲移民管控的"象征性政策"。所有欧洲国家——包括意大利，都诉诸制定移民犯罪法律，它们将移民视为安全问题，将犯罪与移民联系起来。欧盟的遣返指令（第115/2008/CE号指令）甚至为欧盟成员国将第三国国民送回其原籍国提供了共同的标准和程序。然而这些象征性政策的具体实施取决于地方语境，而且会产生不同的地方性后果。

---

[1] See Giulia Fabini, "Managing Illegality at the Internal Border: Governing Through 'Differential Inclusion' in Italy", *European Journal of Criminology*, Vol. 14, No. 1, 2017, pp. 46-62.

　　早在 20 世纪 90 年代，意大利就成为一个移民国家，且移民来源广泛。2011 年有大约 44 万非法入境的移民居住在意大利。在地方层面，警察被视为控制人员流动和迁移的安全管理工具。法比尼的研究表明，警察是有策略性地执行移民法律，他们在街道上有自由裁量权，并利用这一点来区分人群和维持秩序。一方面移民法律通过遣返、遣返前拘留、高额罚款等措施得以执行，另一方面，如果非法移民遵循某种非正式游戏规则时，移民法律就不会被执行。在内部边境管理问题上，这两方面共同发挥着作用，而人们注意到的仅仅是前者。在移民管理的"非正式游戏规则"当中，警察的自由裁量权是问题的关键。研究表明，警察并不是在遇到非法移民时，就会立即开启遣返程序。

　　在警察做出是否启动针对移民的遣返程序时，存在着某种地方性的隐性执法规则。这可以被概括为三个主要规则：其一，不进入危险区域。如城市中存在一些"危险区域"，这些区域多为毒品交易发生的地区，警察会增大巡逻力度，如果在这一区域发现非法移民，更有可能被警察带回警局，因为这样的移民被视为是比较危险的，可能与非法毒品交易存在瓜葛。其二，"保持干净"（也就是不犯罪）。博洛尼亚的非法移民广泛意识到这一规则，也就是只要他们保持不犯罪，就不会有人遣返他们。不仅如此，这一规则也包括遵规守纪，如诚实购买车船票、不酗酒、保持安静，以及配合警察执法等。其三，一项重要的隐性规则是非法移民是否拥有一份工作。也就是，只要非法移民获得了非正式劳动力市场上的工作，他们就被允许留下来。

　　法比尼的研究颇具启示性，他详细勾勒了地方性移民管控的策略远比单纯的国家层面的遣返政策复杂。一方面他区分了移民管理的国家层面和地方层面的差异，另一方面他指出了政策文本和政策执行层面的区别。国与国之间存在着移民管控方式的区分，在一国内部也很可能存在差异性，这值得进一步研究。

　　（4）希腊[1]

　　由于希腊是进入欧盟的主要入口，希腊的非法移民增长数量也是欧洲最高的。2011 年希腊非法入境移民数量约为 39 万人，约占希腊总人口的十分之一。希腊非法移民数量庞大，部分源于希腊海岸线特别长、边境线特别长，

---

　　〔1〕　See Leonidas K. Cheliotis, "Punitive Inclusion: The Political Economy of Irregular Migration in the Margins of Europe", *European Journal of Criminology*, Vol. 14, No. 1, 2017, pp. 78-99.

146

边境管理很困难。与此同时，2009 年开始的希腊金融危机使得希腊的非正式劳动力市场很容易吸纳大量非法移民。

移民对希腊经济发展做出了重要贡献，但是他们遭受到了系统性的歧视。主流政治话语体系认为大量移民对希腊社会造成了严重威胁，其中最显著的威胁是犯罪。据统计，在监狱中关押的非希腊犯人的数量已经超过了希腊犯人，移民被贴上了犯罪人的标签。希腊警察存在强烈的反外国人偏见（包括增加对移民的搜查等/针对移民的暴力案件往往会被严厉对待），这增加了移民在犯罪和监狱中的比例。

但是主流政治话语扭曲了上述事实，通过煽动公众对移民对希腊社会影响的忧虑以及犯罪恐惧，激发公众对移民的惩罚性态度。研究表明，希腊的反外国人的情绪比欧洲任何地方都要强烈。希腊的国内调查也显示，大部分希腊民众都支持强化针对外国移民的刑事司法措施，以及边境管控措施。针对移民的暴力行为也已经成为希腊的严重问题。在希腊国内经济危机余波未平的背景下，对移民的排斥政策可能会进一步强化。

（5）西班牙[1]

西班牙作为一个经历了快速经济增长的主权国家，一方面需要移民不断注入劳动力市场，另一方面其作为欧洲最南部的门户边界，又面临着加强内外边境管理的现实压力。因此，西班牙对移民犯罪问题的态度较为暧昧。

相比于许多欧洲民族国家，西班牙步入全球化的政治经济的过程是很缓慢的，直至 20 世纪 70 年代，西班牙才开始大量参与当代国际贸易。由于西班牙直至 1985 年才颁布了移民法，外国人很容易以游客身份进入西班牙并长期居留。20 世纪 80 年代末期开始，西班牙的移民人口快速增长。西班牙在经济、政治、社会层面都被移民改变着。在最初的移民迁徙当中，大多数非法移民并非跨越国边境线入境，而是以旅行者护照进入西班牙并非法居留。在西班牙出生率降低的情况下，过去 20 多年间，移民整合进劳动力市场，成为西班牙经济中的关键组成部分。基于这个原因，尽管西班牙的移民率很高，但直至今日西班牙仍被视为欧洲的"另类"，因为西班牙相对较轻的反移民情绪，以及对移民相对宽松的监管方式。西班牙已经成为一个最快速增长的经

---

[1] See Nancy A. Wonders, "Sitting on the Fence—Spain's Delicate Balance: Bordering, Multiscalar Challenges, and Crimmigration", *European Journal of Criminology*, Vol. 14, No. 1, 2017, pp. 7-26.

济体，也成为移民最重要的目的国之一。这在很大程度上是因为西班牙的经济发展模式集中在行业严重依赖于灵活的、相对较低的技术性以及低工资的劳动力基础上，这包括建筑业、旅游业、农业以及服务业。而西班牙的经济增长提高了社会广泛群体的就业率和收入，这也是西班牙民众历史上较为支持移民的一个主要原因。此外，民众调查显示西班牙民众对于移民并没有太多仇视情绪。与其他一些南欧国家相比，西班牙人更倾向于认为移民让"国家变得更强大是因为他们的工作和才能"。

然而，加入欧共体（即欧洲共同体）要求西班牙必须通过限制性移民政策，并同意其作为事实上的边境警察的新角色。1986 年西班牙起草移民法是西班牙随后加入欧共体的重要前提，这代表了西班牙移民政策的一个转向。自 2003 年欧洲安全战略制定以来，移民构成威胁的框架一直是欧盟对外边境防御的一个重要方面，这一做法最终被纳入了西班牙的安全议程。西班牙在限制非洲移民进入欧洲方面扮演了一个核心角色。2014 年，欧盟 28 个成员国中的拒绝入境决定中有超过半数（约 60%）是西班牙签发的，主要是摩洛哥公民（97%）被拒绝入境。西班牙强化了外部边境防御设施，这强化了移民作为欧洲安全威胁的说法，但是却没有从根本上解决西班牙移民问题——西班牙移民的主要来源并非外部，而是签证过期滞留的移民。这一方面使得西班牙通过一系列措施表面上维护了欧盟的限制移民的政策，但是实际上暗地转移了真正的注意力。西班牙对移民劳动力的深度、持续依赖，使得其在移民政策上显得有些左右为难。

基于以上种种作为，我们有理由预测，欧洲将继续施加压力，强化外部边界。然而，鉴于西班牙出生率下降对经济稳定构成的重大威胁，在可预见的未来，西班牙将继续依赖移民劳动力作为经济的关键驱动力。因此，如何协调各种矛盾，始终是西班牙需要面临的挑战。

(6) 德国[1]

德国曾经历过两次大规模的移民潮，其中一次的移民潮主要来自土耳其和其他地中海国家，开始于 20 世纪 50 年代末，另一次来自俄罗斯以及 20 世纪 80 年代和 90 年代的东欧和东南欧国家。如今，德国五分之一的人口都有

---

　　[1] See Klaus Boers et al. , "Crime, Crime Control and Criminology in Germany", *European Journal of Criminology*, Vol. 14, No. 6, 2017, pp. 654-678.

移民背景。最大的两个移民群体是来自苏联和东欧的 300 万移民以及 300 万原土耳其人。20 世纪 90 年代到 21 世纪头十年，德国国内一个重大的犯罪政策话题是移民青年的较高的暴力犯罪率（相比于非移民青年）。其中的原因可能是社会和教育劣势、缺乏社会认同以及对男性暴力的某种认可。2015 年秋，大批战争难民抵达德国，他们被安置在拥挤的大众住宿中心长达数月。在这些情况下，暴力冲突的数目明显增加。暴力冲突主要发生在难民设施内，大多数受害者是其他难民。

对于如何处理移民犯罪问题，德国学者认为：首先，这是关于公众态度的问题。一个人需要一种对他人的融合开放并积极感兴趣的良知社会。传达一种接受和归属感是至关重要的。其次，与教育有关。学校和职业培训系统可以提供适合移徙青年需要的方案和课程。再次，与就业市场有关。如果无法提供合法的工作，犯罪问题是不可避免的。对于新来者来说，他们的法律地位和脱离社会的不确定期应该尽可能短。最后，与时间有关。这些移民群体的融合将需要一代人以上的时间。文化过渡可能需要时间，特别是在诸如性别和伙伴平等、非暴力养育子女或容忍不同生活方式等基本价值和规范方面。

（三）恐怖主义犯罪

1. 英国应对恐怖主义的措施

乔安娜·艾米劳特（Joanna Amirault）和马丁·布沙尔（Martin Bouchard）的文章对英国应对恐怖主义的政策变化进行了系统梳理。[1]

在 20 世纪，英国遭受了许多恐怖袭击事件。作为对这些犯罪行为的回应，立法者制定了若干立法政策予以还击和惩罚恐怖犯罪分子。这种应对机制被称为"刑事司法模式"，用以向执法部门提供必要的工具，以打击恐怖主义活动、保护被告的公民权利，以及通过严厉惩罚与恐怖主义有关的罪行预防恐怖犯罪。截至 2011 年，英国是仅次于南非的世界第二大反恐立法国，颁布了 51 部法律，而南非则执行了 63 部。

尽管英国有通过法律手段应对恐怖活动的历史，但 2001 年 9 月 11 日（9·11）的恐怖袭击标志着一个重大转折点，它改变了人们对恐怖威胁的看法，

---

[1] See Joanna Amirault, Martin Bouchard, "Timing is Everything: The Role of Contextual and Terrorism-Specific Factors in the Sentencing Outcomes of Terrorist Offenders", *European Journal of Criminology*, Vol. 14, No. 3, 2017, pp. 269-289.

也改变了人们认为防范恐怖事件所必须采取的措施。虽然在此之前英国实施了《恐怖主义法》（2000年，*TA 2000*），但在9·11恐怖袭击之后，英国又迅速出台了《反恐、犯罪和安全法》（2001年，*ATCSA 2001*），随后在2005年又颁布了《防止恐怖主义法》（*PTA 2005*）。2005年7月发生在伦敦的恐怖袭击中，4名英国公民实施了这次恐怖袭击，这是英国发生的第一起本国国民实施的自杀式炸弹袭击事件。之后还发生了几起爆炸未遂事件。在这一重大恐怖主义事件发生后的几年里，英国继续利用法律措施作为预防和应对恐怖主义活动的主要手段，通过实施《恐怖主义法》（2006年，*Terrorist Act 2006*）和《反恐法》（2008年，*Counter Terrorism Act 2008*）以及《恐怖主义预防和调查措施法案》（2011年，*TPIM 2011*）。

对于反恐立法的持续实施和扩张的态势，一直是激烈的辩论主题。对反恐立法的批评主要集中于三个因素：侵犯公民权利、对恐怖主义定义的日益扩张化以及恐怖主义特殊犯罪（制定）的必要性。为了消除潜在的恐怖主义威胁，英国利用行政拘留和刑事拘留，依靠移民法，将煽动或崇拜恐怖主义的言论定为犯罪。虽然2000年《反恐法》为英国对恐怖主义的法律定义奠定了基础，但随后的立法进一步扩大了这一定义。批评人士警告称，对恐怖活动使用如此宽泛的定义，可能会导致这些法律措施适用于任何形式的政治抗议或异见人士。

2. 德国对恐怖主义的讨论[1]

长期以来，德国一直没有遭受像法国、比利时、英国或土耳其那样的重大伊斯兰恐怖袭击。然而，2016年12月19日发生在柏林圣诞市场的伊斯兰恐怖袭击，造成12人死亡。警察和特勤局通过逮捕可疑团体或个人阻止了一些有计划的袭击。一些罪犯是土生土长的恐怖分子，另一些则是来自伊斯兰国家的难民。

就像柏林袭击一样，较为残忍和成功的袭击都是由单个罪犯实施的。2011年3月，一名阿尔巴尼亚人在法兰克福机场开枪，造成两名美国飞行员死亡，另外两人重伤。2016年，一名阿富汗或巴基斯坦裔青少年在一列地区火车上用斧头和刀子砍伤了五名乘客，随后在袭击特警队后死亡。在汉诺威，一名15岁的德裔摩洛哥女孩持刀刺伤了一名警察。一名来自叙利亚的年轻人在音

---

〔1〕 See Klaus Boers et al., "Crime, Crime Control and Criminology in Germany", *European Journal of Criminology*, Vol. 14, No. 6, 2017, pp. 654-678.

乐节入口处实施自杀式爆炸袭击，造成 15 人受伤后自杀。目前德国发生更大规模恐怖袭击的严重风险依然存在。一个主要原因是，根据警方掌握的信息，2012 年至 2016 年 11 月期间，有 890 人从德国前往叙利亚或伊拉克，几乎所有人都以圣战分子的身份生活，主要是在所谓的伊斯兰国（Islamic State）内部。这些人大部分都是 30 岁以下的男性年轻人。

为了应对恐怖主义，德国采取了严密刑事法网等有针对性的法律措施。在过去的 20 年里，刑事诉讼法发生了一些变化，促进了监督和执法，同时刑法也发生了一些变化，增加了新的犯罪，或加强了惩罚或控制。如：窃听私人住宅、监管网络和计算机、通信数据保留、将与恐怖主义建立联系或准备实施恐怖活动入刑等。这些改变的主要意图是遵循一种战略，将刑法从对所犯罪行的反应转变为一种事前的、预防性的刑法。预防性国家承诺安全，也就是说，在政治和社会秩序的风险表现为受害和其他损害之前，刑法介入控制。这是以牺牲传统刑法制度的法律保障——个人罪责原则——为代价的。然而，这种策略仍然有一个政治上有价值的好处：它保证以较低的组织和财务成本取得显著的宣传效果。

（四）夜生活与犯罪预防

1. 街头牧师与夜间安全

加兰的《控制文化》（*The Culture of Control*）的宏大叙事显示社会对犯罪的反应越来越不宽容，越来越倾向于动用国家刑罚权来"严厉打击犯罪"。"惩罚导向"不仅在英美成为趋势，也影响到了欧洲的刑罚文化和刑罚建构。通过国家刑罚权由上而下对犯罪圈的扩大以及犯罪行为的加重处罚，达到社会治理目的。但是与英美不同的是，欧洲犯罪学家似乎对加兰的论断保持了某种警惕和怀疑。这体现为，在国家自上而下刑罚权对社会安全的掌控之外，欧洲学者对于非国家的力量——特别是非制度性力量对社会安全的维护和塑造的影响颇为关注。其中，从欧洲学者对欧洲夜生活的繁华促生的犯罪问题的叙事选择中可见一斑。例如，在《街头牧师：关于英国夜间经济的安全、关怀和信仰》一文中，学者关注司法体系之外、以普通公民为主导的维护社会公共安全的潜在逻辑。[1]

---

[1] See Ronald van Steden, "Street Pastors: On Security, Care and Faith in the British Night-Time Economy", *European Journal of Criminology*, Vol. 15, No. 4, 2018, pp. 403-420.

尽管夜间经济包含电影院和餐馆等相对中性、没有问题的元素，但犯罪学家最感兴趣的是外出大量饮酒这种麻烦的元素。特别是，英国的城镇无论大小，每个周末都挤满了醉酒的年轻人，因此，英国以其丰富的、有时甚至是激进的夜生活而闻名。青少年公然被引诱从事享乐主义的休闲活动，包括大量饮酒，这反过来又造成不守规矩的行为和暴力的爆发。

在这一背景下，英国牧师在维护夜间安全方面发挥了容易被人忽视的作用。街头牧师是一群"关心、倾听和帮助他人的志愿者，特别是在夜间经济环境下，在人们喝酒、聚会、在俱乐部和酒吧之间穿梭的繁忙地区"。"街头牧师倡议"目前在英国和海外有超过1.4万名参与者，于2003年在伦敦发起。根据圣经的传统，他们对公共秩序的混乱和因夜间外出而产生的好奇心做出反应，与易受伤害的、经常醉酒的人交往。他们的主要目标就是"待在那里"而不是说教或者持有偏见。《街头牧师：关于英国夜间经济的安全、关怀和信仰》一文采用民族志的研究方法，着重讨论街头牧师对英国夜间经济的监管所发挥的作用，以及探寻驱动这些牧师从事志愿活动的动机。

研究表明，街头牧师是基督教志愿者，他们在夜间经济中照顾弱势群体，他们对于维护夜间安全——其中特别是对于醉酒的人以及其他处于容易被犯罪行为伤害的人——发挥了重要作用。他们主要通过同情和关心提供安全感。街头牧师参与这项志愿活动的动机是多方面的，其中个人信仰是一个关键的解释。一种正统的确信——被一种更高的力量保护——赋予牧师们走到大街上的力量，面对未知，同情他们的同胞。也就是，牧师们认为，在一个以巨大商业利益为基础的夜间经济中，为参加聚会的人服务是他们的道德义务。这不仅仅是对年轻人的友善和照顾，更是一种使命。牧师们祈祷成为志愿者，视自己为神圣启示的工具，并坦然地谈论发生在夜间经济中的"奇迹"或"上帝的实例"。

这一研究具有重大的理论价值。与政治学家类似，犯罪学家习惯性地将安全治理与主权国家权力联系起来。17世纪的哲学家托马斯·霍布斯（Thomas Hobbes）是这种占主导地位的司法-政治公共秩序观点的重要思想家之一。他想象了没有"共同力量"的世界会是什么样子，描绘了一幅令人沮丧的"自然状态"，人们在欲望和野心的驱使下，进行一场"所有人反对所有人"的内战。霍布斯认为，作为理性的生物，人类将决定集体签署一个假设的协议——一个"社会契约"——让他们在一个"利维坦"的监督下过上更幸福、更安全的生活。

随着现代国家机构的兴起，保护公共秩序已成为警察部队的主要责任——这将始终如此，然而跟以往不同的是，警察力量越来越需要"多元的"以及"私人的"安全机构的支持。将安全仅仅托付于政府是错误的，因为还有更多的"以人为中心"和"社会"的措施来保护人们免受伤害和危险。如何破除那种认为安全只是"和犯罪做斗争"或者"防止无序状态"的看法？瓦尔韦德（Valverde）提出的观点或许是一个有前途的努力方向，她认为，我们不应当设想安全是一个"东西"或者是一个固定的"条件"，而是应当将重点放在需要"安全"的那些治理实践上面，然后找到安全对于人们实际上意味着什么。她提出了三个相互关联的维度——范围（时间、空间和管辖权）、技术（治理过程中使用的方法和设备）和逻辑（原理）——来解释这些实践的动态。[1]

2. 酒测与夜间暴力犯罪

英国的夜间经济（night-time economy，以下简称"NTE"）被视为暴力发生的主要场所。2012 年英国政府发布的一项报告显示，平均每年每 10 万人的社区就有 1000 人成为饮酒相关的暴力行为的受害者。而英国一向被描述为拥有一种"狂饮和打架"的文化。近年来英国警方的预算削减，用于监控社区和处理 NTE 暴力的警员有所减少。为了减少暴力和社会混乱并推动公共健康，英国对 NTE 区域实施了很多动议。

一篇对于英国夜生活中犯罪问题的论文《酒精测醉仪对夜间经济中暴力和态度的影响》试图验证一个假设：酒测可以推动适量饮酒并减少暴力行为。[2]研究以诺福克郡和萨福克郡的酒测计划为基础，采用比较研究设计，在托基（英国城市）进行了为期一个月的酒测试点。研究者将实验期间托基的暴力犯罪与前一年进行了比较，并与邻近的没有实施酒测计划的佩恩顿镇（Paignton）的暴力犯罪率进行了比较。研究结果显示，酒测对于预防和减少夜店暴力犯罪存在相关性。

---

〔1〕　See Ronald van Steden, "Street Pastors: On Security, Care and Faith in the British Night-Time Economy", *European Journal of Criminology*, Vol. 15, No. 4, 2018, p. 407.

〔2〕　See Katharine A. Boyd et al., "The Impact of Breathalysers on Violence and Attitudes in the Night-Time Economy", *European Journal of Criminology*, Vol. 15, No. 5, 2018, pp. 609-631.

欧洲饮酒文化的变化值得关注。欧洲夜生活传统由来已久，直至今日，周五晚上经常被视为"派对时间"（party time），忙碌了一周的人们往往会选择在街边小酌或在夜店跳舞、喝酒放松或进行社交活动。但是，不仅在英国，欧洲很多国家当中，民众在传统的酒文化基础上形成了一种新的饮酒"日常路线"——"home-pub-club"（家中—酒吧—俱乐部）。很多人在家中开始饮酒开派对（比较便宜，成本低），进行社交活动。然后预先喝酒之后，在深夜或凌晨再去酒吧等夜生活场所。这种饮酒社交文化发生的重大变化对于犯罪学来说值得重视，因为新的饮酒社交方式延长了潜在的公共秩序混乱的时间。有研究显示，在家中预先喝酒的人比其他在晚上外出喝酒的人卷入暴力事件的可能性高出一倍。

政策制定者、警方和执法专业人士、学界和公众都对酒精产生的社会危害非常关注。虽然酒精和暴力之间的因果关系很脆弱，因为有很多人喝酒但并不暴力，但研究表明酒精往往是与暴力有关的一个因素。例如，2013/2014年度英格兰和威尔士犯罪调查（CSEW）显示，超过一半的成年人之间的暴力事件与酒精有关。数据还显示，与酒精有关的暴力事件在深夜更常见（下午5点到晚上 10 点期间的暴力事件中 52% 与酒精有关；晚上 10 点到晚上 12 点期间的暴力事件中 83% 与酒精有关；晚上 12 点到次日凌晨 6 点的暴力事件中 84% 与酒精有关）。此外，与酒精有关的暴力事件最有可能发生在周末人们外出的时候：70% 发生在周五晚上到周一早上期间。犯罪调查的数据还显示，与酒精有关的暴力事件最常发生在陌生人之间，这表明暴力发生在公共场所。[1]

因此，饮酒文化的重点变化意味着，那些预先醉酒的人进入酒吧等公共场合之后暴力犯罪的概率很高，控制这部分人有助于减少暴力犯罪概率。对此，欧洲学者提出应当制定相应的政策降低暴力犯罪的风险，酒测工具的使用就是其中一个尝试。

3. 饮酒与杀人罪

随着欧洲夜生活的普及和饮酒文化的扩展，饮酒与犯罪之间的关系得到了更广泛的重视。一项关于饮酒与杀人罪的研究对 83 个国家酒精消费量和杀人受害率之间的关系进行了比较分析，试图探寻不同国家间饮酒模式的区别

---

〔1〕 See Katharine A. Boyd et al. , "The Impact of Breathalysers on Violence and Attitudes in the Night-Time Economy", *European Journal of Criminology*, Vol. 15, No. 5, 2018, pp. 610–612.

对于杀人罪这种严重犯罪是否产生了不同的影响。[1]

根据世界卫生组织 2014 年的相关数据，全球每年有 300 多万人死于酒精消费，这是导致过早死亡的主要危险因素。与相关学科相比，近几十年来，酒精在犯罪学中受到的关注有限。然而，越来越多的研究表明，酒精与个人层面的暴力犯罪风险和受害有关，包括杀人被害。既有研究认为酒精消耗与杀人率之间可能存在四种人口层面的关联：基于总的酒精消耗量的线性效果；阈值效应——当总体消耗量达到某个程度时就会发生影响；基于一国普遍存在的危险饮酒模式的非线性效应以及基于酒精喜好的效应。

欧洲各国的饮酒文化存在差异。在一些国家，少量饮酒已经融入日常社交活动中，比如饭前喝酒。在南欧有些国家如意大利，饮酒文化倾向于"小酌怡情"（a "wet" drinking culture），但在某些国家中，醉酒是饮酒消费的普遍模式。在北欧国家如挪威、瑞典等，奉行这种"大饮"（a "dry" drinking）的饮酒模式。在这些国家，饮酒场合更少，每次消费的酒精量却更多，年人均消费总额则往往较低。因此，尽管两国的人均酒精总消费量可能相当，但它们的饮酒模式以及酒精与有害后果的关系可能有所不同。

既有研究认为，与南欧国家相比，北欧地区的国家更倾向于表现出一种干性饮酒模式，表明酒精与杀人之间的关系更强。如伦克（Lenke）发现瑞典的暴力和酒精之间的联系比南欧国家更强，他认为这是由于瑞典奉行酗酒模式造成的。对东欧的研究则比较了饮酒模式和杀人行为，发现在饮酒模式危险的国家，两者之间的联系更强。伯巴克（Bobak）及其同事利用波兰、捷克共和国的男性数据发现，尽管俄罗斯的人均酒精消费量低于其他国家，但其酗酒程度和酗酒的负面后果最高。[2]

萨拉·霍金（Sara Hockin）等人对 83 个国家酒精消费量与杀人罪之间关系的研究认为，一国酒精的人均消费量与全国的杀人被害率存在正相关关系。对此可能的原因是，人均饮酒量更高，那么醉酒的人数或醉酒的场合出现的概率就更高，这可能会导致更多有动机的犯罪人、更多潜在的脆弱的被害人，以及更多的犯罪机会。这项研究的结果，结合其他跨国研究，表明政策有可

〔1〕　See Sara Hockin et al. , "Population-Level Alcohol Consumption and National Homiciede Rates", *European Journal of Criminology*, Vol. 15, No. 2, 2018, pp. 235-252.

〔2〕　See Sara Hockin et al. , "Population-Level Alcohol Consumption and National Homiciede Rates", *European Journal of Criminology*, Vol. 15, No. 2, 2018, p. 238.

能影响饮酒行为，进而影响暴力犯罪。国家应该考虑一种综合的政策方法，针对影响酒精消费的宏观和个体层面的因素，如合法的酒精销售地点和时间、饮酒年龄和成瘾治疗规划。衡量酒精政策和相关的减少伤害干预措施对暴力的影响也很重要。了解饮酒对暴力的影响是减少伤害的一个重要部分，这种关系值得引起更多关注。[1]

（五）涂鸦亚文化[2]

英国罗汉普顿大学社会科学系的学者西奥·肯迪尼斯（Theo Kindynis）进行了一项扎实的犯罪学研究，即对英国伦敦严重涂鸦地区的为期三年的民族志研究，借此透析涂鸦、城市空间以及社会控制之间的内在关系。西方既有的对涂鸦的犯罪学研究或倾向于将这种行为定性为一种无意识的破坏行为——不需要进一步解读，只需要行政手段消除和预防，或采取一种浪漫主义或政治化的色彩，欣赏涂鸦艺术。肯迪尼斯认为，涂鸦既不能被简单理解为无意识的破坏行为，也不应被过度解读、上升为带有政治意涵的某种"革命"行为。对涂鸦的解读应当关注在涂鸦与城市空间组织以及社会控制之间的相互关系这个层面。涂鸦者既不是"政治家"，也不是"艺术家"，但也并不简单是"破坏者"，涂鸦代表了一种复杂的亚文化，可以被视为对城市空间秩序权威的一种挑战或扰乱。涂鸦者有着自己的等级制度、内部划分、礼仪、仪式和暗语。"涂鸦游戏"的目的并非是获得某种美学意义上的赞美，而是获得"名气"，在不断涂鸦、写满自己的专属"标签"（tag）的过程中，目的是获取其他涂鸦者的尊重和认可。"走遍全城"——在城市的每个区域或公共交通路线上留下自己涂鸦印记会获得群体内部的很高赞誉。"涂鸦"本身在外行人眼中可能是毫无吸引力，甚至是丑陋的，但在涂鸦群体内部，涂鸦标签不仅可以理解，而且充满乐趣和美感。

伦敦的涂鸦"圣地"是火车站和地铁站，众所周知的涂鸦亚文化也正是发源于纽约地铁站。火车提供了一个移动的画布，涂鸦者们可以在上面展示他们的创意。基于历史传统，在火车上涂鸦至今仍然能够给涂鸦者带来这个圈子内的最高声誉。但由于现代社会对火车站的管控加强，摄像头、警务的

---

〔1〕 See Sara Hockin et al., "Population-Level Alcohol Consumption and National Homiciede Rates", *European Journal of Criminology*, Vol. 15, No. 2, 2018, pp. 235-252.

〔2〕 See Theo Kindynis, "Bomb Alert: Graffiti Writing and Urban Space in London", *British Journal of Criminology*, Vol. 58, No. 3, 2018, pp. 511-528.

投入使得在火车上作画越来越困难，但在火车站附近的附属建筑——墙壁、路堤涂鸦仍是一种"时尚"和追求。涂鸦者骄傲地表示，车站和火车上满满的涂鸦，会带来一种控制感——不是铁路管理人员或警察在控制，而是"破坏者"在控制局面。

对涂鸦行为犯罪学内涵的解读，必须重视这样一个命题——涂鸦是一种渴望控制城市空间的权力欲的宣泄。在当代控制的空间化中，一个关键的策略是使用各种各样的"分区"形式，以区分和指定各种城市空间的预期用途，预先配置社会关系的类型和其间的相互作用。这尤其表现为使某个空间仅具有独特的象义，如座位只能用来坐着，不能用来睡觉；某个广场只能用来休闲娱乐，不能用于卖艺或开派对。这种理性的严格要求意味着空间支配者只需要明确空间的简单利用取向，不需要处理更多复杂性，从而达成空间控制目的。而涂鸦恰恰打破了这种空间的"无趣、功利、目的性以及符号学上的准确无误"。涂鸦破坏和扭曲了这种秩序，这有点类似于"符号的暴动"，因此涂鸦具有内在的颠覆性，即使涂鸦者并不一定具有政治意识。

伦敦警察部门对于涂鸦的管理和打击的执法理念主要源于美国的"破窗理论"。当局认为，如果允许涂鸦，那么其他人就会认为做些别的越轨的事情也会得到允许，那么醉酒、吸毒、乞讨，乃至犯罪都可以逍遥法外了。执法者认为，涂鸦是对民众或公共秩序的一种"心理上的抢劫"。伦敦警察基于相关的犯罪指控，陆续逮捕了几位伦敦知名涂鸦者，其中几人被判处长期监禁，然而这种执法效果并不理想，一名涂鸦者认为："在某种程度上，监禁这些人的确会震慑很多人，一些人放弃涂鸦。但是随之而来的是更多涂鸦者的加入，因为他们觉得这种被监禁的风险使得涂鸦带有的玩弄警察的意味更深，而且之后的涂鸦的破坏性变得更强。"

肯迪尼斯的研究为犯罪学对空间的理解开辟了新的路径。一直以来犯罪学家都认为空间是一种惰性的物质背景，或是可以用来描绘犯罪活动的背景布，而非复杂的社会文化和政治动态的产物。犯罪学对于空间的理解存在着根本上的不足。"空间"不应被理解为是一个抽象、虚无、中性的容器，而应被视为是各种社会关系的产物和媒介，是由社会产生或建构的。空间包含着复杂的象征主义，并与社会生活的秘密、不为人知的一面相联系。

第二节 警 务

警察这一角色是刑事司法体系中的重要组成部分，警察往往是刑事程序的启动者，同时也是地区稳定的风险探测的重要力量。欧洲犯罪学研究表现出对警察角色、功能、民众对警察态度等问题的广泛研究兴趣。

（一）警察的功能性定位

意大利博洛尼亚大学的研究者法比尼通过对意大利警方对移民管控的研究，提出对于警察工作角色的新理解。[1]

一般认为，警察作为执法体系的第一道防线，应当公平执行每一项法律措施，对不同的执法对象采取相同的执法措施。但通过对意大利博洛尼亚非法移民的处置的研究，发现了警察的"选择性执法"的特点。警察在决定是否启动非法移民遣返程序时，并非一视同仁，而是考虑了某些"隐性规则"，如非法移民是否出现在毒品交易多发地区、非法移民是否有犯罪前科、是否有正当工作，这些隐性规则会在很大程度上影响警察做出是否遣返相关非法移民的决定。

表面上看，法比尼的观点似乎是对警察不严格执行法律的某种辩护，但事实上警察的"选择性执法"是建立在警察角色是控制秩序的基础之上。自从现代国家创建以来，警察被视为控制人员流动和迁移的安全管理工具。在地区层面，警察本身就像是"边界"，通过准确的"社会性外科手术"将正常群体与危险群体相互分离。法比尼认为，事实上，警察的主要工作并不在于执行法律而是控制秩序——或者说在适当的容忍范围内防止骚乱。以移民为例，虽然法律区分的是合法的或非法的移民，但警察区分的是惹麻烦的和不惹麻烦的移民。因此，在维护地区稳定层面，警察的角色不应被定义为不折不扣地执行每一项法律的每一项要求，而是应当在赋予警察一定自由裁量权的基础上，着力于警察执法之后的社会效果的权衡上。与这种理解相统一，警察的自由裁量权也不应被理解为法律之外的权力，警察的自由裁量权可以被定义为"一种积极的政府权力形式，而不是由法律创造的剩

---

[1] See Giulia Fabini, "Managing Illegality at the Internal Border: Governing Through 'Differential Inclusion' in Italy", *European Journal of Criminology*, Vol. 14, No. 1, 2017, pp. 46-62.

余空间"。

　　法比尼的观点也被其他学者的研究证实。在警察社会学研究中，街头官僚政治（street-level bureaucracy）理论通常被用来理解个人和组织层面的警察实践。利普斯基（Lipsky）对街头官僚的分析概念是指与市民直接接触的公共服务工作者，他们在工作中被要求做出自由裁量的判断。警察官员就属于这一领域，他们通常必须当场做出决定，谁必须被逮捕，谁的行为可以忽略掉、不做处理。挪威的人口贩卖问题中也涉及这个问题。利普斯基指出，这种街头官僚政治当中，尽管警察在法律上有义务满足所有他应当服务的对象，但是当警察知道他们的行动不会全部成功时，他们就不得不从中挑选出特定的案件进行执法。[1]

　　（二）对减少警方暴力的研究

　　由于警察拥有一定自由裁量权，加上可以合法佩戴和使用武器，对于警方不合理的暴力行为的约束方式就成为欧洲犯罪学关于警察行为所讨论的一个重要问题。来自英国剑桥大学的研究者达伦·汉斯托克（Darren Henstock）和巴拉克·阿里尔（Barak Ariel）认为，警察佩戴 BWCs 可能会有助于减少警方的非必要暴力行为。[2]

　　自从 2012 年以来，BWCs 受到了全世界的关注。各大洲都有很大数量的执法机构使用 BWCs，或者正在进行试点使用。许多人认为，这些小型装置有望实现执法方面的若干目标，包括减少公民投诉、减少使用武力事件、改进证据收集、提高公众信心和提高警官的自我合法性。在美国，BWCs 的使用得到了美国白宫和总统 21 世纪警务特别工作组的认可。在欧洲，英国警察学院（the UK College of Police）认为，BWCs 是恢复公众信心的良好机制。很快，BWCs 成为常用装备，媒体广泛传播、制造商也大力推动。BWCs 阻碍警察动用武力的机制主要是基于一种假设：意识到自己的行为被观察。此外，犯罪学中的威慑理论也被用于解释这种阻碍效果。威慑理论除了用于犯罪人身上，也可以用于警员的行为上。被发现做了违背道德的错误可能导致的后果通常

---

　　〔1〕　See Heidi F. Bjelland, "Identifing Human Trafficking in Norway: A Register-Based Study of Cases, Outcomes and Police Practices", *European Journal of Criminology*, Vol. 14, No. 5, 2017, p. 526.

　　〔2〕　See Darren Henstock, Barak Ariel, "Testing the Effects of Police Body-Worn Cameras on Use of Force During Arrests: A Randomised Controlled Trial in a Large British Police Force", *European Journal of Criminology*, Vol. 14, No. 6, 2017, pp. 720–750.

会影响人们的行为选择。

在一项为期 6 个月的随机对照试验中，研究人员发现与没有佩戴 BWCs 相比，在有 BWCs 存在的情况下，警方使用武力的概率降低了 50%。但是这种效果集中在对警方的非武力策略（open-hand tactics）上（身体上的限制和不服从则戴手铐），对更有攻击性的暴力反应类别（例如，狗、泰瑟枪、警棍、辣椒喷雾）没有明显的影响。

关于如何理解这些警察权力在警察工作中的运用，文献上的共识还远远不够。然而必须指出，在使用武力的范围内，有两种情况被认为是绝对不可取的：过度使用武力和不必要使用武力。两种情况都被认为是破坏和损害了警察与社区之间的关系。从心理学角度看，警察的个人特点、经验、观点、训练等因素决定了警察对武力的使用。有证据表明，一些警官在压力大的情况下更有攻击性，而一些警官在面对无礼行为时表现出更大的克制。这一领域的大量研究表明，心理变量对任何有关使用武力的研究都很重要，但我们认识到这一领域的研究还不够。[1]

（三）民众对警察的态度研究

社会功能的有效维护需要对管理机构的信赖。因此，为了实现警察与居民之间的合作，对警察以公平和平等的方式控制犯罪的能力抱有信心被认为是至关重要的，因为刑事司法系统失去公众合法性会对该系统的运行产生灾难性的后果。如果公民不信任这个系统，他们就不会使用它。这一领域的权威是泰勒，对于他来说，信赖的重要性在于，它是成功的交流合作的前导，这尤其适用于机构进行社会控制的过程。泰勒和费根提出了警方合作的两个模式："工具模式"以及"规范模式"。[2]

"工具模式"当中，人们是出于自利的行为动机。此时，如果人们认为警察在其社区处理犯罪活动是有效的，那么他们就会更加合作。这与"破窗理论"具有一致性，即一旦社区出现无序、失控状态，社区居民和警方都会丧

---

〔1〕 See Darren Henstock, Barak Ariel, "Testing the Effects of Police Body-Worn Cameras on Use of Force During Arrests： A Randomised Controlled Trial in a Large British Police Force", *European Journal of Criminology*, Vol. 14, No. 6, 2017, p. 724.

〔2〕 See Clare E. Griffiths, "The Disjuncture Between Confidence and Cooperation： Police Contact Amongst Polish Migrants and Established Residents", *European Journal of Criminology*, Vol. 15, No. 2, 2018, pp. 198-199.

失管理兴趣,双方也会降低合作意愿。"规范模式"或称正当性模式,主要是由泰勒提出的,该模式认为法律代表着社会和道德规范,并且感知到合法性是一种遵守法律的义务,并且会服从法律机关的决定。根据这种模式,与警方的合作并非是基于自利,相反是基于人们对于遵守法律的规范价值的承认,而不考虑他们个人与警方的互动经历为何,或者对于警察办事效率的看法如何。泰勒和费根发现,尽管当人们认为警察在处理地方犯罪事务高效的观点会使人们更加合作,但这种效果很小,一般仅针对报告夜盗、偷车等犯罪情况的合作事宜。对程序正义的感受——决定做出以及人际关系处理方面的公平,比感受办事有效率更能影响人们对于警方的合作态度。这种因果机制如下:感受到程序公正鼓励人们信赖机构权威,这反过来促进了合作。因此,这支持了警察—社区关系的规范模式,而非工具模式。也就是,泰勒认为,规范模式更重要,并且这普遍适用于所有种族群体。

既有的研究认为,公众与警察之间的关系存在着某种微妙的"不对称信赖关系"(asymmetric trust),意思是,正当的警方程序对公共信赖没有什么作用,但是不正当或不公平的警方行为却会加剧公众的不信赖。公众的注意力更集中于与警方的消极互动经验当中,这是一种"消极的偏见"——"坏事学得快、忘得慢"。

普遍观点认为相比于成年人,年轻人对警察的信赖更为脆弱。这是因为年轻人使用公共空间的机会更多,因此与警察的接触和冲突也更多。墨菲(Murphy)认为,由于年轻人与警察接触的程度较高,对警察权威持怀疑态度,认为警察对他们的独立性构成威胁,而且他们的自我身份更加不确定,他们比成年人更容易对警察的变化感到敏感。与社会认同理论(social identity theories)相符合,当警察按照正当程序对待公民时,公民会有一种权威当局和公众之间共享道德成员的感觉,因此能更加合作。但青年人相比成年人安全身份意识更差,他们认为自己缺乏权利和社会地位,不值得当局倾听和表达。[1]

关于年轻人对警察态度的状况,几名英国学者通过对英国 1500 名 10 岁至 15 岁的青少年的访谈,着重探讨青少年对警察的看法与他们父母的看法是

---

[1] See Katy Sindall et al., "Young People and the Formation of Attitudes Towards the Police", *European Journal of Criminology*, Vol. 14, No. 3, 2017, pp. 344-347.

否一致。研究发现：首先，当父母更支持警察时，孩子也有更高概率对警方抱有积极态度。其次，对警察的信赖在一定程度上也与警察出现的情况有关，那些在该地区看到警察的人通常比没有看到警察的人对警察抱有更积极的观念。再次，家庭环境也会影响年轻人对警察的看法，已婚家庭的年轻人对警察的看法更积极。然而，研究也注意到，那些认为该地区是一个友好居住的地方的年轻人对警方的评价更积极。这与之前成年人对警方信赖的研究结果一致：公众对于警方的评价不仅基于警方处理犯罪行为时的效率，也取决于警方保护和维持地方社区的稳定性、秩序和凝聚力的能力。最后，研究也证实了"不对称信赖"状况不仅存在于成年人中，也存在于青少年群体当中，警方似乎只能破坏他们与年轻人之间的关系，而少有空间去改善两者的关系。这对于警方执法来说可能是一个难题或挑战。[1]

（四）对警务工作者的研究[2]

英国学者专门对警务控制室（force control room，以下简称"FCR"）的一线民警（接警员和分派员）进行了实地观察研究，主要关注于一线接警员对于工作相关的情绪控制方式。FCR 的任务是根据紧急呼叫的内容，识别哪些事件是与警务相关的事件，哪些需要立即派遣警员。接警员的角色主要应对紧急呼叫，这是一项情感要求很高的工作，要求接警员管理好自身及来电人的情感和期望。这对接警员的情绪管理提出了很高要求，特别是在压力、创伤性实践当中，工作人员被期待具有控制性、客观性和距离感，但是也需要在必要时展现权威性、侵略性。

事实上大部分来电是关于非刑事案件，如生活琐事（被反锁在家门外）、行政管理事件（相关许可证续签）、民众之间的纠纷（商务纠纷、邻里纠纷或家务纠纷）等，但其中也会不时夹杂严重刑事案件的紧急报警电话。英国学者的研究表明，此类警务工作会对民警的心理和情绪产生重大影响，接警员必须保持思路清晰和情绪冷静，管理好自身情绪的同时也要安抚好来电人的情绪，同时应对一些恶作剧电话。

---

〔1〕 See Katy Sindall et al. , "Young People and the Formation of Attitudes Towards the Police", *European Journal of Criminology*, Vol. 14, No. 3, 2017, pp. 344-364.

〔2〕 See Karen Lumsden, Alex Black, "Austerity Policing, Emotional Labour and the Boundaries of Police Work: An Ethnography of a Police Force Control Room in England", *British Journal of Criminology*, Vol. 58, No. 3, 2018, pp. 606-623.

（五）警察的拦截搜查权力

英国警察拦截搜查（stop and search）权的使用一直备受争议。过去几年间，使用警察权力拦截搜查在英格兰和威尔士显著减少。2014/2015年度的搜查记录约为54.1万次，较2008/2009年度近100万次的峰值下降58%。然而这一权力的使用始终是一个争议性问题。拦截搜查数量的降低并没有伴随着对各种族适用的同等比例性的降低，2014/2015年，被认定为黑人或英国黑人的人被搜查的可能性仍然是白人的4倍。这种不平等适用仍带来很多社会争议和政治争议。英国曼彻斯特大学的学者们关注的核心问题是拦截搜查究竟在多大程度上发挥了控制犯罪的作用，也就是拦截搜查启动究竟是否具有犯罪学意义上的正当性。

在英格兰和威尔士，拦截搜查的法律规定主要见于《警察和刑事证据法》（1984年），该法授权警察可以搜查被盗物品和违禁物品；《滥用药物法》（1971年）、《武器法》（1968年）、《刑事司法和公共秩序法》（1994年）以及《反恐法》（2000年）也规定了相应搜查权利。拦截搜查的具体使用类型可以分为两类，一类需要在搜查前具备"合理的怀疑"，另一类并不需要合理怀疑，但只能在特定的时间段被授权进行搜查。总体来说，在英国，2004年至2010年基于合理怀疑的搜查逐步增加，之后进入下降期。授权搜查在2007年中之前很少使用，但之后有所增加，2008年达到顶峰，后又开始稳步下降。在2011年又达到另一个高峰（伦敦骚乱）之后，这种做法再次变得较为罕见。一种常见的公众及警方的思维定式是：拦截搜查肯定能够有利于预防和减少犯罪。这种思维背后主要由威慑理论加以支撑。威慑理论认为，犯罪人是理性的，他们会有意识地权衡犯罪相关的成本与收益，这种利益衡量会受到环境因素的强力制约。拦截搜查可以通过增加违法犯罪的风险成本来影响犯罪人的决策。但如果这一假设受到动摇，那么拦截搜查对犯罪具有的震慑作用就会被怀疑。

马泰奥·提亚泰里（Matteo Tiratelli）等学者通过实证研究得出了三个基本的观点：其一，与其说拦截搜查威慑了犯罪，不如说更多时候是"破坏"了犯罪，犯罪人的动机并没有受到影响。其二，并非所有的犯罪都平等地受到拦截搜查的影响。一些"有形"犯罪如抢劫、入室盗窃、毒品犯罪等因为犯罪人往往携带犯罪武器或赃物可能受到影响，但其他重要犯罪如欺诈、网络犯罪等，本质上不受拦截搜查的影响。其三，拦截搜查不仅可能无法遏制犯罪，反而可能会促生犯罪形态的变化，一方面，没有受到拦截搜查的犯罪人会产生更多侥幸心理，对被逮捕的风险意识反而降低了，在未来可能会再次实施犯罪。另一方面，对于毒品犯罪而言，更高的拦截搜查比例可能促使犯罪人更小心地隐藏毒品，使警察缉毒的难度更大。提亚泰里等学者的研究表明，人们对于拦截搜查所具有的遏制犯罪的作用存在某种未经科学验证的"迷信"，问题应该更多地转移到对拦截搜查这项通行警务措施的正当性论证上，以避免滥用这一措施所带来的对警察执法正当性的损害。

除此之外，英国学者朱丽安·哈格里夫（Julian Hargreaves）也以 2006 年至 2011 年英国和威尔士犯罪调查数据为依据，对英国警察的拦截搜查适用的情况进行了实证研究，侧重于警察在英国伊斯兰社区内的拦截搜查。[1]该研究的目的是回应一种特殊的观点，即"制度性的伊斯兰恐惧症"（institutional Islamophobia），该观点认为英国目前对伊斯兰的歧视的主因在于以制度性的穆斯林恐惧症为特征的管理政策。该研究的基本发现是：①认为穆斯林身份处于孤立地位的看法是有局限性的；②穆斯林身份会在很小程度上增加被拦截的可能性，但其车辆被拦截的可能性减少了；③一旦被拦截，相比于其他种族或宗教身份，穆斯林身份会增加被搜查的可能性；④在受访者中，穆斯林是最少受到拦截的群体，但却是最可能被搜查的群体。总的来说，既有的看法（认为存在制度性的伊斯兰恐惧症）存在过于夸大穆斯林身份、忽视了其他性别、年龄、种族等因素的影响的弊病。但不可否认的是，警察对穆斯林的拦截搜查的确存在差别对待情况。警员需要接受进一步的培训，以确保树立一个正确观点——不能仅仅因为对方是穆斯林就可以进行拦截搜查。

英国学者凯特·穆雷（Kath Murray）认为，英国警察广泛使用拦截搜查，其背后的事实可能在于：一种预防性原则正在潜在地发挥作用。[2]从英国历史上警方搜查制度的变化来看，英国早在 20 世纪 50 年代就存在着警方的零星、松散的搜查权，旨在管理流浪汉之类的穷人，警察的作用更多是"显性"的，穿着制服巡逻的警察对社会治安的维护是依赖于警察的可见度，类似一种田间的"稻草人功能"。但现代意义上的拦截搜查行为更多的是一种"先发

---

〔1〕 See Julian Hargreaves, "Police Stop and Search Within British Muslim Communities: Evidence from the Crime Survey 2006-11", *British Journal of Criminology*, Vol. 58, No. 6, 2018, pp. 1281-1302.

〔2〕 See Kath Murray, "The Modern Making of Stop and Search: The Rise of Preventative Sensibilities in Post-War Britain", *British Journal of Criminology*, Vol. 58, No. 3, 2018, pp. 588-605.

制人"的策略,从警察在场的对违法犯罪行为的干预,到对特定犯罪的预防和控制,强调先发制人的逮捕和搜查,犯罪控制与公民个人自由之间的平衡被悄然打破,转向有利于国家的方向。

第三节 司 法

一、恢复性司法中的被害人参与[1]

近些年刑事司法改革大幅度增加了被害人参与的情况,这与增强被害人的正义感有关。被害人参与的一个特殊形式是恢复性司法,尽管对其定义存在争议,但一般认为恢复性司法是以促进特定犯罪的受害者与犯罪人之间的相互作用为特点,以此来达到调解和修复的目的。促进犯罪各方之间的沟通与这样一种观念有关,即犯罪不仅仅是一种违法行为,而且还会造成需要被修复的损害。此外,参与这种修复必须是出于自愿——任何情况下都不应当是被强迫的。

尽管恢复性司法仍然处于刑事司法体系的边缘位置,但它的意义逐渐被强调,如2012年10月25日欧盟指令建立了支持和保护犯罪被害人权利的最低标准。它可用于刑事司法程序的各个阶段,可由执法人员、检察机关、法官、受害者支持服务和罪犯支助服务或由受害者或罪犯直接提起。恢复性干预或取代传统的司法程序或决策,或与之并行。一些价值观和保障措施支撑着良好的恢复性实践。例如,它应提供一种安全、中立和保密的环境,使每一个参与者都能感到能够讨论他们所关心的问题,每一个参与者都能得到训练有素的主持者的帮助。

在全球范围,最常见的恢复方案是受害者-罪犯调解(victim-offender Mediation,以下简称"VOM")和会面。VOM建立在特定罪行的受害者和罪犯自愿参与的基础上。首先由训练有素的调解员进行准备。这可能涉及穿梭中介,中介将问题和消息从一个参与者传递到另一个参与者。准备和联络沟通最终可以促成面对面的会面或书面对话。如果受害者和罪犯愿意,他们可以

---

[1] See Tinneke Van Camp, "Understanding Victim Participation in Restorative Practices: Looking for Justice for Oneself as well as for Others", *European Journal of Criminology*, Vol. 14, No. 6, 2017, pp. 679–696.

共同设计一项结果协议，使罪犯承诺做出修复。而会面不仅要求被害人和犯罪人自愿参加，需要一个调解员的帮助，而且还涉及被害人和犯罪人的支持者，通常还会有警察和社区代表参加。调解可以适用于青少年罪犯和成人犯，但会面仅仅适用于青年犯罪（youth offending）。不同于调解中受害者与罪犯并不一定会面，会面方式经常是被害人和犯罪人一对一的交流。二者的恢复结果都可以根据罪行的具体后果和所发生的情况而做出调整。可能的结果包括道歉或自愿同意修复损害（经济上、物质上或象征性地）或解决可能与犯罪相关的潜在问题。因为无法达成一致意见，或者因为参与者没有寻找一致意见的情况下，也可以在没有明显结果的情况下完成恢复性干预，而且，即使没有具体的结果，恢复性干预对受害者来说也是令人满意的，与罪犯进行对话的机会本身就是一种目的。

欧洲学者在对比利时和英国 30 个参与恢复性司法程序的被害人进行调查之后，发现由于只有少数受访者在参与之前知道恢复性司法，对于恢复性司法如何为他们服务，很少有先入为主的想法。这也意味着，受害者对恢复性司法的期望在某种程度上依赖于他们从调解员那里获得的信息。因此，必须强调调解员与被害人互动的重要性，这有助于被害人更好地理解恢复性司法。此外，被害人参与恢复性司法的动机，除了自利性，还有他利性。受访者还希望或希望与罪犯对话，以劝阻再次犯罪，这可能有助于建立一个更安全的社会。

二、被害人影响陈述[1]

被害人影响陈述（victim impact statements，以下简称"VISs"）产生于20 世纪 70 年代的美国，在这之后被移植到全球各地的司法管辖区。VISs 是指在刑事审判过程中，被害人向法院提交一份关于刑事犯罪给受害人造成的损害的说明。它的出现是政治和社会压力要求纠正传统刑事司法程序中受害人被排斥、边缘化的缺陷。

VISs 最初被视为一种"表达性机制"，给予被害人在法律程序中被倾听的权利，从而达到一定程度的治疗效果，也能促进被害人和法官、被害人和罪

---

［1］ See Tracey Booth et al. , "Accommodating the Expressive Function of Victim Impact Statements: The Scope for Victims' Voices in Dutch Courtrooms", *British Journal of Criminology*, Vol. 58, No. 6, 2018, pp. 1480-1498.

犯之间的相互沟通。一方面，法官对被害人呼声的倾听和回应能够传达一种国家对被害人所承受的伤害的承认，达成一种对被害人的心理慰藉。另一方面，还可以引发被告人的悔恨情绪，有助于对其进行矫治。

尽管理论上认为 VISs 有上述若干优点，但在实际的法律审判程序中其功能受到了学者和司法实务工作者的质疑。例如，VISs 可能损害被告人获得公平听证的权利，损害被告人享有无罪推定和不自证其罪的权利；造成量刑程序的随意、不一致、不确定；可能造成对被告人过于严苛、不成比例的惩罚；在法律程序中产生不恰当的情绪和对抗表达；对被害人本人来说也很可能不仅达不成治愈目的，甚至在当其诉求得不到满足的情况下还可能会导致其感到沮丧、怨恨，并进一步疏远刑事司法。

通过澳大利亚和荷兰学者的联合研究，发现对于 VISs，英美法系和大陆法系存在适用上的差异。在英美法系当中，刑事诉讼是"二分式"的，有罪与否以及罪名成立基础上的量刑如何是分别确定的。其中对证据规则的规定非常严格，只有相关和可靠的、对被告人没有过分偏见的证据才可能予以考虑。在这个背景下，法律明显限制了受害者说话的能力。VISs 的内容仅限于被告已被定罪的罪行所造成的损害，被害人不能陈述并非法庭指控罪行所造成的伤害。并且值得注意的是，通常情况下，VISs 的内容在陈述进入法庭之前已经被"过滤"——经历审查、编辑和修改。

而大陆法系的刑事诉讼程序与此不同，以荷兰为例，荷兰的刑事诉讼程序不是二分式的，整个程序包括宣读起诉书、询问被告人、证人和专家、综览案件、阅读 VISs、检察官陈述、民事诉求陈述、辩方陈述、双方答辩以及最后的被告人陈述。其中提交 VISs 的合格被害人必须年满 12 周岁，所涉及的被害罪名限制在最高徒刑 8 年或更高，由立法规定相关犯罪，如故意伤害或儿童色情类。2012 年之后，对于 12 周岁以下或死亡的被害人来说，其代理人可以代为提交 VISs。口头陈述一般不超过 15 分钟，内容限制为犯罪对被害人所造成的影响。2016 年荷兰修订立法，扩大了 VISs 的内容，使受害者能够就案件的各个方面表达意见，包括量刑建议。法官在庭审过程中可以直接问询 VISs 的内容，而且还可以为被告人提供直接回应受害者陈述的机会，这是不同于英美法系的重要一点。

值得注意的是，VISs 的理论设想固然有其价值，但 VISs 的适用与否以及如何适用，与各国的司法语境关系密切。在控方力量不足、被害人声音得不到倾听的语境下，从平衡辩控两造的立场看，这一制度的适用或许更有价值。但在两造实力对比明显不均衡、辩方缺乏力量、其合法权利有可能受到损害的情况下，VISs 的引入可能会加剧这种不平衡，甚至可能造成对被告人量刑的畸重，这一制度的引入必须结合各国司法实际情况审慎考虑。

三、日罚金制度

欧洲学者还对日罚金制度进行了讨论。欧洲目前有 22 个国家采用日罚金制，其中只有芬兰和瑞典对日罚金的计算有明确的计算公式进行规定。美国没有采用日罚金制，其他一些普通法系国家如澳大利亚、新西兰、加拿大（魁北克省除外）曾经对引入日罚金制度进行过辩论，但大多否定了这一制度的可行性。日罚金制的理论假设是：如果想要达成罚金刑在穷人和富人身上起到相同的惩罚和威慑效果，就应当对照具体被告人的财富情况来判断罚金刑的具体数额。对此，捷克共和国查尔斯大学的学者认为日罚金制在理论上或许可行，但在实践中并不可行，日罚金无法同被告人的财富相对应，这从欧洲只有两个国家有明确的计算公式就可以佐证。日罚金制存在的主要问题是，被告人的财富状况非常难于确定；日罚金制缺乏明确的计算公式，各国、各地存在很大差异；法官在日罚金制中的自由裁量权过大，这些问题都会造成日罚金制仅仅是个美好的理论设想，难于在实践中发挥效用。[1]

德国是适用日罚金刑较普遍的国家，2015 年德国有 84% 的犯罪人被判处罚金。根据德国法律的规定，拖欠缴纳罚金可能会导致社区服务乃至监禁。德国的日罚金制度设计较为细致：罚金数额的确定既考虑到罪行的严重程度，也考虑了罪犯的支付能力——罪犯的平均每日净工资数额。如果犯罪人未能即时缴付罚款，则有机会分期缴付罚款；如果仍未支付，可以要求犯罪人进行社区服务。在这种情况下，犯罪者需要工作一整天来抵消一天的罚金量。如果这些都无效，那么就会被监禁。监禁的时间等于未交罚金的单位天数长度。在德国，约 8% 的囚犯因罚款违约而入狱。德国科隆大学的妮可·博格莱恩（Nicole Bögelein）认为，罚金刑研究中一个不容忽视的角度是研究违法者本人如何看待和理解罚金刑，这会为罚金刑的理论发展以及司法适用带

---

[1] See Jakub Drápal, "Day Fines: A European Comparison and Czech Malpractice", *European Journal of Criminology*, Vol. 15, No. 4, 2018, pp. 461-477.

来启示。[1]

博格莱恩指出，罚金刑具有三个特点：一是，罚金刑事实上破坏了刑事司法体系的一个基本理念——只能由犯罪人承担刑罚后果，犯罪人的朋友、家人或雇主都可能牵涉进来。二是，作为刑罚制裁的一种，罚金刑的严厉程度被视为轻于监禁刑，并且在一定程度上能够弥补犯罪所造成的损害。但罚金刑可能体现并延续了阶级差异，罚金制裁不成比例地影响弱势群体，贫穷犯罪人最常因为无法缴纳罚金而被监禁。三是，当犯罪人有能力支付罚金时，那么罚金刑相比于监禁刑来说，犯罪人就会较少被污名化。博格莱恩通过对德国 44 名被判处罚金刑的罪犯的访谈，发现罚金刑在实际的执行当中，其意义和效果往往被曲解和误读。一些犯罪人认为罚金刑只是国家增加收入的来源之一，而非惩罚犯罪的手段，或者采取一种"宿命论"的观点，认为施加在他们身上的惩罚是他们的宿命，一种无法逃脱成为社会边缘群体的宿命。博格莱恩认为，我们往往忽视了对罚金刑意义的强调，只有犯罪人正确理解罚金刑的目的和意义，惩罚才能真正产生矫治效果，可罚金刑的施行无法带给犯罪人以教育改造作用。尽管德国的日罚金制已经尽可能地考虑社会公平，但实际的执行当中基于罚金刑的特殊性，罚金刑与社会不平等似乎一直存在着很强的关联性，无法支付罚金的人被关入监狱，这与罚金刑的设计初衷似乎产生了某种背离。

四、量刑差异研究

英国利兹大学的约瑟·皮娜·桑切斯（Jose Pina-Sánchez）等学者研究了英格兰和威尔士地区法院量刑差异背后的原因，尤其关注量刑差异是否是法律以外因素所导致的。[2]

量刑不公正问题一直为国外学者和新闻媒体关注。经常会有媒体报道称，两起表面上相似的刑事案件因为在不同的地点被判刑而导致不同的惩罚。这些比较往往是偶然的，没有考虑到区分所涉案件的重要法律因素。但是无法忽视的是，相似案件不同处理有损于法律的平等适用原则、损害公众对司法

---

[1] See Nicole Bögelein, "'Money Rules': Exploring Offenders' Perceptions of the Fine as Punishment", *British Journal of Criminology*, Vol. 58, No. 4, 2018, pp. 805-823.

[2] See Jose Pina-Sánchez, Diana C Grech, "Location and Sentencing: To What Extent Do Contextual Factors Explain Between Court Disparities", *British Journal of Criminology*, Vol. 58, No. 3, 2018, pp. 529-549.

体系的信赖、增加起诉和上诉数量，也不利于树立尊重法律的信仰。为了解决这一问题，英格兰和威尔士的司法管辖区通过实施量刑指南，开始了量刑实践的改革进程，以推动量刑适用的一致性。但是量刑差异仍然是不可否定的事实，有必要深入理解为什么会产生这种量刑差异。

既有的对法官量刑过程的研究表明，量刑是在一个"有限理性"的过程中进行的。量刑是在有限信息资料的前提下（除了罪责相关因素）必须考虑犯罪人未来的再犯风险以及复归的潜在可能性。为了尽量减少量刑所面临的必然的不确定性，法官就必须依赖于基于习惯以及社会结构的推理。他们依赖于决策捷径（decision-making shortcut），或"模式反应"，这可能会将种族、性别和其他社会地位刻板印象与未来犯罪活动的可能性联系起来。焦点关注理论（the focal concerns perspective）也持相似观点，认为量刑主要有三个基本考虑：可谴责性、对公众的保护以及实际限制。由于法官缺乏精确评估的时间、资源以及完整的背景信息，他们运用"感知性速记"（perceptual short-hand），依赖于围绕着犯罪人和犯罪的相关信息（如罪行严重性、既有犯罪史），以及一些非法律信息（如法院的案件量、法院周边的人口统计数据等）。这些观点认为，决定判决结果的不仅是案件的特点，而且还有法官的经验、成见和潜在偏见。法官是更大社会背景下的产物，他们的偏好和期望是由他们工作的环境决定的，因此，组织、政治和社会环境会对判决结果产生影响。关于怎样的法外因素会影响量刑结果，也存在多种理论，其中具有代表性的冲突理论认为，那些和法官不同阶层的人会受到更严厉的惩罚。例如，占多数人的中产阶级白人感到被大量少数族裔和贫困人的威胁，最终导致了少数族裔和贫困人更严厉的惩罚。经济威胁理论认为社会经济背景（如贫困和失业）对判决结果有影响。从这个角度看，社会经济分层加剧了社会冲突，增加了对严厉惩罚的依赖。这些压制性的惩罚将不成比例地施加于下层阶级。经济上处于不利地位的群体被认为是威胁和不可预测的，因此需要精英阶层的控制和镇压。刑事司法制裁——尤其是监禁——是控制这群人的一种有效方式。

桑切斯等学者通过三个不同的数据来源对法官量刑差异原因进行调查：2011年英国皇家法院量刑调查（CCSS）——涵盖在英国皇家法院被判刑的案件基本情况的司法数据集、与此问题有关的一系列政府网站和报告以及2011年英国人口普查的相关数据。结果显示，有一个法律以外的因素与法官的量刑差异具有较明显的关联性：案件的审理速度。也就是，当法官面临更大的工作量时，为了加快案件的处理速度，量刑结果对被告人来说更为宽大。此外，研究还指出，在研究量刑差异问题时必须考虑不同社会背景和司法体系，如量刑指南对于法官是否具有法律上的约束力、法官是基于选举还是基于任命方式产生。但总体来说，研究认为不同法院之间对相似案件的判决具有很高程度的一致性，法院的实际量刑较为接近一个系统和客观的过程，文献中对于法外因素对法官量刑的衡量所具有的重要作用的描述，某种程度上过于夸张。

第四节 矫 正

一、监禁对被害人家属的影响[1]

尽管早在 20 世纪 60 年代就有学者对犯罪人家庭进行了深入研究，但直到十年前，这些家庭才被认识到他们是刑事司法程序中的一类特殊的"隐藏的""隐性的"被害人。对很多受监禁影响的家庭来说，监狱成为影响他们生活的核心问题和损害性问题。越来越多的研究表明刑罚不仅使得这些家庭承受痛苦，还影响到其住房、财务、儿童养育等问题。这种对家庭生活的破坏带来了大量的经济和情感成本，这些成本往往由本身就已贫困和社会边缘化的家庭承担。对于那些选择继续接受被关押人的家庭来说负担更重，监禁给维持联系带来了巨大障碍，如地理距离、贫穷和昂贵的公共交通以及探视时间的限制。

对此，英国学者卡拉·贾丁（Cara Jardine）强调，应当充分了解监禁对于犯罪人家庭所造成的影响，应当关注犯罪人家庭成员这类特殊的犯罪"被害人"，尽量将监禁对其的负面影响降低。这种负面影响集中体现为监禁刑所带来的"家庭"纽带关系的破裂风险，想要消除这一负面影响，必须首先弄清楚"家庭"纽带关系与监禁之间的关系。

近些年家庭生活发生了很快的转变：同居的人数持续上升；更多的孩子出生在未婚家庭；婚姻的受欢迎程度正在下降，随着同性婚姻合法化，婚姻向更多的夫妇开放；越来越多的成年人住在单亲家庭里，另一些人则可能生

---

〔1〕 See Cara Jardine, "Constructing and Maintaining Family in the Context of Imprisonment", *British Journal of Criminology*, Vol. 58, No. 1, 2018, pp. 114-131.

活在"混合"家庭中，把来自新家庭和旧家庭的孩子带到了一起，曾经的简单的"家庭"模式已经发生了改变。因此对于监禁条件下的家庭生活的改变，首先必须重构"家庭"的本质。对此，珍妮特·芬奇（Janet Finch）提出的"家庭展示"（family displays）概念能够更好地贴合现代家庭的内涵。芬奇认为，仅仅用他们"做"的事情（而不是简单的"存在"）来定义家庭是不够的，这些家庭行为也需要被"展示"出来。因此，"家庭实践"不仅必须积极地"完成"，而且这些行动还需要传达（并被他人认可为传达）与家庭有关的意义。家庭展示需要表示出"这是我的家庭成员，并且关系良好"。

在重新解读家庭内涵的基础上，如何修复监禁所破坏的家庭关系，就需要围绕新的家庭概念进行设计。例如，分享食物被视为"家庭展示"的核心，吃饭是家庭生活的核心，是维系生存的基本条件，因此分享食物往往和传达爱、维系爱联结在一起。食物不仅与情感有关，还与记忆有强烈的联系，尤其是对童年家庭的记忆，能够唤起温馨的记忆和舒适感。因此，在监狱的环境下，能够吃上那些在家里吃的食物，可以让人"象征性地翻越监狱的墙"，不仅作为对家的有形提醒，而且作为外部的一个联系家庭的纽带。此外，家庭活动也具有重要作用，通过对苏格兰某监狱的观察，贾丁发现该监狱的探访中心允许犯人不必总是端坐，可以和他们的孩子玩耍或进行一些活动，如艺术、手工、做巧克力等。犯罪人的亲属高度评价这一做法，认为这些活动可以维持犯人和他们孩子之间的家庭关系。此外，对于被判处无期徒刑的犯人来说，当他们在服刑期间表现特别好时，会获得特殊待遇，在安全人员的陪同下离开监狱几个小时，去探访家人或去社区中有趣的地方。犯人在其中不仅获得了暂时离开监狱的机会，更大的优点在于他们能够有机会从事家庭活动。

贾丁的研究让人耳目一新，监禁不仅通过身体上的分离破坏关系，而且还重塑和限制构成和维持这些关系的家庭习惯，犯人的家庭成员作为隐性的犯罪"被害人"往往被忽视，但监禁对其造成的不利影响是显而易见的。对这类特殊被害人的深入研究，不仅有利于弥合监禁对犯人家庭所造成的伤害，也会对犯人改造产生积极影响，让其更有动力接受教育改造，早日重返家庭。

二、挪威监狱体系的变化〔1〕

挪威对罪犯的处遇一直被视为更具包容性，更贯彻复归理念，被视为"斯堪的纳维亚例外主义"（北欧的监狱管理更为人性化、更强调对罪犯进行矫正、复归）的典型代表。挪威监狱体系一直被视为按照标准化理论（nor-malization thesis）建立起来的，这一理论建立在复归基础上，也就是，监狱是社会的一部分，而非外在于社会，因此，监狱之内的生活应当越"正常"越好。这一思想贯彻于监狱设计、对监狱管理者的训练、犯人-监管者关系等环节当中。但是随着移民问题的升级，挪威监狱中关押的外国犯人数量明显增加。2013年挪威关押的外国犯人数量是2000年的3倍多。到2013年，挪威监狱中每3个犯人就有1个外国犯人，相比而言，英国则是每7个犯人中有1个外国犯人。

在移民问题的不断冲击之下，挪威对待移民犯罪的政策也逐渐发生了转变。挪威康什温格监狱（Kongsvinger prison）在2013年开始专门用于关押外国犯人。该监狱由两个独立部分组成：高安全级别狱所与低安全级别狱所。关押的目标群体是可能被驱逐出境，并且剩余刑期不超过一年（低安全）或两年（高安全）的外国犯人。监狱容量为120个独立牢房，目前已有扩建计划。2014年，共有348名罪犯进入监狱，在康什温格监狱的166名关押的囚犯后来被驱逐出境。

此外，挪威还在探讨在国外开辟关押外国犯人的合作式监狱，如荷兰北部乡村韦恩海森的一处刑场被指定为挪威部分罪犯服刑的监狱。2015年9月，首批囚犯乘坐飞机抵达挪威。在荷兰，这项协议受到欢迎，因为它确保了监狱工作人员的就业。在挪威，这项协议被认为是明智的，因为它至少暂时提高了刑罚执行能力。其中很多被转移到荷兰的犯人是外国犯人。

事实上，挪威康什温格监狱与挪威其他监狱在物质配给方面并无二致，

〔1〕 See Francis Pakes, Katrine Holt, "Crimmigration and the Prison: Comparing Trends in Prison Policy and Practice in England & Wales and Norway", *European Journal of Criminology*, Vol. 14, No. 1, 2017, pp. 63-77; Synnove Jahnsen, May-Len Skilbrei, "Leaving No Stone Unturned: The Borders and Orders of Transnational Prostitution", *British Journal of Criminology*, Vol. 58, No. 2, 2018, pp. 255-272; Thomas Ugelvik, Dorina Damsa, "The Pains of Crimmigration Imprisonment: Perspectives from a Norwegian All-Foreign Prison", *British Journal of Criminology*, Vol. 58, No. 5, 2018, pp. 1025-1043.

甚至相比于很多监狱而言，是较为舒适的，但来自挪威奥斯陆大学的学者托马斯·乌格尔维克（Thomas Ugelvik）和多丽娜·达姆萨（Dorina Damsa）认为监狱的排斥性、歧视特征不能仅从监狱的外观和物质配给方面进行衡量。他们认为，康什温格监狱被改造为一所完全关押外国人的监狱之后，虽然几乎没有什么外观的变化，但监狱本身在象征层面发生了重大变化。将移民控制措施引入刑事司法和惩教体系，改变了该体系的运行方式。对大多数囚犯来说，任何消极的决定、任何不好的经历，都可能被解释为自己是外国人的结果。犯人所面临的任何形式的日常问题，包括因语言问题引起的与管教人员沟通不良、对监狱法规不了解、监禁中遭遇到某些挫折，都很容易被犯人解读为一种歧视。因此，尽管监狱的物质标准没有降低，但其所具有的"专门关押外国犯人"的象征性歧视含义仍然不容忽视，它隐喻着政府排外的政策导向性。

从挪威采取的一系列措施可以看出，在涉及移民犯罪的控制方面，挪威传统的复归理论逐渐转变为驱逐、隔离政策。即使是作为欧洲最温和的监狱体系代表的挪威，也依然呈现出排斥和遣返移民的态度。

不仅如此，挪威学者注意到，挪威在反卖淫的社会管理政策的执行当中，与反移民政策巧妙结合起来，最终产生了对外国卖淫女性的排他、驱逐效果。从历史上看，只要卖淫不违反对法律和秩序的共同理解，或对邻居和地方当局构成妨害，挪威对卖淫的态度是比较宽容的。2000 年之前，无家可归者和酗酒者被禁止卖淫，而其他人可以在法律允许的范围内这样做。当代挪威法律并没有使用"性工作者"或"妓女"这样的词汇，性交易是完全除罪化的。但在 2009 年禁止性交易法案出台之后，性交易以及尝试性交易将被处以罚款或监禁。而且该法案并不仅仅适用于挪威境内，也适用于境外。这使得挪威人在国外购买性服务是非法的，不管购买行为发生地所在国家的法律如何。该法案还禁止外国公民在挪威访问或居住期间购买性服务。

目前挪威刑法中有四项罪名涉及卖淫：一是禁止介绍卖淫；二是通常被视为 2009 年 1 月 1 日实施的性交易法案；三是禁止和未成年人进行性交易；四是 2003 年作为国际条约的贩卖法案，将为卖淫而进行的贩卖人口犯罪化。虽然出售性本身并不是非法的，但这只限定于独立、不涉及任何第三方或他人帮助的那些人。购买性、帮助协助或从中受益或剥削，都是法律所惩罚的行为，行为人将面临罚款或监禁。在新法案出台之后，法律赋予警察更大的权力，当警方认为卖淫行为影响到公共生活时可以施加干预。挪威警方开展了房屋清除活动，旨在驱逐主要用于卖淫活动的房客。警察和司法部门还鼓励公众报告卖淫活动。一系列行动实施之后，最终受到最大影响的是居住在挪威并从事卖淫活动的外国移民女性——她们是挪威性交易市场中的主体，而过去这一市场主要由挪威本地女性构成。对卖淫市场和卖淫女的警方控制干预的升级，使得很多卖淫女失去了家园和财产，并受到房东和旅馆的广泛歧视。如果说在监狱关押外国犯人增多的背景下呈现出一种显性的对移民的不友好，那么这种以社会管控为名实则驱逐外国移民为实的做法则是一种政府控制的隐性策略。

三、爱尔兰对少数族裔的监禁

隐性种族主义是刑事司法系统中的一个主要问题，少数族裔被不成比例地监禁的现象在很多国家都存在。在新西兰，毛利人约占总人口的14%，却占监禁人口的50.8%；澳大利亚原住民占总人口的2%，却占监禁人口的27%。在刑事司法系统中，少数族裔占多数的最好例子或许是美国各地监狱中的非裔美国人。大约13%的美国人口是非裔美国人，但在2017年，他们占被监禁人口的37.7%。非裔美国男性被监禁的可能性是白人男性的6.5倍。法律适用平等是法律体系的核心内涵，因此，任何法律执行当中的偏见都会破坏形式司法体系的价值和人们对它的信赖。因此，刑事司法体系当中是否存在基于种族、文化或社会群体的歧视，始终是世界性的紧迫问题。爱尔兰都柏林大学的两位学者以爱尔兰监狱的相关数据为基础，着重研究爱尔兰被告人和非爱尔兰被告人的判决是否存在差异性。[1]

爱尔兰自20世纪90年代末以来的经济增长促进了持续和多样化的外来移民，导致人口发生重大变化，这些变化在刑事司法系统处理的案件中也很明显，被关在爱尔兰监狱的非爱尔兰国民的人数显著增加，爱尔兰目前成为多文化社会。最近的人口普查数据估计，11.6%的人口是非爱尔兰国籍，其中最大的六个群体是波兰、英国、立陶宛、罗马尼亚、拉脱维亚和巴西。爱

---

〔1〕 See Avril Margaret Brandon, Michael O'Connell, "Same Crime: Different Punishment? Investigating Sentencing Disparities Between Irish and Non-irish Nationals in the Irish Criminal Justice System", *British Journal of Criminology*, Vol. 58, No. 5, 2018, pp. 1127-1146.

尔兰人口的这种种族和文化多样化已反映在爱尔兰刑事司法系统处理的人口概况中。自2001年起，爱尔兰监狱管理局的统计数据显示，非爱尔兰人在爱尔兰监狱服刑的比例显著且迅速地上升，在2007年达到顶峰，当时几乎三分之一的服刑人员是外籍人士。爱尔兰的量刑政策在很大程度上是由法官所决定的。虽然地方法院位于爱尔兰等级法院系统的底层，但它对刑事司法系统有着至关重要的影响——地方法院处理了总案件中90%以上的案件。

都柏林大学的两位学者认为，在回答为何监狱中关押的少数族裔的比例更高这一问题时，有必要反思三种常见的原因解读：其一，少数族裔犯罪数量是否比大多数族裔犯罪数量更多；其二，少数族裔是否是执法部门有意过度监管的目标，导致对其逮捕率更高；其三，是否对于相似的罪行，少数族裔会被判处更为严厉的刑罚。这三个问题的解读都是比较复杂的。如第一点，很多人认为，造成监禁在不同族裔间差异的原因是，少数族裔比多数族裔更容易犯罪。如在美国，非裔男性美国人比其他群体更容易犯罪。但相反的观点认为，族裔背景并不是合理的解读因素，社会经济因素如贫困、就业情况、家庭差异更具解释力，以白人为主的社区很少遭受与非裔社区同样高而持久的失业率、搬迁率和家庭解体概率。第二个和第三个原因解读则缺少大数据统计的支持。对刑事司法体系中的"隐性种族主义"问题的研究可以就上述三个问题进行深入展开。

第五节　方　法

一、重视定性研究

相较于美国犯罪学论文几乎完全采取了定量分析方法，欧洲犯罪学研究还保持定性研究的传统，定性分析与定量分析均属于实证研究方法，其中定性分析更侧重于分析经验事实的性质，根据相关的信息资料对分析对象的性质、特点、发展变化规律等进行研究。而定量分析则意图寻求对经验事实的统计推理，从而对相关理论假设进行验证。定性分析侧重于用文字语言对社会事实进行描述；定量分析则用数字语言进行描述。下面着重介绍欧洲犯罪学研究中的几种定性研究方法。

（一）扎根理论

在对瑞典街头的吉卜赛乞讨者进行研究时，研究者采取了扎根理论

（grounded theory，以下简称"GT"）的研究方法。这一方法被用于分析瑞典对吉普赛人如何进行流动性控制，其中的运作机制如何。[1]GT 是一种定性研究的方式，其主要宗旨是从经验资料的基础上建立理论。研究者在研究开始之前一般没有理论假设，直接从实际观察入手，从原始资料中归纳出经验概括，然后上升到系统的理论。GT 研究法是由哥伦比亚大学的安塞尔姆·施特劳斯（Anselm Strauss）和巴尼·格拉斯（Barney Glaser）两位学者共同发展出来的。GT 的方法起源于施特劳斯和格拉斯两人 20 世纪 60 年代在一所医院里对医务人员处理即将去世的病人的一项实地观察。这个方面的形成与两方面的理论思想有关，分别来自哲学和社会学：一是美国的实用主义，特别是杜威、米德和皮尔士的思想，他们强调行动的重要性，注重对有问题的情境进行处理，在问题解决中产生方法。二是芝加哥社会学派，该学派广泛使用实地观察和深度访谈的方法收集资料，强调从行动者的角度理解社会互动、社会过程和社会变化。

（二）文件分析方法

在对意大利和印度有组织环境犯罪的研究中所采取的定性分析方法是文件分析方法（document analysis），这被视为对跨文化、跨国家的比较性研究的合适的方法。具体来说，学者们搜集了与意大利和印度有组织环境犯罪相关的媒体报道和政府文件，围绕着文献中著名的有组织犯罪概念来收集与下面内容有关的数据：①组织机制（层级式或网络式）；②操作实践或犯罪手法；③威胁手段（暴力、威胁、恐吓等）；④支撑因素，如腐败或政治支持。但研究者坦诚，这种研究方法是存在一定缺陷的，在数据收集策略上，媒体新闻报道是次要来源，它们可能存在偏见和不完整的情况。由于所观察到的活动属非法性质，特别是数量数据难以查明和证实，现有的估计数是由非政府组织提出的，它们并不总是保证其分析方法的严密性。[2]

（三）话语分析与焦点小组访谈

在对荷兰针对移民问题的内部管理机制的观察中，研究者采取了话语分

〔1〕 See Vanessa Barker, "Nordic Vagabonds: The Roma and the Logic of Benevolent Violence in the Swedish Welfare State", *European Journal of Criminology*, Vol. 14, No. 1, 2017, pp.120-139.

〔2〕 See Aunshul Rege, Anita Lavorgna, "Organization, Operations, and Success of Environmental Organized Crime in Ltaly and Lndia: A Comparative Analysis", *European Journal of Criminology*, Vol. 14, No. 2, 2017, pp.160-182.

析（discourse analysis）与焦点小组访谈（focus group interview）方法。[1]话语分析对象是荷兰国会讨论中的官方文件，采取与边境警察官员访谈的方式。此外，还采取了焦点小组访谈方式，这种方法有助于探索和研究人们的想法，即他们如何思考以及为什么采取这种思考方式。焦点小组访谈有助于研究者探寻特定个体或群体所抱持的特定观点的由来。该研究采取的焦点小组访谈由 13 个小组组成，每组 6 名至 10 名参与者，最终形成 25 小时的对话。

（四）多重嵌入式案例研究及半结构化访谈

在对英格兰、威尔士和荷兰大麻政策动态分析的研究中，研究者使用了多重嵌入式案例研究（multiple-embedded case study design）方法。采用这一研究设计背后的主要原理是通过阐明政策发展在特定地理历史背景下产生的混乱的偶然性，来理解社会现象的"不同的决定"，关键是来检验、证实和阐明犯罪控制的策略在不同国家以及同一国家内部是如何应对大麻控制的。研究重点关注英格兰和威尔士境内的两个具体政策动向（2009 年大麻从 C 类重新分类为 B 类）和荷兰 2012/2013 年大麻咖啡店"容忍政策"的修订。研究利用了金顿（Kingdon）的多流模型的分析框架（multiple streams model）作为一种组织手段，以捕捉政策变化在"谈话"和"决策"层面上的结构、过程和事件。具体研究方法包括两个主要部分：一是分析与政策变化有关的关键政策文件；二是对大麻政策网络的利益相关者进行了总共 62 次半结构化的精英访谈，访谈地点在两个司法管辖区的国家和地方层面。[2]

半结构化访谈（semi-structured interviews）的研究方法是指按照一个粗线条式的访谈提纲而进行的非正式的访谈。该方法对访谈对象的条件、所要询问的问题等只有一个粗略的基本要求。访谈者可以根据访谈时的实际情况灵活地做出必要的调整，至于提问的方式和顺序、访谈对象回答的方式、访谈记录的方式和访谈的时间、地点等没有具体的要求，由访谈者根据实际情况灵活处理。在 5 名英国犯罪学研究者考察欧洲枪支犯罪管控情况时也采取了

---

[1] See Maartje van der Woude, Joanne van der Leun, "Crimmigration Checks in the Internal Border Areas of the EU: Finding the Discretion That Matters", *European Journal of Criminology*, Vol. 14, No. 1, 2017, pp. 27-45.

[2] See David Brewster, "Culture (s) of Control: Political Dynamics in Cannbis Policy in England & Wales and the Netherlands", *European Journal of Criminology*, Vol. 14, No. 5, 2017, pp. 566-585.

这一研究方法。[1]这一研究方法的主要优点是，使参与者能够根据自己的节奏进行全面陈述和解释。

（五）民族志研究

民族志研究（ethnography）是在实地观察基础上对人类社会环境的定性描述。就像肖像画一样，是在实地观察和收集相关信息之后，对某文化风俗、信仰和行为的描述。民族志研究的主要特点是：首先，去实地开展相关的观察调研；其次，民族志的研究不仅是对人的研究，更多的是观察声环境、风俗习惯等对人所造成的影响；最后，民族志研究不是为了形成定量报告和统计结果——与定量研究不同，而是侧重对被观察对象的特性的总结和描述。

在对英国街头牧师对英国 NTE 安全的潜在影响的研究中，研究者就使用了民族志研究方法，对威尔士首府加的夫（Cardiff）的街头牧师进行了研究。研究者采访了 29 位受访者，其中包括街头牧师以及相关的协调人员。研究者跟随街头牧师一起，进行了为期 5 天的 24 小时参与式观察。[2]

（六）（前）罪犯犯罪学研究[3]

有一类特殊的研究，即（前）罪犯犯罪学研究（convict criminology），是指曾经或正在服刑，并拥有犯罪学或类似学科博士学位，或即将完成此类研究的人，将其被监禁经历与犯罪学结合起来的特殊的研究方式。罪犯犯罪学是将犯罪和刑事司法的第一手经验材料纳入犯罪学逻辑推理的一种尝试。对罪犯犯罪学而言，它是将罪犯的监禁生活经验融入监狱知识的生成、研究和教学过程中的一种方法。它包括投资于反思性和自传体写作，这在犯罪学中相对少见。正如一位犯罪学学者所言："你必须学会将自身的生活经验融入你的研究工作当中：持续检验和阐释它。在这个意义上你会将个体融入你所从事的每项工作当中。"在这个意义上说，曾有过犯罪被监禁经验的犯罪学学者对犯罪现象的体察更为深刻，对犯罪处遇的观察更为直观。

民族志研究是犯罪学研究中的重要方法之一，它包括理解人们谈论自己

〔1〕 See Mike Hellenbach et al., "The Detection and Policing of Gun Crime: Challenges to the Effective Policing of Gun Crime in Europe", *European Journal of Criminology*, Vol. 15, No. 2, 2018, pp. 172–196.

〔2〕 See Ronald van Steden, "Street Pastors: On Security, Care and Faith in the British Night-Time Economy", *European Journal of Criminology*, Vol. 15, No. 4, 2018, pp. 403–420.

〔3〕 See Rod Earle, "Convict Criminology in England: Developments and Dilemmas", *British Journal of Criminology*, Vol. 58, No. 6, 2018, pp. 1499–1516.

和他人的方式，也包括学习如何在世界当中定位自身。具有犯罪被监禁经历的犯罪学家经历了某种"双重刑罚经历"，一方面是作为犯罪人所受到的监禁刑惩罚，另一方面是作为民族志研究中的一种研究工具和研究视角，研究者本人的监禁体验成了重要的研究工具。这被称为"自传式民族志研究"（auto-ethnography），这种研究方法已经逐渐被社会学研究领域认可。尽管有过犯罪前科的犯罪学学者在大学或研究机构获取教职或晋升存在若干障碍和阻力，但这类特殊的研究群体在西方并不罕见。英国学者罗德·厄尔（Rod Earle）就曾对6名有过犯罪被监禁经历的犯罪学学者进行了深度访谈。

罪犯犯罪学研究因研究者对犯罪现象和犯罪处遇具有无法替代的亲历性和直观性，其研究方法和研究成果值得重视和肯定。但不能忽视的是，正如英国学者厄尔所注意到的，此类研究也存在一定的局限性，如由于深度参与和介入司法处遇过程当中，研究可能存在一定程度的主观性和过多的感性因素，存在一定的"前见"乃至"偏见"；对监禁相关的理解更多围绕自身的监禁体验，并不完整；更多关注于被监禁人的个体身份而相对忽视宏观的社会结构；等等。

二、对研究方法合理性的检验

瑞士犯罪学学者德克·巴耶尔（Dirk Baier）的《计算机辅助与纸笔自我报告的青少年犯罪调查：一项实验研究的结果》[1]即主要是针对犯罪学研究方法的。他注意到，对青少年自我报告越轨行为的研究经常是以纸笔填写问卷的形式进行的。随着电脑被引进校园，一种新的访谈方式可以被利用。电脑填写与纸笔作答在统计结果上是否存在差异，很少受到犯罪学的关注。在网络时代，网络调查和纸笔调查是否会产生相同的调查结果？这是一项很有意义的探索。

对青少年越轨行为往往采取纸笔调查的方式，尤其是在对孩童和青少年进行调查时，经常是在教室中，在教师的监督下进行作答。这种方式有很多优点：可以覆盖学校里大部分学生；通过其他方法很难调查的学生（如移民）也可以通过纸笔作答获得信息；问卷设计和流程的标准化可以保证；问卷方

---

〔1〕 See Dirk Baier, "Computer-Assisted Versus Paper-and-Pencil Self-Report Delinquency Surveys: Results of an Experimental Study", *European Journal of Criminology*, Vol. 15, No. 4, 2018, pp. 385–402.

式具有更多灵活性（如调查可以在学校的不同教室进行，可以在短时间内完成）。与此同时，这种方法也有缺陷：问卷必须被手动输入数据库，这意味着人力成本，以及可能在输入数据过程中出现错误。此外，财务费用也会增加，包括设计费、打印费以及随后的销毁费用。填写问卷过程中也容易出现填写错误——尽管问卷的开头都会有填写说明，但是参与者还是会出现各种各样的错误。

巴耶尔的研究中，学生被随机分配到两个小组（纸质组和电脑组），有2096名学生、610名学生分别参与纸质组和电脑组。纸笔调查和网络调查的对比结果可以总结如下：首先，两种调查方法得出的犯罪率大致相当。其次，调查方法对男孩和女孩在自我报告的犯罪行为上的回答行为的影响没有差异。这对其他人口群体来说也是如此，但有调查结果显示，在网络调查中，移民背景的学生、依赖国家福利的学生和文法学校的学生报告犯罪行为的频率高于纸笔调查。这表明，至少在某种程度上，这些群体更有动力通过计算机辅助调查报告自己的真实行为，这可能是因为他们认为调查的匿名性得到了更好的保证。最后，关于缺失数据（应该作答的没有作答），可以看出网络调查中缺失值的比例几乎是纸笔调查的 2 倍。缺失值比例的差异随着调查的进行而增加。如果调查持续时间超过 1 小时，网络调查中缺失值的比例将不成比例地上升。

巴耶尔的研究显示，在合理控制网络犯罪调查时间的基础上，网络调查结果和纸笔调查结果之间并不存在显著差异，网络调查不仅可以节约相关的人力物力成本，其更好的匿名性效果可以提高参与者作答的真实性。

英国学者雷卡·索里莫斯（Reka Solymosi）等人对一种特殊的大数据来源模式——"众包"（crowdsourcing）进行了讨论。[1]"大数据"在社会科学研究中发挥着越来越重要的角色。众包是人群（crowd）和外包（outsourcing）两个词的合成词，代表着大规模利用群体智慧的一种方式。众包数据是由向中央存储库贡献内容的大量个人产生的。一个著名的例子是维基百科（Wiki-pedia，www. wikipedia. org），这是一个百科全书，汇集了许多贡献者的知识，为所有人提供免费的参考资源，其新颖之处在于不依赖于一个人的工作来收

---

〔1〕 See Reka Solymosi et al., "Crowdsourcing Subjective Perceptions of Neighbourhood Disorder: Interpreting Bias in Open Data", *British Journal of Criminology*, Vol. 58, No. 4, 2018, pp. 944-967.

集数据。相反，任何人都可以尽可能多或尽可能少地参与。然后，群体性的参与就构成了一个完整的产出。犯罪治安防控领域目前也出现了这种众包模式。快速通道（FixMyStreet，www. fixmystreet. com，以下简称"FMS"）是一个报告环境问题的网络和移动应用程序，由非营利组织 mySociety 运营。FMS 的创建是为了让市民能够很容易地报告他们所在地区的坑洼、破街灯和其他问题，以便解决这些问题。通过使用该网站，市民可以在地图上找到他们的问题，提供准确的答案。再如，犯罪危险感知的研究也可以通过个体报告的形式形成大数据。

众包的大数据产出模式固然有其优势，如数据形成的成本低、数据量大，但不能忽视的是这类数据最容易产生主观性偏见问题。由于数据来源依赖于人们主观上感知到的"有问题"的情况，报告内容可能存在一些偏见。在犯罪危险感知的报告当中，人们也可能会高估或低估相关问题的严重程度。为了弥补这一缺陷，对犯罪恐惧的测量往往更为重视人们的实际经历。从信号犯罪观点（signal crimes perspective）来看，人们倾向于根据某种"信号"的紊乱迹象来推断他们所处的环境。该理论强调了不同主体识别和解读"信号"的主体性，并非每个人都会赋予同一信号以相同含义。因此，众包所产生的数据可靠性——特别是涉及主观感受的数据时，不能忽视其可能产生的主观性问题。

第六节　评　析

一、总体情况：理论整合、语境分层、方法多元

从欧洲犯罪学的总体研究情况来看，呈现出如下研究特点：

第一，整合感强烈。总的来说，看到了欧洲犯罪学理论研究当中呈现出的新趋势是：关注理论之间相互弥合、有机整合。尤其是 SAT 以及布尔迪厄的社会学理论的犯罪学应用，都带有某种整合和综合色彩。事实上，大多数欧洲犯罪学学者都认为，虽然大多数经典犯罪学理论仍然有其理论和实践价值，不应被简单抛弃，但同时也认识到，单个的经典理论的解释能力是有限的，如学习理论、紧张理论、控制理论、标签理论等虽然都有一定的解释力，但倘若将这些因素有机结合起来，会发挥更强的作用。可以预见到，欧洲犯

罪学理论的未来发展，将会重点关注于经典犯罪学理论的整合这一趋势。

第二，重视国别性研究和地方性研究。"语境"是犯罪学实证研究中的一个关键词。这是基于某种犯罪学假设很可能具有国别性、区域性特征，因此欧洲犯罪学学者很重视某种已被验证的假设的国别性特征。如对于移民问题，普遍认为各个欧洲国家采取的是严格管控、区隔遣返的政策，但是这种假设仅仅是一种表面现象，具体到各个国家，其移民监管政策还是存在或多或少的区分，即使是在表面区域严控的导向之下，各国的监管侧重点也存在差异。此外，在一国内部，城市与城市、城市与村庄、社区与社区等维度也存在着地方性语境的区别，欧洲学者普遍认为，这些差异性应当得到重视。此外，欧洲犯罪学研究者之间展开了很多不同国家学者之间的联合研究，以《欧洲犯罪学期刊》（*European Journal of Criminology*）为例，其中就有多篇论文是不同国家的学者联合研究的成果。这对于学术研究和学术交流很有裨益，尤其是对国家与国家间犯罪现象、犯罪政策的比较研究当中，不同国家学者之间的联合研究结论更具说服力。另外，欧洲犯罪学学会对于欧洲犯罪学的发展也做出了突出贡献。

第三，重视定性研究。欧洲犯罪学学者很重视定量研究，但与美国犯罪学特别偏重定量研究——甚至可以说定量研究是绝对的主导地位不同的是，欧洲犯罪学研究者在定量研究的基础上也非常重视定性研究，他们采取了GT、文件分析方法、民族志研究、焦点小组访谈等定性方法。这与欧洲学界重视思辨的研究传统有关，在其犯罪学论文当中，对于犯罪学理论的诠释总会占据论文不小的篇幅，甚至还有一些纯粹的理论性分析文章出现在核心的犯罪学期刊当中，这在美国犯罪学研究当中是比较少见的。

二、欧洲犯罪学发展面临的挑战

在国际局势复杂多变的今天，欧洲社会形态出现了很多变化，新局势、新问题的出现，给欧洲犯罪学研究带来了新的挑战。

第一，惩罚性导向和传统复归政策的冲突。加兰断言，20世纪最后30年在美国、英国以及其他发达国家出现的后现代性，带来了一系列危险、不确定性以及难以控制的问题，这些问题在我们制定对犯罪的反应对策时扮演了核心角色。这意味着以复归和福利国家为导向的刑罚时代已经终结，新的刑罚政策更加侧重对犯罪风险进行"控制"。[1]欧洲社会在移民问题、恐怖主义、经济危机等不利条件的冲击下，对于国家刑罚权的惩罚性转向问题也保持了足够的学术敏感度。学界注意到北欧为代表的一向以矫正和复归经典刑罚理论为指导的监禁政策在移民等问题的冲击下也有所松动和转向。但是欧洲学者对于加兰的论断仍持怀疑态度。不断有批评观点质疑这种宏大叙事是否适用于解释不同国家和地区的语境差异。即使这种图景的确出现在了一些国家当中，也存在一种将复杂过程和机制简单理解的危险——掩盖了一国或一地区将内外压力转化为政策所经历的过程。欧洲在经历着坚持古典刑罚文化与后现代风险对国家治理提出的新挑战之间的不断的撕扯和较量，民众社会不安感的加剧、舆论的渲染使得部分学术问题政治化，（不理性的）情绪因素不断冲击着理性的政策制定过程。刑罚文化的状态和变化往往对于一国的刑事政策具有关键的塑造和改变作用，对于犯罪学学者提出了更多要求，在专注于犯罪现象的研究中，不可避免地或者说必不可少地，是将欧洲面临的惩罚性导向和传统复归政策的冲突文化作为研究的叙事背景。

第二，国家主导的刑事治理体系与民间发挥作用的非司法力量之间的整合，特别是对后者的重视。欧洲社会被移民问题、恐怖活动、跨国犯罪等问题困扰，解决的思路似乎是不言而喻的——国家主导的自上而下的刑事司法体系的完善，或者说范围更广泛的治安体系的完善。但是这仅仅看到了问题的其中一面。不少欧洲学者注意到，在法律体系之外，很多非司法力量也会对安全与犯罪问题产生重要影响。自上而下的管控力量固然被逐渐加强，但执法的触角必然是有限的，维护社会安全的力量当中，经常被忽视的是民间自发形成的内生秩序，这些秩序往往在维护安全稳定当中发挥了更加基础性的作用，相比而言，国家的安全管理体系更多是在事后对违法行为进行追责。在这方面，欧洲已经有研究关注到这些民间自发形成的秩序，如街头牧师在欧洲夜生活中扮演角色的探讨、夜店保安对于防止暴力犯罪发挥的作用等，但是如何在更广泛的视野中讨论这些内生秩序，将其理论化、系统化，并与国家安全体系的外生秩序有机结合，这需要欧洲犯罪学学者进行更深入细致的研究。

---

　　〔1〕　See David Garland, *The Culture of Control: Crime and Social Order in Contemporary Society*, University of Chicago Press, 2002, Preface.

第三，对重大犯罪问题的关注与对民众日常风险的识别。新时期欧洲犯罪学研究当中的另一项挑战是研究视野的选择。对于移民与犯罪问题、恐怖主义、跨国犯罪、网络犯罪等问题似乎是研究中绕不开的话题，也是欧洲犯罪学学者迫切期待解决的问题。但与此同时，社会文化的变迁改变了欧洲人民的日常生活方式，在致力于研究重大犯罪问题的同时，犯罪学研究者也不能忽视人们日常生活形态改变带来的隐性犯罪学问题。如欧洲饮酒文化近年来发生了重要变化，人们从以往的周末去酒吧、夜店饮酒社交，转变为"家中—酒吧—俱乐部"这样的新的饮酒"路线图"。这种变化使得很多人在家中预先喝酒后再进入酒吧俱乐部饮酒，使得醉酒情况持续时间更长，延长了潜在的公共秩序混乱的时间，增加了公共场所暴力犯罪的风险，这值得犯罪研究者予以关注。再如，对许多欧洲年轻人来说，成年初期的性质在最近几十年发生了巨大的变化。这一阶段被发展心理学家称为"成年初显期"，其特征是传统的成人角色被推迟，有更多自由去探寻和尝试。这些变化可能导致与青少年犯罪有关的危险因素的持续存在，或导致这一年龄组特有的犯罪危险因素的出现。这些情况和变化都需要犯罪学学者予以关注。可以说，欧洲新的社会形态下，犯罪学学者的研究视野不仅需要穿梭于本国与他国、国家与地方等维度，也需要从重大犯罪问题的研究不断延展至民众的日常生活形态研究。

三、欧洲犯罪学存在的问题

首先，欧洲犯罪学研究在总体上仍落后于美国。这并非是说欧洲的犯罪学理论水平或研究水平相对较弱，而是欧洲学者在研究路径上存在某种"美国路径依赖"，用欧洲学者自己的话来说，也就是欧洲很多犯罪学研究都是在做着检测美国理论有效性这样的工作，都是试图将美国理论移植到欧洲进行的实证性试验中。换言之，欧洲还缺乏更为本土性、原创性的研究成果。[1]欧洲不仅是犯罪学的发源地，而且在 20 世纪贡献了大量的犯罪学理论和概念。欧洲犯罪学的进一步发展，要求欧洲犯罪学学者必须逐步摆脱对美国犯罪学的路径依赖，在对美国犯罪学成果进行欧洲实验的同时，也应重视欧洲

---

〔1〕 See Paul Knepper, "What the European Journal of Criminology Contributes to European Criminology", *European Journal of Criminology*, Vol. 15, No. 6, 2018, pp. 655-657.

犯罪学理论的自我成长和发展。在这一方面，对于定性研究的坚持和发展或许能够开辟出不同于美国犯罪学的新领域和新进展。

其次，欧洲犯罪学发展存在着区域不均衡的情况。欧洲各国中尤其以荷兰、英国、比利时等西欧、北欧各国的犯罪学研究较为繁荣，在犯罪学核心期刊上发文量居多，而欧洲的其他地区特别是东欧的犯罪学较为滞后，鲜有相关的犯罪学学者在核心期刊发表论文。这一方面可能是因为语言的问题，国际犯罪学核心期刊一般以英语为主，在一定程度上限制了一些非英语国家犯罪学参与国际交流的机会。

最后，犯罪学研究的普遍性、一般性有待加强。既有研究往往关注于某国、某城市、某地的某种犯罪现象的研究，得出的结论往往只适用于某地，无法推而广之到其他地区。翻阅欧洲犯罪学论文经常能够看到研究者在讨论研究中可能存在的缺陷时，强调该研究结论只适用于当时当地，结论能否推而广之需要其他地点的相关研究。这种严谨的态度固然应当提倡，但从欧洲犯罪学的整体研究来看，过多碎片式的研究不利于欧洲犯罪学整体实力的增强，这可能源于欧洲国家众多，各国各区域的犯罪相关数据无法进行统一整合。据此，今后的研究可能需要欧洲犯罪学学会以及欧洲各研究机构合力展开联合研究，逐步增强研究结论的可适用性。

　　大洋洲犯罪学的发展虽然从二战之后才开始兴起，但其发展的速度和取得的成果受到了全世界犯罪学家的关注。澳大利亚与新西兰犯罪学研究人员于 1962 年联合创立了澳大利亚与新西兰犯罪学协会，该协会的主要刊物是《澳大利亚与新西兰犯罪学杂志》（*Australian & New Zealand Journal of Criminology*）。这本杂志于 1968 年在墨尔本创办，是社会科学引文索引（SSCI）中的核心期刊，在世界犯罪学发展中具有重要的影响力，被视为是英语国家中五种最具代表性的犯罪学与刑事司法期刊之一。[1]该期刊致力于促进对一系列犯罪学问题的研究和讨论，试图在澳大利亚、新西兰和其他国家推进犯罪学相关的理论、实践以及刑事政策的发展。

　　2016 年，学者克里·卡林顿（Kerry Carrington）、马克西莫·索佐（Máximo Sozzo）和罗素·霍格（Russell Hogg）出版了《南方犯罪学》（*Southern Criminology*）一书，引起了国际范围内犯罪学学者们的广泛关注。南方犯罪学作为一种广义的犯罪学研究范式，被很多学者倡导，其中的代表性学者是澳大利亚昆士兰科技大学法学院司法系教授卡林顿。

　　南方犯罪学主要由澳大利亚犯罪学学者组成，致力于将犯罪学研究从固有的以西方为中心的研究偏见中解放出来，试图为犯罪学研究、犯罪控制和惩罚理论带来一股全新的气息。传统的以北美和西欧为主的犯罪学研究认为其犯罪学成果可以直接适用于世界其他地区，南方犯罪学派认为这种看法是有失偏颇的，他们主张应当优先考虑对本土犯罪学问题更重要的议题，如更多关注农村犯罪问题。[2]南方犯罪学学者提出，现代刑罚发展的轨迹很大程度上是北半球的经验概括，如 19 世纪监狱的兴起、新自由主义刑罚私刑等，

---

〔1〕　参见吴宗宪："世界著名犯罪学家排名及相关问题"，载《青少年犯罪问题》2011 年第 5 期。

〔2〕　See Leon Moosavi, "A Friendly Critique of 'Asian Criminology' and 'Southern Criminology'", *British Journal of Criminology*, Vol. 59, No. 2, 2019, 257–275.

明显忽略了南半球所面临的刑罚与殖民之间的联系以及它们如何影响到当代对刑罚实践的理解。[1]作为新的理论探索方向，南方犯罪学突出了南半球刑事司法实践中的某些特殊的模式，重视对西方犯罪学以外的犯罪和正义的本土化解读。[2]

本章以《澳大利亚与新西兰犯罪学杂志》2017 年至 2018 年澳大利亚籍或新西兰籍作者发表的 40 篇犯罪学论文为样本，剖析大洋洲犯罪学发展的最新前沿动态和其理论、实践所面临的新挑战。需要说明的是，本章以及下一章中因为涉及的犯罪学研究成果在世界范围内来看并不占主体地位，亦不如美国和欧洲具有代表性，故而不再如第一、二章中在框架设计上单列犯罪、警务、司法、矫正等专题，也不再单设方法和评析各为一节，其中有关具体研究成果以及评析将分主题糅合在一起穿插阐述。最后将针对大洋洲犯罪学的理论前沿和实践问题的思考，总结其特点并论述其对我国犯罪学发展和完善所具有的重要思想价值和实践参考意义。

一、新西兰刑事政策的发展变化

新西兰学者认为，过去 30 年间，相比于其他西方国家，新西兰从总体来说受到了美国刑事司法政策的强烈影响，倾向于采取更为严厉的犯罪控制措施。惩罚性的政策导向获得了广泛的民众支持以及跨党派支持，立法者通过了一系列法案，如延长刑期、限制假释等。随之而来的是新西兰监狱人数的大幅度增加，其监禁率是经合组织当中最高的，同时监禁犯人当中存在着明显的种族不平等情况，新西兰的原住民约占总人口数的 15%，但原住民却占到了监狱犯人的一半左右。[3]

新西兰的特殊性在于，这个国家在地理位置上较为偏远，与其他大陆相对隔离，主要由太平洋西南部的两个岛屿组成，即使是与最近的邻国澳大利亚也有 1500 英里的距离。但与此同时新西兰也是全球化程度很高的国家，旅

---

〔1〕参见［澳］克里·卡林顿等："南方犯罪学"，袁小玉译，载江溯主编：《刑事法评论》（第41 卷），北京大学出版社 2017 年版，第 592 页。

〔2〕参见［澳］克里·卡林顿等："南方犯罪学"，袁小玉译，载江溯主编：《刑事法评论》（第41 卷），北京大学出版社 2017 年版，第 596 页。

〔3〕See Liam Martin, "The Globalization of American Criminal Justice: The New Zealand Case", *Australian & New Zealand Journal of Criminology*, Vol. 51, No. 4, 2018, pp. 560-561.

游业兴盛，移民者众多。在此背景下，新西兰在应对犯罪问题上的政策导向很值得关注。新西兰学者认为，美国对新西兰的社会和文化影响力的急剧扩大，促使新西兰政府选择主要借鉴美国模式。以美国惩罚性刑事司法政策中的三个典型措施为例，即加州的"三振出局法"〔1〕、美国第一个现代超级监狱马里恩监狱、纽约警方的零容忍及破窗政策，新西兰都在不同程度上予以借鉴，但同时也进行了本土化的改造。

首先，新西兰在 2010 年将三振出局法写入法律，与此同时进行了修订：一是严格限制了重罪的范围，旨在针对那些"重复实施严重暴力犯罪的犯罪人"；二是没有规定强制终身监禁的量刑规定，而是要求法官对于第二次犯重罪的犯人应当宣告不得假释，第三次犯重罪直接处以所犯罪行的最高刑期且不得假释；三是允许法官行使若干自由裁量权。其次，在美国超级监狱马里恩监狱的影响下，新西兰也建立了大型最高安全级别监狱"帕雷莫莫"（Paremoremo）监狱，同时引进了更为严苛的监禁制度，采取了限制犯人娱乐时间、进行高压控制等措施，但这项监禁制度后来被新西兰最高法院判决违反人权法案予以撤销。此外，虽然新西兰也有单独关押犯人的惩罚性措施，但与美国相比，新西兰单独关押犯人的惩罚性措施使用得更少、时间也更短。最后，新西兰一些警署试图借鉴美国纽约警方的零容忍及破窗政策〔2〕，但这些警署只是借用了零容忍的语言，而非作为具体的行动计划，更多是在打击犯罪过程中采取的宣传性作用。〔3〕从新西兰刑事司法的三个主要机构：法院、警署以及监狱所出台的法案和相关制度来看，美国所代表的惩罚性刑事政策对新西兰产生了重要影响，尽管新西兰做了一些本土化的"软化"政策，但是惩罚性刑事政策的势头已经初步显现出来。

---

〔1〕　1994 年 3 月，加利福尼亚州议会通过第 971 号法案，对刑法典进行了修订，同年 10 月又对州宪法进行了修订，以上两个法案的内容构成了加州"三振出局"法案，根据该法案，"若被告人具有两次重罪判决的犯罪记录，则对当前之重罪适用的刑期应当是终身监禁"，详见刘君："美国'三振出局'法案及其理论评析"，载《西部法学评论》2011 年第 5 期。

〔2〕　破窗警务理论认为警务工作的首要目标是社会混乱问题，其次才是犯罪，破窗警务更关注吸毒、嫖娼、青少年犯罪团伙、无家可归人生活的区域，强调在这些地区应通过警民合作减少恐惧和犯罪。详见梁德阔："美国现代警务模式创新及其启示"，载《公安学刊（浙江警察学院学报）》2016 年第 5 期。

〔3〕　See Liam Martin, "The Globalization of American Criminal Justice: The New Zealand Case", *Australian & New Zealand Journal of Criminology*, Vol. 51, No. 4, 2018, pp. 560-571.

新西兰维多利亚大学犯罪学研究所的学者认为，在毒品犯罪问题当中，这种惩罚性刑事政策表现得特别明显，而其背后的驱动力是社会群体的恐惧。毒品犯罪打击措施的出台所依据的往往并非客观调查所得出的证据或科学原理，"毒品战争"之类的口号更多发挥了刑罚象征主义的意义。犯罪的风险、由此产生的对犯罪的焦虑和不确定性被认为是在现代性晚期发展起来的，在风险社会背景下，民众的生活同时充斥着不断增加的犯罪报道，政府被要求控制这些风险，以对民众的不安做出反应，而非通过探寻相关科学证据来证明某种控制犯罪的方法是正确的。在毒品犯罪问题上，"入门效应"给毒品犯罪打击政策这样的公共讨论提供了一个简单的答案。"入门效应"是指那些开始吸食大麻的人，接着就会吸食可卡因、海洛因等其他更烈性的非法毒品。"入门效应"强调对大麻以及其他"软性毒品"必须加以严厉控制，将贩卖这些软性毒品的行为入罪化。但在事实上，"入门效应"是否是真实的，一直没有得到科学验证。相反，有学者的研究认为，正因为有些人使用软性毒品，才不会去触碰更为烈性的毒品。所谓的"入门效应"只出现在很少的样本上。"入门效应"这一假设是通过定期的媒体报道才获得民众的注意和信任，最终影响了毒品政策的制定。[1]

二、澳大利亚犯罪学对女性作为暴力被害人的关注

女性往往容易成为暴力违法犯罪的受害者，近年来澳大利亚犯罪学家对于针对女性的暴力行为（violence against women，以下简称"VAW"）以及一般以女性作为受害人的亲密伴侣暴力行为（intimate partner violence，以下简称"IPV"）。VAW 主要侧重于性暴力和 IPV 中的女性被害人，VAW 和 IPV 两者存在一定的交叉包容关系。对女性施暴是一个重大且普遍的全球性问题，预防和改善女性的健康、福祉和生活质量至关重要。澳大利亚近年来 VAW 以及 IPV 的数量有所增长，根据澳大利亚统计局的数据，五分之一的女性在 15 岁之后经历过性暴力；六分之一的女性曾遭受过亲密伴侣的身体暴

---

[1] See Fiona Hutton, "BZP-'Party Pills', Populism and Prohibition: Exploring Global Debates in a New Zealand Context", *Australian & New Zealand Journal of Criminology*, Vol. 50, No. 2, 2017, pp. 282-306.

力或性暴力。[1]IPV 也是世界各国面临的共同问题。IPV 可以被广泛理解为过去发生以及现在正在进行的对亲密伴侣的心理折磨、身体暴行或性暴力，人们往往忽视心理攻击的重要性，事实上心理攻击也具有很强的破坏性，在某些情况下，长期的心理虐待比身体虐待造成的伤害更大。[2]

对 VAW 以及 IPV 问题有多重研究视角，从 2017 年至 2018 年《澳大利亚与新西兰犯罪学杂志》的文献来看，澳大利亚学者对此问题主要有三个关注角度：其一，对旨在解决针对女性暴力问题发起的社会运动——"白丝带运动"的讨论和反思；其二，关注一般民众对受害女性、受害事件的看法，以及相关看法所产生的政策效应；其三，在干预暴力事件的司法层面，关注警察对 IPV 问题的看法及相关的改善策略。下文对上述三个方面分别进行论述。

（一）对"白丝带运动"的反思与批评

白丝带运动在澳大利亚解决针对妇女暴力问题的进程中占据了核心地位。白丝带运动最早源自加拿大，被称为是"世界上最大的男性为主体的致力于消除对女性暴力的运动"。白丝带运动目前在全世界 60 多个国家开展，每个国家都作为注册的慈善机构独立运作，白丝带运动在不同国家的文化目标和倡议各具特点。其中澳大利亚白丝带组织成立于 1992 年，是以男性为中心的暴力预防项目，致力于预防男性对女性的暴力行为。澳大利亚白丝带运动的重点是性别平等和对暴力事件的初级预防，即努力在暴力行为发生之前制止暴力。白丝带运动将自身定位为一个"强大的社会运动"，认为 IPV 产生的原因是性别规范不平等的结果，而这种不平等的根源在于个体态度的转变，防止男性对女性施暴，要求男性自身的努力——"做个好男人"、对女性更加尊重等。[3]

澳大利亚学者凯特·西摩（Kate Seymour）认为，白丝带运动无法从根本上解决男性对女性的 IPV 问题，这一方面是基于该运动本身对性别的狭隘理

---

　　[1]　See Anastasia Powell, Kim Webster, "Cultures of Gendered Violence: An Integrative Review of Measures of Attitudinal Support for Violence Against Women", *Australian & New Zealand Journal of Criminology*, Vol. 51, No. 1, 2018, pp. 40-41.

　　[2]　See Jesse Cale et al., "Patterns of Intimate Partner Violence Victimization Among Australia and New Zealand Female University Students: An Initial Examination of Child Maltreatment and Self-Reported Depressive Symptoms Across Profiles", *Australian & New Zealand Journal of Criminology*, Vol. 50, No. 4, 2017, pp. 582-583.

　　[3]　See Kate Seymour, "'Stand Up, Speak Out and Act': A Critical Reading of Australia's White Ribbon Campaign", *Australian & New Zealand Journal of Criminology*, Vol. 51, No. 2, 2018, pp. 295-299.

解，另一方面是将一个社会结构性问题简单化为个体问题。其一，白丝带运动没有充分阐明性别平等和尊重女性的含义，这是一个重大缺陷。"平等"和"尊重"并非不言自明，二者都需要进行语境化的解释。白丝带运动片面强调男性的"阳刚之气""做个好男人"，强调男性对女性必须尊重，在这里，性别平等仅仅是在经验、直觉层面的描述，而缺乏分析性与规范性。这种简单化的论述或许能够最高程度地引发公众的积极回应，然而从长期效果来看，会使得性别平等的理解狭隘化、庸俗化，甚至导致性别固化（gendered），反而不利于两性平等和减少 VAW。其二，从根本上看，IPV 所体现的两性不平等不能被简单地理解为个体问题，而应在更广泛的社会结构性视野下加以把握。白丝带运动仅从男性角度谈预防男性对女性的暴力，这与过去较为陈旧的视角并无根本差异，而且将两性不平等的制度问题、社会阶层问题、文化观念问题简单化为男性自身素质提升问题，从而回避了结构性不平等这个根源性思考。[1]上述反思非常深刻，白丝带运动基于其口号、宣传策略方法的简易性，容易获得一般社会公众的认可，但基于其对性别平等的狭隘理解以及对复杂问题的过于简单化处理，注定了白丝带运动无法在减少对女性暴力问题上发挥决定性作用。

（二）对一般民众集体态度的关注

从对澳大利亚白丝带运动的批评可以看到，对 VAW 以及 IPV 的理解，不能仅从个体层面展开，而要关注这些现象背后的制度性、文化性因素。其中文化因素发挥着一种潜在而重要的作用。既有研究表明，对各种形式的 VAW 持宽容态度的人也更有可能具有实施暴力的倾向，执法人员、法官以及其他专业人员对这一问题的态度也会影响到受害女性在多大程度上获得支持和帮助。在这个意义上，态度调查非常重要。态度测量的重要性还在于强调一种方法论层面的完善，既有多数社区层面的调查的重点是确定 VAW 的普遍性、行为样态、造成的结果等客观层面，而非测量与暴力有关的信仰、态度、看法和文化观念等主观层面。澳大利亚政府自 1995 年以来资助了数次全国性社区居民对暴力侵害女性行为的态度调查，旨在探寻三个方面：一般民众对于 VAW 的理解或认知、对这一现象的态度以及对两性平等的态度。其中对

---

〔1〕 See Kate Seymour, "'Stand Up, Speak Out and Act': A Critical Reading of Australia's White Ribbon Campaign", *Australian & New Zealand Journal of Criminology*, Vol. 51, No. 2, 2018, pp. 296-305.

VAW 的支持性态度被描绘为："对针对妇女的身体、性和其他形式的暴力行为进行辩护、辩解、尽量弱化或日常化，或将针对妇女的暴力行为至少部分归咎于妇女自身的责任……有影响力的个人或相当多的人所表达的这种态度可以创造一种文化，在这种文化中，施暴行为最好的处遇是不被明确谴责，最坏的处遇则是即使受到谴责也终将得到宽恕甚或是鼓励。"[1]

调查研究的一个基本结论是，对女性暴力受害人的不支持、不理解态度仍然是很多民众所持有的观点，特别是"强奸神话"（rape myths）的流行，这个概念是指歪曲了强奸行为、强奸犯和强奸受害者的形象，将强奸归咎于受害者的责任、为强奸犯开脱、认为只有特定类型的女性才会被强奸等。[2]这种文化的存在无疑鼓励了 VAW，也使暴力行为受害女性得不到更有力的帮助，也得不到心理安慰和支持。

一般民众对于 IPV 受害女性也存在很多误解，其中的一个典型的不理解是一个常见的发问：对那些长期遭受伴侣虐待的女性，她们为何不选择离开？2013 年澳大利亚的一项关于女性受暴力虐待问题的态度调查显示，78% 的受访者（社区居民）表示很难理解为什么女性会选择继续维持一段受虐的关系。对此，澳大利亚学者的另一项研究表明，人们对受虐女性是否离开一段关系的决策和相关影响缺乏足够了解，倾向于错误地认为，一旦受害女性离开，暴力就会停止。通过对 IPV 受害女性的深入研究，发现"恐惧"是影响受害女性选择是否中断关系的一个复杂的影响因素。当受害女性希望离开这段关系时，暴力行为的危险性会升级。即使关系暂时成功分离，也可能会导致财务上的虐待。施虐者的策略是通过限制女性决定权、强调施虐者的主导性和控制权，来实现对女性的强迫性控制。该研究强调的是，我们应当纠正那种认为真正的 IPV 只涉及身体暴力的狭隘看法，IPV 的核心要素是通过恐惧来控制伴侣，这种恐惧并非仅仅采用身体暴力形式来实现。只有意识到这一点，才能更深切地理解到受害女性所面对的恐惧和其他危险因素，进而转变人们

---

〔1〕 See Anastasia Powell, Kim Webster, "Cultures of Gendered Violence: An Integrative Review of Measures of Attitudinal Support for Violence Against Women", *Australian & New Zealand Journal of Criminology*, Vol. 51, No. 1, 2018, pp. 41-43.

〔2〕 See Anastasia Powell, Kim Webster, "Cultures of Gendered Violence: An Integrative Review of Measures of Attitudinal Support for Violence Against Women", *Australian & New Zealand Journal of Criminology*, Vol. 51, No. 1, 2018, pp. 41-43.

对于受害女性的看法以及应对 IPV 的法律应对策略。[1]

（三）警察对 IPV 问题的看法

在执法层面，司法系统中最先接触 IPV 事件的警察对这一问题的态度也直接影响了受害女性所获得的帮助的质量。警务研究者发现警察对于家庭暴力之类的"家庭事务"采取一种消极应对态度，而且通常抱有偏见。警方会将 IPV 视为一个较低层级的任务或者是一种消耗时间和精力的"负担"——相比于真正意义上的刑事案件。澳大利亚学者通过对维多利亚州警察的访谈研究也证实了这一点。研究发现，大多数警察对于 IPV 的认知是：IPV 中的"受害人"并不是真正意义上的受害人，很多情况下夫妻只是希望警察充当他们争吵的裁判员或和事佬，而且 IPV 往往是持续不断发生的，通过警务工作很难从根本上解决问题。对此，澳大利亚学者认为，可以考虑通过在警署设立专门的处置 IPV 事件的机构或小组，对部分警员进行专业化培训，并对该机构或小组实行不同于一般警员的特殊的考核机制，从而为更好地解决此类事件提供一个更有效的途径。[2]

三、青少年犯罪问题

青少年犯罪问题是澳大利亚和新西兰学者所共同关注的问题。根据澳大利亚官方统计，2011 年至 2012 年，15 岁至 24 岁青少年的犯罪率是澳大利亚其他年龄段犯罪人的 2 倍多。由于大脑发育中负责冲动抑制、理性决策的部分直至 25 岁左右才能完全成熟，青少年更倾向于实施冒险行为。[3]大洋洲学者对于青少年犯罪问题的关注涉及的范围较广，其中主要包括对特定种类的青少年犯罪的关注、青少年犯罪轨迹研究、犯罪原因探析、青少年司法问题研究等问题。

---

〔1〕 See Crystal Bruton, Danielle Tyson, "Leaving Violent Men: A Study of Women's Experiences of Separation in Victoria, Australia", *Australian & New Zealand Journal of Criminology*, Vol. 51, No. 3, 2018, pp. 339-352.

〔2〕 See Marie Segrave et al., "Policing Intimate Partner Violence in Victoria (Australia): Examining Police Attitudes and the Potential of Specialisation", *Australian & New Zealand Journal of Criminology*, Vol. 51, No. 1, 2018, pp. 99-112.

〔3〕 See Angela L Curcio et al., "Predictors of Delinquency Among Adolescents and Young Adults: A New Psychosocial Control Perspective", *Australian & New Zealand Journal of Criminology*, Vol. 50, No. 2, 2017, pp. 155-156.

目前澳大利亚故意纵火行为人当中，年轻人占据了很大比例，引起了学者的关注。青少年玩火行为（youth misuse of fire，以下简称"YMF"）是指由青少年引发的火灾事故。起初这是一个心理学和临床医学术语，涵盖了 YMF 引发火灾的各种形式，包括 3 岁至 5 岁儿童的好奇玩火行为、6 岁至 9 岁儿童的玩火游戏以及 10 岁以上青少年蓄意、恶意纵火行为。研究表明，儿童对火的兴趣通常在 5 岁左右的时候就出现了。6 岁至 12 岁的青少年同样对火很感兴趣，尽管这部分青少年的理解能力在增强，但仍然不足以充分认知玩火、放火的后果。青少年生理结构中负责风险评估和理性决策的大脑前额皮质发育迟缓时，会对放火的后果估计不足。[1]对此，澳大利亚学者认为，YMF 的预防必须切断那些有放火倾向的青少年的犯罪环境。根据日常行为理论，日常生活中的活动为犯罪提供了机会。当有放火倾向的青少年缺乏足够有效的监管时，放火行为就有可能发生。如年幼的儿童更可能在家中或家附近玩火，表现为在家中点燃衣物、玩具等易燃材料；年龄较大的儿童和青少年则更有可能在户外对树木、灌木丛放火。因此，相应的预防措施是对青少年进行更有效的教育和监管。[2]这就要求家长、老师等监护人应侧重观察青少年是否存在放火倾向和动机，对看似并不严重的玩火行为要重视，并及时进行批评教育或进行治疗，同时在青少年日常活动的密集区域注重火灾隐患排除，注重监督和巡视。

对青少年犯罪的犯罪轨迹和犯罪原因的探析具有重要的理论和实践价值，有助于阐释促生青少年犯罪的风险因素，从而为制定犯罪预防政策和具体措施奠定基础。澳大利亚堪培拉大学的几位学者通过对本国 334 名大学生和 329 名中学生的调查研究，认为青少年犯罪的犯罪生涯当中，不同年龄阶段促生犯罪的主要因素存在差异，13 岁至 20 岁青少年犯罪多为冲动引发，15 岁至 24 岁青少年犯罪与寻求刺激存在很大关联，但贯穿青少年犯罪生涯的一个共同影响因子是与具有越轨行为倾向的同龄人的交往。可见，青少年的朋友关系是一个影响青少年越轨行为的重要因素，如何预防有越轨倾向的青少年彼

〔1〕 See Kamarah Pooley, Claire E Ferguson, "Using Environmental Criminology Theories to Compare 'Youth Misuse of Fire' Across Age Groups in New South Wales", *Australian & New Zealand Journal of Criminology*, Vol. 50, No. 1, 2017, pp. 100-103.

〔2〕 See Kamarah Pooley, Claire E Ferguson, "Using Environmental Criminology Theories to Compare 'Youth Misuse of Fire' Across Age Groups in New South Wales", *Australian & New Zealand Journal of Criminology*, Vol. 50, No. 1, 2017, pp. 104-118.

此影响是预防青少年犯罪的重要课题。此外，该研究在青少年犯罪的研究方法上也提出了很有价值的观点，即强调青少年自我报告越轨行为在研究中的重要价值。由于青少年犯罪者被逮捕的比例并不高，加上很多青少年犯罪行为要么未被发现，要么被学校纪律内部处理，官方统计的青少年犯罪数量可能低估了青少年犯罪的发生率，因此，在研究青少年犯罪行为中对青少年自我报告的越轨、犯罪行为进行评估的方法是必不可少的。[1]

对于青少年犯罪产生的原因，学者们提出了若干理论模型，其中许多模型侧重于社会因素，如赫什（Hirschi）提出的社会控制理论、阿克斯（Akers）提出的社会学习理论、麦家碧（Mak）提出的社会心理控制理论。其中社会心理控制理论同时强调社会风险因素和青少年心理因素，认为青少年对社会控制机制的依恋减弱，如对父母、学校和通行行为准则的不认同，加上青少年本身性格的高冲动性和低同情心，因此更有可能从事违法行为。[2]在具体原因探析上，一项对儿童福利与青少年犯罪关系的研究结论引人注目。该研究对160个案例进行分析，发现儿童在非原生家庭抚养的情况下更容易产生犯罪行为。澳大利亚政府为那些因受虐待、疾病、药物、酒精滥用、家庭暴力或贫困而无法与家人一起生活的儿童提供了替代性住所和临时看护以及其他福利支持（out-of-home care，以下简称"OOHC"），时间跨度短至几周，长至18岁成年之前。政府将这一制度分包给非政府组织如慈善性非营利性组织，由后者负责一系列护理模式的实施。研究表明，与没有接受 OOHC 的青少年相比，接受这一制度安排的青少年的犯罪行为明显更多，犯罪行为发生的年龄更小，对司法系统的理解也更负面，这意味着在 OOHC 过程当中，这部分青少年可能在看护环境中经历了显著的、额外的不利因素，旨在保护儿童受伤害的生活安排反而为他们创造出了犯罪环境。[3]此外，澳大利亚学者还认为，

---

〔1〕 See Angela L Curcio et al., "Predictors of Delinquency Among Adolescents and Young Adults: A New Psychosocial Control Perspective", *Australian & New Zealand Journal of Criminology*, Vol. 50, No. 2, 2017, pp. 155-172.

〔2〕 See Angela L Curcio et al., "Predictors of Delinquency Among Adolescents and Young Adults: A New Psychosocial Control Perspective", *Australian & New Zealand Journal of Criminology*, Vol. 50, No. 2, 2017, p. 156.

〔3〕 See Kath McFarlane, "Care-Criminalisation: The Involvement of Children in Out-of-Home Care in the New South Wales Criminal Justice System", *Australian & New Zealand Journal of Criminology*, Vol. 51, No. 3, 2018, pp. 412-433.

澳大利亚的少数族裔青少年犯罪的原因具有特殊性，这主要是因为他们面临着本部族与其他族裔文化之间的冲突，少数族裔聚居地区的青少年被裹挟在两种文化之间，却没有足够机会协调二者的关系，这导致少数族裔青少年犯罪年龄较晚，但犯罪比例在整个青少年司法体系中的比例更高，而且主要的犯罪类型是暴力犯罪。这需要犯罪预防策略中不能仅使用一种"放之四海而皆准"的方法，必须了解少数族裔青少年所面临的挑战、其独特的文化，为其调和自身文化与主流文化提供帮助和支持，使之顺利从童年、青少年过渡到成年期。[1]

对于青少年犯罪更多旨在恢复青少年融入社会的能力，而非在于动用重刑手段予以制裁。新西兰采取对青少年犯的恢复性司法理念，采取家庭小组会议（family group conferences）的手段，使青少年犯、他们的家人、司法专业人员，有时也包括犯罪被害人进行会面，目的是帮助青少年犯认识到自己的罪行，找到切实可行的方法对犯罪后果进行弥补，并寻求防止再次犯罪的方法。这一过程主要依赖于口语交流。在青少年司法程序当中，容易被忽视的一个问题是青少年在司法过程中的自我表达和交流能力问题。青少年司法程序是非常依赖口头语言的，但青少年犯罪人的语言技能往往比同龄人差，这对于他们参与青少年司法程序和之后的矫正复归计划有不利影响。不仅如此，语言交流不畅，甚至听力、认知、表达障碍会对青少年犯罪人的基本权利有所损害。因此，了解青少年犯罪人的语言沟通能力对于确保这一弱势群体获得必需的帮助是至关重要的。对此，来自新西兰奥克兰大学的4位学者采用半结构式访谈的方法，对8名新西兰青少年犯罪人进行了访谈。这些青年人都认为自己在法庭上没有发言权，自己无法表达出自己的真实想法，同时也无法理解法庭或会议当中所发生的事件，这种情况在男性青少年犯罪人中表现得更为明显。新西兰学者认为，可以考虑引进英国的法庭中介人（court intermediaries）制度，即旨在帮助证人或被告人了解法庭程序并提供帮助的沟通专家，青少年犯罪人与此类专业人士的沟通能够促进青少年在司法程序当中更好地理解和交流，从而促进矫正理念的实现。[2]

---

〔1〕 See Marg Liddell et al., "Over-Represented and Misunderstood: Pacific Young People and Juvenile Justice in NSW", *Australian & New Zealand Journal of Criminology*, Vol. 50, No. 4, 2017, pp. 529-543.

〔2〕 See Sarah A Lount et al., "Tough Talk: Youth Offenders' Perceptions of Communicating in the Youth Justice System in New Zealand", *Australian & New Zealand Journal of Criminology*, Vol. 51, No. 4, 2018, pp. 593-610.

四、社区层面犯罪防控的相关问题

自 20 世纪 90 年代以来，社区应承担起犯罪防控相关职责的倡议在大洋洲激增。社区被视为与刑事司法体系同等重要的防控犯罪的防线。社区居民可以为警方防控犯罪提供第一手的经验观察，社区本身的结构也有利于遏制犯罪，邻里关系可以防范犯罪以及阻止轻微的违法行为。社区居民往往比一些专业机构更了解本地问题，社区邻里关系衍生出的价值观和行为规范会对居民如何看待犯罪问题产生影响，这些认知又影响着对犯罪进行干预的措施的制定。[1]在社区层面，违法犯罪行为会同时受到正式的法律法规与非正式的社区居民规范的约束。二者之间的关系成为一个有趣的课题。

澳大利亚学者将"正式的社会控制"定义为政府当局维持秩序和秩序法律法规的一系列行动，而"非正式的社会控制"则是指一般民众面对不受欢迎行为时所采取的举动。"正式的社会控制"会对违法犯罪行为施加直接打击，但这一控制机制可能存在某些"副作用"。"正式的社会控制"与"非正式的社会控制"这两种社会控制机制存在相互作用关系，当一种控制机制失效时，另一种控制机制会填补其空白。此外，一般民众对于犯罪的看法与认知也会对"正式的社会控制"机制的更新产生重要影响，以下就上述这三个话题分别进行讨论。

首先，正式的犯罪防控手段一般是由政府主导的惩罚犯罪的具体法律法规以及预防犯罪的具体措施组成的，这被视为打击和预防犯罪的主要方式。但既有研究对这种正式的社会控制手段可能存在某些"副作用"的问题关注较少。澳大利亚格里菲斯大学犯罪学研究所的学者认为，正式的社会控制的宏观政策与微观措施都会产生一定的负面作用。如"严厉打击犯罪"之类的运用在社区被高度宣传时，社区居民对犯罪的恐惧感会上升，因为他们对附近地区安全问题的意识增强了。而具体的预防犯罪的社区措施往往会通过改变社区环境减少犯罪机会，如改善建筑环境、增加街道照明密度和亮度、增设摄像头等。但实证研究表明，改善照明系统并不能降低居民认为自己可能

---

〔1〕 See Lacey Schaefer, Lorraine Mazerolle, "Predicting Perceptions of Crime: Community Residents' Recognition and Classification of Local Crime Problems", *Australian & New Zealand Journal of Criminology*, Vol. 51, No. 2, 2018, pp. 183-184.

成为受害者的可能性，也与居民对犯罪问题的担忧并无明显关联性。一项研究甚至得出了相反的结论，人们对夜间安装摄像头的地点的犯罪恐惧略有增加，但在白天则不受影响。[1]换言之，正式的社会控制措施会在客观上减少被害风险，但人们对于被害的主观风险感知往往与客观风险状况存在差异。所以，在制定具体的犯罪防控措施时，不能仅着眼于解决客观犯罪问题，也应重视相关举措对居民认知犯罪的影响，并引导、教育公众对犯罪风险进行正确认知。

其次，"正式的社会控制"与"非正式的社会控制"这两种社会控制机制存在相互作用关系，当一种控制机制失效时，另一种控制机制会填补其空白。自20世纪八九十年代社会失序理论复兴以来，大量研究对社会控制在社区层面的运作机制进行了考察。研究发现，以高度信赖和分享共同信念为特征的具有较高集体效能的社区当中，其居民会积极干预社区问题，这样的社区当中暴力犯罪率较低，各种社会问题较少，这种非正式的社会控制具有积极作用，但并非所有的非正式的社会控制都是如此。当正式的社会控制机制"缺位"时，作为填补其空白的非正式社会控制机制可能并不友好，甚至采取极端形式。如当警察机构作用不充分时，居民可能会采取暴力行为作为一种"自助"的形式来回应社区问题。法律的失败可能会导致防御性的、报应性的甚至是报复行为。澳大利亚学者通过对居住在布里斯班148个社区的4000多名居民进行调查，得出了三个基本结论：其一，当社区集体效能较高时，支持用暴力解决冲突的信念会相对降低；其二，对警察效率的信心越低，支持使用暴力解决冲突的信念程度越高；其三，第二个观点在有暴力犯罪记录的社区当中表现得更加明显。[2]

最后，一般民众对于犯罪的看法与认知也会对"正式的社会控制"机制的更新产生重要影响。民众对具体犯罪危害性看法的变化会对打击犯罪的政策法规产生影响，政策制定者会倾向于呼应民众的要求。新西兰维多利亚大

---

〔1〕 See Michael L Chataway, Timothy C Hart, "Crime Prevention and Reduction Programs: How does Knowing About Community Initiatives Moderate Attitudes Towards Criminal Victimisation?", *Australian & New Zealand Journal of Criminology*, Vol. 51, No. 2, 2018, pp. 239-243.

〔2〕 See Elise Sargeant et al., "Surrounded by Violence: How do Individual Perceptions and Community Context Shape Views About Violence?", *Australian & New Zealand Journal of Criminology*, Vol. 51, No. 3, 2018, pp. 355-366.

学的学者丽萨·马里奥特（Lisa Marriott）通过对 1500 名参与者的调查，研究了人们对两种犯罪——逃税（tax evasion）和福利欺诈（welfare fraud）看法的变化。其中逃税是指合法避税之外的故意不履行税收义务的行为；福利欺诈是指故意利用福利系统，来索取本来无权获得的资金。之所以将这两个犯罪加以比较，是源于二者具有一定的相似性，都属于金融犯罪，两罪的受害者都是国家与社会（即侵害集体法益的犯罪），都减少了政府为社会提供服务的资源。一般认为逃税比其他金融犯罪的罪行要轻，被认为比金融诈骗类犯罪更能获得公众的容忍。但新西兰学者的调查显示，逃税在各个群体中的反感程度均高于福利欺诈。原因可能在于，近些年新西兰纳税制度的完善过后，大多数人都成为纳税主体，此时对偷税行为的不满会加剧。加上新西兰媒体对严重偷税漏税案件的持续报道和高度关注，报道了若干知名人士严重逃税的案件，这使得人们更加意识到逃税行为的危害性，这些因素正在改变人们之前对逃税的宽容态度。[1]可想而知，这一态度对于刑法加强对逃税的惩罚力度会产生比较重要的影响。

五、警务工作及监狱学相关问题

警务工作当中，程序正义是一个关键问题，符合程序正义的工作方式和程序被视为可以帮助弥合警察和各种边缘群体之间的鸿沟。在警务工作的语境下，程序正义主要有四个组成部分：中立性、尊重、公平与倾听。警方应以中立和公正的态度行事，而非基于个人意见和偏见。对被执法者应尊重、礼貌对待，并且被执法者享有发言权。符合程序正义的警务工作可以培养人们与警察合作的意愿，包括愿意向警方报告犯罪或受害情况、与警方合作控制犯罪、提供协助等。有两个代表性的理论模型可以用来解释为什么程序正义具有上述积极作用：群体参与模型（group engagement model）和群体价值模型（group value model），其中群体参与模型认为，程序正义可以增强一个群体的社会认同；群体价值模型指出，对于那些强烈认同权威所代表的群体的人来说，程序正义更重要。群体价值模型还强调，对那些自认为属于弱势群体的人来说，如移民，程序正义的作用更为重要，因为这些个体会根据自己

---

〔1〕 See Lisa Marriott, "An Investigation of Attitudes Towards Tax Evasion and Welfare Fraud in New Zealand", *Australian & New Zealand Journal of Criminology*, Vol. 50. No. 1, 2017, pp. 123-140.

所受到的对待的情况来推断他们在主流群体中的社会地位和受尊重程度。[1]
可见程序正义在警务工作当中的重要性，特别是在澳大利亚、新西兰这样的
移民国家当中，强调程序正义有助于建立一种信任警方的警务文化。

在具体的警务工作问题上，澳大利亚学者还讨论了缉毒犬的相关问题。
以澳大利亚新南威尔士州为例，其于1932年成立了警犬队之后，警犬一直被
用于寻找失踪人员、探测爆炸物和定位毒品。2001年开始使用专门的经过特
殊训练的毒品检测犬，这主要是基于政治上的需要。20世纪90年代中后期，
非法毒品问题成为新南威尔士州的一个突出的社会和政治问题，政府寻求在
毒品治理上采取更为果断有效的行动策略和应对方法。但是在引入缉毒犬之
后也引发了很多争议。一些组织公开反对使用缉毒犬，理由是侵犯隐私、对
居民构成骚扰，也会产生更多非法搜查。缉毒犬使用之后，一些吸毒者为了
规避被发现的风险，采取更危险的做法，如购买来源不明但不易被发现的毒
品。澳大利亚学者认为，具体警务措施的出台有时并非基于客观需要，而是
基于一种政治需求的偶然性，在政策制定过程当中，应当尽可能理性分析背
后可能产生的法律和社会风险。[2]

在监狱学研究方面，从2002年至2016年，澳大利亚犯罪率与监禁率呈
现出一种"悖反"发展态势，澳大利亚主要的犯罪活动包括谋杀、抢劫、盗
窃行为大幅度减少，谋杀率下降了33%，抢劫率下降了58%，入室盗窃率下
降了55%。但与此同时，监禁率却没有相应地下降，反而有所增长，从每10
万人中就有150人受监禁上升到每10万人中就有204人受监禁，澳大利亚传
统上监禁率较低的维多利亚州监禁率也增长了44%。对于这一反常现象，澳
大利亚多数学者认为，监禁率的增长是惩罚性刑事政策如"严厉打击犯罪"
"三振出局法案"等政策运用的结果。也有学者认为，监禁率的增长很大程度
上是源于毒品犯罪的上升以及警察政策对家庭暴力和儿童性侵犯案件的转变。
罪犯入狱率的增加更多的是源于警方逮捕的增多，而非基于刑罚政策。随着

〔1〕 See Kristina Murphy, Lorraine Mazerolle, "Policing Immigrants: Using a Randomized Control Trial of Procedural Justice Policing to Promote Trust and Cooperation", *Australian & New Zealand Journal of Criminology*, Vol. 51, No. 1, 2018, pp. 3-7.

〔2〕 See Kari Lancaster et al., "'Drug Dogs Unleashed': An Historical and Political Account of Drug Detection Dogs for Street-Level Policing of Illicit Drugs in New South Wales, Australia", *Australian & New Zealand Journal of Criminology*, Vol. 50, No. 3, 2017, pp. 360-367.

家庭暴力事件、儿童性侵犯案件受到越来越多的关注，警方对此类罪行防控的警力投入增多，导致这些罪行成为密集执法活动的对象，更多人因此被监禁。同时，因涉嫌毒品犯罪而被定罪和监禁的人数大幅度增加，这和 2002 年至 2016 年间澳大利亚日趋严重的毒品犯罪形势有关。[1]犯罪率与监禁率的悖反发展态势是一个非常复杂的现象，对这一现象的解析众说纷纭，有些学者提出了一个比较新颖的观点，即监禁率的发展变化很大程度上取决于警务政策，而非刑罚政策。

监禁率的增加引发的学术关注之一是监禁所带来的负面效果。其中的一个核心影响是所谓的"社会排斥"（social exclusion）概念，这个概念是指某些个体缺乏参与社会关键活动和获取必要生活条件的机会。既有研究多关注犯人本身出狱后遭遇的社会排斥情况，但较少关注犯人家庭中其他成员所面临的社会排斥问题。澳大利亚格里菲斯大学犯罪学研究所的研究人员通过对囚犯家庭的研究，发现当家庭成员中夫妻任何一方因犯罪被监禁时，社会排斥会出现在其配偶身上，同时也会对子女产生负面影响。在这样的家庭当中，未被监禁的一方失去配偶的陪伴，实际上成为单身父母，其经济状况会受到不利影响，成为被社会排斥的弱势群体。同时，对子女的健康发展，乃至对儿童成年后也会产生有害影响，儿童成年后往往会产生与人交往时的不安感、焦虑感等持久的心理伤害。[2]监禁率增长的趋势要求犯罪学学者不仅应关注囚犯的生活状况，也应注重观察监禁对囚犯家庭所造成的不利影响，特别是对未成年子女产生的负面作用。

在监狱学相关研究当中，澳大利亚墨尔本大学的学者伊冯·朱克斯（Yvonne Jewkes）关注监狱建筑的论文立意颇为新颖，他关注的焦点是监狱建筑设计所产生的情感维度以及刑罚效果维度。监狱设施不仅具有物理意义上的创造一个监禁环境的作用，同时不同的监狱建筑设计会在有意无意间与刑罚哲学发生关联。每一栋建筑、房间和空间都会具有特殊属性，向居住在其中的人传达整个社会对他们的看法，建筑不仅象征着权力，也会促进某些意识

---

〔1〕 See Don Weatherburn, "Australian Imprisonment 2002-2016: Crime, Policing and Penal Policy", *Australian & New Zealand Journal of Criminology*, Vol. 51, No. 4, 2018, pp. 537-553.

〔2〕 See Kirsten L Besemer, Susan M Dennison, "Social Exclusion in Families Affected by Paternal Imprisonment, New Zealand", *Australian & New Zealand Journal of Criminology*, Vol. 51, No. 2, 2018, pp. 221-234.

形态的形成。"监狱"作为特殊的建筑物，一般采取"硬架构"（hard architecture），即混凝土墙壁，单调的颜色，家具采取质地坚固的材料，整体给人不舒服的感觉，这种硬架构会起到强化犯人特殊身份的作用，并影响其行动方式和思考方式。在当代刑罚改革背景下，监狱建筑环境的选择也成为犯罪学所研究的对象。监狱设计更加强调促进一种庄重的感觉，加强安全、信任和尊重，反对破坏性。一种"刑罚美学"开始兴起，其强调监狱环境的正常化，以此促进对犯人的教化和康复作用。早在18世纪，英国监狱改革家就提出在全球范围内建立"健康监狱"的理念，这种理念被后来的学者引用。但"健康监狱"的设计主题以及"刑罚美学"的概念与监狱本身的性质可能存在若干龃龉，世界各国主流监狱设计往往都是"硬架构"的严格的、具有人身限制性的，甚至较为丑陋的，其背后的理念是，犯人是危险的人——否则无法解释他们为何被关押在这么差的环境当中。当一所监狱传达出积极健康，甚至是"美"的特质时，会挑战人们对监狱的固有印象，也会对犯人的心理产生影响。[1]无论如何，监狱的建筑风格和内部设计会对刑罚效果产生怎样的影响，是一个颇有意趣的问题，值得监狱学研究者的进一步关注。

六、其他问题

　　新西兰学者关注了自然灾害与犯罪之间的关系。2011年新西兰基督城发生了坎特伯雷大地震，地震造成185人死亡，2000余人受伤，是新西兰有史以来第二严重的自然灾害。坎特伯雷地震发生之后，5万多居民离开了这座城市。地震之后，当地媒体报道称，该市的入市盗窃和纵火案件激增。对于自然灾害与犯罪之间的关系，犯罪学理论当中通常运用社会无序理论和日常行为理论加以解释。根据社会无序理论，自然灾害的发生有可能作为一种催化剂，能够促进社区的凝聚力从而提高维护社会控制的能力，会在灾害发生之初减少犯罪率。但随着时间推移，社会凝聚力减弱，最终犯罪行为会逐步增加。日常行为理论认为自然灾害对执法设施的破坏，会减弱执法人员灾害控制犯罪的能力，因此给潜在的罪犯创造了更多的犯罪机会，特别是会造成财产犯罪的增加。新西兰学者的研究表明，尽管地震对于犯罪热点地区的破坏会

---

〔1〕　See Yvonne Jewkes, "Just Design: Healthy Prisons and the Architecture of Hope", *Australian & New Zealand Journal of Criminology*, Vol. 51, No. 3, 2018, pp. 319-334.

造成基督城的总体犯罪率有所下降，但地震前的犯罪热点地区在地震之后转移到了普通街区，大部分街区的犯罪反而有所增加。[1]犯罪学学者普遍认为，自然灾害与财产犯罪之间存在显著关联性，灾害会造成财产犯罪的增加。但对自然灾害与暴力犯罪之间的关系则鲜有研究，自然灾害与犯罪之间的关系属于环境犯罪学研究的内容，鉴于灾害的多发性和破坏性，如何在灾后预防犯罪是值得关注的问题。

最后，犯罪记录与犯人就业问题也受到了学者的重视。就业对于罪犯的成功改造至关重要，但犯人出狱后，雇主经常检查犯罪记录并因此拒绝雇佣罪犯。犯罪记录尽管已成过去，但它的存在向雇主发出了一个信号：这个人可能会在工作场所犯罪，他们不值得信任、缺乏工作所需的纪律性以及其他技能。澳大利亚学者通过对若干公司企业的负责招聘事项人员的访谈，试图探寻犯罪记录在就业当中究竟发挥了怎样的作用。访谈结果表明，雇主并非一概拒绝具有犯罪记录的人，而是重视他们所犯的罪行的性质以及罪行发生后的时间长短，这是他们评估工作申请者危险性的重要依据。此外，当申请者具有额外的受教育或技术资格时，会提升雇主对他们的好感度。澳大利亚学者认为，有犯罪记录的就业申请者之所以被雇主拒绝，很多时候是基于雇主对犯罪人的"非理性恐惧"，应当设法建立雇主与有犯罪记录人之间的互动，消除这种恐惧。法院也应建立发放"康复证书"（certificate of rehabilitation）制度，提示雇主该就业申请人已经矫正成功，犯罪可能性很低，从而提高犯人出狱之后的就业率。[2]

七、大洋洲犯罪学发展现状的启示

大洋洲的主要国家中如澳大利亚和新西兰地理位置比较特殊，原住民和外来移民占人口比例很高，犯罪问题有其特殊性。从《澳大利亚与新西兰犯罪学杂志》中可以看出，大洋洲犯罪学目前的发展情况主要呈现出如下三个

---

〔1〕 See Gregory D Breetzke et al., "The Impact of the Canterbury Earthquakes on the Temporal and Spatial Patterning of Crime in Christchurch, New Zealand", *Australian & New Zealand Journal of Criminology*, Vol. 51, No. 1, 2018, pp. 135-140.

〔2〕 See Georgina Heydon, Bronwyn Naylor, "Criminal Record Checking and Employment: The Importance of Policy and Proximity", *Australian & New Zealand Journal of Criminology*, Vol. 51, No. 3, 2018, pp. 372-390.

特点：

第一，强调犯罪学研究的地方性语境。尽管在刑事政策制定、犯罪学研究方法等方面，大洋洲犯罪学受到美国和英国等国家的强烈影响，体现在惩罚性刑事政策的抬头、犯罪学实证研究方法特别是定量研究占主体地位等特征。美国以外犯罪学研究的一个特点是倾向于将美国学者得出的某个热门犯罪学命题根据本地的样本加以验证，但大洋洲犯罪学学者更为关注本土的特殊问题，IPV犯罪、毒品犯罪、原住民犯罪等问题成为近些年大洋洲犯罪学学者关注的焦点犯罪类型。在一国内部，也存在地方性语境的差别，包括城市与城市、城市与村庄、社区与社区等维度，大洋洲学者较为重视这些差异性。

第二，致力于打通理论研究与政策制定之间的鸿沟。大洋洲犯罪学学者在进行理论研究时，并非就理论而理论，而是注重将理论转化为实际的犯罪控制实践。如对YMF的研究，在通过日常行为理论等犯罪学中较为成熟的理论进行阐释之后，提出若干有效的预防青少年放火的措施。再如对自然灾害与犯罪之间的关联性研究显示，灾难过后尽管短期内犯罪率可能没有很大变化甚至有所下降，但长期而言财产犯罪的数量可能会有所增长，这对犯罪预防体系的完善颇有启示性。除了犯罪学理论——预防犯罪政策这个研究方向之外，大洋洲犯罪学研究者还注重反过来研究犯罪政策与犯罪学理论之间的关联性。其中对毒品犯罪的研究就是典型例证，学者们发现毒品犯罪控制背后的主要因素是民众非理性恐惧毒品所导致的"毒品战争"等政治性决策，而非基于对毒品、毒品市场的客观分析，这就给毒品犯罪的研究者们提出了这样的问题：在毒品犯罪相关刑事政策的制定当中，犯罪学的理论研究究竟应当扮演怎样的角色、发挥怎样的作用？从政策到理论的分析路径在一定程度上具有颠覆性，促进犯罪学学者进一步思考政策制定的整体因素以及犯罪学理论的实践功效。

第三，犯罪学研究方法的多样性。大洋洲犯罪学学者在进行研究时并非偏重单一研究方法，定量和定性方法都拥有一席之地。在定量分析当中，由于国家层面的犯罪学调查数据比较发达，为学者展开定量分析提供了很有效的素材，如澳大利亚历届联邦政府自1995年以来资助了4次关于女性受暴力侵害的全国性调查，国家层面展开的调查涵盖的相关数据更全面、更广泛，对犯罪学研究来说非常重要。在定量分析之外，大洋洲学者也重视定性分析，如话语分析、焦点小组访谈、半结构化访谈研究。定性研究更侧重分析经验事实的性质、特点、变化发展规律等，侧重于用文字语言对社会事实进行描述。

　　总的来说，大洋洲犯罪学近期的发展侧重将经典犯罪学理论与本土犯罪治理的具体实践结合起来，不拘泥于单一的研究方法，在 IPV 犯罪、青少年犯罪、自然灾害与犯罪等领域中取得了新进展，但其犯罪学研究也存在着偏重讨论欧美犯罪学理论、缺乏理论创新性、研究主题比较分散、缺乏对重点问题的集中讨论等问题。大洋洲犯罪学的发展情况有助于我们对我国犯罪学研究进行反思，在学习和借鉴先进国家的犯罪学发展经验基础上，着力于中国问题意识导向下的犯罪学研究，打通犯罪学理论研究与刑事司法实践的壁垒与隔阂，促进刑事司法体系和社会治安综合治理体系的不断完善。

第四章

其他国家 囚

第一节 尼日利亚 [1]

本节主要论述尼日利亚犯罪控制的传统模式与现代模式。

尼日利亚是非洲第一人口大国，总人口 2.01 亿，同时也是非洲第一大经济体。1914 年尼日利亚沦为英国殖民地，1960 年宣布独立，并成为英联邦成员国。尼日利亚国内种族和宗教冲突较为激烈，恐怖活动威胁愈加频繁，国内安全风险不断增高。在尼日利亚的前殖民时代，自我管理（self-policing）是该国主要的维护安全的方式。随着殖民时代的到来，传统的犯罪管控系统让位于西方式的司法体系，但这一体系并没有发挥预想的作用。在后殖民时代，两种犯罪控制模式之间的张力越发明显，加上恐怖主义的新威胁，尼日利亚犯罪控制模式必然要在传统与现代控制之间寻求一种"平衡之道"。我国拥有几千年的封建治理传统，在近现代之后不断的自发或外源的司法改革的背景下，也同样面临传统司法经验与现代司法模式之间的协调共生问题。因此，对尼日利亚犯罪控制模式转型中的经验与教训的理解，对我国犯罪治理的理论和实践具有重要意义。

一、前殖民时代尼日利亚的犯罪控制方式

尼日利亚以富拉人为主，国王、长老会议、众神、祭祀仪式、自发的治安管理组织以及其他附属习俗构成了传统司法的组成部分。在殖民主义出现之前，当地司法体系已经有较为发达的三层式治理结构（行政、立法和司法）。立法权归属于国王及其酋长等人。在前殖民时代，尼日利亚对犯罪的控

---

〔1〕 See Johnson Oluwole Ayodele, "A Qualitative Study of the Crime-Control Potency of Traditional Justice System in Oshogbo", *British Journal of Criminology*, Vol. 58, No. 4, 2018, pp. 925–943.

制并不是通过国家暴力这种系统性方式来解决的，而是基于一种协商基础上的地方事务的解决方式。

与西方政治司法文化存在根本区别的是，非洲在传统上并不遵循严格的立法-执法-司法模式，而主要是以非正式的社会控制为主。从犯罪预防角度看，非洲风俗认为，一个人偏离神灵和祖先认可的社会规范，可能会招致祖先的不快和报复，这种信念由于被非洲人民普遍固守和遵循，成为确保犯罪防控的一个有力因素。非正式的社会控制通过强化民众害怕因越轨、犯罪行为而失去群体认同，遭到嘲笑、污名化以及社会排斥来阻止社会成员的越轨、犯罪行为。而对于犯罪治理来说，犯罪现象主要被视为个体或社区既有"平衡"的打破，因此，犯罪被作为地区性事务，主要由宗教、长老、大家庭、自治群体等方式进行治理。一些本土法律通过神谕和誓约来定罪。在严重刑事案件中，有时也动用酷刑，原告和被告都会经历酷刑的考验，能够幸存下来的人被视为是无辜的。

由此可见，传统的尼日利亚犯罪治理模式是奠基在传统道德价值观较为牢固并由大家庭、地方权威长老进行管理的社会当中的，情感上的支持与确信维护着社会共同的道德规范，这些规范是预防和控制犯罪的主要依据，犯罪预防和治理主要通过一种地区性"协商"模式。

二、殖民时代和后殖民时代两种犯罪控制模式的张力

1914 年英国接管后，开启了尼日利亚历史上的殖民时代，直到 1960 年 10 月尼日利亚独立，殖民时代延续了近 50 年。在尼日利亚独立之后，正式司法体制仍被作为犯罪控制的主要手段。殖民时代和后殖民时代的主要特点是殖民者将西方正式司法控制体系引入尼日利亚，这种体系的主导思维是使用国家暴力对犯罪进行控制和预防，与传统的协商方式不同，殖民时代主要以"对抗"来治理犯罪，警察被视为犯罪控制链条当中的核心角色。殖民统治者对待传统犯罪控制方式的态度是完全摒弃。殖民者并没有调整司法制度，使西方模式与尼日利亚的地方特色结合起来，而是拒绝传统模式，引入外来的警察权力为主的犯罪控制观。在后殖民时代，这一问题也并没有得到根本解决。

这种外来的"先进"犯罪控制模式在尼日利亚产生了严重的"水土不服"。正式司法体系缺乏公众的信赖基础，也无视公众的情感道德需求。例如，司法人员可以基于某些目的搜索神殿，但这在传统上是严重的渎神行为。尽管后来这些司法体系进行了相关改革，但尼日利亚警方仍然无法控制犯罪，民众对正式司法控制机制的不信任，使得尼日利亚产生了若干地方志愿服务的治安员，他们获得了民众的更多信任。

三、传统与现代的和解：犯罪控制模式的新选择

当代尼日利亚面临着新的犯罪防控压力，传统犯罪（巫术、强奸）和新型犯罪（恐怖主义）交织在一起，尼日利亚学者认为犯罪控制路径的新选择既不能故步自封，也不能妄自菲薄，既要注重外部先进制度经验的学习，也要尊重本土语境和本地特点。

一方面，要合理实现犯罪控制思维和理念的转变。殖民和后殖民时代犯罪管控失败的很大原因在于将传统犯罪治理方式与现代治理方式做了截然区隔和对立，认为传统社会治理方式是国家权力真空、国家管制失败的结果，这是非常片面的。精英政治的"傲慢与偏见"的心态，忽视了地方语境和民众价值观念的需求，有损社会治理体系的完善，不利于传统与现代两种犯罪控制模式的和解与配合。事实上，哪怕在西方社会，非正式犯罪控制模式也是补充、支持正式犯罪控制体系的不可抛弃的有效制度组成部分。因此，在既有的正式犯罪治理体系中合理吸收借鉴传统模式中的有效因子，是尼日利亚司法改革中亟待解决的问题。

另一方面，要理性正视现代司法体制的优点。肯定传统治理模式的合理性，并不意味着要全盘否定现代司法体制，诚如尼日利亚学者所言，两种制度有各自维护社会秩序的不同价值。如果说传统模式在应对传统犯罪方面颇有心得，那么现代模式在控制复杂犯罪方面能力更强。为了应对恐怖主义、广泛暴力事件，传统的依赖家族、长老、地方官员的犯罪治理模式已然失效，必须动用国家暴力手段予以应对。

总之，新的时代发展阶段和新的犯罪形态的蔓延，要求西方犯罪学与尼日利亚本土犯罪治理方式实现真正的相互融合，而非简单的二元对立。西方犯罪学源于欧洲历史悠久的犯罪控制传统，同样，尼日利亚也有自己的文化、习惯和管理方式，这些经验也应当得到尊重。只有在包容和理性的基础上，才能促进正式与非正式、传统与现代犯罪防控模式的协调融合，致力于减少犯罪、提升公共安全。

第二节 以色列 [1]

本节主要论述以色列青少年司法的政治化问题。

以色列是中东地区唯一一个具有完善的多党制的自由民主制国家，其具有完备的司法体制，是中东地区最为强大、现代化且经济发展程度最高的国家。以色列公民享有各种政治权利和政治自由。然而，在巴以冲突的背景下，以色列对巴勒斯坦儿童犯罪的处理方式成为一个"透视仪"，借此可以窥见在政治冲突背景下，原本旨在复归矫正的青少年犯罪问题也被政治化处理，巴勒斯坦儿童得不到平等对待，深层次体现的是政治因素对于犯罪治理理念以及刑事司法实践的冲击。

巴以冲突以来，1967 年，东耶路撒冷（East Jerusalem）地区被以色列占领，大多数居民称为被占领国的居民，共有大约 30 万巴勒斯坦人，其中大部分人生活在贫困线以下。耶路撒冷希伯来大学的学者贝拉·科夫纳（Bella Kovner）和沃基安·凯纳达拉（Nadera Shalhoub-Kevorkian）对 2014 年至 2016 年东耶路撒冷地区未成年犯罪数据进行了深入研究，数据显示，2014 年和 2015 年，约有 600 名 12 岁至 18 岁的巴勒斯坦未成年人在东耶路撒冷地区被捕，比 2010 年增加 105%，2015 年 9 月 13 日到 2015 年 12 月 15 日，398 名东耶路撒冷地区的巴勒斯坦未成年人被逮捕。30% 被逮捕的未成年人受到起诉，其中涉及的罪名包括：投掷燃烧弹、升起巴勒斯坦国旗、投掷石头、叛乱、煽动叛乱等安全犯罪和其他安全犯罪。涉及公共秩序的犯罪包括威胁犹太公民、非法闯入、大型集会、拦路、与宗教有关的犯罪、与判刑有关的犯罪、违反入境以色列法、公众骚乱、街头斗殴和袭击警察。对人类生命的犯罪包括扔石头、"民族主义"行为、过失杀人、谋杀未遂和谋杀。造成人身伤害的行为包括对非公职人员的人身攻击、焚烧轮胎、设置障碍物、投掷燃烧弹、严重人身攻击、刑事疏忽和攻击公职人员。

根据《儿童权利公约》第 38 条，在战争和政治暴力时期，应当优先考虑

---

〔1〕 See Bella Kovner, Nadera Shalhoub-Kevorkian, "Child Arrest, Settler Colonialism, and the Israeli Juvenile System: A Case Study of Occupied East Jerusalem", *British Journal of Criminology*, Vol. 58, No. 3, 2018, pp. 709-729.

儿童问题："'缔约国'根据其根据国际人道主义法保护武装冲突中平民的义务，应采取一切可行措施，确保受武装冲突影响的儿童得到保护和照顾。"然而具体到东耶路撒冷地区，以色列学者认为，以色列在对待东耶路撒冷地区的巴勒斯坦青少年越轨和犯罪问题时，采取了一种惩罚性、种族性的司法歧视，将巴勒斯坦儿童和青少年视为安全威胁，甚至是天生的恐怖分子，缺乏对其权利的基本尊重和保护。这种歧视性态度主要表现在两大层面：其一，从理念上看，不尊重巴勒斯坦儿童的基本权利；其二，从制度运行层面看，采取更为严厉的惩罚性司法态度。

首先，歧视性态度集中体现在对被占领地区的巴勒斯坦儿童权利维护不力。根据以色列全国儿童委员会的报告，截至 2015 年 3 月，156 448 名没有公民身份的儿童生活在以色列，其中 81.2% 是东耶路撒冷地区的青少年。同时，在东耶路撒冷地区，只有 41% 的巴勒斯坦儿童在市立学校就读，并且只有一所学校。不赋予公民身份权、不扩大和改善教育设施，使得被占领地区的巴勒斯坦儿童的成长环境明显劣于以色列儿童。其次，歧视性态度表现为对被占领地区犯罪问题倾向于采取更为严厉的惩罚性司法。以色列的司法实务显示，在东耶路撒冷地区青少年犯罪问题上，原本应当以教育和改造为主旨的青少年司法思维被一种侧重国家安全的惩罚思维代替。2013 年 2 月，以色列最高法院讨论了一名 17 岁的东耶路撒冷人提出的上诉。这名东耶路撒冷人因向过往车辆投掷石块而被地方法院以辩诉交易的方式判处 45 天监禁和 8 个月的缓刑。在上诉时，辩护律师声称，地方法院没有考虑青少年的个人情况，而是把威慑和重罪的严重性放在首位，这是错误的。然而，检察官的意见很具有代表性，他认为，投掷石块是耶路撒冷的"城市瘟疫""大多数扔石头的人都是未成年人，对他们中的大多数人来说，除了监禁他们，别无他法，这样其他人就会看到并感到恐惧"。因此，威慑是必要的。在司法实践当中，以色列法官不会阿拉伯语，大多数巴勒斯坦儿童也不懂希伯来语，这就造成法官与犯罪的青少年之间无法交流，严重影响了对青少年犯权利的保护。这种对巴勒斯坦人和以色列人的区别对待导致了司法歧视，甚至造成了这样一种理念：阿拉伯人犯罪就是恐怖主义行为。当一个犹太人犯罪时，要么是出于自卫，要么是由于精神疾病。

上述现象已经受到了以色列学者以及法律实务人员的重视和反思，事实上，以色列青少年司法的上述现状和问题并不仅仅是以色列本国的本土问题，从深层来看，它体现了战争思维作用于司法机制的隐形后果。在将所有巴勒斯坦儿童都归类为"天生的恐怖分子""具有安全威胁"的战争思维的前提下，政治理念影响了实际的警务政策，巴勒斯坦儿童的越轨行为被越来越多地上升为严重犯罪行为，青少年司法中的教育矫正理念被置换为安全优先，巴勒斯坦儿童的权益被牺牲，警务政策又直接引起了歧视性司法实践，更多的巴勒斯坦青少年被捕入狱，似乎又印证了巴勒斯坦儿童是"天生的恐怖分子"这一偏见。这种恶性循环的战争思维扭曲司法正义的情况值得所有国家警惕和反思。

第三节　卢旺达[1]

本节主要是关于卢旺达种族屠杀事件的犯罪学研究。

1994 年 4 月，卢旺达全国陷入暴力，短短几个月就夺去了多达 100 万人的生命。学者们统计，在暴力事件最密集的时段，卢旺达平均每小时有 333 人被杀，每分钟有 5.5 人被杀。美国俄亥俄州立大学的哈利·尼塞斯·布雷姆（Hollie Nyseth Brehm）关注卢旺达暴力事件当中究竟是什么样的机制发挥了作用，从而造成了种族屠杀的严重后果。本节将首先回顾卢旺达种族冲突的历史背景，然后简要介绍布雷姆教授的研究成果。

1884 年，卢旺达属于德国的殖民地。在第一次世界大战之后比利时接管了卢旺达，但仍然奉行殖民主义。比利时官员通过当时的卢旺达君主政体建立了间接统治的政策，由酋长和副酋长组成的制度来统治卢旺达。新的殖民统治将卢旺达人分为三个民族：胡图族（Hutu）、图西族（Tutsi）和特瓦族（Twa），虽然这些族群在殖民时代之前就已存在，但比利时殖民主义者认为图西人比胡图人更高、肤色更浅，更高贵，制定了有利于图西人的政策，使得占人口不到 15%的图西人在政治体制中享有更大权力。

20 世纪 50 年代之后，占人口多数的胡图人开始对多年来的边缘化感到不满，胡图族解放运动兴起，并在 1962 年卢旺达独立并建立胡图族领导的政府时达到高潮。彼时已发生针对图西人的暴力事件，图西人开始大量逃离卢旺

---

[1] See Hollie Nyseth Brehm, "Subnational Determinants of Killing in Rwanda", *Criminology*, Vol. 55, No. 1, 2017, pp. 5-31.

达。1973 年胡图人哈比亚利马纳总统上台，继续奉行歧视图西人的政策。与此同时，逃离卢旺达的一些图西人开始在邻国乌干达组织名为卢旺达爱国阵线的武装解放运动。1990 年 10 月，该军队与卢旺达政府军交火。随后，哈比亚利马纳政府和图西族的爱国阵线组织签署了停战协议，但零星的暴力仍不时地发生。1994 年 4 月 6 日，哈比亚利马纳总统的飞机在首都降落时被击落，机上所有乘客全部遇难，这直接导致了卢旺达种族屠杀的开始。不久，暴力袭击的目标遍及卢旺达各地的图西人和温和派的胡图人，成千上万的普通公民也成为被攻击的目标。几个月后，100 多万人被杀害。

布雷姆教授认为，卢旺达屠杀事件中，自上而下和自下而上的因素都发挥着作用。总统被杀害后，几名胡图族政治精英控制了国家政权，成立了临时政府。将政治反对派的名单分发给敢死队，许多省市一级的官员和其他国家官员都积极参与种族灭绝。国家主导的意识形态为种族灭绝暴力提供了激励框架。在这种情况下，政治精英宣扬一种意识形态，把图西人描绘成具有威胁性的局外人，国家支持的广播电台播放和宣传仇恨言论。国家主导的电台卢旺达广播电台在内战开始时主要负责广播。当阿鲁沙协议禁止仇恨言论时，政治精英开始与一个名为 RTLM 的"独立"电台合作，煽动暴力。

虽然国家权力阶级策划了种族灭绝，但具体的实施也与自下而上的暴力事件密不可分。胡图人被鼓励组成"自卫"团体，尽可能多地杀害图西人。几十万卢旺达人响应了这一呼吁。邻居杀害邻居，牧师杀害他们的教友，老师杀害他们的学生，导致了广泛的社会关系被侵蚀。一些深受信任的机构的成员，如天主教会，也参与了暴力事件。但是研究也显示，一些参与种族灭绝的平民是出于恐惧或群体施加的压力而被迫参与的，也有许多人不仅没有参与暴力事件，还选择救助图西人。

根据生命历程理论，婚姻为个体行为施加了社会控制，布雷姆教授假设胡图人和图西人之间的种族通婚可能促进更牢固的纽带，种族间通婚更多的地区发生的杀戮可能较少。此外，卢旺达学者认为，参与暴力的大多数平民是年轻男子，预测在年轻男性更少的地区发生的杀戮也更少。然而，上述假设都没有得到证实。布雷姆教授的实证研究发现，种族通婚更多的地区的暴力事件也并未明显减少，这可能是因为暴力也针对与图西族有关的胡图人，与图西人通婚的胡图人也遭到了杀害。青年人并不是天生更暴力，只是由于外部缺乏对其生活施加必要的社会控制时，他们才更可能参与暴力。

总的来说，卢旺达屠杀悲剧是自上而下和自下而上暴力的合力。从犯罪学的其他理论出发，如社区集体效能理论认为居民之间联系更紧密的社区在种族灭绝期间发生的暴力事件的时间较晚，因为打破这些联系需要时间。社会失序理论认为，凝聚力、相互信任和社会控制水平较低的城市暴力行为会更少。卢旺达事件可以为上述犯罪学理论的有效性检验提供一个特殊的样本。

第四节　克罗地亚[1]

本节将概述克罗地亚的犯罪学学科的基本情况，并对其略加评述。

克罗地亚位于中欧和东南欧的交叉口，它南临亚得里亚海，海岸线很长，北与斯洛文尼亚和匈牙利接壤，东与塞尔维亚和波斯尼亚和黑塞哥维那接壤。克罗地亚人口约有430万，其中约五分之一生活在首都萨格勒布。1991年克罗地亚从南斯拉夫共和国中独立出来。在克罗地亚和整个区域，90%的居民为克罗地亚人，大多数居民的宗教信仰为天主教，其次为东正教、非宗教/无神论者以及伊斯兰教，种族和宗教紧密地联系在一起。

克罗地亚的犯罪学研究有着悠久的制度历史，可以追溯至1906年萨格勒布大学法学院刑事科学和社会学讲席的设立。根据克罗地亚的学术分类，法律科学被容纳进社会科学当中，法律科学包含刑法和刑事程序法，而犯罪学/被害人学隶属于刑法学。克罗地亚将犯罪学仅视为刑法学的一个补充，而非一门独立学科。这使得克罗地亚的刑法学、犯罪学研究出现了三个方向：作为主流研究方向的规范刑法学研究一般排斥非法学背景的研究者参与其中；警务、安全等犯罪学研究由非法学背景的研究者展开；犯罪学研究涉及的行为问题等也由非法学背景的学者进行。三个研究方向往往独立进行，互不干涉、没有互动。

克罗地亚的三个主要的犯罪学研究和教育机构是：萨格勒布大学法学院、警察学院以及教育和矫正科学学院。这些研究和教育机构尽管开设了很多犯罪学课程，但并不存在专门的犯罪学学位（无论是本科还是研究生），因此克罗地亚的犯罪学家大多具有刑法学、刑事侦查学、社会学、教育学等研究背

〔1〕　See Anna-Maria Getoš Kalac, Reana Bezić, "Criminology, Crime and Criminal Justice in Croatia", *European Journal of Criminology*, Vol. 14, No. 2, 2017, pp. 242-266.

景。在过去几年中，克罗地亚一直在讨论建立一个犯罪学的多学科联合博士研究方案，从而将刑法学、犯罪学和人体缺陷学等多学科融合在一起，这对联合研究的开展会产生积极影响。

　　数十年来，克罗地亚的犯罪学研究大多依赖个别学者的努力，而非机构组织的力量，但这一趋势在近年来有所转变。萨格勒布大学法学院与德国马克斯-普朗克外国刑法和国际刑法研究所成立了联合研究小组，致力于"巴尔干犯罪学"的研究计划。该联合小组关注巴尔干半岛的暴力犯罪、有组织犯罪和非法市场、对安全和犯罪的感受和看法以及国际性量刑等问题。合作小组还涉及克罗地亚地区的自我报告越轨行为的研究。

　　总的来说，克罗地亚的犯罪学仍不发达，当涉及刑事政策决定的做出时，很少会咨询犯罪学家们的意见。例如，2013 年生效的新克罗地亚刑法是在没有任何严肃的犯罪学背景研究的情况下制定的。克罗地亚犯罪学学者致力于从本国犯罪学学科教育体系、与国际发达犯罪学组织建立联系等方面努力建立犯罪学的学科地位，这所体现出来的宏大格局观是值得肯定并值得我国犯罪学学者学习的。

第五章

我国的犯罪学研究

　　本章仍旧沿用美国、欧洲等代表性国家中的论述体例，从框架上将其分为犯罪、警务、司法、矫正四个主题进行阐述，每个主题中都对研究方法有所涉及，且每一主题中都有对应的相关研究内容、研究概貌的特征分析和相关评析，故此本章不再单设方法与评析两节。同时需要说明的是，本章中对于我国的犯罪学研究综述仅统计了较具代表性的44种期刊：《当代青年研究》《法律适用》《法治研究》《河北法学》《交大法学》《科技与法律》《中国法律评论》《中国青年社会科学》《当代法学》《东方法学》《法律科学（西北政法大学学报）》《法商研究》《法学》《法学家》《法学论坛》《法学评论》《法学研究》《法学杂志》《法制与社会发展》《国家检察官学院学报》《行政法学研究》《华东政法大学学报》《环球法律评论》《清华法学》《现代法学》《政法论丛》《政法论坛》《政治与法律》《中国法学》《中国刑事法杂志》《中外法学》《青年研究》《人口学刊》《心理发展与教育》《心理科学》《中国临床心理学杂志》《中国青年研究》《中国社会科学》《北京警察学院学报》《江苏警官学院学报》《山东警察学院学报》《中国监狱学刊》《中国检察官》和《中国人民公安大学学报（社会科学版）/（自然科学版）》。因此，由于篇幅的限制，该综述无法对2017年至2018年的所有犯罪学研究的论文一一加以详细研究，只能从众多有关犯罪学研究论文中遴选出若干具有代表性和笔者认为对学术推进有重要意义的论文，分成犯罪、警务、司法、矫正四节予以阐释和评述，以期形塑出该阶段我国犯罪学研究的整体映像。这一工作既具有重大意义和价值，也具有困难和挑战。其意义和价值在于，只有准确把握我国犯罪学研究的理论图景，才能深刻反思这一领域的研究现状，从而更好地寻求今后研究的不断发展和突破；其困难和挑战在于，就遴选标准而言，尽管笔者努力秉持中立的立场，仍不免在遴选过程中参入评价者自身的主观偏好，难以真正实现纯粹的理性，从而可能遗漏了一些同样出色甚至更为精彩的论文。

第一节　犯　罪

一、犯罪研究的学术论文数据与分布

对于 2017 年至 2018 年我国犯罪学领域有关犯罪研究的学术论文在学术期刊发表的整体状况，本书仅就发表的论文数量和期刊发表分布以及内容分布状况做一些简要的说明和呈现。首先，2017 年至 2018 年这一阶段共发表有关犯罪研究方面的论文数量已达 119 篇，这尚且不包括未列入本书统计范围内的发表在其他普通期刊上的论文。有关犯罪研究主要集中于犯罪现象论、犯罪生成论以及犯罪对策论三大块。仅就发表数量而言，即使除去大量未统计的非 CSSCI 非法学类期刊上发表的犯罪学领域有关犯罪研究的论文，在 2017 年至 2018 年间有关犯罪学领域犯罪研究的论文发表总数还能达到 100 余篇，这一数量还算是可观。另外，因本书所搜集的年度论文并不是全样本，是根据内容及检索条件的实际情况进行搜集的，所以并不能反映本年度的发文全貌，其论文发表所属单位分布状况不具说服力，故此处不对这一状况进行统计分析。

其次，2017 年至 2018 年间有关犯罪矫正研究方面的论文所发表的期刊分布具体为：发表在 CSSCI 法学类期刊上的共计 25 篇，分别是《政法论坛》4 篇、《中国法学》3 篇、《法制与社会发展》和《法学评论》《法学研究》《国家检察官学院学报》《中国刑事法杂志》《法学杂志》各 2 篇、《现代法学》和《环球法律评论》《法律科学（西北政法大学学报）》《政治与法律》《法学论坛》《清华法学》各 1 篇；发表在 CSSCI 非法学类期刊上的共计 24 篇，分别是《中国青年研究》和《心理发展与教育》各 8 篇、《心理科学》4 篇、《青年研究》2 篇、《人口学刊》和《中国社会科学》各 1 篇；发表在 CSSCI 扩展版（法学+非法学）上的共计 13 篇，分别是《法律适用》5 篇、《中国法律评论》和《中国青年社会科学》各 3 篇、《法治研究》和《当代青年研究》各 1 篇；发表在人文社会科学 A 刊扩展版期刊上的共计 57 篇，分别是《中国人民公安大学学报（社会科学版）》19 篇、《山东警察学院学报》和《江苏警官学院学报》各 13 篇、《北京警察学院学报》5 篇、《中国检察官》4 篇、《中国监狱学刊》2 篇、《中国人民公安大学学报（自然科学版）》1 篇。

最后，2017 年至 2018 年间有关犯罪研究方面的论文所涉内容分布相对较为集中。119 篇论文的内容主要涉及犯罪现象、犯罪生成、犯罪预防三个方面，由于很多论文既有对犯罪现象的描述，也有对犯罪原因的分析，以及对犯罪对策的设想，很难对这三方面的内容做严格区分。本书以论文中的篇幅所侧重点为标准对其进行大概划分，其中涉及犯罪现象的研究共计 36 篇，占据了论文总数的 30.3%；涉及犯罪生成的研究共计 23 篇，占据了论文总数的 19.3%；涉及犯罪预防研究的共计 52 篇，占据了论文总数的 43.7%；还有涉及犯罪学研究方法的研究共计 8 篇，占据了论文总数的 6.7%。

二、犯罪研究的内容概要

（一）犯罪现象论

1. 整体犯罪现象的预测与分析

关于 2017 年犯罪现象的预测以及 2017 年至 2018 年犯罪现象的分析，以靳高风等人为代表主要通过对同年法律年鉴及同年最高人民法院和最高人民检察院工作报告中所涉相关数据进行分析，发现 2016 年社会关注度较高的犯罪类型是电信诈骗犯罪、职务犯罪、环境犯罪、网络犯罪等。侵犯财产犯罪高发、频发，其地域性、职业性、组织性特点突出；经济犯罪形势日趋复杂，网络涉众型经济犯罪集中爆发；未成年人暴力犯罪引起社会焦虑，未成年人保护制度受到质疑；网络涉黄赌毒犯罪日趋突出，网络直播成为社会焦点；职务犯罪相对数量持续增长，民生领域犯罪被重点关注；开赌场、收保护费和强制交易仍是黑恶势力敛财的主要途径，乱政、抗法、霸财、行凶是农村黑恶势力的典型特征。综合诸多数据进行推测，2017 年，犯罪绝对数量变化不大，但国家重大活动安保会导致犯罪相对数量的增加。一方面犯罪行为的动态化、虚拟化、智能化、链条化、行业化特征明显，另一方面常发型、多发型的侵犯财产犯罪人的职业化、专业化、组织化程度增加，暴力恐怖犯罪和个人极端暴力犯罪人的极端性、意识性、报复性和目的性增强，新一代犯罪人年龄年轻化、方式网络化、动机简单化的趋势明显。2017 年随着国家经济结构调整和"三去一降一补"的深入推进，结构性、区域性和行业性集中失业、集中转制造成的社会不稳定以及相关犯罪风险需要被警惕，改革过程中出现的职务犯罪、渎职犯罪和经济犯罪需要从制度设置上加以防范。[1]同时发现，2017年全国公安机关刑事案件立案数量有所下降，严重暴力犯罪数量持续减少，犯罪治理机制不断创新，群众安全感明显提高。电信网络诈骗的高发势头得到控制，但是社交网络平台、App软件、二维码、付款码等成为电信网络诈骗的新途径。非法集资、网络传销等涉众经济犯罪严重扰乱经济秩序，食品药品犯罪、环境污染犯罪案件数量增长明显。互联网成为犯罪的天堂和引擎，网络涉黄赌毒问题持续突出，网络安全成为国家安全的关键。未成年人犯罪与权益保护仍是社会关注的焦点，性侵未成年人犯罪、校园欺凌和虐待儿童现象受到了国家相关部门的高度重视。群众身边的"微腐败"、基层的"蝇贪"、黑恶势力的"保护伞"等现象浮出水面，反腐败的国家监察制度逐步得以健全。随着2018年经济形势下行压力的增大和转方式、调结构的深入，股市、房市等重点领域涉众性、风险性的经济犯罪会更加突出，并有向社会稳定领域转化的风险。[2]由此提出，充分发挥大数据预测预警功能，持续加大打击和预防盗抢骗等多发性犯罪、减少个人极端暴力犯罪产生的社会因素等仍是进一步提高群众安全感的有效途径。

2. 犯罪现象的类型

2017年至2018年有关犯罪现象的研究整体集中于对犯罪形势预测中的几大犯罪现象上，但因为犯罪类型中总有着一些交叉，而且犯罪现象中本身也存在着手段和主体上的交叉问题，所以各类型犯罪现象之间并非完全排斥而是可能存在交集。本书对犯罪现象类型的划分主要是以研究论文中的主体侧重点部分为划分依据，尽量将所研究的各类犯罪现象罗列出来，其中由于论文搜集并不是进行全样本采集，难免仍旧存在着诸多疏漏和不足等不科学的地方。

(1) 暴力型犯罪

2017年至2018年有关犯罪研究方面的论文对于暴力型犯罪现象的研究主要集中于恐怖主义犯罪、黑社会性质组织犯罪、校园暴力犯罪等方面。

关于恐怖主义犯罪研究主要是对其中"独狼"恐怖主义、西北边境地区

---

〔1〕 靳高风、王玥、李易尚："2016年中国犯罪形势分析及2017年预测"，载《中国人民公安大学学报（社会科学版）》2017年第2期。

〔2〕 靳高风、朱双洋、林晞楠："中国犯罪形势分析与预测（2017-2018）"，载《中国人民公安大学学报（社会科学版）》2018年第2期。

暴恐活动以及恐怖主义犯罪视野下的人口流动问题进行探讨。王晴锋撰文认为"独狼"恐怖主义的出现是国家反恐策略、科学技术、社交媒体以及更广泛的社会文化趋势综合发展的产物，它不是恐怖主义内生性地自我演变的结果。非组织化、宗教-意识形态以及社会性是"独狼"的显著特征。[1]刘志勇撰文指出，我国西北边境地区暴恐活动表现出组织结构上以家族式活动为主、隐蔽性强，以偏远地区和军警等执法作战力量为袭击目标，人员结构上年龄、性别、学历界限模糊，活动范围上境内与境外互联等新趋势。其有独狼式、迁徙式、割据式、遁形式四种基本活动方式，恐怖分子分潜态、初级以及高级三种基本类型。针对不同类型恐怖分子的活动规律，应采取国内治理、路径管控以及国际合作的治理方略，以消除暴恐活动的基础。[2]另外，随着恐怖主义全球化和"迁徙圣战"规模的不断扩大，恐怖主义犯罪的"跨区域活动"和境外"回流"势头日益凸显，恐怖分子的"流动性"成为当前恐怖主义发展的重要趋势。姬艳涛撰文指出，在"双向流动"的具体途径中，文化型流动、经济型流动、宗教型流动以及国家人口流动下的非法出入境成了恐怖主义"迁徙流动"的主要方式。当前，"流动"恐怖主义不仅拓展了恐怖主义犯罪国际化和本土化的渠道，增强了暴恐袭击活动的隐蔽性和成功率，而且还极大促进了恐怖主义组织之间的合作，严重干扰了国内正常人口流动的基本秩序。[3]由此可以看出，暴恐犯罪的流动性特征呈现，以及"独狼"形式的出现，或者其他特征或形式的出现，都应该值得进一步深入研究，才能为更好地治理暴恐犯罪提供策略支持。

关于黑社会性质组织犯罪研究方面，暴力对黑社会性质组织犯罪不可或缺，较具隐蔽性的"软暴力"逐渐成为传统"硬暴力"异化、"升级"的产物。随着时代的发展，暴力与资本之间的关系发生重大转变。林毓敏撰文通过实证分析，论证了三个假设，即：①随着黑社会性质组织的进一步发育和升级，软暴力逐渐发展成为其重要的行为手段，且黑社会性质组织更乐于采

<hr>

〔1〕 王晴锋："'独狼'恐怖主义：定义、成因与特征"，载《山东警察学院学报》2017年第6期。

〔2〕 刘志勇："西北边境地区暴恐活动方式、规律及其治理"，载《江苏警官学院学报》2017年第6期。

〔3〕 姬艳涛："恐怖主义犯罪视野下的人口流动：趋势、结构和危害"，载《北京警察学院学报》2017年第6期。

用软暴力。②软暴力与硬暴力之间存在必然联系。软暴力是以硬暴力为前提的，当软暴力无法奏效时，黑社会性质组织也将重拾硬暴力。③软暴力之所以奏效，从表面上看，是黑社会性质组织的暴力威慑和心理强制的结果，但究其根源，有着更为深刻的社会原因。最后据此提出黑社会性质组织曾经仅凭暴力就可积累原始资本，时至今日，单凭暴力已不能直接收割资本，而只能依附于资本，并成为可供交易的"服务性商品"。打击黑社会性质组织犯罪，关键在于彻底斩断暴力与资本之间的关系，并坚决惩处利用"软暴力"或雇用暴力实施的犯罪。[1]

　　关于校园暴力犯罪研究方面，主要集中于校园个人极端暴力犯罪和中美校园暴力犯罪的比较研究上。靳高风等人通过对2001年至2016年间针对校园的31起典型个人极端暴力案件为样本的研究发现，当前我国校园个人极端暴力犯罪的特点为：①犯罪人以报复社会型和精神障碍型为主；②犯罪对象泛化，以缺乏保护能力的中小学生为目标；③犯罪时间和地点主要集中在学生聚集、防范薄弱的时间和地点；④暴力袭击行为突发性强，犯罪过程迅速；⑤暴力袭击行为残暴，以持刀砍杀为主要手段；⑥暴力袭击行为后果严重，社会影响恶劣和行为传染性强。[2]通过对中美两国校园暴力袭击典型案例的比较分析，靳高风等人发现，我国和美国发生的校园暴力袭击犯罪既具有相同的特征，也存在一定的差异性。两国发生的校园暴力袭击犯罪都具有个体性、极端性和暴力性的特征，袭击行为的发生是不同的社会问题与不良个体综合作用的结果，犯罪人在年龄、身份、地位等方面存在较大的差异，但具有基本相同的心理特征和社会特征。据此提出，我国和美国校园安全体系各有优劣，应取长补短以完善我国校园安全防控体系，即我国虽然已经在案件多发、频发后逐步采取了严厉打击、严密防范、立章建制等事后措施，但是仍需要在校园安全立法、涉校重点人员风险评估与监控、现场应急处置、安全教育培训、社会力量合作、规章制度落实等方面进一步加强和完善。[3]

---

　　〔1〕 林毓敏："黑社会性质组织犯罪中的暴力手段及软性升级"，载《国家检察官学院学报》2018年第6期。

　　〔2〕 靳高风、李易尚、朱双洋："当前我国校园个人极端暴力犯罪研究——基于2001-2016年间31个典型案件的调查"，载《山东警察学院学报》2017年第3期。

　　〔3〕 靳高风、李易尚："中美校园暴力袭击犯罪比较研究——基于94起典型案件的调查分析"，载《中国人民公安大学学报（社会科学版）》2017年第6期。

除此之外，还有论文对报复社会型暴力犯罪有所研究，主要是通过对 2010 年以来的 23 起报复社会型暴力犯罪中犯罪人生活经历和作案原因的梳理，发现行为人往往在某种（些）外部因素的刺激下产生悲观厌世情绪，进而不顾后果地实施犯罪，其形成过程符合紧张理论的罪因模式。[1]

（2）网络犯罪

2017 年至 2018 年有关网络犯罪的研究主要集中于网络犯罪社群特征以及网约车犯罪两个方面。其中关于网络犯罪的整体特征分析，游涛等人撰文以北京市海淀区 2007 年至 2016 年审结的网络犯罪案件为样本，发现网络犯罪案件呈现出总数增长快，涉案罪名多，诈骗案件增长迅猛，犯罪人高学历、年轻化的特点。在审判思路的各个环节，分别存在电子证据取证难、技术分析难、入罪标准和构成要件模糊、罪名区分困难等问题。[2]关于网络犯罪社群的特征，谢晓专撰文采取案例分析法，指出网络犯罪社群是一种新型有组织犯罪形态，社群成员基于犯罪共意，或为家族式犯罪团伙，或由熟人创建，或由互不相识之人通过网络平台勾连，结伙实施违法犯罪活动。其组织结构主要有严密的层级型、松散的资源分享型、紧密的企业型以及产业链型等多种形态；其组织文化有接近正常社会文化和黑社会帮派文化两种类型；其通过"信息流、知识流、情感流、资金流和物流"等"六流融合机制"实现虚拟化运行，依托互联网呈现"八方汇聚、来源复杂、规模庞大、分布广泛"的新特点；其反侦查手段多样、隐蔽性强，传统的以执法机构为中心的治安管理与案侦模式难以有效应对。[3]

关于网约车犯罪的研究主要集中于网约车杀人案和网约车司机犯罪两大方面。有关网约车杀人案的司法特点，郑琛琚撰文通过检索 2016 年至 2018 年经媒体公开报道并已进入司法程序的滴滴网约车杀人案 11 起，总结其司法特点有：一是媒体和群众的关注度更高；二是司法与媒体的良性互动更充分。其中滴滴网约车司机杀害乘客案呈现出七大特点：一是顺风车占比至少达

---

〔1〕 任奕："我国近年来报复社会型暴力犯罪的刺激因素及其社会对策分析——以'紧张理论'为视角"，载《北京警察学院学报》2018 年第 4 期。

〔2〕 游涛、杨茜："网络犯罪实证分析——基于北京市海淀区人民法院 2007-2016 年审结网络犯罪案件情况的调研"，载《法律适用》2017 年第 17 期。

〔3〕 谢晓专："网络犯罪社群行动特征与防控策略"，载《中国人民公安大学学报（社会科学版）》2017 年第 2 期。

75%以上；二是作案人均为 20 岁至 30 岁之间的青年男性，被害人均为 20 岁至 30 岁之间的单独出行的年轻女性；三是作案时间大都发生在深夜和凌晨，地点都发生在偏僻路段；四是杀人原因多是泄愤和灭口；五是犯罪行为中除了杀人以外，还包含性侵和抢劫；六是犯罪凶器多为匕首和约束带；七是判决结果多是死刑。滴滴网约车乘客杀害司机案呈现出的七大犯罪特点为：一是案件范围涵盖滴滴专车、快车、顺风车领域；二是被害人中中年司机占比至少为 57.1%；三是作案时间多发生在晚上 10 点至次日凌晨时间段，地点均为偏僻路段；四是杀人原因主要是被害人反抗和抢劫成功后为了灭口；五是犯罪行为中除了杀人以外，均包含抢劫行为，未出现性侵行为；六是犯罪凶器多为刀具及其他辅助工具；七是判决结果除了公开信息未反映审判结果以外，其他的都显示被判处死刑立即执行。[1]有关网约车司机犯罪，汪恭政撰文通过统计分析发现，滴滴出行平台与其网约车司机之间事实上存在监管与被监管的关系，对不同类型的网约车业务的监管程度与发案率有密切关系，顺风车、快车业务相关网约车司机发案率明显高于专车司机。滴滴平台实质上是给传统出租车和乘客撮合交易提供中介服务，创造了新的社会安全风险，却未形成有效的监管。[2]皮勇撰文以 2018 年度最有影响力的滴滴出行平台相关网约车司机犯罪案件进行犯罪学分析，认为此类犯罪治理的核心问题是数据问题，互联网服务平台客观上创造了新的犯罪环境，滥用客户个人信息导致犯罪人获得了关键的犯罪条件，互联网平台履行信息网络安全管理义务不尽责以及警企之间的安全数据互通缺失导致了犯罪防控机制失效，未掌握互联网服务企业的经营数据导致传统的地域为限、条块架构的企业行政监督管理机制空转。[3]

（3）青少年犯罪

2017 年至 2018 年间有关青少年犯罪研究的论文比较庞杂，既有宏观上对整体青年犯罪的研究，也有对青少年这一群体中触犯的特定类型的犯罪行为以及越轨行为的研究，如未成年人网络犯罪和欺凌行为、校园暴力、攻击行为的研究，还有对这一类主体中特定人群的研究，如留守儿童、未成年流动

---

〔1〕 郑琛琚："滴滴网约车杀人案的司法特点和犯罪原因"，载《中国检察官》2019 年第 2 期。

〔2〕 汪恭政："滴滴出行平台中司机犯罪案件的统计分析"，载《中国检察官》2019 年第 2 期。

〔3〕 皮勇："2018 年度最有影响刑事案件的犯罪学分析——滴滴出行平台相关网约车司机犯罪案件的犯罪学分析"，载《中国检察官》2019 年第 2 期。

人口的不良行为的研究等。

首先，关于青年犯罪问题，主要是对 18 周岁至 25 周岁犯罪与未满 18 周岁的少年犯罪进行对比分析，发现二者在基本趋势、犯罪类型、犯罪行为特征等方面并不相同。同时指出，青年犯罪对青少年犯罪的整体趋势具有主导性影响，预防和减少青年犯罪，是控制青少年犯罪的关键环节，也是维护社会稳定的重要因素，需要有更加有针对性和实效性的防治对策，包括制定融入青年权益保护与青年犯罪防治的社会政策、对闲散青年群体开展"增能"型服务，消减犯罪动机和诱因；进行适当的、积极的刑事政策干预，预防和减少重新犯罪；等等。[1]

其次，关于青少年这一群体中触犯特定类型的犯罪行为以及越轨行为的研究，主要集中于网络犯罪和欺凌行为、校园暴力、攻击行为方面。陈国猛撰文通过对最高人民法院公布的相关数据进行分析，研究发现信息化时代针对未成年人网络犯罪的刑事政策调整思路应当在特定网络犯罪、网络犯罪产业链、网络犯罪地域群落、网络犯罪跨代遗传四个方面，构筑"点、链、面、代"四个层次的立体化预防策略，指出当前网络已经成为未成年人犯罪的重要诱因，网络犯罪是未成年人犯罪的新的增长点。因而在宏观层面，要坚持对未成年人的教育和预防、坚持刑事责任年龄不变化、坚持未成年人网络犯罪的从宽处罚、坚持教唆未成年人网络犯罪从严处罚四项传统的刑事政策不动摇。[2]同时，在网络犯罪激增的大背景下，也需要重视青少年网络欺凌行为，该类行为是指欺凌者借助互联网技术，利用网络自媒体、移动通信工具等设备在网络空间里对自己看不顺眼或有矛盾冲突的人进行攻击的行为。[3]其中要特别重视青少年作为被害人遭遇网络欺凌后，学习、生活和心理都会发生巨大变化，轻者影响身心健康，重者危及生命安全，因而需要引起重视和加以防治。另外，还需对未成年人校园暴力问题和青少年攻击行为引起重视。陆士桢等人通过实证研究发现我国青少年生存和发展的社会环境相对恶化，以及社会对该问题的应对不力，是导致校园暴力事件频发的根本原因。建议

---

〔1〕 刘金霞："新世纪我国 18 至 25 周岁青年犯罪问题及防治对策"，载《中国人民公安大学学报（社会科学版）》2018 年第 3 期。

〔2〕 陈国猛："未成年人网络犯罪的结构分析与预防策略"，载《中国刑事法杂志》2017 年第 2 期。

〔3〕 明乐齐："青少年网络欺凌行为探究"，载《江苏警官学院学报》2018 年第 4 期。

尽快完善关于校园暴力的立法，并强化执法；加强校园暴力防治制度体系建设；建立健全保安处分制度；加快推动专业社会工作力量介入校园暴力的防范与干预的体系中。〔1〕户雅琦等人撰文运用实证研究方法发现，青少年攻击行为中表达型攻击类型的存在，指出对表达型攻击的讨论有助于更好地类型化青少年攻击的类型，从而提供更为有效的攻击行为的干预措施。〔2〕这样也能解释基于价值观规范展现的攻击行为，能够重拾对攻击的社会意涵的重视，这同样也应引起学界和实务界的重视。

最后，关于青少年犯罪中特定人群的研究主要集中于留守儿童和未成年流动人口的不良行为方面。涂雪瑞等人撰文以东部沿海经济发达地区中的温州地区的农村留守儿童为研究对象，对其不良行为展开实证研究，发现农村留守儿童的不良行为与其家庭环境、个人价值观、心理认知存在密切相关性，从社会控制理论解释角度应从家庭、学校、社会等方面着手，完善社会流动体系，加强青少年心理教育和干预，推动法律法规建设，力求事前预防、事中保护、事后追责多管齐下，为社会关注青少年犯罪预防提供支持。〔3〕关于流动未成年人犯罪，其在城市未成年人犯罪中占比很高，在未成年人教育经历、犯罪类型、犯罪人家庭结构等方面具有不同于本地籍未成年人犯罪的特征。王瑞山撰文指出，流动未成年人生命历程中，家庭、学校、交友等诸多因素塑造着他们的人格和行为，这些方面存在的问题是影响他们犯罪的主要因素。流动未成年人犯罪的预防是一项系统工程，它需要家庭、社会、政府的共同努力，需要人口流入地和流出地的共同努力。〔4〕

（4）吸毒行为

2017年至2018年间关于吸毒行为的研究比较宽泛，涉及不同地域、不同主体和行为附随后果的相关分析与研究。王燕等人撰文通过实证调研，发现G省吸毒情况及特点：一是中青年成为吸毒主流；二是女性吸毒呈上升态势；

〔1〕 陆士桢、刘宇飞："我国未成年人校园暴力问题的现状及对策研究"，载《中国青年研究》2017年第3期。

〔2〕 户雅琦、张樹沁："青少年攻击行为的社会性指向——表达型攻击概念的提出与实证研究"，载《当代青年研究》2018年第2期。

〔3〕 涂雪瑞、金诚、郭光芝："社会控制理论视角下农村留守儿童不良行为的调查分析"，载《江苏警官学院学报》2018年第6期。

〔4〕 王瑞山："当前我国城市流动未成年人犯罪特征及发展式预防——以2013-2017年S市未成年人检察案件为例"，载《中国人民公安大学学报（社会科学版）》2018年第5期。

三是流动人口吸毒占有较高比例；四是吸食合成毒品人员增速快；五是吸毒人员文化程度低。其行为分析特征为：一是"好奇心"是第一次吸毒的主要原因；二是"朋友圈"对吸毒行为影响重大；三是25岁以下是沾染毒品的高危年龄；四是"复吸率高"成为毒品消费市场扩大的主要原因；五是"合伙吸"成为吸食合成毒品新常态；六是"违法犯罪多"成为吸毒人员的主要特点；七是"认知弱"是吸毒者吸毒前的主要特点。[1]张维撰文通过实证研究发现文化程度较低者、无配偶、非农业户口、居住在市区是吸毒的高危人群，吸毒人群与非吸毒人群相比在性别、文化程度、户口类型、住房位置上存在显著差异。[2]刘柳等人撰文指出，以冰毒为主的新型毒品呈现快速上升势头，成为青年吸毒群体普遍选择的毒品。同时，吸毒人群越来越呈现年轻化的趋势，尤其是青年女性吸毒者的人数和比例都在迅速增加。通过访谈发现，青年女性新型毒品食用者在吸毒生涯的扩张期主要围绕毒友圈和圈子亚文化展开。对毒友圈的依赖又使其社交生活发生变化，进而导致其难以摆脱对毒品的依赖。[3]另外，对于吸毒附随行为如吸毒致幻引发的危害行为时有发生，需要引起实务界的足够重视。在当前背景下，我国应充分运用大数据，着重创新毒品宣传教育、社会治理方式、打击毒品犯罪等方面对毒品进行深度治理。同时需要做到禁毒宣传教育常态化、吸毒预防社区化、吸毒高风险人群重点化。从司法应对角度，需要完善相关立法及司法解释，如对于吸毒致幻引发的危害行为，实践中应坚持不从轻原则，适度从严于醉酒所致精神障碍引发的犯罪，并结合犯罪后果、吸毒史、吸毒原因、吸毒后的实际精神状态、被害人的不当行为、当地毒情等情节具体把握，做到原则性与灵活性相结合、法律效果与社会效果相统一。[4]

（5）其他类型犯罪现象

2017年至2018年间有关犯罪研究中的除了前四种较为明确的犯罪现象之

---

〔1〕 王燕、蒋文武、张德晟："大数据条件下的吸毒行为研究——以贵州省为例"，载《山东警察学院学报》2017年第6期。

〔2〕 张维："吸毒人员基本特征实证研究——以社会预防为视角"，载《法学杂志》2018年第8期。

〔3〕 刘柳、段慧娟："毒友圈与圈子亚文化：青年女性之吸毒生涯扩张期探析"，载《中国青年研究》2018年第1期。

〔4〕 姜远亮、刘寅："对吸毒致幻引发的危害行为的实证分析与司法应对"，载《法律适用（司法案例）》2017年第14期。

外，还有一些与前几种存在交叉关系的犯罪现象的分析，如涉众经济犯罪、流动人口犯罪等。姚东等人撰文在分析涉众型犯罪原因的基础上，专门分析非法集资案件多发的原因，即金融市场的个人投资渠道不畅通、非法集资犯罪分子犯罪手段多样化、个人金融诈骗防范意识较差、政府相关部门对非法企业审查监管不到位等，进而针对首都涉众型经济犯罪从打击和预防两个方面提出相应的对策。[1]刘婷等人撰文进行大数据处理，通过实证研究发现：流动人口犯罪代际差异显著，年龄更迭是犯罪差异、演变的主要原因；新生代流动人口犯罪群体呈现更低的社会融合度、更显著的犯罪阶层固化、更严重的犯罪传导以及更强的流动性、暴力性和侵财性，社会融合程度决定了犯罪率。[2]不论哪种犯罪现象，最终都需要立足于事实基础之上，有针对性地按其犯罪特点构建相应的宏观、中观和微观层面的防控对策。

3. 犯罪现象的测量

2017 年至 2018 年间有关犯罪现象的测量虽然是学者对该期间犯罪状况和形势做分析，但主要依据仍然是官方发布的有关报告和数据，本质上仍属于官方统计。如以靳高风等学者为代表，在这一期间连续两年对 2016 年至 2018 年间的犯罪形势做了分析和预测，整体趋势是经济犯罪现象突出，表现形式多元化，个人极端暴力犯罪逐年减少，但是仍需进一步减少其产生的社会因素以提高民众的安全感，网络食品环境等犯罪增长明显需要引起足够重视。同时，孙笛撰文也提出，随着人工智能时代的到来，需要重视由其引发的新的犯罪风险。人工智能时代的犯罪风险不仅包括人工智能系统对犯罪率、犯罪结构、犯罪动态的影响，还包括犯罪防控智能化所引发的新的犯罪风险。[3]不论对于传统犯罪现象的测量还是新型犯罪现象的风险预测，都有利于从宏观角度设计犯罪预防对策，防患于未然。

4. 影响犯罪现象的基本因素

2017 年至 2018 年间有关影响犯罪现象基本因素的研究主要集中于空间、

---

〔1〕　姚东等："首都涉众型经济犯罪的分析与对策思考——以非法集资案件为视野"，载《北京警察学院学报》2017 年第 5 期。

〔2〕　刘婷、林君："当前流动人口代际更迭与犯罪演变——基于犯罪大数据的实证研究"，载《中国人民公安大学学报（社会科学版）》2018 年第 6 期。

〔3〕　孙笛："人工智能时代的犯罪风险分析"，载《中国人民公安大学学报（社会科学版）》2018 年第 4 期。

气候环境等对犯罪现象的影响。如蔡栋等人撰文指出虚拟空间犯罪活动有基于网络空间的犯罪、基于移动通信空间的犯罪、基于地理位置服务的犯罪、其他衍生的犯罪四类表现形式，而虚拟空间犯罪盲区的产生是出于资源信息的高价值性、空间形态的易侵害性、虚拟空间作案的隐蔽性、侦查破案的滞后性、管理主体的孤立性与模糊性五点原因。[1]再如单勇、陈鹏等人从空间地理因素阐释其对特定犯罪的影响力。蔡栋基于上述五点原因提出，对虚拟空间犯罪盲区的综合防控和治理可以从净化虚拟空间环境、提高治理防控意识、加强虚拟空间内部与外部设防、推进技术进步、完善法律支撑、增强动态控制能力、加强沟通协作、多方位建筑防护体系等方面进行。单勇则系统地阐释了城市高密度区域对犯罪的吸引机制，构成了城市犯罪学"芝加哥范式"的当代演进，实现了"犯罪场"理论微观与宏观视角的一体化，勾勒出城市犯罪学的知识谱系。并且，从"迂回治理"的治理技术革新、储备型刑事政策的理念更新、技术治理的模式翻新等多个方面，为犯罪预测、预警、预防提供了理论支持，进而强调了犯罪的技术治理。互联网、大数据、人工智能等信息技术为社会治理及犯罪治理带来了全新的思路及前所未有的效率。[2]陈鹏等人以实证研究方法对城市居住小区中对特定犯罪即盗窃罪的影响要素做分析，发现居住小区内的大专以上学历的居民比例、出入口数量以及机动车和非机动车是否集中停放与小区盗窃类案件的发生具有显著正相关性，而防盗门窗的覆盖率、门禁覆盖率以及视频监控覆盖率等技防和物防设施则与盗窃类案件的发生呈显著负相关性。进而指出今后在城市小区宜居的基础上保证其安全性的根本途径，还是要对小区范围内的人、事、物等要素进行系统化的梳理，根据各相关因素对犯罪活动的影响来制定统一的规划和防范措施。[3]又如胡啸峰撰文研究热应力（温度导致的不舒适性指标）对犯罪活动的影响规律，发现一般伤害犯罪对热应力的敏感程度高于两抢犯罪，单纯的暴力犯罪更容易受到不舒适性的影响。热应力值由正常范围变化至异常范围

---

〔1〕 蔡栋、蒋晓玲："虚拟空间犯罪盲区分析及治理策略"，载《江苏警官学院学报》2017年第5期。

〔2〕 单勇："城市高密度区域的犯罪吸引机制"，载《法学研究》2018年第3期。

〔3〕 陈鹏、瞿珂："城市居住小区盗窃犯罪的影响要素分析——以北京市某区20个居住小区为例"，载《中国人民公安大学学报（社会科学版）》2018年第2期。

时，犯罪率增长明显，反之，犯罪率降低明显，呈现了可逆性。[1]以上这些对犯罪的产生具有影响作用的因素分析，对犯罪预防工作具有一定的现实意义。

（二）犯罪生成论

1. 对传统犯罪原因的批驳

犯罪学研究领域逐渐走向放弃对终极原因的探寻，转而寻找容易诱发犯罪条件的道路，即犯罪原因链条中的中段因素，具有现实可操作性。这一研究方向融入了新的预防思路，讲究学科融合，于是犯罪预防是警察的事情、犯罪学是犯罪学学者的专利的固有观念开始崩溃。[2]犯罪研究逐步注重犯罪生成的动态历程，其中情境犯罪学在预防某些犯罪方面成效显著，尤其是在不对社会制度、司法制度、生活环境进行大幅度变革就能取得实效的背景下，但其也存在着不少被诟病的地方。如：欲在事前防止犯罪而强烈行使国家权力，有侵害市民人权的可能；事前防止犯罪可能会使用大量的人力和物力；在特定场合虽可阻止有犯罪意图的人，但是这类人有可能转移到其他场合犯罪。[3]2017 年至 2018 年间的犯罪研究更是注重对传统犯罪原因的批驳，改变了传统的刑法学观念中对规范理论正当性的绝对探讨。如劳佳琦撰文指出，刑法中设置累犯制度从报应主义角度出发对累犯制度理论正当性进行的论证均存在着无法克服的逻辑缺陷，累犯制度的合理性主要在于现实必要性而非理论正当性，这是因为报应主义是行为刑法的应有之义，而累犯制度本质上还是行为人刑法的产物，以行为人的人格为基底而非是以行为为基底，其根本落脚点在于行为人的人身危险性。[4]故累犯制度理论正当性方面的先天不足应该时刻提醒立法者和司法者审慎对待累犯制度。刑法只能回答为什么设置累犯的问题，却不能回答为何对累犯从重处罚的问题，对此还需从犯罪学的视角探寻其犯罪原因，从行为现象本身探寻其本源问题，包括犯罪生成中的犯罪人人格因素亦只是其中之一。

---

〔1〕　胡啸峰："热应力对犯罪活动的影响规律研究"，载《中国人民公安大学学报（自然科学版）》2018 年第 3 期。

〔2〕　黎宏："情境犯罪学与预防刑法观"，载《法学评论》2018 年第 6 期。

〔3〕　参见许福生：《犯罪与刑事政策学》，元照出版有限公司 2010 年版，第 164—168 页；参见 [日] 大谷实：《刑事政策学》（新版），黎宏译，中国人民大学出版社 2009 年版，第 57 页。

〔4〕　劳佳琦："报应主义视野下累犯制度的正当性——论证困境与现实启示"，载《政法论坛》2017 年第 3 期。

2. 犯罪人人格因素

关于犯罪人人格因素不仅包括犯罪人生物特征，还有犯罪人心理特征，如需要、动机、信念等，以及人格障碍分析包括反社会人格等影响因素。2017 年至 2018 年间有关犯罪人人格因素分析的论文主题比较分散，有对犯罪人人格差异的整体研究，如王超撰文通过实证分析发现，犯罪人的人格包括犯罪人格与正常人格两个方面，犯罪人格与正常人格存在交叉关系[1]。也有对不同性质和类型犯罪的犯罪人人格的类型研究，如对多重杀人犯罪动机的研究方面，曾赟撰文通过创建测量模型，提出多重杀人犯罪动机四种不同的分类，得到犯罪动机因素四个不同水平，发现根据模型的参数估计，可计算出任一多重杀人凶犯（追求刺激和快乐、追求利益、心怀愤恨、权力和信念等）作案动机类型的概率值[2]。再如对未成年犯罪人和青年犯罪人的人格特征研究，赵传锡撰文对男性未成年暴力犯心理做了调查，发现男性未成年暴力犯情绪易激惹、追求物质享受、讲江湖义气且易受教唆，有双重的意志特征和侥幸心理，行为上表现出模仿性、互感性、团伙性、凶残性，但是，他们多数又对自身的犯罪行为有后悔感、对被害人有愧疚感、对家人有亏欠感、对刑期有恐惧感[3]。郑红丽等人撰文通过对少管所未成年犯和普通中学的学生进行对照调查发现，性别、年龄、社会态度等个体因素确实对青少年偏差或犯罪行为有着显著的影响[4]。刘成斌等人撰文通过对流动青年的吸毒行为进行实证研究发现，流动青年处于一个失重环境，由原来比较熟悉的家庭和社区环境到了一个陌生的流入地，其生活秩序与常规系统被打乱，失去重心感，丧失稳定感。其中的部分青年由于不适应转变及社会支持体系出现障碍而处于迷失状态，具体表现为在生活方式、交友圈、情感等方面都迷失了自我，最终导致人生失足，失去辨别是非的能力，在他人教唆情形下陷入吸毒的困境而不能自拔[5]。孙丽君等人运用心理学科的论证思路和研究方法撰文

---

[1] 王超："犯罪人的人格差异实证研究"，载《江苏警官学院学报》2017 年第 1 期。

[2] 曾赟："多重杀人犯罪动机测量模型的创建"，载《政法论坛》2018 年第 5 期。

[3] 赵传锡："男性未成年暴力犯心理状况调查——对广东省某男子监狱的调查报告"，载《中国监狱学刊》2017 年第 1 期。

[4] 郑红丽、郭开元："青少年犯罪个体因素及预防指标分析"，载《中国青年研究》2017 年第 5 期。

[5] 刘成斌、李钰娟："失重、迷失与失足：流动青年吸毒的一个解释框架"，载《中国青年研究》2018 年第 1 期。

对心理虐待与忽视对青少年攻击行为的影响之间的关系进行了探讨，发现心理虐待与忽视同青少年攻击行为和道德推脱均呈显著正相关，青少年攻击行为与道德推脱也呈显著正相关。道德推脱在心理虐待与忽视和青少年攻击行为之间起着部分中介作用，道德推脱的中介作用不存在性别差异，但存在显著的年龄差异。道德推脱在心理虐待与忽视和青少年攻击行为间的调节作用不显著，道德推脱的调节作用不存在年龄差异，但存在显著的性别差异，即在女生组中的显著作用明显高于男生。[1]道德推脱在心理虐待与忽视和青少年攻击行为之间的关系方面，张萌等人也撰文通过实证研究表明，在道德合理化、有利比较、责任转移、歪曲结果和去人性化道德推脱的五个维度上，犯罪青少年的得分不同程度地显著高于普通男青少年或普通女青少年，而在道德推脱的责任扩散维度上，未表现出显著的组间差异。[2]衡书鹏等人撰文通过实验探讨游戏暴力合理性对攻击性的影响，发现游戏经验调节了游戏暴力合理性对内疚感和攻击性的影响，内疚感在暴力合理性对攻击性的影响中发挥中介作用，而游戏经验是有中介的调节变量。[3]据此，可以利用以上相关研究成果对于成年犯或是未成年犯，有针对性地根据其群体或是个体心理差异开展心理矫治，注重正确道德观念引导的同时，加强耻辱感教育，确保道德观念与实际行为的统一，防止道德推脱。

3. 罪前情境

有关罪前情境在犯罪生成过程中的地位犯罪学研究中很早就有涉及，对其基础理论研究，2017 年至 2018 年间学界基本没再涉及，学界主要是在对具体不同类型的犯罪机会的影响上有论及，主要集中于对行为人人际交往和行为问题的影响上，目的在于通过对这些罪前情境的研究，尽量减少相应的犯罪机会，从而达到预防犯罪的目的。如周立功等人撰文论证不同类型电视剧对罪犯人际交往的影响，发现观看不同类型的电视剧会对罪犯的人际交往产生影响，长时期观看生活类电视剧，有利于提升罪犯的人际交往能力，从而

---

〔1〕 孙丽君等："心理虐待与忽视对青少年攻击行为的影响：道德推脱的中介与调节作用"，载《心理发展与教育》2017 年第 1 期。

〔2〕 张萌、夏培芳、张宇航："犯罪青少年心理与行为的脱离机制——基于道德推脱的视角"，载《中国人民公安大学学报（社会科学版）》2018 年第 4 期。

〔3〕 衡书鹏等："游戏暴力合理性对攻击性的影响：一个有中介的调节模型"，载《心理发展与教育》2018 年第 1 期。

建议监狱管理中可以最大限度地发挥电视剧的教育功能。[1]再如侯珂等人撰文调研邻里环境、父母监控、不良同伴交往等对青少年问题行为的影响，发现邻里环境能够直接预测青少年的问题行为。在邻里环境的影响下，通过提高父母监控的力度可以减少不良同伴交往对青少年问题行为的负面影响。邻里环境、父母监控、不良同伴交往各自对于男生的问题行为的预测作用大于女生。[2]

4. 社会反应

社会反应也在犯罪生成过程中占据重要地位，从某种意义上说，犯罪正是在罪前情境的刺激下，由犯罪人人格的原因通过社会反应而被定义为犯罪的。社会反应包括立法反应、司法反应以及非正式的社会反应。在立法反应方面，陈家林等人撰文以网络诈骗为对象，研究发现诈骗次数、被害人次数，甚至利用网络发送诈骗信息的手段行为都属于网络诈骗刑事责任的评价要素，建议立法中以"人次标准+物次标准"的形式对责任刑要素进行必要的扩容，并将其中部分要素置于和数额同等的评价地位，同时，重视一般预防刑，增加其在立法中的考量比重，以弥补刑事惩罚的不确定性，遏制网络诈骗的犯罪态势。[3]在司法反应方面，王超撰文通过对涉恐犯罪法律文书样本进行统计分析，发现在司法应对方面，法院的审理效能很高，而公安机关与检察机关的应对效能有待提升。[4]在非正式的社会反应方面，主要是侧重于私力救济和乡规民约两块。陈锋等人撰文通过个案访谈发现私力救济日益成为县域社会中校园暴力自力消解的重要途径，这一方面源于公力救济的供需脱节与介入低效，导致其在校园暴力中失灵。另一方面，私力救济有其存在的社会基础和价值基础，前者基于将人情、面子等作为习惯性社会交往规则的半熟人化社会，后者则是基于青少年群体形成的信赖"江湖规则"的街角亚文化。[5]王苏醒撰文指出乡规民约在维护乡村治安秩序中能够发挥独特的

---

〔1〕 周立功、程俊："不同类型电视剧对罪犯人际交往的影响"，载《中国监狱学刊》2017 年第 1 期。

〔2〕 侯珂等："邻里环境、父母监控和不良同伴交往对青少年问题行为的影响"，载《心理发展与教育》2017 年第 1 期。

〔3〕 陈家林、汪雪城："网络诈骗犯罪刑事责任的评价困境与刑法调适——以 100 个随机案例为切入"，载《政治与法律》2017 年第 3 期。

〔4〕 王超："涉恐犯罪特征及司法应对效能实证研究"，载《山东警察学院学报》2017 年第 4 期。

〔5〕 陈锋、石惠文："县域社会中的校园暴力与私力救济——以广西安县中学为例"，载《中国青年研究》2018 年第 8 期。

指导、维护、评价、教育及预测的规范作用。[1]立法反应、司法反应、非正式的社会反应都应该尽力发挥其积极正向的作用，积极构建相应的正向作用机制，在预防犯罪方面发挥积极作用。

（三）犯罪预防论

在犯罪预防方面，可以分为社会预防、情境预防和刑罚预防三大块，具体体现为社会、环境和国家三个层面上的着力。社会预防不仅局限于宏观的社会政策，还有中观、微观层面的社会预防；情境预防则是通过减少犯罪产生的情境和机会，从而达到减少犯罪的发生；刑罚预防除了刑罚的威慑预防，还有对刑罚自身的检视，避免刑罚的适用产生新的犯罪现象。

1. 社会预防

最好的社会政策也是最好的刑事政策，这是从宏观层面谈论社会预防的。社会预防不仅包括宏观层面的，还包括中观和微观层面的。2017年至2018年间有关犯罪研究方面的论文中对于社会预防的探讨一般既有宏观或中观层面的构建，也有微观层面的如何落地建构。既务虚也务实，将宏（中）观、微观两相结合，才能做到有的放矢。

在宏观层面，有专门针对治安治理的论述，如周延东撰文认为，在社会急剧转型时期，日常生活转型呈现出有品质的生活方式需求不能得到满足、外来不良生活方式和行为习惯的恶性侵蚀、新旧生活方式的冲突与不适应，以及日常生活的现代性风险加剧等新困境和新特征，建议通过促进有品质生活方式与治安秩序的良性互动、把握转型期日常生活方式的新规律，以及挖掘日常生活本土治理资源等具体实践策略，维护治安秩序，保护民族文化。[2]也有认为当前网络熟人社会这种新的熟人社会形式也可以如同传统熟人社会一样，在行为激励、社会团结、社会信用等方面发挥秩序功能，为法治做出贡献和支持。[3]还有在毒品犯罪治理上，有从宏观层面论述加强两岸合作，以"发挥和利用优势，克服劣势与弱点，挖掘和捕捉机会，化解和回避威胁"为要旨，提出在不同情势下的策略选择以及可采取的共同打击的适切对

---

[1]　王苏醒："乡规民约：一种重要的民间治安规范"，载《山东警察学院学报》2018年第2期。

[2]　周延东："日常生活转型与治安治理变迁"，载《山东警察学院学报》2017年第4期。

[3]　黄金兰："网络熟人社会的逻辑及其法治意义——从熟人社会规范式微说起"，载《法律科学（西北政法大学学报）》2018年第3期。

策。[1]也有针对女性吸毒现象的治理，建议从毒品需求侧开展毒品防治，建立"不想吸、不能吸、不敢吸、不必吸"的禁毒戒毒长效机制。[2]亦有对青年犯罪建议从宏观上制定融入青年权益保护与青年犯罪防治的社会政策，进行积极适当的刑事政策干预，预防和减少青年人重新犯罪。[3]也有对报复社会型暴力犯罪的宏观社会对策研究，认为明确外因类型是对症下药、取得最大化效益的前提。具体应该从四个方面着手：一是完善纠纷解决机制，落实责任追究制度；二是完善失业社会保障制度，发展就业或职业技能培训；三是发挥外部调节机制作用，化解情感纠纷；四是完善社会医疗保障制度，加强患者的心理疏导。[4]也有从司法大数据进行模型预测的，对刑事审判法官面临的审理形式进行阐释，建议从司法大数据背景下的严重暴力犯罪社会矛盾的特点为其提供化解方案。[5]还有从人工智能技术的运用上建议构建人工智能+犯罪预防模式[6]，这样不但能够加强对犯罪态势的感知、认知、预测和预警，而且可以降低犯罪预防的成本，拓展犯罪预防的深度和广度。

在中观层面，主要集中于对具体不同类型犯罪现象的防治对策设计上，如恐怖犯罪、盗窃罪、网约车相关犯罪、家庭暴力、校园霸凌等。在恐怖犯罪社会预防上，周维方等人撰文指出，应该注重其新趋势，逐步完善防范和打击恐怖犯罪和极端主义犯罪立法，织密城市反恐情报工作"局域网"，打通情报共享与协作的"互联网"，以重点单位、场所为结点构筑城市恐怖活动预防与打击网，同时利用现代科技和发挥群众在城市反恐中的作用，以预防与

---

[1] 朱晓莉："两岸共同打击跨境毒品犯罪之策略研究——基于SWOT的分析"，载《山东警察学院学报》2018年第5期。

[2] 姜立强："女性吸毒者的社会联结、吸毒行为、帮教服务及对策研究——以强制隔离戒毒者为例"，载《山东警察学院学报》2018年第6期。

[3] 刘金霞："新世纪我国18至25周岁青年犯罪问题及防治对策"，载《中国人民公安大学学报（社会科学版）》2018年第3期。

[4] 任奕："我国近年来报复社会型暴力犯罪的刺激因素及其社会对策分析——以'紧张理论'为视角"，载《北京警察学院学报》2018年第4期。

[5] 傅国庆、马磊："司法大数据视角下的严重暴力犯罪及其社会矛盾分析"，载《法律适用（司法案例）》2017年第10期。

[6] 刘钊、林晞楠、李昂霖："人工智能在犯罪预防中的应用及前景分析"，载《中国人民公安大学学报（社会科学版）》2018年第4期。

打击恐怖主义犯罪〔1〕；吕美琛则撰文认为，中观层面上应该在硬的立法司法措施上，采取政治、经济、宗教、教育、外交等"软"措施，从而减少反恐强硬手段的副作用〔2〕；王梅等人撰文对女性恐怖犯罪做了专门研究，认为预防与控制女性恐怖犯罪，应在正确把握政策和法律界限、严厉打击暴力恐怖犯罪、宗教极端活动和依法从重适用刑罚的基础上建立女子反恐专业队伍，强化情报信息建设，进一步落实涉恐女犯未成年子女及亲属的社会帮教联动机制，重视对少数民族女性的帮扶、教育和培训工作，加强网络监管力度，净化网络环境，营造良好的社会氛围。〔3〕在盗窃罪的社会预防上，刘宏斌等人撰文指出，应从加强社会主义道德建设、公安机关重视对轻微盗窃违法行为的及时查处及构建社会治安防控体系、提高公民的犯罪预防意识和能力方面加以预防。〔4〕在网约车相关犯罪的社会预防上，张启飞撰文指出从社会预防上要重视大数据分析预防网约车犯罪，注重警方和网约车平台高效联动，在明确双方职责边界的基础上，打通接警高速公路，同时还需通过全方位、多渠道、多平台宣传网约车乘车安全须知，提升公众安全乘车意识，保障自身安全。〔5〕对此，皮勇则撰文指出需要畅通警企之间安全管理数据及相关服务渠道，优化适应监管跨地域、全领域经营的互联网平台活动的行政监管体系。〔6〕在家庭暴力的社会预防上，张训等人撰文指出，需要塑造人们的法治意识和权利意识，构建新型家庭伦理秩序。同时，需要国家给予家庭弱势群体以足够的政策关注，寻求建立良好的法律保障制度及其运行机制〔7〕；王燕撰文指出，实现治理家庭暴力现代化，需要推动基层社会治理家庭暴力的共建共享体系、以法治为保障规范治理家庭暴力违法犯罪行为的社会治理路径。具体需要做到多机构合作干预家庭暴力的基层社区常态化、调解机制法治化、

---

〔1〕　周维方、周永："恐怖犯罪新趋势及城市应对策略研究"，载《江苏警官学院学报》2018 年第 4 期。

〔2〕　吕美琛："恐怖主义犯罪预防理论研究"，载《中国人民公安大学学报（社会科学版）》2017 年第 3 期。

〔3〕　王梅、古丽燕："女性恐怖犯罪研究"，载《山东警察学院学报》2018 年第 3 期。

〔4〕　刘宏斌、高雨潮："当前我国盗窃犯罪研究"，载《中国人民公安大学学报（社会科学版）》2018 年第 2 期。

〔5〕　张启飞："滴滴顺风车杀人案的侦查与预防"，载《中国检察官》2019 年第 2 期。

〔6〕　皮勇："2018 年度最有影响力刑事案件的犯罪学分析——滴滴出行平台相关网约车司机犯罪案件的犯罪学分析"，载《中国检察官》2019 年第 2 期。

〔7〕　张训、冯嫣然："家庭暴力的犯罪学分析"，载《江苏警官学院学报》2018 年第 6 期。

维权工作人员社会性别及反家庭暴力专业技能教育与培训实务化以及全社会落实反对家庭暴力人人有责的宣传日常化。[1]在校园霸凌协同治理上，朱焱龙撰文主张借鉴国外的干预策略，建立以"学校主导、司法预警、专业介入、家长参与、协同施策"为内容的本土性校园霸凌治理方案。[2]

在微观层面，主要集中于家庭预防和一些具体犯罪类型的微观社会预防措施上。在家庭预防方面，杨江澜等人撰文通过回归分析，发现良好的亲子关系、完善的家庭功能、适度的父母监护和家庭支持有助于预防未成年人犯罪。[3]杨婷等人撰文通过回归分析发现，工作压力会增加农民工实施精神暴力的风险，家庭照料压力会同时增加农民工实施暴力和肢体暴力的风险，在家庭压力较大且婚姻不满意的情况下，肢体暴力的发生可能性显著提高。[4]因而要从提升婚姻满意度、减少家庭压力两个角度达到预防家庭暴力的目的。在具体犯罪类型的微观预防上，主要集中于网络直播犯罪风险、网约车治安防控方面。关于前者，杨亚强撰文建议从制度、政府、平台、主播和网民五个层面设计网络直播犯罪风险防范的具体对策。[5]对于后者，张溢华等人撰文从网约车的运营模式特点出发、建立相应的微观预防措施，即从提高准入门槛、建立健全安全的管理平台两方面来实现其市场运营的规范。[6]

2. 情境预防

情境预防主要是从诱发犯罪的环境和条件的角度出发，提倡不给犯罪提供机会，这为预防犯罪提供了切实可行的操作方法。[7]

在青少年犯罪预防方面，对情境预防的探讨较为细致。一是重视家庭因素中的父母参与，如吴帆等人撰文通过实证研究发现，父母家庭内部的行为

---

〔1〕 王燕："基层治理家庭暴力现代化内在逻辑与实现路径"，载《江苏警官学院学报》2018年第6期。

〔2〕 朱焱龙："校园霸凌的社会生态和协同治理"，载《中国青年研究》2018年第12期。

〔3〕 杨江澜、王鹏飞："未成年人犯罪的家庭影响因素分析"，载《中国青年研究》2017年第3期。

〔4〕 杨婷、靳小怡："家庭压力与婚姻满意度对农民工实施婚姻暴力的影响"，载《人口学刊》2018年第1期。

〔5〕 杨亚强："网络直播犯罪风险的形成原因及防范对策"，载《北京警察学院学报》2017年第3期。

〔6〕 张溢华、刘开吉："网络约车治安防控研究"，载《山东警察学院学报》2018年第6期。

〔7〕 黎宏："情境犯罪学与预防刑法观"，载《法学评论》2018年第6期。

参与、情感参与、监管参与均与青少年不良行为呈显著负相关。影响最大的是情感参与，尤其是青少年感知到的父母对自己未来的信心以及将父母作为首要求助对象的程度。[1]苏萍等人撰文通过问卷调查发现，父母婚姻冲突显著正向预测青少年攻击行为，不良同伴交往在父母婚姻冲突与攻击行为关系间起着显著的部分中介作用，父母婚姻冲突对不良同伴交往的效应受到冲动性的调节。[2]宋明华等人撰文通过问卷调查发现，父母消极教养方式对越轨同伴交往、攻击行为均有显著的正向预测作用，自我控制可以调节越轨同伴交往对初中生攻击行为的作用，消极父母教养方式对攻击行为仅有直接作用。[3]二是重视社会喜好和朋辈交往，如张云运等人撰文通过追踪考察研究，发现社会喜好负向、社会支配正向预测个体半年后的三类攻击行为（身体、言语和关系攻击），且男生的社会喜好对关系攻击的预测作用强于女生；班级规范能调节社会支配对攻击行为的影响，在言语攻击规范高的班级中，社会支配对个体言语攻击的正向预测作用更强。[4]田录梅等人撰文通过实证研究发现，同伴地位负向预测青少年冒险行为，该预测作用是通过交往不良同伴的中介作用实现的；交往不良同伴对青少年冒险行为的预测受到个体自我控制能力的调节。[5]三是注重家庭中的亲子关系，如田录梅等人撰文通过问卷分析，发现亲子关系通过自控力间接影响青少年的冒险行为，即自控力在亲子关系与冒险行为之间存在中介效应，且该效应受到不良同伴交往的调节。[6]四是提高社会支持与青少年自我认同度方面，如李相南等人撰文通过调查发现，社会支持、自尊、自我控制是青少年攻击的重要影响因素，社会支持除了能直接影响青少年的攻击外，还可以通过自尊、自我控制的链式中介作用间接

〔1〕　吴帆、张林娖："父母参与在青少年行为发展中的作用——基于 CEPS 数据的实证研究"，载《中国青年研究》2018 年第 12 期。

〔2〕　苏萍等："父母婚姻冲突、不良同伴交往对初中生攻击行为的影响：一个有调节的中介模型"，载《心理科学》2017 年第 6 期。

〔3〕　宋明华等："父母教养方式对初中生攻击行为的影响：越轨同伴交往和自我控制的作用"，载《心理发展与教育》2017 年第 6 期。

〔4〕　张云运等："同伴地位对青少年早期不同类型攻击行为发展的影响：性别与班级规范的调节作用"，载《心理发展与教育》2018 年第 1 期。

〔5〕　田录梅等："同伴地位与青少年冒险行为的关系：一个有调节的中介模型"，载《心理发展与教育》2017 年第 5 期。

〔6〕　田录梅等："亲子关系与青少年冒险行为的关系：一个有调节的中介模型"，载《心理发展与教育》2017 年第 1 期。

影响其攻击水平。[1]聂衍刚等人撰文通过实验发现，自我损耗是导致青少年反应性攻击行为的重要原因，高自我损耗会加剧反应性攻击行为的发生。[2]五是注重一些外部条件的环境整治，如鲍振宙等人撰文通过追踪研究发现，睡眠问题对青少年高中阶段越轨同伴交往的单向预测作用，即睡眠问题可能是增加青少年高中阶段越轨同伴交往的重要风险因素之一。[3]综上，可以从提升亲子关系、培养青少年自身良好的自我素质、塑造良好的同伴环境、提高社会支持系统、提升青少年自我认同度以及提高其睡眠质量等多方面共同发力，为预防青少年犯罪贡献力量。

在被害人被害的预防角度，主要集中于具体的几种类型犯罪。黄冬等人撰文从"盲井"式犯罪防控角度出发，认为应该从减少潜在犯罪人、潜在被害方、客观条件等各因素，使得"犯罪场"不成立，从而达到预防犯罪的目的。[4]李梅撰文对家庭暴力中的受虐妇女进行研究，发现"以暴制暴"犯罪形态的存在，需要从"去被害性"入手，通过政策倾斜、宣传教育等多种形式，改善"男尊女卑"封建文化传统塑造的刚性、支配趋势的男性气质氛围，提高女性自主、自觉意识和主体意识，并建立一个统一组织、协调的全方位、全覆盖的反家庭暴力社会服务体系，为受虐妇女提供一个畅通的公力救济的维权途径，才能预防此类犯罪的发生，同时也要注意遭受家庭暴力的男性数量有增多趋势，需谨防保护受虐女性矫枉过正，造成对弱势男性的新伤害。[5]于阳等人撰文对留守女童性被害原因进行了梳理，提出构建社会、立法、司法"三位一体"的留守女童性被害防范机制，逐步降低留守女童性侵被害案件的发案率，切实维护留守女童的合法权益。[6]

---

〔1〕李相南、李志勇、张丽："青少年社会支持与攻击的关系：自尊、自我控制的链式中介作用"，载《心理发展与教育》2017 年第 2 期。

〔2〕聂衍刚等："青少年反应性攻击和结果评价的 ERPs 研究：基于自我控制资源的视角"，载《心理科学》2018 年第 1 期。

〔3〕鲍振宙等："越轨同伴交往与青少年睡眠问题的交叉滞后分析"，载《心理科学》2018 年第 4 期。

〔4〕黄冬、何炬松："基于犯罪场理论的'盲井'式犯罪防控对策探析"，载《中国人民公安大学学报（社会科学版）》2017 年第 4 期。

〔5〕李梅："被害人视域下的受虐妇女'以暴制暴'犯罪研究"，载《山东警察学院学报》2017 年第 6 期。

〔6〕于阳、张鹤："留守女童性被害原因及预防对策——基于中国裁判文书网 28 例个案的分析"，载《山东警察学院学报》2018 年第 5 期。

在预防再犯角度，主要是加强特殊预防。如许鹏撰文通过对再犯罪人的调查研究发现，再犯罪人再犯前的就业状态较差，其工作态度和工作技能是影响其就业的两大因素。对于其工作态度的矫正，恰恰是刑罚执行所要解决的主要问题之一。监狱矫正方面需要重视工作态度与工作技能的养成；社会帮教方面需要注重衔接机制与协调机制的建立；家庭帮助方面要注重亲情关注与家庭责任的形成；预防重点放在对高危阶段与关键环节的关注。[1]

3. 刑罚预防

刑罚预防是国家层面预防的重要一面，2017 年至 2018 年间犯罪研究中有关刑罚预防的论文主要集中于对刑罚的威慑效应、法律干预、制度配置的阐述，以及对立法缺漏、刑事政策的检讨、具体类型犯罪的立法完善等方面的论证。

在对刑罚的威慑效应、法律干预、制度配置的阐述上，杨学锋撰文指出在威慑刑论的模型下，刑事司法措施的主客观性质所能解释的因变量方差比例通常较低，因而尽管犯罪学经验研究支持刑事司法措施具有边际威慑效应的假设，但是将其作为抑制犯罪的根本对策则缺乏足够的犯罪学证据。[2]戴昕撰文指出，"守法作为借口"以法律所具有的表达功能为基础，其与在传统理论中受到更多关注的直接威慑机制既存在区别又存在互补。作为正式制度的设计者、实施者和检讨者，有必要同样关注和理解"守法作为借口"这种机制，及其背后更具一般性的法律与非正式规范之间的互动。[3]在制度配置方面，杨迪撰文指出，面对违法行为犯罪化的立法趋势，应通过科学配置刑罚，完善刑罚适用，避免犯罪化扩大而带来的刑罚过度严厉的倾向，真正实现宽严相济、区别对待，完善轻罪治理的根本和核心就在于犯罪观与刑罚观的更新。[4]具体的制度设计上，于志刚撰文认为，建立国家"违法记录制度"，构建预防违法、犯罪行为的制度平台，实现刑法、刑事诉讼法中的相关

---

〔1〕 许鹏："从再犯罪人再犯前生存状态看犯罪的特殊预防——对江苏省某监狱 1263 名再犯罪人的调查"，载《江苏警官学院学报》2018 年第 1 期。

〔2〕 杨学锋："威慑刑论的犯罪学证明"，载《中国人民公安大学学报（社会科学版）》2017 年第 5 期。

〔3〕 戴昕："'守法作为借口'：通过社会规范的法律干预"，载《法制与社会发展》2017 年第 6 期。

〔4〕 杨迪："我国轻罪案件刑罚配置的规范化进路——以刑事裁判大数据为方法"，载《法律适用》2018 年第 7 期。

制度体系的客观、真实落地，同步推动违法者个人信息的保护，是当务之急。同时，违法记录制度乃至犯罪记录制度，都应当在制度内核上进行根本性的思索，从"社会防卫型"的违法、犯罪记录制度，统一转型为"人道保护型"的违法、犯罪记录制度。国家机构设置上也应当从单纯重视和设置"职务犯罪预防体系"发展为设立"普通刑事犯罪预防机构"。[1]在现有制度检视方面，劳佳琦撰文指出，报应主义只能够回答为什么要处罚累犯的问题，却无法给为什么要从严处罚累犯提供一个无懈可击的理由。累犯制度与报应主义理论这种不可调和的本质矛盾决定了后者无法为前者提供一个充分的正当化理由，因而累犯制度理论正当性方面的先天不足应该时刻提醒立法者和司法者审慎对待累犯制度。[2]

在对立法缺漏、刑事政策的检讨上，有对具体立法缺漏的检视，如刘仁文等撰文对有组织犯罪中的恶势力规范存在的不足进行检讨，建议对其概念应当采取类型思维的方法，建立一种具体要素与主导形象双层次的判断体系。同时本着严密法网的态度，对刑法进行补充完善的思路值得肯定，但未必需要增设新罪名，也可考虑采取《关于办理黑恶势力犯罪案件若干问题的指导意见》的思路以量刑情节的方式在刑法总则或者分则的相关中增设从重处罚甚至加重处罚的条款，以达到填补处罚空隙的目的。[3]也有对刑法和刑法修正整体适用的检视，如白建军撰文通过实证分析指出，要警惕刑法的过度社会化和刑法资源的"通胀"倾向。刑事立法或司法是否积极响应民众的某种刑法偏好，取决于代表性、溯因性和依法性三方面的考量。个案舆论更需先通过实证研究转换成某种刑法偏好，经过上述三方面考量后，再决定是否以及如何响应。[4]同时，他还指出刑法修正的合理性应从"结构还原""比例控制""罪刑有序"三个原则加以检视。[5]在刑事政策检视方面，主要是针对西部地区民族恐怖主义犯罪和毒品犯罪的刑事政策。对于前者，屈耀伦撰文指出，民族恐怖主义犯罪不应适用"两少一宽"而应贯彻"宽严相济"刑

---

〔1〕 于志刚："'违法记录制度'的制度缺失与体系化构建"，载《法学评论》2018年第3期。

〔2〕 劳佳琦："报应主义视野下累犯制度的正当性——论证困境与现实启示"，载《政法论坛》2017年第3期。

〔3〕 刘仁文、刘文钊："恶势力的概念流变及其司法认定"，载《国家检察官学院学报》2018年第6期。

〔4〕 白建军："中国民众刑法偏好研究"，载《中国社会科学》2017年第1期。

〔5〕 白建军："犯罪圈与刑法修正的结构控制"，载《中国法学》2017年第5期。

事政策。[1]对于后者，曾粤兴等人撰文指出，当代中国惩治毒品犯罪的刑事政策是严重偏向"从严"的刑事政策，不能有效地预防犯罪，应当修正为刑法立法上坚持从严为主、以严济宽，刑事司法中坚持宽严相济、以宽济严的刑事政策。[2]

　　在对具体类型犯罪的立法完善上，主要集中于绑架罪、盗窃罪、拒不支付劳动报酬罪、儿童监护失职规制等方面。对于绑架罪，徐光华撰文通过对大样本绑架释放人质案件进行实证考察，发现实践中通过"以刑制罪"来实现从轻量刑的现象较为突出。其认为应进一步降低绑架罪的法定刑，对释放人质减免处罚做专门规定，重新梳理释放人质与认定情节较轻的关系，限制解释绑架罪不宜突破绑架行为的类型特征。立法上对绑架罪规定合理的罪刑关系，是解决司法上以刑制罪乱象的根本。[3]对于盗窃罪的治理模式，卢建平等人撰文指出我国对于盗窃行为采取行政违法和刑事违法的二元制治理模式产生了诸多弊端，基于法治语境和相对优势理论，可以考虑将我国《治安管理处罚法》中的盗窃行为全部纳入刑法，以盗窃罪予以处置，尝试建立一元制的盗窃罪治理模式。[4]对于拒不支付劳动报酬罪，王蓓等人撰文指出为解决该罪在司法适用中的诸多问题，应确定"有支付能力"的认定标准，适当拓展劳动报酬的外延，改进责令支付程序，区分具体情况适用量刑情节，积极探索救济劳动报酬权的新途径。[5]对于儿童监护失职规制方面，陈伟等人撰文通过对媒体报道相关案例统计分析发现，社会管控手段的效能弱化、监护行为的复杂情境以及家庭伦理观念的过度庇护，是阻碍儿童监护职责严格履行的主要因素。其认为在民事、行政法域评判虚置和疲软的现实处境下，增设儿童监护失职罪，能够提升公众的刑法认同感，并彰显其应有的新时代

---

〔1〕　屈耀伦："我国西部地区民族恐怖主义犯罪刑事政策检视"，载《法学论坛》2018年第6期。

〔2〕　曾粤兴、孙本雄："当代中国毒品犯罪刑事政策的检讨与修正"，载《法治研究》2019年第2期。

〔3〕　徐光华："'以刑制罪'视阈下绑架罪的定性与量刑——对大样本绑架释放人质案件的实证考察"，载《政法论坛》2018年第5期。

〔4〕　卢建平、刘传稿："法治语境下盗窃罪治理模式探究——基于犯罪统计的分析"，载《现代法学》2017年第3期。

〔5〕　王蓓、刘淼："法律大数据视角下的拒不支付劳动报酬罪研究"，载《中国刑事法杂志》2017年第2期。

价值。[1]但是，如何具体对这一罪名进行理性构建，在结果回避可能性的过失行为理论基础上，还需整体考量社会、家庭和个人价值，才是司法实践中不可回避的关键点。

三、犯罪研究的学术推进

（一）犯罪预防理念中更加重视犯罪生成的特点

2017 年至 2018 年间有关犯罪研究的论文中更加注重犯罪预防中的动态化理念，强调犯罪预防既要重视犯罪后的事后预防，也要重视犯罪发生之前、犯罪发生过程中的事前和事中预防，其中就需要注重犯罪生成的动态性过程和特点。如田雨馨等人通过实证调研考察汶川地震后青少年的创伤暴露程度、创伤后应激障碍（PTSD）、依恋与物质滥用之间的关系，发现创伤暴露程度可以直接正向预测物质滥用。[2]进而引入医学临床介入知识，提醒我们在关注青少年物质滥用行为的同时，关注他们与父母之间的关系，更多地理解在经历创伤事件后他们内心的感受与变化，这有助于理解其行为背后的原因，更好地为其提供支持与帮助。这对矫正和预防青少年吸毒行为有很好的借鉴意义，同时对于其他犯罪行为预防也能很好地从其生成过程中减少每一个情境机会，具有现实可操作性。

（二）进一步强化互动理论在犯罪预防中的应用

2017 年至 2018 年间有关犯罪研究的论文中进一步强化了互动理论在犯罪预防中的应用，尤其关注犯罪人与被害人之间的动态互动关系，这在传统暴力型犯罪、网约车犯罪、青少年犯罪以及其他涉众型经济犯罪研究中表现得尤为突出。如在都市街头暴力犯罪治理中，将暴力冲突还原到行动者的关系与互动中，有利于我们深刻理解其根源并从中探究当代都市的稳定机制。同时当前中国都市街头暴力冲突的非政治性决定了管理者与被管理者间的非敌对性关系，这使得暴力冲突可预测、可控制。对此，魏程琳等人撰文通过对城管执法的调研，发现街头暴力是在边界与机会机制的作用下生成的，治理边界的伸缩、行动者的经验及地方行政和政策环境都可能成为街头暴力冲突

---

[1] 陈伟、熊波："儿童监护失职行为的刑法规制——基于互联网媒体报道的 907 个案件的分析"，载《青年研究》2018 年第 1 期。

[2] 田雨馨、周宵、伍新春："创伤暴露程度对青少年物质滥用的影响：创伤后应激障碍与依恋的中介作用"，载《心理科学》2018 年第 1 期。

的因素。以暴力伤害的显著性和协同度及行动主体特征为标准，将当前都市街头暴力冲突划分为分散性暴力、投机性暴力、威胁性暴力和专家性暴力这四种类型。该文建议政府根据行政预设目标和暴力类型采取分类分级治理，将与暴力生成相关的因果机制作为干预的潜在基础，为控制街头暴力、完善都市治理提供思路。[1]这种注重互动关系的动态性思维其实是将犯罪视作一个动态过程，其中各种存在关系机制的因素都可以成为潜在的预防要素，为构建完善的犯罪预防对策提供了多方位的思路。

（三）注重实证研究方法和范式的基础论证和运用

2017年至2018年间有关犯罪研究的论文中涌现出一系列有关法律实证研究方法和范式的基础论证，其中不乏大家发表的一系列作品。一般认为，法律实证研究既包括定量也包括定性研究，但也有学者对其称谓略有不同，量化的称为法律实证研究，而定性的称为法律经验研究。[2]从方法论的角度，法律实证研究大体可以分为三种：一是历史实证研究，关注历史上的法律规范背后的立法依据、政治社会条件、影响因素等，其中既有质性的分析，也有一些量性的分析；二是现实问题的量性研究，用数据统计方法分析法律现象中的数量关系，包括规模、水平、结构比例、概率分布、因素关联等；三是现实问题的质性研究，通过对法律现象的参与观察，对当事人和知情者的深度访谈，掌握大量的经验材料，了解当事人的生活经历，把握法律现象的形成过程，探讨法律制度的实践背景、过程和效果。关于质性研究方法的论述，有学者专门撰文论述了法学中的实验方法，将其划分为人工可控实验、自然实验、田野实验等。这一方法可以应用在法律实施效果、法官决策等领域，因为要提高立法和司法的科学性，需要调查和研究，需要不断用实际生活来检验法律。[3]

法律实证研究大致具有四种作用：一是作为规范论证实然基础；二是衡量法律的实效；三是描述法律论证与法律现象；四是发掘法制度相关行动者

---

〔1〕 魏程琳、齐海滨："都市街头冲突的生成与治理机制研究——基于城管执法调研"，载《青年研究》2018年第4期。

〔2〕 陈柏峰："法律实证研究的兴起与分化"，载《中国法学》2018年第3期。

〔3〕 参见刘庄："法学中的实验方法"，载《中国法律评论》2018年第6期。

（如法官、律师）的行为模式。[1]当前我国刑事法学领域的法律实证研究存在缺乏宏大集中的问题意识和理论关怀的总体性挑战，面向中国本土的问题意识和理论意识是法律实证研究者的关键能力，必须加强培养。[2]同时，还需兼具多学科的理论视野，建设多层次的学术共同体。

值得注意的是，法律实证研究方法在刑事诉讼法学领域运用得更为广泛，这一年间左卫民教授接连发表了三篇相关论文。他认为法律实证研究就是一种法学研究范式，其研究对象和研究方法与具有"血缘关系"的经验研究存在较大差异。他指出，现阶段法律实证研究仍以描述性的数据分析为主，基本上未使用专业统计学分析方法。因此，科学、数量地运用统计学方法更加深入开展研究也是亟须熟练掌握的技能。另外，他预测，大数据法律研究是法律实证研究的最新发展，将会带来法学研究范式的革命性变化。未来的大数据法律研究不仅应思考如何更好地获取法律大数据，还要探讨如何正确认识与适当使用"大量数据"，更要充分利用统计方法展开大数据法律研究，探讨如何科学使用机器学习等新方式分析法律大数据。[3]与此同时，也不能放弃继续对法律"小数据"的挖掘与运用，加强对法律复合型人才的培养。

这一年间有关法律实证研究的运用主要是以对某一地域的实证考察为主，其中有两篇代表作：一篇是对基层信访治理中的"法治"话语冲突考察，通过区域研究考察发现，在基层"维稳"，乃至更广泛意义上的基层治理过程中，政府并不完全呈现出消极行政、被动维稳的形象，他们同样善于将"法治"的修辞作为捍卫自身行为正当性的话语武器。[4]这与观察我国基层信访所发现的上访群众普遍善于调动国家政策、法律法规，乃至"中央精神"等话语维护权利，而基层政府在这一过程汇总呈现出消极行政、被动维稳的形象的现象有一定出入。究其根源在于集中他们对于"法治"概念的不同理解，说明国家面向广大群众与科层体系所输出的"群众路线"与"制度理性"两

---

[1] 对此首先提出的是王鹏翔、张永健："经验面向的规范意义——论实证研究在法学中的角色"，载《中研院法学期刊》2015年第17期。

[2] 张永健、程金华："法律实证研究的方法坐标"，载《中国法律评论》2018年第6期。

[3] 参见左卫民："挑战与回应：关于法律实证研究的若干阐述"，载《中国法律评论》2018年第6期；左卫民："一场新的范式革命？——解读中国法律实证研究"，载《清华法学》2017年第3期；左卫民："迈向大数据法律研究"，载《法学研究》2018年第4期。

[4] 马原："基层信访治理中的'法治'话语冲突——基于华北S县的实证观察"，载《环球法律评论》2018年第1期。

种政策导向所导致的制度漏隙以及话语存在与实践的分离。另一篇是对于吸毒问题的特定地域的实证研究，发现不良诱惑是吸毒的直接动因，人格缺陷是吸毒的间接动因，不良人格是吸毒的内在动因，因而得出多渠道进行情境干预是预防吸毒的重要路径的结论。[1]

（四）研究视角不拘一格

2017 年至 2018 年间有关犯罪研究的论文中呈现出新的研究视角，不仅注重犯罪行为现象发生前、发生中、发生后的一系列相关因素的分析，还注重将其置身于宏观治理体系之中，视角宏大，不拘一格。如在对毒品犯罪预防方面，就注重从毒品犯罪高发区寻找治理的突破点，发现毒品犯罪高发区中相对贫困问题突出，失业和隐性失业困扰着当地居民，毒品犯罪往往成为一种就业补充路径。因此，对于政府而言，应该从给予人们更为丰富的社会经济、政治等权利，树立人本主义经济发展观，通过控制要素市场限制毒品部门的发展等方面开展治理。[2]再如，在对于犯罪后的预防研究中，注重犯罪轨迹的重建，这样有助于锁定和抓捕、查缉犯罪嫌疑人[3]，这种对犯罪和犯罪现场的重建有助于事后打击、侦破和预防犯罪。

（五）坚持对传统基础理论的检视

学术的推进不仅需要在原有理论上的继续创新，而且需要对传统基础理论的批判性继承。2017 年至 2018 年间有关犯罪研究继续坚持对传统基础理论的检视，从中谋求创新性发展。如对犯罪率的检视以及对刑罚配置中基础理论的审慎运用就体现了这一点。在对犯罪率的检视方面，王洁撰文认为，我国理论界很少关注犯罪率概念的研究，只是将其作为理论建构的基础易导致忽视概念界定方式不同而出现概念结构和功能迥异的情形。人犯率、发案率及被害率作为实践中通常采用的犯罪率的三种表现形式，各有其优点和不足。[4]如果采用被害率作为评价社会安全状况的指标，就会促进刑事司法机构更

---

〔1〕 张应立、何寻："基于实证的吸毒问题研究——以宁波市为例"，载《山东警察学院学报》2017 年第 1 期。

〔2〕 黄丽钦："相对贫困背景下的毒品犯罪治理政策研究"，载《江苏警官学院学报》2018 年第 4 期。

〔3〕 贾治辉、薛楠："犯罪轨迹重建理论研究"，载《中国人民公安大学学报（社会科学版）》2018 年第 5 期。

〔4〕 王洁："重新审视犯罪率：概念结构、表现形式及价值分析"，载《中国人民公安大学学报（社会科学版）》2017 年第 5 期。

多地关注保护被害人权益，从而改革并完善相关机制，减少被害现象，[1]而且能够克服人犯率、发案率在数据体系化与信息量方面的不足，准确反映社会治安状况，体现以人为本的价值观。在对刑罚配置的基础理论检视中，刘涛撰文认为运用社会理论研究刑罚无论在视角、观点还是方法上都具有体系性特征，刑事制裁模式与刑罚目的不能画等号，预防为导向的犯罪论淡化了刑罚与其他社会控制之间的区隔，对此种犯罪论与刑罚论的结合应保持谨慎。[2]这与当前规范刑法学领域中出现的预防性刑法观念呈现出了不同的呼声，值得学界注意并继续保持审慎的态度。

（六）对类型化犯罪研究的述评较多

2017 年至 2018 年间有关犯罪研究中对于类型化的犯罪研究述评较多，主要集中于青少年吸毒现象和新型合成毒品滥用现象两大方面。在青少年吸毒现象研究方面，有对这一群体的社会学研究述评，如肖立志等撰文对学界有关其研究路径、方法以及对策进行了述评，建议应当打破学科壁垒，以综合性视角探讨这一群体现象，将研究重点放在对与上述主线相关领域的不断细化上，有针对性地开展研究工作，推动研究内容不断深化。同时，还应建立相关的青少年吸毒群体数据库，获取更加科学全面的样本数据资料，采用定性研究与定量研究相结合的方法，科学有效地将二者有机结合起来，不断提升相关研究结果的科学性和普适性。[3]常进锋撰文对预防与惩治青少年涉毒犯罪的法治路径进行了述评，指出当前学界存在研究方法重定性研究、轻定量研究、研究对象以一般青少年为主、涉毒犯罪高危青少年较少、研究学科视角多元化和交叉研究欠缺等问题。[4]其对研究方法和视角的建议与肖立志等人观点不谋而合。在对国内新型合成毒品滥用现象研究方面，主要是对其社会学研究进行述评。如肖立志等人撰文指出，国内近十年来有关新型合成毒品滥用现象的研究大多集中于描述性研究和解释性研究方面，在研究方法、

---

〔1〕 王洁："犯罪率表现形式之新检视"，载《法学杂志》2017 年第 9 期。

〔2〕 刘涛："刑罚研究中的社会理论：历史演进与运用前景"，载《法制与社会发展》2018 年第 5 期。

〔3〕 肖立志、韩丹："国内青少年吸毒群体的社会学研究述评"，载《江苏警官学院学报》2018 年第 1 期。

〔4〕 常进锋："预防与惩治青少年涉毒犯罪的法治路径述评"，载《中国青年社会科学》2018 年第 5 期。

研究内容和理论视角等多个层面还有待创新性突破，同时在理论视角上对理论的总结尚存不足。[1]

（七）重视同一主体的犯罪预防与被害预防

2017年至2018年间有关犯罪研究的论文中出现了将同一主体既视为犯罪主体进行预防，也将其视为被害主体进行预防的现象，从而促使预防对策更具理性和人文关怀。如于阳撰文对留守儿童的犯罪预防与被害预防进行研究，提出从公共政策、法律保护、社会治理三个层面加以构建，具体对其教育、心理健康、人身安全、农村社会文化环境、基层政府及村民自治组织等方面存在的问题进行防治。[2]宏观层面需要多措并举，构建留守儿童问题的源头治理机制；加强专业化机构建设，强化学校和社会的作用；推动和强化亲职教育措施；加强针对性的儿童保护服务，提倡政府购买服务方式。

四、犯罪研究的基本印象

（一）犯罪研究方面学术论文的特点

1. 注重大数据时代防控犯罪的创新发展

2017年至2018年间有关犯罪研究的学术论文更注重大数据时代背景下对于防控犯罪的创新性发展，尤其是防控对策从单一性建构迈向体系性建构。信息技术和大数据的快速发展给平安建设带来了机遇和挑战。在犯罪防控对策设计上、犯罪研究上更注重主动将现代信息技术融入社会治安防控的体系建设，按照立体化、智能化、可视化的发展方向，全面聚焦资源整合共享、信息综合研判、源头基础管控、整体合成作战等关键环节。[3]这种在大数据时代充分重视将显现信息技术的运用于传统治安防控体系的转型升级上，不断提高防控犯罪对策的科学性和体系性，是与时俱进的。

2. 重视基础理论的研究

2017年至2018年间有关犯罪研究的论文整体上注重对基础理论的研究，

---

[1] 肖立志、韩丹："国内新型合成毒品滥用问题的社会学研究述评"，载《江苏警官学院学报》2018年第4期。

[2] 于阳："留守儿童犯罪防治与被害预防实证研究"，载《中国人民公安大学学报（社会科学版）》2018年第5期。

[3] 陈辉："论大数据时代社会治安防控体系的创新发展——基于徐州公安机关探索实践的视角"，载《江苏警官学院学报》2017年第3期。

如注重犯罪原因的多因性探讨、开拓关系犯罪观的新视域、尝试对犯罪研究的新方法论的探讨，以及拓展多视角、多维度的比较研究等。在注重犯罪原因的探讨中，注重对本源问题探讨的同时，也积极扩充视野对多因性及刑事政策等基础性理论进行探讨，如荣晓红撰文指出，犯罪都具有情境化特征，传统的情境预防理论有一定的局限性和不足，应进一步拓展情境预防理论的内容，使它适用于各类犯罪，实现对所有犯罪的有效预防和遏制。基于预防性的思维，应采取反情境化思维，着眼于犯罪的提前介入预防和实施过程的同步预防，以培育主体相当理性为中心，引导主体对客观外部环境刺激产生正确应答，破坏客观环境与主体素质缺陷之间的作用与反作用机制，阻止犯罪的形成与发展，从而实现对犯罪的有效预防和遏制。[1]

3. 创新现行预防制度的完善思路

2017 年至 2018 年间有关犯罪研究的论文将某些特定领域的犯罪预防制度结合本土实践做了创新性地探讨和推进，主要体现在对未成年人犯罪预防、预防教育创新和性犯罪再犯预防的制度构建上。在未成年人犯罪预防方面，主张对其优先建立犯罪记录查询制度和犯罪记录封存制度，二者并不矛盾。除了相关制度创新，还要加强预防教育的创新。王新撰文指出，优先建立未成年人犯罪记录查询制度，继而逐步建立统一的犯罪记录制度。这种操作方式不仅能够充分发挥前者为后者提供"探索性服务"的天然优势，而且还有"封存制度"的经验积累和借鉴、有建立统一犯罪记录制度的背景支持和强大推动力，在我国是可行的。[2]宋英辉等人撰文指出，犯罪记录封存制度应当满足帮助犯罪的未成年人"去标签化"与"再社会化"以及维护社会的安定与和谐的要求，从信息保护、从业禁止、封存范围等方面设想制度完善的合理路径，[3]从而改善当前未成年犯罪记录封存制度中存在的犯罪信息不当泄露、未成年人就业受限、融入社会困难、封存范围过于僵硬等问题。在预防教育创新方面，雷海波撰文以对青少年毒品预防教育为例，强调对预防教育

---

〔1〕 荣晓红："论犯罪的情境化特征及情境犯罪刑事政策"，载《北京警察学院学报》2017 年第 4 期。

〔2〕 王新："论未成年人犯罪记录查询制度的优先建立"，载《中国青年社会科学》2017 年第 4 期。

〔3〕 宋英辉、杨雯清："未成年人犯罪记录封存制度的检视与完善"，载《法律适用》2017 年第 19 期。

的内涵建设，进一步明晰吸毒惩治法理与后果的禁毒法制教育，以及注入正向情感激励和负向情绪管理的情感教育，同时强调专业引领下的青少年物质滥用同伴教育，这样有助于提升青少年毒品预防教育的专业性和有效性。[1]在性犯罪人再犯预防方面，田刚撰文结合本土实践对性犯罪记录制度做了探讨，认为当前我国有关性犯罪记录制度过度关注信息公开规则，却忽视了作为性犯罪记录制度基本要素的登记申报规则和权利资格限制规则。[2]该制度的本土构建需要以基本要素规则的本土化为主要方向，并使其成为我国宏观国家犯罪记录体系的重要一环。

4. 以实证研究方法探索犯罪原因的关联性

2017 年至 2018 年间有关犯罪研究的论文除了重视实证研究方法的运用和相关基础理论的探讨，更注重以实证研究方法探索对犯罪原因与犯罪现象之间的关联性，以及犯罪原因之间的关系。尤其注重反向思考相关预防对策的介入，如田录梅等人从心理学角度探讨亲子关系与青少年冒险行为的关系，发现自控力在亲子关系与冒险行为之间存在中介效应，且该效应受到不良同伴交往的调节，由此可以从改良亲子关系和青少年自控力、进化青少年朋辈交往关系多视角预防青少年冒险行为。另外，左卫民等法学大家则更多的是对法学实证研究方法做了基础性的探讨，为实证研究方法的整体推进做出了贡献。

5. 研究日益精细化、精致化、精确化

2017 年至 2018 年间有关犯罪研究的学术论文呈现出日益精细化、精致化、精确化的特点，不仅注重犯罪原因多因性的全方位视角，而且注重对犯罪预防对策的精细化设置和独特视角，如对熟人网络社会中网络犯罪的预防、系列杀人案件侦查角度下发现的预防视野，还有对整体犯罪形势的分析与预测，这对犯罪对策的设计和研判起到了宏观上的预测作用，从而使得对策预防研究更为精准。对此，曾赟撰文通过统计分析发现，当某一故意杀人犯罪发生时，侦查机关的第一要务是准确判定案件属性，分类模型的直观性和回归模型的精准性为侦查机关判别故意杀人犯罪案件属性提供了一个可具体测量的

〔1〕 雷海波：“青少年毒品预防教育的创新发展”，载《中国青年社会科学》2018 年第 5 期。
〔2〕 田刚：“性犯罪人再次犯罪预防机制——基于性犯罪记录本土化建构的思考”，载《政法论坛》2017 年第 3 期。

科学依据。[1]这种侦查分析的技术策略可以广泛运用于同类案件的侦破之中,同时侦破中发现的聚类问题又可以为预防对策的设计提供相应的提示和指导。

6. 以犯罪现象为中心进行刑事一体化研究

2017 年至 2018 年间有关犯罪研究的论文总体呈现出以犯罪现象为中心进行刑事一体化研究的特征,这样对犯罪原因的本源探讨更具有现实意义,都是围绕客观现象进行事实层面的探讨,立足于客观事实进行原因和对策的分析,包括对规范层面的问题进行检视分析,体现的是一种更为科学的犯罪预防观。同时,犯罪预防对策的研究视角宽广、注重交叉学科的融合和学科群研究模式的建立,无论对犯罪前、犯罪中还是犯罪后的相关原因和对策的思考,融合犯罪学、刑事侦查学、刑法学、刑事诉讼法学、刑事执行法学等都体现了刑事一体化思维。

(二) 犯罪研究方面的发展方向

1. 基础理论研究实现向科学化、专业化方向的学科转型

随着犯罪学的不断发展,其作用和地位也不断显现出来。今后犯罪研究方面需要更加注重犯罪学的学科基础性地位,促进犯罪学与刑法学的共同发展。在犯罪学基础理论研究方面不仅要更加专业化,也要更加科学化;不仅要运用人文社会科学领域的知识,更要运用自然科学研究领域的最新研究成果拓展其研究领域;不仅要注重论点的创新,更要注重将自然科学领域的严密论证过程运用其中,实现其向科学化方向的学科转型。多维度、多层面拓展犯罪研究基础理论的新领域,如此,犯罪学在解构现实问题时才能保持更大的学术张力,展现出犯罪学基础理论的导向作用。

2. 从研究方法的创新转向研究范式的创新

对于犯罪研究尤其是具体类罪的研究主要集中于暴力犯罪、网络犯罪、青少年犯罪、吸毒现象以及其他涉众型经济犯罪、流动人口犯罪等方面,已经逐渐从原先侧重规范法学方面的注释性研究走向教义学研究,现在逐渐转变为对以事实为基础的犯罪学研究,且兼顾对规范法学的批判性探讨,注重刑事一体化研究。在以事实为基础的犯罪学研究方面,则侧重于犯罪现象存在论研究体系的建构,注重研究方法的运用,尤其是注重研究方法的横向比较研究以及整体主义的方法论建构,逐渐转变为注重犯罪关系的研究范式。

---

〔1〕 曾赟:"系列杀人犯罪侦查分析模型的创建与检验",载《中国法学》2018 年第 1 期。

这一走向意味着犯罪学不再局限于学科中的范畴进行概念层面的孤立、静态的比较和区分，而是走向建构犯罪问题研究的专业槽，实现对本专业领域研究范式的创新。

3. 从注重单一基础理论研究转向基础理论与应用实践并重

西方犯罪学成长史表明，犯罪学作为一门新兴的经验学科，应当是对社会现实最为敏捷反应的学科之一[1]。我国犯罪学经过几十年的发展也逐渐形成了自己的学科特色和研究模式，尤其是日益开放的跨学科犯罪学研究模式，逐渐推进学术研究中积极探讨在特定情势下犯罪学中的问题。同时随着白建军老师倡导的关系犯罪学的发展，我国犯罪研究领域中更注重社会现实与犯罪学之间的双向互动，现实实践对基础理论的促进不单只有方向性指导，还有观念和研究范式的转变，即逐渐从注重单一基础理论研究转向在研究中理论与实践应用的并重。

4. 从理论观点创新转向知识体系创新发展

有学者早在 2008 年就提出犯罪学理论研究上要走理论整合创新向犯罪"总体理论"和更完善的知识体系发展的道路。[2]在近 10 年间犯罪学界都在逐步由理论观点的单一性创新转向学科范畴体系的框架下进行整体性创新，如对犯罪原因由个体解释转向社会角度的解释，从而逐步增强对犯罪规律的解释力；如进一步构建以犯罪现象为中心的刑事一体化研究理念和模式，实现包括三个层面的学科群研究模式，即：一是从外到内的跨学科研究，运用自然科学、社会科学、社会科学各学科对犯罪现象进行研究，这一模式实现途径亦即开放犯罪学研究的实现途径；二是推进以犯罪现象为中心的刑事一体化研究；三是组合犯罪学分支学科开展犯罪学下的分支学科群研究。[3]尤其是在跨学科研究方面，对于研究方法的创新不仅促进了理论观点的创新，更是促成了知识体系的创新，这样的合理走向会不断促成犯罪学界发现新问题、发现真问题。

5. 从国外犯罪研究理论的借鉴转向本土犯罪研究理论的建构

早期犯罪学研究主要集中于对国外犯罪学研究理论的译介，以及利用国

---

〔1〕　参见［美］理查德·昆尼、约翰·威尔德曼：《新犯罪学》，陈兴良等译，中国国际广播出版社 1988 年版，第 22—79 页。

〔2〕　参见靳高风："思考与展望：犯罪学发展路径的选择"，载《刑事法评论》2008 年第 1 期。

〔3〕　参见宋浩波："犯罪学学科论"，载《中国人民公安大学学报》2004 年第 6 期。

外犯罪学理论解释某一具体犯罪现象，后来逐渐发展为在对西方犯罪学的研究路径、视角、方法进行学术总结归纳和批评的基础上，探讨我国犯罪学研究的路径方向等。2017 年至 2018 年间我国学界有关犯罪的研究已经呈现出对于本土犯罪研究理论的建构趋势，如对社交宴饮等诸多现实场景中的越轨行为的社会规范的无效率约束的思考、绑架过程中释放人质案件的合理罪刑考量、城市聚集区域的犯罪治理问题等，都是有着我国特定场域下的犯罪学本土理论建构的影子，这也是今后我国犯罪学研究的重要发展方向之一。

第二节 警 务

警务工作的关注点是犯罪事件在地理空间上的聚集规律，理论犯罪学则为此提供了必要的理论基础。具体而言，相互关联的几种犯罪学理论不但为我们理解地点因素在犯罪事件的形成与聚集过程中的重要影响提供了智识指引，与此同时也为警方利用犯罪热点的有关规律以求提高预防或控制犯罪的实践效果指明了基本机制。它们主要包括日常活动理论、理性选择理论、犯罪形态理论（三者通常也被视为情境犯罪预防的理论基础）以及社会解组理论。而放眼实践，警察侦查工作又反映了时代的鲜活脉络以及经济发展的时代热潮。下文将以 2017 年至 2018 年公开发表的有关警察侦查工作的期刊论文为对象，通过考察警察在该段时期内的主要研究内容概要及取得的学术成就，在此基础上辨识警务工作的特点，并对其未来的发展方向做一下展望，以此作为对这一阶段警察侦查工作研究的综述。

对于 2017 年至 2018 年我国犯罪学领域有关犯罪矫正研究的学术论文在学术期刊发表的整体状况，本书仅就发表的论文数量和期刊发表分布以及内容分布状况做一些简要的说明和呈现。2017 年至 2018 年这一阶段共发表警察侦查研究方面的论文数量达 60 篇，这尚且不包括未列入本书统计范围内的发表在其他普通期刊上的论文。警察侦查研究主要集中于人工智能、公安改革、武器运用以及个案研讨四大块。这相较于刑法学、刑事诉讼法学研究而言，从数量优势上无法进行类比，但从学术关注的焦点可以发现其紧紧跟随着社会经济的发展（人工智能）以及民众关注的热点问题（警察权的运用）。

一、公安改革 40 年与警察执法

2018 年是党和国家改革开放 40 周年，也是公安改革 40 周年。为了更好地推进新时代的公安改革，笔者对以往的公安改革历程做一简要梳理，以探寻公安改革规律，为完善和发展中国特色社会主义公安制度、加快推进公安治理体系和治理能力现代化提供借鉴。

（一）公安改革 40 年的基本历程

新时期的公安改革与党和国家的改革开放是同步进行的。1978 年 12 月党的十一届三中全会之后，从 1979 年 5 月 8 日中央决定改革边防保卫体制以来的 40 余年间，公安工作和公安队伍建设一直进行着改革，大致可划分为四个阶段：

第一阶段：1970 年末至十九公[1]之前（1996 年）的公安改革。主要包括公安体制改革[2]、公安机制改革[3]以及公安队伍建设改革[4]。

第二阶段：十九公之后第一轮公安改革高潮间的公安改革。主要包括公安体制改革[5]、公安队伍建设改革[6]、公安业务改革[7]以及公安技术改革[8]。

第三阶段：二十公[9]原来的公安改革。主要包括公安保障改革[10]、公安业务改革[11]、公安队伍改革[12]等。

---

[1]　十九公，即第十九次全国公安会议。全书简称"十九公"。
[2]　公安体制改革主要包括调整公安职能、组建特警队伍、开展公安机构改革、交通管理体制改革等。
[3]　公安机制改革主要包括探索建立社会治安动态管控机制、建立快速反应机制等。
[4]　公安队伍建设改革主要包括启动公安队伍正规化建设、推行目标管理和岗位责任制、公安队伍法治化建设加强等。
[5]　公安体制改革包括：一是各级公安机关先后增加网络安全、禁毒、反恐怖、反邪教等职能；二是按照国家第四轮机构改革的要求，于 1998 年 8 月开始自上而下进行了第四轮公安机构改革；三是改革边防管理体制。
[6]　公安队伍建设改革主要包括强力推进公安队伍正规化、法治化建设。
[7]　公安业务改革主要包括派出所改革、刑侦改革、街面防控机制改革以及边检体制改革。
[8]　这一时期的公安技术改革主要体现在"金盾工程"。
[9]　二十公，即第二十次全国公安会议。全书简称"二十公"。
[10]　公安保障改革主要包括国家相应出台的县级公安机关经费标准、中央公安转移支付制度以及公安基础设施中央财政立项拨款制度等。
[11]　孙志刚事件后，包括收容审查制度的取消以及特警力量的诞生。
[12]　如公安部 2004 年发布的《关于 2004-2008 年全国公安队伍正规化建设纲要》、2006 年发布的《关于加强基层所队正规化建设的意见》等。

第四阶段：十八大以来的公安改革第二轮高潮。首先，从政治上呈现出中央高度关心、群众高度关注、民警高度关切的特征；其次，公安信息化深度建设和应用；再次，公安业务、队伍、保障三大改革的整体推进；最后，既注重维护党的执政地位和国家政治安全，又高度关注民生。[1]

总体而言，公安改革的40余年，在公安体制、公安机制、人员队伍方面的改善成绩显著，紧紧围绕着党和国家工作大局来谋划和推进，体现出革命化、现代化、法治化特征以及坚持为民、公正、高效的价值取向。但反观不足，公安的改革步伐在增强活力方面力度不足，结构性改革的深入稍有欠缺，在此方面，可以在勤务方式、运行机制、指挥体系、组织结构以及思想理念等方面借鉴境外警务改革以及企业改革、军队改革的先进经验，结合我国具体国情、警情做出本土化适用改良。

（二）公安侦查工作的历史变革

自改革开放至20世纪90年代中期，侦查机关按照案件的性质和大小来划分机构和职能，形成了派出所侦查一般案件、分县局侦查重大刑事案件、市级公安机关侦查特大刑事案件的三级侦查体制。这种体制在当时对侦查破案起到了很大作用。但是，随着社会经济的发展和犯罪形势的变化，这种制度的弊端也暴露出来，表现为分工不明、职责不清，形成了"大锅饭"，导致派出所的侦查任务极其繁重。1997年公安部开始进行刑侦改革，全国各级公安机关开始根据所在辖区行政面积、人口、治安状况等建立覆盖社会面的刑警队，同时对侦查预审分设的体制予以改革，实行侦审一体化。自1997年刑侦改革至今已经过去了20余年，刑事犯罪的形势发生了新的变化，犯罪的流动性、智能性、隐蔽性更加突出，新型犯罪不断涌现，进一步加大了侦查工作的难度，侦查工作中存在的问题和矛盾也越来越凸显。毕惜茜、刘明辉在论文中将侦查问题表现总结为以下几点：其一，警力不足，警种划分越来越细，警力稀释；其二，机构层级多，职能交叉重叠；其三，侦查手段已经无法应对当前的犯罪形势。同时，归总了侦查改革过程中相应的调整措施：一方面，警种整合，压缩层级，实行扁平化管理；[2]另一方面，从侦查模式上

---

〔1〕 赵炜："公安改革40年：历程、经验、趋势"，载《中国人民公安大学学报（社会科学版）》2018年第2期。

〔2〕 即在充分考量原有相关内设机构在侦查职能上的关联性以及公安实战需求的基础上，整合警种，压缩层级，实现扁平化管理，在大侦查框架下，进行"三合一"或"多合一"整合。

进行改革，以科学技术丰富警力资源。针对上述两方面的改革措施，毕惜茜等将三个省级公安机关、两个省会市公安局、一个地级市公安局和两个分局的刑侦数量、数据等作为样本，对现行的改革措施进行评议并给出了建议：其一，将承担相同相近职能的内设机构归并，形成"大侦查"格局；其二，科学测算警力人员配置标准，核定"大侦查"部门具体机构编制和人才结构模型，最大限度地发挥侦查效益；其三，明确事权划分，将公安机关涉及侦查的部门统一归口；其四，建立配套制度，保证"大侦查"改革的有效运行。[1]

二、科学技术与警察执法

科学技术的迅猛发展，影响了社会生活的方方面面，侦查工作也不例外。实践中，公安机关已经不同程度地运用现代信息技术以辅助法律的执行。科学技术的有效运用不仅能更准确地预测违法行为的时空分布、实现对于个体行为的监控与危险评估，还有助于了解执法过程中的风险点和社会公众的需求。我们在肯定大数据对警察执法带来益处的同时，也要认识到其对既有的执法理论和实践所带来的挑战。

（一）大数据与警察执法

2017年12月8日，习近平同志主持中央政治局集体学习时强调推动实施国家大数据战略。这一战略从国家层面要求加快大数据基础设施建设，深入研究大数据的发展趋势，直面我国大数据研究面临的问题，深度发掘大数据的潜在价值，使其为我国经济社会发展和人民生活的改善提供便利。随着大数据的兴起，公安机关，特别是侦查领域掀起了一股大数据的热潮。那么，何谓大数据？赵文杰提出了大数据的四点特征以勾画其轮廓：一是数据规模大，即数据总量庞大；二是数据种类多，即数据来源广泛；三是数据价值密度低，即有效数据被大量数据隐藏，不易被发现；四是处理速度快，即要求数据处理的时效性强。[2]

对于大数据在侦查进程中的作用，不同的学者有着不同的评价和看法。不可否认的是，大数据对于侦查确有其促进作用，在前大数据时代，公安机

---

〔1〕 毕惜茜、刘明辉："公安'大侦查'体制改革研究"，载《中国人民公安大学学报（社会科学版）》2017年第1期。

〔2〕 赵文杰："大数据时代警务技能战术科学研究"，载《北京警察学院学报》2018年第4期。

关已经不同程度地运用现代信息技术以辅助法律的执行。大数据技术的兴起不仅能更准确地预测违法行为的时空分布、实现对于个体行为的监控与危险评估，还有助于了解执法过程中的风险点和社会公众的需求。此外，数据技术也推动了警务模式的改革。王琛、周彬运用 SWOT 分析法[1]对市级公安机关警务模式进行研判，提出借助大数据来优化警务组织形态、警务流程形态、警力配置形态，进一步推动重心下移、警力下沉、保障下倾，努力建设符合新时代要求、适应国家治理体系和治理能力现代化的现代警务管理体制。[2]揭萍、方镇杰同样利用 SWOT 分析法提出了大数据时代侦查思维的提升途径：从"后置"到"前瞻"，从"保密"到"兼容"，从"破案"到"定案"，从"局限"到"发散"的转型。[3]孟媛同样在论文中提及："大数据时代的到来，推进了公安机关侦查思维模式的创新与发展，为公安机关侦查网络诈骗犯罪提供了新的思路与方法。"[4]而部分学者认为目前夸大了大数据在侦查阶段的意义和作用，如彭知辉采用批判的视角，对当前流传颇广的"大数据侦查"及相关概念如"数据化侦查""大数据驱动的侦查模式"等进行质疑。目的在于去除大数据的光环，避免因追赶大数据潮流而忽略侦查的本质，出现乱用、滥用大数据的现象。同时也希望为"大数据热"降温，给学术研究中的某些不良倾向——任意编造新概念、盲目构建新理论——纠偏，指出当前有关大数据应用于侦查的研究存在概念炒作及大数据崇拜现象。大数据只是侦查的一个要素，并未推动侦查模式的转型，并未导致侦查发生根本性变革。[5]公安机关已经尝试将大数据技术应用于执法，但是由于大数据的技术

---

〔1〕 SWOT 分析法又称自我诊断方法，其中的四个英文字母分别代表优势（strengths）、劣势（weakness）、机遇（opportunities）、挑战（threats），其实质是通过分析研究对象自身的内部能力和所处的外部环境，进而研判其战略解决方案的一种科学方法。根据内外因素的不同组合，SWOT 分析法可提供四种解决方案，即优势-机遇组合（SO 策略）、优势-挑战组合（ST 策略）、劣势-机遇组合（WO 策略）、劣势-挑战组合（WT 策略）。

〔2〕 王琛、周彬："大数据时代的警务模式改革"，载《中国人民公安大学学报（社会科学版）》2018 年第 4 期。

〔3〕 揭萍、方镇杰："大数据时代侦查思维的转型与优化——基于 SWOT 的分析"，载《山东警察学院学报》2018 年第 5 期。

〔4〕 孟媛："大数据背景下网络诈骗犯罪案件侦查研究"，载《北京警察学院学报》2017 年第 4 期。

〔5〕 彭知辉："'大数据侦查'质疑：关于大数据与侦查关系的思考"，载《中国人民公安大学学报（社会科学版）》2018 年第 4 期。

支持不足、数据收集的来源的限制以及对大数据认知的片面性等并没有真正发挥大数据技术的潜在优势。无论如何，大数据的应用给警察工作带来了新的契机，同时也带来了不容忽视的挑战。如当前视频监控系统在我国正呈日益普及之势，监控探头覆盖面积和领域亦在不断扩大之中，然而，地区间发展的不平衡、监控设备的使用意图不同，导致不同使用主体在监控设备的技术标准、摄录格式以及拍摄镜头清晰度的选择方面很难做到一致。[1]对此，首先应明确大数据技术在警务中的应用范围及其条件，限制大数据技术在辅助执法中的边界；其次，在完善政府信息公开的前提下，采用"政府-公司-个人"的反身性规制模式，限制公安机关对数据的不正当使用；再次，增强执法过程中的透明性、公开性与可问责性；最后，通过技术性正当程序，预防大数据技术的可能风险。[2]

（二）人工智能与警察执法

国务院在2017年7月8日印发的《新一代人工智能发展规划》（以下简称"《规划》"）中指出："利用人工智能提升公共安全保障能力。促进人工智能在公共安全领域的深度应用，推动构建公共安全智能化监测预警与控制体系。围绕社会综合治理、新型犯罪侦查、反恐等迫切需求，研发集成多种探测传感技术、视频图像信息分析识别技术、生物特征识别技术的智能安防与警用产品"。《规划》的发布，促使"人工智能"这辆高速科技列车向刑事侦查等相关领域全速迈进，推动侦查活动迈入人工智能的崭新时代。梁坤、周韬指出，当前人工智能侦查较之于传统侦查在凸显出明显优势的同时，也面临着整合效果欠佳、指引功能发挥不足、前置性基础工作重视不够、法律规制失位与侦查权隐性膨胀、"权利"与"权力"之间冲突加剧等实践与理论困境。为了突破当前的应用困境，必须从强化实体性侦查资源整合、夯实基础性工作、加强人工智能侦查设备的整合、研发与集成应用、建立健全人工智能侦查应用的法律与规制体系入手，保障人工智能侦查效能能够强势发挥的同时预防侦查权在技术诱因的驱使下的过度扩展和越轨行使。[3]

---

〔1〕　方斌："大数据时代侦查思维变革"，载《中国人民公安大学学报（社会科学版）》2017年第3期。

〔2〕　谭俊："大数据技术在警察执法中的应用及挑战"，载《行政法学研究》2018年第6期。

〔3〕　梁坤、周韬："当前人工智能侦查的应用困境及突破进路"，载《山东警察学院学报》2018年第3期。

(三)"互联网+"与警察工作

互联网时代催生了许多新生事物与理念，众包与共享经济就是其中的代表。众包是一种以问题为导向，能充分发掘众人智慧的思维方式和工作机制。众包主体通过某种激励机制将原本属于特定领域的专业问题置于一定的开放空间，利用大众的讨论和参与获取竞争性解决问题的信息和方案。[1]关于共享经济，2017 年 7 月，南京市公安局玄武分局"滴滴警务"平台正式上线，拉开了"共享经济"时代警务模式改革的大幕。各地公安机关应将"共享"理念融入公安执法模式改革中，真正实现"共享警务"，做到创新能力与"容错"相结合，树立改革信心；构建务实、公平的共享平台，奠定共享警务赖以发展的基础；政府部门牵头，加强合作，实现真正的资源共享；完善聘任管理考核机制，融洽"专家会诊"同公安业务的结合；因地制宜，因需建立地方特色"共享警务"模式。[2]同时，"互联网+警务"改变了传统警务模式，使得警察角色逐渐从基于自身职责行使权力的管理者变为基于社会需求行使权力的治理者。对于刑事司法型警务，互联网大数据的发展让警察介入犯罪活动的时机得以提前，从侦查者变为预防者。对于以事后裁处为主的行政执法型警务，互联网警务增强了公众协助行政案件调查的效果，使警察角色由执行者变为主持者。对于以事前监管为主的行政执法型警务，互联网时代促使行政执法面向行政机关转向公民，使警察从管控者迈向服务者角色。网络平台让公共服务型警务的实现有了更多方式，警察的角色也可以从直接提供服务转变为以监督为主。[3]

三、武器运用与警察执法

警察的执法权是研究犯罪风险防控的重要一环，警察执法中强制手段的使用易造成人员伤亡，其背后潜在的各种危险因素较为复杂，主要涉及警务实战技能欠缺、技战术方法运用不当、装备缺乏、执法环境恶化等多个方面，

---

〔1〕 倪春乐："'互联网+'背景下的公安情报众包探索"，载《山东警察学院学报》2017 年第 2 期。

〔2〕 张毅航："'共享经济'环境下公安规范执法新模式问题探究——以南京'滴滴警务'为例"，载《北京警察学院学报》2018 年第 2 期。

〔3〕 王梦宇："互联网时代的警察角色变革"，载《中国人民公安大学学报（社会科学版）》2018 年第 2 期。

呈现出多元化、随机化、连续化、相关化等特性。基于风险管理理念，紧密结合警察执法实际，通过对警察执法危险因素进行系统研究，可以探索规避风险的应对路径，从而有效提高警察现场执法中人身安全风险的防控能力。[1]

对此，许在华认为利用风险评估理论有助于对警察强制手段使用中的危险因素进行评估、量化以及开展危险因素的识别、评估和应对，从而也有助于建立起一个应对路径，即一个真实反映警察强制手段使用中人身风险的评估和评价体系，对执法过程中将面临的危险具备专业的识别能力。要有针对性地开展危险因素的量化、预测和评估，逐步建立警察执勤执法的风险防控机制以指导具体执勤执法工作规范开展，从而从根本上解决警察在执勤执法时的人身安全防护问题。金晓伟、化国宇则认为在严峻且复杂的社会治安及反恐形势下，为回应公众对公共安全的现实需求及对警察权过度膨胀的担忧，警察使用何种适当的武力行为以有效处置突发性暴力事件，已成为我国公共安全和社会治理的重要课题，同时也是行政法学理论研究和我国《人民警察法》的修改中无法回避的一个难题。在强调基本权利防御权功能的逻辑下，传统进路以规范形成为起点，为警察用枪构筑起以程序、条件和情形为主要内容的规范体系，并承认严密的司法审查可对警察用枪行为做出"正确"评价，借此实现合法律性的控制。[2]

武器在基层民警工作中的重要作用之一在于正确使用武力以制止妨碍公务的暴力行为。对此，赵辉等人通过对典型案例的分析可以深入探讨影响警察武力使用的六个主要因素，即处置环境、地区政策、处警机制、个体差异、法规体系和社会舆论。警察要克服干扰因素的影响，正确、果断地采取有效措施，在使用武力时应遵循依法行使、安全有效和及时取证三大原则。对此，警察武力规范使用是一项系统性而非孤立的执法行为。与发达国家及地区较完善的警察制度、较高的警察武力使用文化认同相比，我们仍然有很多路要走。就警察自身而言，一名合格的警察需要对警察武力使用进行深入认识，提高技战术水平、心理素质、战术战法经验，熟悉并能遵循武力使用的基本

---

〔1〕 许在华："警察强制手段使用的危险评估与应对路径建构"，载《江苏警官学院学报》2018年第3期。

〔2〕 金晓伟、化国宇："从合法律性到情境合理性——警察用枪规范进路的重塑"，载《行政法学研究》2017年第6期。

原则，以切实提高警察武力使用的水平。另外，从新时代背景下警察执法环境来看，需要从完善法律法规、规范媒体、正确引导舆论等方面入手来改善警察的执法环境，推进文化认同，从而使警察在面对暴力突发事件时，敢于且合法合理使用武力，[1]同样的，为应对持续多发的暴力袭警案件，保护民警，维护法律尊严，公安机关必须加大民警执法时依法使用手枪的力度，以威慑、打击各类暴力袭警的不法行为。由此，加强民警的素质和技能培训势在必行、刻不容缓。对此，丁同兴认为民警配备、使用手枪的综合素质包括良好的政治素质、心理素质、身体素质。同时，根据《公安机关公务用枪管理规定》第 20 条要求各级公安机关开展公务用枪管理使用训练时，应加强法律政策、敌情观念、心理行为、射击要领及枪支分解结合的教育训练。这表明，对配枪民警的培训必须杜绝轻理论、重技能施训模式，不断提高配枪民警的综合素质与技能，从而使其能够在枪支的佩带和使用中做到依法依规、规范安全和精确打击。要注重对配枪民警的法律法规、武器常识、敌情观念、射击技能、规范安全的培训。此外，民警配备和使用手枪时，应坚持先开展规范安全教育，后进行射击技能培训，再佩带、使用的原则。对民警使用手枪应对暴力抗法、袭警的案件，公安机关应通过新闻发布会、媒体、网络等途径，进行及时宣传说明，以起到维护民警合法权益、震慑暴力违法行为的作用。[2]

目前我国法律法规对警察武器使用规制保障稀缺且法律规则过于机械、僵化，理论上的纠结反复导致行政性法令与刑事实体法之间存在衔接障碍，立法的滞后导致目前对警察开枪的规制尺度与警察所遭遇的客观危险不相适应。警察开枪问题特指开枪射击行为，即拥有法定职权的警察在执行职务过程中遇到紧急危险情况或者法定情形，使用致命武力的行为。美国对警察裁量权的治理主要通过外部监督、警察政策的完善和高强度的训练来进行，对警官个人责任追究上保持了一定的宽容、一定的执法豁免权，对警官执法有很强的保障作用。我国应当明确对开枪规制的基础理论，完善法律适用标准，加强程序立法，破除行政性法令与刑事法律的衔接障碍，确立合理的开枪指

---

〔1〕 赵辉、张煜、瞿晓虎："论警察武力使用的制约因素与原则——由一起警察武力使用不当案例引发的思考"，载《江苏警官学院学报》2018 年第 3 期。
〔2〕 丁同兴："浅议民警使用手枪的基本要求"，载《江苏警官学院学报》2017 年第 6 期。

导规则和评价体系，通过完善公安机关裁量基准和加强训练实现对裁量权的治理。[1]

四、主体身份与警察工作

随着城市建设的步伐逐步加快，城市治理难度也随之加大，交通拥堵、市容市貌、环境卫生等城市发展难题凸显。为有效治理城市发展中出现的问题，政府往往将多种权力协同使用，以形成执法合力，提高执法效率。其中，警察权与城管执法权是城市治理中极为重要的两种权力。城管执法权集中了原先职能相近的行政权力，解决了多头执法、重复执法、交叉执法等难题，但与警察权相比，城管不具备警察所拥有的特殊强制权。而城管在执法过程中所采取的暂扣、没收等强制措施常引起被执法者的暴力反抗。为此，城管执法难以脱离警察权的经常性协助。实践中，为解决城管执法过程中出现的执法难题，两种权力经常联合行使，形成常态公务协助机制，确实强化了执法效果，但这也致使两种权力间的执法边界逐渐模糊化，近年来更有职能互化之趋势，从而产生了"城管警察"现象。职能及权限不明导致的严重后果就是权力的失控与滥用，而警察权与城管执法权同为具有强制性的权力，一旦失控或被滥用，极易给公民的人身财产权利造成巨大威胁。对此，郑新从两方面提出了发展路径构想：一方面，完善城管综合执法体制以摆脱对警察权的过度依赖。包括制定综合行政执法法律法规、明确执法主体资格及任务等。另一方面，修改我国《人民警察法》，完善警察行政协助制度，突出明确警察参与城管执法的独立性法律地位。突出明确警察在协助过程中的独立性地位，即警察协助城管执法要以监督者的身份保持中立。在协助中不能只站在城管一边，不仅要制止行政相对人暴力抗法，还要监督城管是否违法行政。[2]

五、警察权与警察工作

警察权的强弱问题在我国呈现出了一张普罗透斯似的脸：一方面，从早

---

〔1〕 谯冉、白云鹏、李震宇："中美警察使用武器裁量权比较研究"，载《中国人民公安大学学报（社会科学版）》2017年第6期。

〔2〕 郑新："'城管警察'现象的审视与反思"，载《行政法学研究》2017年第6期。

期的"孙志刚案""陕西夫妻看黄碟案",至新近的"雷洋案""深圳身份证查验案",警察权的强势在媒体的视野中一再被高亮呈现;另一方面,基层民警却普遍抱怨执法环境不佳,"人性化"变成软弱化,正常执法遭到无端猜忌与阻挠,强调基层警察的"苦""累""险",作为一种传统的公关方法,似乎也验证了基层警察的弱势。于是,当国家面临日益增长的恐怖主义威胁时,要求提升警察执法权威、服从警察命令的呼声也逐渐高涨,并在"庆安火车站枪击案""王文军案"中形成了社会舆论上的对立。我国警察权的实践呈现出强弱两极化的面相:一方面,警察强制措施的无序、警政模式革新中的权能混乱以及联合执法中的任务宽泛反映了我国警察权力自主性的过分彰显;另一方面,社会效果涵摄下的涉警信访与舆情归责又使得警察个体的决断权呈现弱化趋势。这种强弱两极化的悖论反映了我国警察权在控制主体、控制对象以及控制手段上的结构性失衡。警察权的强弱平衡应当回归真实的警务过程,形成不同维度的主体互动规范,并在此基础上摒弃科层主导型的法治路径,迈向结构平衡的警察法治网络。[1]雷虹在论文中提到了警察权失范的一些问题,强调警察权失范的主要表现有:执法程序失范、现场处置失范、选择性执法、管理服务失范、警察权主体失范。警察权失范的原因有:警察法律制度不科学,直接影响警察权规范行使;警察法律素养较低,执法能力欠缺;执法环境较差;执法监督机制不完善。应完善警察法律制度,从制度上保障警察权规范行使;应提高警察执法能力,保障警察职业的专业性;应改善执法环境,为警察规范执法提供条件;应完善执法监督机制。[2]

六、个罪分析与警察工作

(一) 职务类犯罪

信息技术的迅速发展正深刻地改变着人类的生产和生活方式,职务犯罪也日益信息化,反侦查能力越来越强。而检察机关的职务犯罪侦查部门(以下简称"职侦部门")却长期受口供中心主义的影响,侦查手段落后,信息技术含量较低,已不能满足信息化时代侦破职务犯罪的需求,与以审判为中

---

〔1〕 蒋勇:"警察权'强''弱'之辨:结构失衡与有效治理",载《法制与社会发展》2017年第3期。

〔2〕 雷虹:"警察权失范问题调查研究——以陕西省三市为样本",载《中国人民公安大学学报(社会科学版)》2017年第6期。

心的诉讼制度改革也不相适应。侦查能力与反侦查能力此消彼长，侦查优势日渐式微，职侦部门时常面临着"侦查不能"的困境。科技之发达日新月异，如从事犯罪侦查的警察忽略自然科学，实难以有效对抗犯罪，利用自然科学的技术以从事犯罪的侦查，已成为目前的趋势。[1]

　　职务犯罪是公权力的异化现象，本质上是以权谋私，与国家政权相随，与社会发展相伴。职务犯罪分子一方面努力维护自身的正面形象，另一方面又极力规避以权谋私的法律责任。[2]梅传强、张涛归纳在当今信息化时代，职务犯罪除了具有贪利的基本属性外，还呈现出犯罪隐蔽性强、犯罪主体关联性强、犯罪专业化程度高等新特点。反观我国传统以口供为中心的职务犯罪侦查机制中，口供的地位被强化，由于侦查缺乏专业化、信息化的策略与设备，同时搜集情报信息的渠道并不畅通，导致金融、能源、贸易、医疗、教育、税务、财政以及城镇规划、征地拆迁、工程建设、设备采购、国企改革等部门的信息无法畅通、及时地为侦查所用。对此，文章指出在职务犯罪侦查中，情报信息看似松散孤立，实质上是与职务犯罪有机联系的统一整体，在侦查破案时起着不可替代的作用。对此，首先应设置隶属于职侦部门的情报信息队伍，配备专职人员对情报信息进行规范有序的管理，负责情报信息的汇总、录入、分类、储存和更新，为侦查提供可靠、便捷的服务，及时报送重大紧急情报信息，实现分级共享，打破信息壁垒，确保情报信息横向流转顺畅、纵向传递及时，不迟报、漏报、瞒报和谎报。其次，提升信息主导职务犯罪侦查能力。确保职务犯罪侦查由依靠人海战术向运用信息技术转变，实现职务犯罪侦查机制由以口供为中心向以信息为主导转型。再次，加强侦查装备现代化建设。将侦查技术与犯罪特点结合起来，快速提取和恢复计算机内的文档、表格、视频、照片等资料；快速提取和恢复手机内的通讯录、通话记录、短信、彩信、微信、视频、照片等信息，及时掌握其通话、短信、上网情况。同时，对涉案银行账户进行多账户组合、多维度分析，快速识别可疑交易和可疑账户。最后，多渠道搭建情报信息平台。充分利用计算机网络，建立由硬件设备、应用系统、数据库三者有机融合的情报信息平台，与

---

〔1〕　蔡墩铭：《刑事证据法论》，五南图书出版公司1997年版，第9页。
〔2〕　钱磊："反贪侦查中案件线索制度的完善"，载《山西省政法管理干部学院学报》2015年第3期。

情报信息提供单位搭建数据接口，并根据情报信息在侦查中的作用，将其分为基础类信息、线索类信息和案件类信息，实行网络化统一管理。[1]

(二) 诈骗类犯罪

在大数据平台下，动态化、分散化、多样化等类型各异的数据与人们日常生活中的轨迹信息形成了有机联系的网络格局，为公安机关快速提取犯罪信息、实施智能分析研判、准确预测犯罪形势及犯罪发展规律提供了有力的信息支持，同时也为公安机关侦查网络诈骗犯罪案件提供了新的难题与挑战。孟媛在文章中总结提出：随着互联网+、物流快递、互联网二手交易市场等新行业、新技术的飞速发展，网络诈骗犯罪在组织形式、作案手段、危害结果等方面也出现了如下新特点：其一，行为主体多为网站内部人员，反侦查能力强；其二，受害群体分布广泛，犯罪作案手法智能化；其三，赃款转移速度快、分散性强、追缴困难。

与此相应，大数据背景下，网络诈骗案件的侦查内容也随之发生改变，即体现为事前侦查、事中侦查、事后侦查。事前侦查即预备侦查，指通过大数据预测性功能的运用，发挥大数据在网络诈骗犯罪中主动预防的效用和潜能；事中侦查体现为三个方面，即进行目标信息的真伪判别和侦查阻断、明确目标后实施的盘查抓捕以及延长资金流失时间的逐级阻隔；事后侦查体现为侦查人员对犯罪信息的掌握将不再仅是局限于对犯罪现场的调查，而是通过大数据技术筛选、提取、整合与网络诈骗犯罪活动相关的数据信息，实现对犯罪嫌疑人逃向的初级预测。通过上述三个阶段的不同侦查重点及模式，网络诈骗的侦查工作体现了不同以往的主动性、准确性以及全面性。为进一步加强科技侦查工作的顺利开展，作者提出三方面的改进措施：其一，加强内外部协作，构建快速落地新机制；其二，完善资源数据库，深入拓展数据共享；其三，强化对侦查大数据的研判分析，提升网络诈骗案件侦办能力。

总体而言，大数据时代的到来，推进了公安机关侦查思维模式的创新与发展，为公安机关侦查网络诈骗犯罪提供了新的思路与方法。由于目前许多侦查机关仍沿用传统的侦查模式，加之侦查协作、数据库的管理、研判技术等方面均存在较大的难度或问题，目前我国学者对大数据背景下网络诈骗犯

---

〔1〕 梅传强、张涛："信息化时代职务犯罪侦查机制的转型研究"，载《河北法学》2017年第12期。

罪案件的侦查问题研究尚处于一种未完善阶段。网络诈骗是依托大数据时代而形成的产物，因此"解铃还须系铃人"，要真正实现对网络诈骗犯罪的打击和预防，还需要从上到下建立起一套完整的大数据侦查机制，使网络诈骗犯罪案件的侦办工作做到快速响应、扁平指挥、立体作战，最终达到从源头预防网络诈骗产生、有效遏制网络诈骗集团发展、提高受害人资金追回率的目标。[1]

（三）黑恶势力类犯罪

随着我国社会和经济的快速发展，黑恶势力也在不断地进行自我演变，其发展呈现出组织结构日益严密、犯罪形式日益多样、势力背景日趋复杂、跨区域流动不断增强等趋势。这些变化给公安机关的治理工作带来了不小的挑战，在一定程度上影响了治理效果。王思泉提出当前黑恶势力具有组织结构日趋"紧密化"、犯罪形式日趋"多样化"、犯罪手段日趋"隐蔽化"、犯罪目的日趋"功利化"、社会背景日趋"复杂化"、活动领域日趋"扩大化"六项特征，使得我国的警务侦查工作暴露出困境与弊端，诸如社会管控漏洞增多、侦查取证难度加大、抓捕行动压力升高、治理工作机制存在短板等。

对此，建议首先强化社会管控，摧毁黑恶势力根基。对公安机关来说，若要摧毁黑恶势力，必先斩其经济命脉。公安机关应全面查清黑恶势力经济的主要来源、牟取非法利益的主要方式、资产流通的渠道以及所垄断和控制的行业领域，并与工商、税务等部门密切配合，强化对相关市场的管理，对黑恶势力容易渗透的娱乐、建筑、典当等行业实施重点监督，完善相关制度规范，确保公平竞争，打破黑恶势力的非法垄断，取缔黑恶势力的非法经营，堵住黑恶势力敛财的市场漏洞。[2]其次，利用多种手段，解决侦查取证难问题。一是确定有针对性的侦查策略。在对黑恶势力犯罪进行侦查取证时，要根据调查对象、调查阶段的不同，采取不同的侦查策略；二是利用秘密及科技手段，深入调查取证；三是做好群众工作，充分发挥群众力量。再次，运用抓捕战术，破除执法行动障碍。一是做好情报搜集工作；二是做好安全防护工作；三是加强协作配合；四是做好行动保密工作；五是把握好抓捕行动

---

〔1〕　孟媛："大数据背景下网络诈骗犯罪案件侦查研究"，载《北京警察学院学报》2017年第4期。

〔2〕　应勇："准确界定黑恶势力犯罪　推动'打黑除恶'斗争深入开展"，载《公安学刊（浙江公安高等专科学校学报）》2001年第6期。

战机。复次，加强彼此协作，形成扫黑除恶整体合力。公安机关作为"扫黑除恶"的主力军，在对黑恶势力全力打击治理的同时，要加强同纪委、监察委、检察、工商、税务、银行等部门以及社会各组织的有效沟通与合作，改变当前仅有公安机关在孤军奋战的被动局面。最后，把握斗争策略，不断完善相关工作机制。公安机关要立足当前，根据实际需要，逐步建立和完善"扫黑除恶"长效工作机制，要打就要打得彻底，要治就要看得长远，避免出现"雷声大雨点小""治理不彻底，雨过湿地皮"的局面。[1]

总体而言，40余年的发展为公安事业以及侦查工作带来了深刻的变革，呈现了如下的发展趋势：其一，公安信息管理体制由"以块为主"走向"以条为主"，确立了系统思维与全局观念，打破"信息孤岛"局面；其二，警务行动指挥合成化、信息化，公安指挥中心的简历和巡警体制的建立使得警务指挥扁平化的趋势十分明显；其三，公安机关中上层职能专业化和基层一线职能整合并存；其四，刑事调查职能日益走向融合完善；其五，公安组织结构由智能型结构向流程性结构转型；其六，警政区划与行政区划相对隔离。至此，大数据等科学技术的出现及发展给警察工作的理论及实践研究带来了不小的改变。

首先，研究视角从事物局部走向事物整体。警察对违法犯罪现场的处置能力不仅与警察警务技能（主要指动作技能）的掌握程度和战术意识有关，还与处警人员的处警经验、心理、自然环境、处置现场人员状况等许多因素关系密切。而动作技能和这些因素共同决定了处警人员是否能够有效、快速、成功地处理警情，这些规模大、来源广、变化快的警情处理数据如何能够得到有效的整合、处理与分析，通过数据科学找到各因素之间隐藏的必然联系，就成了警务技能战术科学大数据模式的研究方向和目的。改变以往将警务技能战术人为地分割成若干模块的研究方式，真正地实现将警务技能战术科学整体作为研究对象，总结其中的规律，发掘其中的价值。

其次，研究对象从组成要素走向要素之间的关系。若要揭示处置同类型案件的战术规律，对案件各个组成要素之间的关联性的研究是无法忽略的，必须将技能战术作为一个整体来研究。大数据的出现无疑对信息整合

---

[1] 王思泉："当前黑恶势力发展趋势及公安机关治理对策"，载《江苏警官学院学报》2018年第4期。

起到了巨大的作用，能够将研究对象串联起来，使得要素之间的关联愈发明显。

再次，研究方法从小抽样数据走向大数据。传统警务理论的研究方法偏向"经验式"研究，运用的是办案经验数据收集的方法得出部分可行性较高的经验再加以经验的推广。这种经验复制式的案例研究，受到研究人员思维定势的影响，很难从固有的经验当中提取到战术发展的客观规律。拥有全部数据或几乎全部的数据，我们就能够从不同的角度，更细致地观察和研究数据的方方面面，可以正确地考察细节并进行新的分析，并在任何细微的层面，可以用大数据去论证新的假设。以我们现有的数据处理能力、储存空间和分析技术，如果可以拥有全部或者几乎全部的全国各地每天产生着的海量警情数据，无论从微观层面还是宏观层面，我们都完全能够从多角度、多层面、多维度细致研究数据的各个方面。

最后，研究范式从经验理论走向数据推论。所谓"范式"，是指从事某一科学的科学家群体所共同遵从的世界观和行为方式，也是常规科学所赖以运作的理论基础和实践规范。大数据科学研究推动了一种"数据密集型"科研的第四范式的发展，这种范式以数据为考查基础，主要运用数据密集型计算对大数据进行处理和分析并发现规律，使得大规模的复杂数据成为新的科研模式。美国著名《连线》（*Wired*）杂志主编克里斯·安德森（Chris Anderson）早在 2008 年就做出了"理论已经终结"的让人惊讶的言论。他指出获得海量数据和处理这些数据的统计工具的可能性提供了理解世界的一条完整的新途径。

第三节　司　法

法院是刑事司法体系中至关重要的一个环节，直接决定了被告人的定罪量刑，是对侦查环节证据的甄选与确认，是执行环节的重要法律依据。长期以来，无论是理论学者还是司法工作者都对法院审判工作十分重视，然而，由于经济社会的飞速发展以及科学技术的不断改良，诸如人工智能技术等新生事物的出现在带来社会生活进步的同时，也给法院审判工作带来前所未有的挑战。科技对于法律的影响远远不只无人驾驶技术等直接给予法律适用的压力，还在于由于科技带来信息传播的影响，所导致的未成年人等群体特征的嬗变。因此，传统范畴内法院的审理工作也开始悄然出现变化，案件结构的不同因素的转变开始对审判工作施加不同程度的影响，并成为学者关注的焦点。下文将以 2017 年至 2018 年公开发表的有关法院审判工作的期刊论文为对象，通过考察法院在该段时期内的主要研究内容概要及取得的学术成就，在此基础上辨识法官工作的特点，并对其未来的发展方向做一下展望，以此作为对这一阶段法院审理工作研究的综述。

对于 2017 年至 2018 年我国犯罪学领域有关犯罪矫正研究的学术论文在学术期刊发表的整体状况，本书仅就发表的论文数量和期刊发表分布以及内容分布状况做一些简要的说明和呈现。2017 年至 2018 年这一阶段共发表犯罪矫正研究方面的论文数量达 67 篇，这尚且不包括未列入本书统计范围内的发表在其他普通期刊上的论文。法院审理主要集中于人工智能、认罪认罚、量刑因素以及未成年人四大块。这相较于刑法学、刑事诉讼法学研究而言，从数量优势上无法进行类比，但从学术关注的焦点可以发现其紧紧跟随着社会经济的发展（人工智能）以及法律规范的更新适用（新刑事诉讼法的出台）。

一、人工智能与刑事裁判专题

布坎南（Buchanan）与亨德里克（Hendrick）1970 年发表的《关于人工智能和法律推理若干问题的考察》一文拉开了司法裁判领域人工智能研究的序幕。我国关于裁判领域人工智能（当时称为"专家系统"）的研究起步于 20 世纪 80 年代，以钱学森教授的研究成果为代表。而研究真正趋热则来自于最近几年官方的推动：2016 年 7 月发布的《国家信息化发展战略纲要》和 2016 年 12 月发布的《"十三五"国家信息化规划》将建设"智慧法院"列入国家信息化发展战略。2017 年 4 月，最高人民法院印发《关于加快建设智慧法院的意见》，指引法院管理信息系统的智能平台建设工作。2017 年 7 月，国务院出台的《新一代人工智能发展规划》进一步提出要实现法院审判体系和审判能力智能化。[1] 近些年来，"人工智能"的话题持续发酵。尤其是在互联网、大数据、脑科学等新理论技术的驱动下，人工智能加速发展，呈现出

---

[1] 冯洁："人工智能对司法裁判理论的挑战：回应及其限度"，载《华东政法大学学报》2018 年第 2 期。

深度学习、跨界融合、人机协同等新特征。作为专家系统（expert system）在法律领域的适用，人工智能涉及了立法、司法、法律信息管理、法律咨询、法学研究等各个分支领域。相关学科发展、理论建模、技术创新正在引发链式突破，整体推动各领域从数字化、网络化向智能化加速跃升，法律亦不例外。

以政府信息公开案件作为样本考量人工智能在裁判中的作用，主要体现于行政辅助系统的功能提升，即基于立案、庭前、庭审、评议、裁判五个常规审理阶段，将行政案件审理流程提炼为：智能阅卷[1]、智能归纳[2]、智能辅助[3]、庭审评议[4]、文书智能生成[5]五大功能模块。五大功能模块以行政案件审判要件为基础，在审判要件的确立过程中实现智能化辅助，通过相关子模块的设置，结合司法人员的人工选择和辅助系统的智能抽取，共同完成案件待审查内容的固定和完善，进而形成最终的司法判断结果。与五大功能模块并行的是覆盖全过程的指引类和笔记类板块，主要设置了要件指引、证据审查指引、办案智能笔记、诉讼程序智能提示等功能，以无纸化阅卷为先导，同时配合预先根据法律规范分解形成的要件指引、证据审查标准指引，为审判人员提供必要的规范引导，伴随案件审理的同时，设置了类案推送模块。[6]

（一）智慧裁判与人工智能

2017 年 4 月 12 日，最高人民法院印发《关于加快建设智慧法院的意见》，提出以信息化促进审判体系和审判能力现代化的总体要求。在最高人民法院的强力推动下，地方各级法院也纷纷启动了"智慧法院"的探索工作。不过

---

〔1〕　首先，通过审判专家的知识分析，构建一套完备的政府信息公开案件要素库，为要素标识和抽取提供结构性内容。其次，在系统后台自动匹配的基础上通过词法分析提供分词、词性标注、命名实体识别等识别核心卷宗。

〔2〕　通过对卷宗信息的文本模块化处理和非文字滤除的拒识技术，根据标准语言理解识别规范的请求路径，采用"人工标注＋机器抽取"的技术实现卷宗信息的智能分析。

〔3〕　智能辅助工作主要包括诉讼费交纳提示、案件受理标准审查等辅助性事务。

〔4〕　合议系统通过语音识别，实时转化合议庭成员发言，基于各方的发言，利用语义理解技术，匹配发言过程中涉及的卷宗，实时调度电子证据，并在终端屏幕上同步显示。

〔5〕　基于政府信息公开类案件，由业务专家构建标准文书库，通过语义分析技术实现对起诉状、庭审笔录等案件卷宗信息的智能分析和信息提取，提取各类卷宗材料文书所需的核心信息。

〔6〕　葛翔："司法实践中人工智能运用的现实与前瞻——以上海法院行政案件智能辅助办案系统为参照"，载《华东政法大学学报》2018 年第 5 期。

一方面，虽然法院一直在试图将人工智能引入办案系统，但如何根据现有基础研究的成果、技术研发的不同特点，寻求智能系统切入司法领域的突破口，仍是司法实务界和法学研究领域尚在探索的前沿问题。另一方面，新闻舆论却又总喜欢用"机器参与司法审判""机器人法官"等字眼来概括和描述目前司法智能化工作，极易引发公众对司法裁判人工智能化这一问题的认知偏差。据此，裁判的人工智能化研究还处于起步阶段，建立一个完整的人工智能化司法决策理论的目的还远远没有实现。虽然，近代法律文化中产生过许多不同的司法决策理论，这些传统理论的缺陷之一是，他们认为只是通过使用非常简单和粗略的工具便可以推断解释极端复杂的现象。在人工智能的主题研究历程中已有一些逻辑模型最终被证明是不成功和不可靠的，如三段论模型便是最重要的牺牲品。因为这些模型一直未曾对法官怎样裁判以及论证其判决的过程做出完整的解释。从另一个角度来说，司法裁判无法计算机化的"失败经历"也可以表明这样一个事实，司法推理是开放性的逻辑和理性分析，它也许不能用单一的逻辑结构来解释。法官的推理也不能被降格为简单的、可重复的、固定的、先决的以及包罗万象的逻辑模型。研究人员一直想要在推理性和非理性之间划出一条明显严格的分界线，这可能是个误导性的做法。[1]

（二）大数据与人工智能

十九大明确提出"深化司法体制综合配套改革"。大数据与人工智能技术则普遍被视为推动上述改革的重要路径。[2]大致从2013年开始，中国的司法系统逐步进入了言必称大数据与人工智能的时代。受益于司法公开的数据红利，全国范围内司法大数据与人工智能开发"百花齐放"。毋庸置疑，前沿科学技术在类案推动、量刑辅助、同案不同判预警、裁判文书自动生成、虚假诉讼识别等领域的运用给司法现代化带来了全新的可能。对于大数据与人工智能的研究，旨在分析前沿技术在司法系统推进过程中所必然带来的技术权力与专业权力的冲突，进一步唤醒对技术驱动型的司法现代化建设的危机意识，遏制不断膨胀的片面技术理性主义，从而更加合理、谨慎地在司法场域中

---

〔1〕 吴习彧："裁判人工智能化的实践需求及其中国式任务"，载《东方法学》2018年第2期。

〔2〕 参见周斌、余东明："综合配套改革细化为136项具体任务"，载《法制日报》2017年11月6日；周斌、李豪蔡："本轮司法体制改革进入第二阶段"，载《法制日报》2017年11月6日，第3版；严剑漪、邱悦："上海启动司法体制综合配套改革"，载《人民法院报》2017年9月30日，第4版。

运用新技术，更加理智地看待和规约不断扩张的技术权力。[1]

此外，基于大数据的人工智能正加速应用于司法裁判之中。智能司法的背后是从文字向代码的司法逻辑转向，不仅催生了人工智能法学，更重塑了同案同判的公正理念。但人工智能司法的复杂性与隐秘性共存，并威胁自身的合法性和优越性。除了人工智能司法过程的不可还原性导致的黑箱效应，数据与算法作为人工智能司法生态的重大环节也并非无懈可击。法官的解释任务因此出现了新的内容：需要对人工智能司法的基础条件进行验证与整合。为了使人工智能的技术理性与同案同判的目的理性契合，法官应当基于人机协同而关注四个诠释节点：其一，案例数据是否充足？其二，裁判结果是否合理？其三，因果关系是否相当？其四，正反计算是否对称？[2]

（三）法律服务与人工智能

人工智能是企图在把握人类智能的实质后，通过模拟人类智能机理做出与人类智能相似反应的类智能系统。其工作原理在于使用计算机科学的概念、理论、方法、程序和技术模拟、延伸与拓展人类智能，实现类似人类认知的功能。实际上就是通过了解人类智能，将智能数据化写入机器后，让机器模仿人类智力活动的技术。也即"让机器从事需要人的智能的工作的科学"。[3]

目前法律界对人工智能的运用已不再局限于对裁判的预测，在其他领域也能看见其活跃的身影。汤森路透公司已将国际商业机器公司（IBM）的认知计算系统——沃森（Watson）系统用于法学学术研究，"Ross Intelligence"公司亦将 IBM Watson 的 Q&A 技术运用到破产法律的研究中，通过对法律文件的学习，其能自行识别出法律信息的重要程度，从而提高了律师检索案例的效率。[4]在一般的法律服务与活动领域，人工智能更是显示出了自身的巨大优势。在民事法律领域，很多公司已开始运用人工智能审查合同，如摩根大通开发出的商业贷款合同审查系统几秒钟就能完成曾经需要用 36 万小时才能完成的信

〔1〕　王禄生："大数据与人工智能司法应用的话语冲突及其理论解读"，载《法学论坛》2018 年第 5 期。

〔2〕　李飞："人工智能与司法的裁判及解释"，载《法律科学（西北政法大学学报）》2018 年第 5 期。

〔3〕　於兴中："当法律遇上人工智能"，载《法制日报》2016 年 3 月 28 日，第 7 版。

〔4〕　See Michael Mills, "Using AI in Law Practice: It's Practical Now", *Law Prac.*, Vol. 42, 2016, p. 48.

贷审查工作〔1〕。在刑事法律领域，人工智能主要运用于一般的警务、羁押必要性审查以及量刑后假释等活动中。在警务活动方面，加州圣克鲁斯大数据创新企业 PredPol 所研发的犯罪预测软件，能够通过对犯罪历史数据的分析，逐个小时计算出哪里最可能发生犯罪活动。〔2〕

二、法官与司法制度专题

长久以来，我们习惯将犯罪学的目光集中在犯罪的成因探究、犯罪预防等方面，关于犯罪主体的考量也基本围绕在犯罪人本身，忽略了对犯罪进行界定、裁判的主体——法官。近年来一系列的司法体制改革措施对法官的职业环境造成了不小的冲击，大批法官的离职也开始引发学者对于法官职业环境、前景对于裁判影响性的评价考量。以审判为中心的诉讼制度改革还远未完成。这一改革也不应仅限于庭审、审判程序层面，更应关注司法体制乃至政治体制层面，仍需要多方合力、协调配合、立体化推动审判制度、司法制度现代化、法治化，避免叠床架屋式的立法和零敲碎打式的改革。

（一）法官的流失

2017 年，最高人民法院发布的《关于贯彻执行〈关于规范公务员辞去公职后从业行为的意见〉的实施意见》对离职法官从事与原任职务相关的营利性业务做了史上最严厉的规定，至此，法官流失，尤其是基层法官的流失愈发引起理论界和实践界的关注。根据基层法官的通常流出方式，大致可以将其分为两类：一是主动型法官流失，即法官辞职或通过调任、挂职及选调等方式离岗、离任；二是被动型法官流失，即在职法官因死亡或者根据国家有关年龄与纪律规范的规定，遭辞退、退休或离岗退养。其中第二类流失实际属于人员的自然更替，是每个单位及组织所共同面临的问题，其在本质上难以真正被归为基层法院人才流失的范畴。从流出与流入人数对比看，经济社会发达地区与偏远落后地区基层法官流失率最高；远离大都市且经济发展较好的地区基层法官流失率则相对较低。从类型上看，总体以内向型和外向型的体制内流动为主，市场型流动极为有限。其中外向型与市场型流动所占比

---

〔1〕 参见 ［美］埃里克·布林约尔松、安德鲁·麦卡菲：“人工智能概览”，载《哈佛商业评论》（中文版），浙江出版集团数字传媒有限公司 2017 年版，第 58 页。

〔2〕 左卫民：“关于法律人工智能在中国运用前景的若干思考”，载《清华法学》2018 年第 2 期。

重同法院所在地区经济社会的发展程度呈正比例关系。从流失人员的构成来看，表现出年轻化、高学历趋势。

应对基层法官流失还宜从制度性原因着手，立足中国语境对基层法官的生存状况予以必要的改善，而这无疑是一项包含丰富且复杂内容的系统工程。在新一轮司法改革背景下，应对基层法官流失，应在考虑地区差异的同时注重法官职业保障深层次制度的完善，而不能仅仅关注福利待遇的提升抑或纯粹的行政压制。具体而言，首先应当明确基层法官的流失状况与社会经济发展水平密切相关，因此在改革与完善法官的职业保障时应充分考虑各基层法院所处的地区差异。其次，转变重经济待遇而轻其他保障的改革思路。收入期望系由法官个人竞争力、空间与社会经济发展水平所决定的，具有很大的不确定性。单纯提高收入或许能够留下偏远贫困地区的法官，但并不能使一个具备竞争优势且处于较好区位条件的法官安于法官岗位。再次，明确司法辅助人员的职务晋升渠道与空间。员额制改革以后，如何使优秀的入额法官安于审判岗位，尤其是在人案对比日益悬殊的背景下，充实且稳定的司法辅助人员队伍至为关键。[1]

（二）法官员额制

2013年11月，党的十八届三中全会通过的《中共中央关于全面深化改革若干重大问题的决定》提出要建立符合职业特点的司法人员管理制度。为了贯彻这一决定，2015年2月最高人民法院正式发布了《关于全面深化人民法院改革的意见》，明确提出要建立法官员额制度。不难看出，各方对于推行法官员额制的必要性已经达成了共识，且已经将其纳入中国司法体制改革的核心内容。

我国司法改革所欲达到的目标是司法职业化或者精英化、专业化，法官员额制或者分类管理属于其中的核心内容。员额制本来是一种将审理权及裁判权归位的制度，在现实中却异化为各种利益的角力，其中关系到国家的利益、法院管理层的利益及法官个体的利益，甚至法官助理和书记员的利益也牵涉其中。因此，法官员额制或者分类管理目标的实现过程，其实也是各种利益的平衡过程。[2]诚如汪海燕在《刑事审判制度改革实证研究》一文中指

---

[1]　张青："基层法官流失的图景及逻辑：以Y省部分基层法院为例"，载《清华法学》2018年第4期。

[2]　宋远升："精英化与专业化的迷失——法官员额制的困境与出路"，载《政法论坛》2017年第2期。

出："改革既要照顾现实，又要面向未来。在我国，司法改革更多体现出权力主导的特征，侧重于顶层设计的引领作用，但基层智慧同样不可忽视，办案人员作为政策的实施者、改革的落实者，改革如果不能够得到司法实务工作者的理解和认可，其功效势必事倍功半。正如美国司法改革的观察者提到，机构里底层的人和顶层的人一样重要。如果没有信念，就很难有什么积极的效果——被要求去实施创新措施的人必须在一定程度上相信他们被要求去做的事情是有道理的。"[1]然而，自 2014 年上海法院作为第一批法官员额制试点法院后，结合其他地方员额制试点法院的情况，其实际运行状况并不理想，出现了诸如法官离职、法官遴选逆向淘汰以及司法效率/质量实际下降等问题。对此，宋远升提出了法官员额制设计的"十字架"模型与"双平行线"模型[2]，以及构建法官员额制的基础性制度，具体包括三项内容，无论是员额制中的利益纠纷，还是员额制造成案件压力的解决或者释放莫不系于此。具体而言，这三项内容主要是指：首先，以科学计量和统计分析为基础的法官数量或者员额比。其次，以实证分析或经验验证为基础来确定员额法官与法官助理、书记员的比例。最后，以司法精英化、专业化为目标的员额制的配套制度。

（三）人民审判委员会制度的改革

党的十八届三中全会关于《中共中央关于全面深化改革若干重大问题的决定》，提出改革审判委员会（以下简称"审委会"）制度，完善主审法官和合议庭办案责任制，让审理者裁判、由裁判者负责。党的十八届四中全会发布《中共中央关于全面推进依法治国若干重大问题的决定》，再次提出完善主审法官和合议庭办案责任制，落实谁办案谁负责制度，同时强调应实行办案质量终身负责制和错案责任倒查问责制，确保案件处理经得起法律和历史检验。由此，通常为人们所诟病的审委会制度自然成为亟待改革的主要对象。[3]

长期以来，就疑难、复杂、重大案件而言，较之合议庭，审委会的重要

---

〔1〕 汪海燕："刑事审判制度改革实证研究"，载《中国刑事法杂志》2018 年第 6 期。

〔2〕 其要旨在于根据不同地区（十字架横向）、不同审级法院（十字架纵向）、业务庭类别（十字架横向）等分别设计不同的法官员额比。

〔3〕 陶杨、赫欣："隐忧与出路：关于法官员额制的思考——基于 A 省 B 市 C 区法院员额制改革的实证分析"，载《政治与法律》2017 年第 1 期。

作用不言而喻，主要体现在能发挥集体智慧做出定论，终结争议。虽然审委会仍然存在官僚化、行政化现象，但已有所弱化。既往一些关于审委会的认识，似乎在法院变动不居的实践事实面前已显得过时。而且，在当前司法改革的大背景下，以往一些被认为难以实施的审委会改革方案逐步具备再造的条件。〔1〕审委会越来越偏离"一锤定音"的传统角色，频繁做出"案件不定""向高院请示""发回重审"等结论，这显示审委会在法律逻辑与实践困境间进行了一定程度的自我调适和完善。但是，无论如何，应对审委会改革进行顶层设计，使其职能最终从案件裁决过渡到案件指导，同时对于特殊类型案件，可由审委会组成合议庭进行直接审理，并完善相应的责任追究制。

三、未成年人刑事审判

（一）圆桌审判制度

自1984年上海市长宁区设立第一个"审判未成年人刑事案件合议庭"以来，在30余年审判实践中形成了具有中国特色的未成年人刑事审判制度，它是当前司法改革和完善我国未成年人刑事诉讼程序的着眼点，也是未成年人刑事审判程序发展成熟的重要标志。圆桌审判作为一种舶来的审判模式，最早诞生于澳大利亚，是新南威尔士州对原住民适用的审判方式，是指采用灵活性与严肃性相结合的原则，改方台坐镇式审理为圆桌式审理，并运用与未成年人生理、心理特点相适应的方式进行审判的一种庭审模式。〔2〕我国北京市海淀区人民法院于1992年最早适用圆桌审判方式，庭审教育作为圆桌审判的一环，与圆桌审判具有共同的法理基础，主要体现在三个方面：其一，蕴含着"寓教于审，教罚结合"的理念；其二，承接着国家监护与未成年人福利的理念；其三，承载着未成年人利益最大化理念。

然而，我国刑事司法实践中圆桌审判的适用并不理想，主要体现在：其一，法院适用圆桌审判的范围过窄、频率较低；其二，圆桌审判呈现出形式化与虚无化，无论是公检法司机关办案人员、律师群体、社会大众，还是涉罪未成年人自身，均认为圆桌审判仅为一种形式化的设置，最终导致未成年

---

〔1〕　左卫民："审判委员会运行状况的实证研究"，载《法学研究》2016年第3期。
〔2〕　郭连申、裴维奇、郭炜："圆桌审判——少年刑事审判方式改革的探索与思考"，载《人民司法》1998年第11期。

人刑事案件的审理程序与成年人案件审判方式、程序设置及庭审教育如出一辙；其三，欠缺专门法庭等基础性设施，囿于圆桌审判缺乏明确的法律与配套设备支撑，部分法院的圆桌审判停滞不前，更有甚者面临取消，这样的问题在经济较为落后的地区尤为突出。庭审教育则重形式而轻实质，沦为"一句话教育"。针对践行困境，应当建构以圆桌审判为中心的多元庭审模式，创设层级化与多样化的未成年人审判机构，注重庭审教育的"量"与"质"，以实现未成年人优先保护与特殊教育的程序初衷。[1]

（二）刑事责任年龄

刑法理论通说认为，年龄制约着一个人的知识和智力的成熟程度。从世界范围内的实践来看，判断行为人是否具有刑事责任能力，都离不开对其年龄的关注，相应地，各国也在其刑法中做出刑事责任年龄的设置。我国刑法基于我国的政治、经济、文化的发展水平、少年儿童接受教育的条件及国家对少年儿童的政策等，在《中华人民共和国刑法》第17条将刑事责任年龄阶段划分为：14周岁以下的完全无刑事责任年龄阶段、已满14周岁不满16周岁的相对负刑事责任年龄阶段以及已满16周岁的完全负刑事责任年龄阶段。

然而，随着未成年人恶性事件频发，许多学者主张降低未成年人刑事年龄标准，部分学者主张现行《中华人民共和国刑法》规定14周岁的最低刑事责任年龄已经无法适应实践的需求，必须相应地降低刑事责任年龄起点，扩大刑罚处罚范围，以惩治和预防未成年人犯罪，更好地维护社会秩序。概括起来，其理由如下：①经济社会在进步，未成年人身心发展与过去相比更加成熟，已经有足够的辨认和控制能力；②短时间内遏制青少年违法犯罪的现实需要；③世界范围内部分国家对刑事责任年龄起点设置为14周岁以下的实践应予借鉴；④有利于改造和挽救有罪错的未成年人。此外，还有部分学者建议引入国外的"恶意补足年龄"规则，即如果判定未成年人的罪行极其严重，其恶性程度表明除了年龄外，其与成年人无异，甚至有过之而无不及，则可以启动弃权程序把这样的恶性未成年人"丢出去"，将其当作成年人来看待，适用成年人刑法。

针对上述建议，部分学者相应表示五点质疑：其一，低龄未成年人违法

---

〔1〕 自正法："未成年人圆桌审判与庭审教育：理念、局限与路径"，载《当代青年研究》2018年第4期。

犯罪现象的广泛性与严重性还有待考察。当前互联网技术迅速发展，校园欺凌等不良视频容易在自媒体等网络上广泛传播，一定程度上放大了社会对此类事件的担忧和焦虑。其二，一个人是否成熟，除了生理的标准，还有心理和社会的标准。从青少年角度而言，其成长的是身体而未必是心理，经济社会的进步并不意味着更快的智力发展。其三，降低刑事责任年龄起点实际上是刑罚万能主义陈旧观念的体现，与现代刑罚理论及刑法谦抑原则相违背。刑罚本身并不是目的，其永远是社会防卫的最后手段，只要国家在现有条件下还没采取完善的措施去防范和应对犯罪低龄化现象，那么，以一般预防为目的降低刑事责任年龄并对该类群体科以刑罚，就不能说是完全正义和必要的。其四，从法律的稳定性和统一性来看，在我国现行的区分刑事犯罪与治安违法的二元制立法模式下，刑事责任年龄一经确定就具有相当的稳定性，一旦改变将牵一发而动全身。其五，降低刑事责任年龄起点，脱离了司法成本的考量。通过对需求和供给问题的研究，可以发现，家庭、学校和社会三方协作的少年罪错管束模式在化解该问题上具有低成本、高效率和避免交叉感染等诸多优势，这也是我国 30 余年少年司法的成功经验。而盲目降低刑事责任年龄，将原本可以以社会参与方式矫正的少年罪错问题纳入刑罚圈，不仅会带来过高的司法成本，也不利于未成年人本身的"再社会化"。[1]

（三）未成年被害人权益保护

近年来，随着未成年案件办案模式一体化改革进程的推进，被害人为未成年人的部分刑事案件被归入未成年人检察职能，可以说日趋完善的司法体制为未成年被害人社会救助制度的建立提供了科学的机制保障，同时未成年被害人救助制度的出台也是实现未检一体化的良好举措。[2]

然而，实践中过多的注意力仍然集中在犯罪者的身上，刑事被害人由于检察院公诉机关地位的出现而失去了应有的重要性。刑事被害人，特别是未成年被害人的权益保护成为刑事裁判中的薄弱环节。我国针对未成年被害人权益保护的问题表现在：其一，立法不完善。我国没有专门的被害人保护法规，现散见于相关法律规定中的有关保护未成年被害人的规定，无论在内容

〔1〕　张华、祝丽娟："未成年人审判中若干热点问题研究"，载《法律适用》2017 年第 19 期。

〔2〕　杜颖、汤汝燕："浅析未成年被害人诉讼参与权的保护问题"，载《青少年犯罪问题》2005 年第 6 期。

上还是形式上都缺乏系统性和完整性。其二，救助途径单一。以经济赔偿的方式抚慰犯罪行为给未成年被害人带来的心灵创伤，是法律公平正义的必然要求。但无论是从立法层面，还是执法层面，我国现行刑事法律都没有对未成年被害人获得经济上的赔偿权利提供强有力的保障。其三，救助条件模糊不清。例如，未成年被害人是否具有救助的必要性，即是否面临生活困境，需要从多个方面进行考查评估。如果其无法提供低保救助资料，则其目前的生活状况是否符合生活严重困难的条件，标准在具体把握时很难统一。其四，综合救助尚未到位。实践中尚未建立未成年被害人的治疗、检查绿色通道，没有设立专门的康复中心，导致被害人因不愿配合检查而丧失案件重要证据，也对被害人身心造成伤害。

对此，朱艳菊在论文中提及：首先，应建立未成年被害人社会救助法律制度。即依据联合国《儿童权利公约》，遵循儿童利益最大化原则，以及未成年人优先保护的基本原则，借鉴 2018 年最高人民检察院出台的《最高人民检察院关于全面加强未成年人国家司法救助工作的意见》，从未成年被害人的角度，量身定制预防性立法及救济性立法，从预防和救济维度对现行立法进行完善。其次，明确救助主体资格。即明确由法院、检察院承担救助主体义务。民政救助的对象范围十分广泛，人力有限，难以开展必要调查，加之民政部门不参与办理刑事案件，不了解案件的具体审理情况。反观检察机关对具体案件承担着国家追诉职责，不仅比政府部门而且也比法院更为了解被害人被害状况，因此由检察机关负责未成年被害人社会救助的审核更具合理性和必要性。再次，适当放宽救济对象范围。例如，对受到精神损害的被害人也应当给予一定救助，[1]特别是对未成年被害人死亡的案件更应逐步放宽，以抚平被害人家属的精神创伤。最后，秉承以经济救助为主，辅以心理救助、医疗救助、监护救助、就学救助、就业救助等相结合的原则。其中，救济数额应考虑到我国的社会经济实力和各地经济水平的差异，不宜将救助数额严格限定在由犯罪造成损失的范围内，而应当在法律规定的框架内设定一个比较积极灵活的标准，综合考量基本医疗费用、基本生活费用、未成年被害人因犯罪侵害死亡，其有赡养关系的亲属基本生活费用、因开展经济救助以外的

---

〔1〕 陈志恒、周丽："比较法视野下我国刑事被害人救助制度研究"，载最高人民检察院刑事申诉检察厅编：《刑事申诉：检察理论与实务研究》，法律出版社 2014 年版，第 481 页。

其他救助形式而产生的费用。[1]

四、个案研究专题

(一) 毒品犯罪

近年来，随着刑法修正案大幅度削减非暴力犯罪死刑适用数量，中国死刑罪名偏多的问题不再突出，毒品犯罪的死刑司法适用问题开始凸现——标准不统一、不明确、不合理。随着严格限制死刑适用的刑事政策之强化和死刑复核权的收回，加之最高人民法院有关毒品犯罪死刑指导案例的发布，在毒品犯罪领域最突出的司法问题不是死刑立即执行的适用，而是死刑缓期二年执行的适用。

魏汉涛对于毒品犯罪的死缓裁量偏差做出总结：首先，不少处于从属地位的毒品犯罪人被判处死缓。其在文章中以马麦支等人的案件为例，反思我国《刑法》第48条第1款的规定，即处于从属地位的犯罪人是否属于"死刑只适用于罪行极其严重的犯罪分子"中的对象。[2]关于"罪行极其严重"的含义，理论界存在多种解读。钊作俊认为必须以犯罪的客观实害为基准，通过客观实害衡量行为人的主观恶性，只有依此判断，客观和主观均达到罪行极其严重者，才可以判处死刑。[3]孙国祥提出，"罪行极其严重"是指所犯罪行对国家和人民利益的危害特别严重，情节特别恶劣[4]。刑事实证学派则强调人身危险性的刑法意义，认为人格因素是促成犯罪不可忽视的因素，正所谓脱离行为人就不可能恰当地理解行为的刑法意义[5]。其次，涉案毒品数量在死刑裁量中扮演的角色过重。魏汉涛从中国裁判文书网上随机选取的100份死刑判决文书中，涉案毒品基本上都是甲基苯丙胺或者海洛因，数量全部在1000克以上，98.9%的案件涉案甲基苯丙胺或者海洛因在2000克以上。死刑是最重的刑罚，死刑的适用要求涉案毒品数量较高理所当然。然而，如果

---

〔1〕 朱艳菊："构建未成年刑事被害人社会救助制度初探——以河南省基层检察院司法实践为视角"，载《山东警察学院学报》2018年第6期。

〔2〕 魏汉涛："毒品犯罪死缓的司法偏差与匡正——基于100份死缓判决书的分析"，载《现代法学》2018年第5期。

〔3〕 钊作俊：《死刑适用论》，人民法院出版社2003年版，第51—52页。

〔4〕 孙国祥：《刑法基本问题》，法律出版社2007年版，第501页。

〔5〕 〔日〕大塚仁：《刑法概说》（总论），冯军译，中国人民大学出版社2002年版，第301页。

死刑裁量过分倚重涉案毒品数量，就会走向偏差。最后，毒品犯罪死缓适用标准不统一。近年来，最高人民法院一直在通过量刑指导意见、发布指导案例的形式统一刑罚的适用，以回应"同案不同命"的批判。然而，在死刑裁量领域，特别是毒品犯罪的死刑裁量问题尚无实质性的改变。典型的例证是，全国尚无统一的死刑量刑指导意见，更无统一的毒品犯罪死刑适用标准，而是由各地高级人民法院自行确定。

魏汉涛认为之所以毒品犯罪的死缓适用出现这些偏差，直接原因是相关会议纪要为处于从属地位的犯罪人适用死缓开了"绿灯"，没有确立三维的死刑适用标准，没有限制可以适用死刑的毒品种类；深层原因是来自毒品犯罪日益泛滥的现实压力、结果本位仍然在无形中发挥作用、不少人对死刑的威慑效应仍然寄予厚望。若要使毒品犯罪的死缓适用合理回归，则必须明确区分死刑与死缓的适用条件，确立三维的死刑适用标准，总结毒品犯罪中排除适用死缓的规则，重新规制走私、贩卖、运输、制造毒品罪，并在司法中引入三维分步死刑裁量法。徐冉则着重从毒品数量计算方式的问题上反思刑罚裁判的公正性，认为当犯罪行为涉及不同类型的毒品时，司法实务中对毒品数量的计算存在多种方式。总体而言，折算法容易导致罪责失衡和刑罚不公，直接计算法虽然可以准确得出单种毒品的刑罚配置，却无法解决最终刑罚的确定问题。采取同类折算、跨类并罚的计算方法，可以有效克服折算法与直接计算法的不足。而该方法的确立，需要对我国《刑法》第 347、348 条以及第 357 条相关内容进行修正，从而在立法上确立同类折算、跨类并罚的计算方法。[1]

(二) 故意杀人罪

由于大数据强调相关关系而非因果关系，强调"样本＝总体"，而不是依赖"抽样"调查，强调预测性而不是事后应对性，对小数据时代杀人案件侦查中沿用已久的侦查思维、侦查模式和侦查方法，都产生了深刻而全面的影响。为了适应大数据运用之要求，真正发挥大数据在杀人案件侦查中的作用，部分学者对故意杀人罪名中大数据与侦查关系的思考做了较为深入的描述，从而对小数据时代杀人案件侦查的思维、模式与方法加以检视，以调整和适应大数据运用于杀人案件侦查所带来的影响。

---

〔1〕 徐冉："论毒品数量计算方式的完善——基于 98 例裁判的文本分析"，载《中国人民公安大学学报（社会科学版）》2018 年第 6 期。

　　王彬提出杀人案件侦查中大数据之运用，对侦查思维的影响主要表现在：其一，大数据颠覆了传统的因果关系思维，强调事物之间的相关关系。大数据语境下，通过对看似与杀人案件无关的海量数据的挖掘、比对、分析、关联，能够发现被害人、犯罪行为人的行为轨迹、人际交往关系、通话规律以及各种其他电磁信息痕迹，最后将被害人与犯罪行为人关联起来，为杀人案件的侦查提供线索、数据信息。其二，大数据颠覆了传统的个体性思维，强调"全数据"思维。这种"全数据"思维模式，必然影响侦查人员的侦查思维，使侦查人员的侦查思维也带有"全数据"色彩，并呈现出与以往侦查思维不同的"整体性思维"的特征，主要表现在使侦查思维转向整体性、使事实还原思维转向整体性。其三，大数据的预测功能颠覆了传统的回溯性思维。大数据的预测功能使侦查人员预测杀人案件的某个阶段或者全部过程成为可能，侦查人员通过对相关大数据的分析、研判，预测出某种犯罪信号。对此，应当适应大数据发展要求，转变侦查思维、侦查模式以及侦查方法，以大数据思维为导向，在现行法律框架内，予以革新、优化，使之与大数据技术、大数据思维紧密结合起来，以适应大数据时代杀人案件侦查之要求。[1]

　　陈俊秀则从被害人过错的视角分析了 71 份裁判文书，用实证分析的方式研讨故意杀人罪的司法裁判。其认为故意杀人罪既是典型的有被害人的犯罪，同时也是常见的涉及被害人过错情形的犯罪。裁判文书中对"被害人过错"概念的引用与表述上存在模糊和混乱，直接导致对"被害人过错"的认定标准"只可意会，不可言传"的泛化趋势，有必要对裁判文书中判决观点的法律表达还原为一个规范性的教义学上的法律概念。裁判文书中认定为被害人过错的情形可以类型化为"有一般过错的被害人"和"有严重过错的被害人"，因琐事发生口角、言语上的埋怨、争吵、辱骂、轻微的暴力或因经济纠纷等轻微过错引发的故意杀人行为不予认定为被害人过错。刑罚论意义上的被害人过错的有无、层级高低的判断及其依据有必要予以明晰，"严重过错"和"一般过错"的界分意义在于对基准刑的具体调节：前者可以减少基准刑的 20% 至 30%，后者可以减少基准刑的 20% 以下。被害人过错作为一种刑事政策，其宪法角度的阐释有助于贯通刑事政策与刑法之间的"李斯特鸿沟"。

---

　　〔1〕　王彬："杀人案件侦查中大数据运用之影响与调适"，载《北京警察学院学报》2017 年第 5 期。

以德国宪法学中"人的尊严"和"人格自由发展权利"理论对被害人过错制度的从宽处罚背后的内在机理进行新的诠释。被害人过错的"时空间隔"并未对被害人过错的认定造成实质性影响。[1]

(三) 利用互联网犯罪

互联网的强大使得传统犯罪披上了科技的外衣,滋生了不同以往的新特征与新面貌,给侦查工作、审判工作均带来了前所未有的机遇和挑战。对此,部分学者将视角聚焦互联网与个案研究,分析互联网所带来的案件裁判变化与特征。汪恭政提到实证研究表明,规制网络交易平台诈骗犯罪的量刑规定与量刑结果密切关联,量刑规定的更新反映法官刑罚裁量权伸缩的变化,特别是"刑罚裁量是受报应性因素和预防性因素共同促成的理论观点"在司法实践中面临考验。最高人民法院《关于常见犯罪的量刑指导意见》全面实施前后,网络交易平台诈骗犯罪主刑刑期和罚金数额受预防性因素影响的适用程度有明显变化,使得现有量刑机制在量刑规定的应然预期和刑罚裁量的实然结果之间出现偏差。为完善现有网络交易平台诈骗犯罪量刑机制,应以动态视角下的量刑公正理念为指导,在调整包括网络交易平台诈骗犯罪在内的司法解释中增加预防性因素,并对最高人民法院《关于常见犯罪的量刑指导意见》做出修改,确立以定量为主的量刑基本方法,以规范法官刑罚裁量权、防止量刑偏差引发不公。[2]

姜瀛针对寻衅滋事罪的网络特征予以总结,提到在最高司法机关以司法解释的形式为寻衅滋事罪适用于网络虚假信息确立了规范依据之后,"网络虚假信息型寻衅滋事"成为寻衅滋事罪在司法实践中的另一样态。通过对相关刑事裁判文书的实证分析,可以窥探并反思寻衅滋事罪适用于网络虚假信息的"口袋效应"。在实践适用中,网络虚假信息型寻衅滋事罪表现出"规制网络信息类型泛化""信息虚假性认定弱化""起哄闹事要件缺失"以及"网络公共秩序严重混乱难以证成"等问题,均是寻衅滋事罪"口袋效应"辐射网络空间的印证。应对上述"口袋效应",应当从逻辑上明确《中华人民共和国刑法修正案 (九)》所增设的编造、故意传播虚假信息罪对网络虚假信息型

---

[1] 陈俊秀:"故意杀人罪中被害人过错的认定——基于刑事案例裁判观点的法律表达",载《法律适用 (司法案例)》2017年第16期。

[2] 汪恭政:"网络交易平台诈骗犯罪量刑机制的实证研究",载《中国刑事法杂志》2018年第2期。

寻衅滋事罪的否定效果。同时，为了确保刑法在净化网络环境时的机能，该罪中"险情、疫情、灾情、警情"信息的解释空间有待进一步拓展。[1]

焦艳鹏、杨红梅以389份生效刑事判决书为切入点，对我国网络诈骗犯罪的刑法规制问题进行了初步研究。文章在确定网络诈骗犯罪行为边界的基础上，以判决书中具有刑法意义的要素的分析为路径，析出了目前网络诈骗犯罪的基本刑事司法样态，并对其主要成因进行了分析。文章认为，网络诈骗行为侵害的是以财产法益为主的复杂法益，在对其进行刑事司法裁量过程中，需对不同类型的法益进行识别与度量；在网络诈骗犯罪的刑法规制中，应以个案公正为价值指引，加强对网络诈骗行为中财产法益、秩序法益等的衡量，以精细化司法提升刑事司法对网络诈骗犯罪的治理能力。[2]

总体而言，犯罪学领域下，近几年的研究热点由之前的被告人视角向被害人视角转变，在关注传统犯罪预防的同时，更倾向于强调司法的恢复、抚慰功能。同时，法官作为审判主体，受到社会角色定位、职位晋升、员额制等各方面因素的限制，使其主动或被动的对司法裁量产生积极或消极的影响，这同样成为学者的关注对象。判决具有社会性，人们往往能从一个判决中判断司法的力量及方向，因此，如何保证司法判决的合法性、合理性依旧成为近年来研究的焦点所在。而互联网、大数据、人工智能等新鲜事物的不断涌入，在带来审判工作便利、科技性的同时，对审判工作也发起了挑战，如何应对科技司法的未来，是值得每一位理论界、实践界法律人思考的问题。

第四节　矫　正

执行是我国刑事司法体系中与侦查、审判并列的重要环节之一，执行属于最后一个环节，是对前列司法环节成效的落实，但其长期以来并未受到社会大众的重视。刑罚如何执行是关系到犯罪矫正效果的重要环节。理论和实践中更多关注的是监禁刑的执行与处遇，对于其他非监禁性矫正则未引起足够的重视。直至2003年我国社区矫正开始付诸实践探索，原国务院法制办又

---

[1]　姜瀛："网络寻衅滋事罪'口袋效应'之实证分析"，载《中国人民公安大学学报（社会科学版）》2018年第2期。

[2]　焦艳鹏、杨红梅："网络诈骗犯罪刑事司法样态实证研究——以389份生效刑事判决书为分析对象"，载《甘肃政法学院学报》2017年第4期。

于 2016 年 12 月 1 日发布了《中华人民共和国社区矫正法（征求意见稿）》，随后其相关立法进程越来越快；2019 年 7 月 5 日《中华人民共和国社区矫正法（草案）》在中国人大网公布，并开始公开征求意见。社区矫正越来越受到理论界和实务界的关注。至此，犯罪矫正也逐渐回归到其应受的重视程度。下文将以 2017 年至 2018 年公开发表的有关犯罪矫正研究的期刊论文为对象，通过考察犯罪矫正研究在该段时期内的主要研究内容概要及取得的学术成就，辨识犯罪矫正研究的特点，并对其未来的发展方向做一下展望，以此作为对这一阶段犯罪矫正研究的综述。

一、犯罪矫正研究的学术论文数据与分布

对于 2017 年至 2018 年我国犯罪学领域有关犯罪矫正研究的学术论文在学术期刊发表的整体状况，本书仅就发表的论文数量和期刊发表分布以及内容分布状况做一些简要的说明和呈现。

首先，2017 年至 2018 年这一阶段共发表犯罪矫正研究方面的论文数量达 52 篇，这尚且不包括未列入本书统计范围内的发表在其他普通期刊上的论文。犯罪矫正研究主要集中于"监狱"矫治、"社区矫正"以及"罪犯"改造基础理论三大块。这相较于刑法学、刑事诉讼法学研究而言，从数量优势上无法进行类比。但在同领域进行纵向比较已经取得了突破性的进展，如从 2003 年往前推至 1975 年有关犯罪矫正的文章总共不超过 30 篇。

其次，2017 年至 2018 年这一阶段有关犯罪矫正研究方面的论文所发表的期刊分布具体为：发表在 CSSCI 法学类期刊上的共计 13 篇，分别是《法学杂志》4 篇、《政法论丛》和《当代法学》各 2 篇、《法学》1 篇、《法学家》1 篇、《政治与法律》1 篇、《现代法学》1 篇、《政法论坛》1 篇；发表在 CSSCI 非法学类期刊上的共计 9 篇，分别是《中国临床心理学杂志》4 篇、《中国青年研究》3 篇、《青年研究》2 篇；发表在 CSSCI 扩展版（法学+非法学）上的共计 4 篇，分别是《河北法学》2 篇、《法治研究》和《法律适用》各 1 篇；发表在人文社会科学 A 刊扩展版期刊上的共计 26 篇，分别是《中国监狱学刊》15 篇、《山东警察学院学报》5 篇、《江苏警官学院学报》4 篇、《北京警察学院学报》和《中国人民公安大学学报（社会科学版）》各 1 篇。

最后，2017 年至 2018 年这一阶段有关犯罪矫正研究方面的论文所涉内容分布相对较为集中。52 篇论文的内容主要涉及社区矫正、监狱矫治、罪犯矫正和改造的司法制度及基础理论研究三个方面，其中涉及社区矫正的研究共计 23 篇，占据了论文总数的 44.2%；涉及监狱矫治的研究共计 13 篇，占据了论文总数的 25%；涉及罪犯矫正和改造的司法制度及基础理论研究的共计 16 篇，占据了论文总数的 30.8%。

二、犯罪矫正研究的主要内容概要

（一）社区矫正

1. 社区矫正的基础理论

社区矫正工作是推进社会管理创新的重要内容。自 2003 年最高人民法院、最高人民检察院、公安部、司法部联合发布的试点文件中首次使用"社区矫正"这一表述，至今各种官方发布的法律文件中均予以沿用，包括 2019 年 7 月 5 日发布的《中华人民共和国社区矫正法（草案）》仍是沿用这一称谓。虽然称谓未变动，但有关社区矫正基础理论方面的研究仍存在诸多争议，主要就集中于社区矫正的性质、社区矫正对象的身份及其任务、社区矫正体制架构及设置等。

（1）社区矫正的性质

早在 2016 年 6 月 16 日举办的"首届浙江台州社区矫正论坛"上，与会专家高铭暄、陈光中、赵秉志、陈卫东、吴宗宪等对社区矫正的性质是属于刑罚执行还是社会工作存在观点上的较大差异，但大多折中认为社区矫正是一项新型社会化的刑罚执行制度[1]。如张静撰文指出，关于社区矫正的性质本文认为社区矫正是具体执行刑罚的活动而非明确的刑罚种类，故社区矫正应该同限制自由刑一样，本质是处罚犯罪分子，同时帮助服刑人员顺利回归社会，预防和减少犯罪。[2]通过考察国外社区矫正（community correction）有关的法律文化，可以发现正是由于认识到监狱体制的弊端、监禁刑的"无效"，社区矫正制度才得以发展，而社区矫正的终极目标是预防重新犯罪。因而，对其具体措施则是加入了对罪犯的关怀、矫正与帮助的内容。对此，杨宏撰文指出，学者们主要是辨析其内涵，却未反思这个表述本身。表述中应

---

〔1〕　参见浙江省台州市司法局："首届浙江台州社区矫正论坛综述"，载《中国司法》2016 年第 9 期。

〔2〕　张静："社区矫正实施的困境及其制度完善——以太原市社区矫正实务为样本"，载《山东警察学院学报》2018 年第 2 期。

正视我国社区矫正中"矫正很少""社区参与程度极低"的实际状况，多部法律文件中虽然使用这一概念，但是实践中却抹去了其刑罚执行的性质。故应该还原其刑罚执行的本质，用"非监禁刑执行"替代"社区矫正"。虽然我国推行社区矫正已有 10 余年，但这一概念我国尚未普及，我们不能将错就错，应该及时修改，还原事物的本质。[1] 这一主张更名的呼声虽然尚未得到学界其他学者的声援和回应，但是不能说其不具有现实意义。这进一步提示理论界和实务界需要正视"社区矫正"的原本性质，既是刑罚执行制度，又是一种创新性的社会化刑罚执行制度，那么就必须注意实务中矫正较少、社区参与度较低的现实，不断完善社区矫正制度，注重刑罚执行权转移的现实需要，改进刑罚结构，提升社会力量的参与度，从而顺应世界潮流，回归社区矫正的本原性质，从而使理论研究指导实践。

（2）社区矫正对象的身份及其任务

2019 年 6 月 25 日《中华人民共和国社区矫正法（草案）》首次提请全国人大常委会审议。草案规定，对社区矫正对象实行的监督管理、教育帮扶等活动，适用社区矫正法，社区矫正对象是指被判处管制、宣告缓刑、假释或者暂予监外执行的罪犯；司法行政部门主管社区矫正工作。立法能对社区矫正对象的身份做出明确规定，之前理论界的探讨为此做出了不小的贡献。

洪佩、费梅苹在 2018 年撰文强调社区服刑人员既是"服刑人员"也是"社区成员"，他们的身份具有明显的二重性。社区矫正的初衷在于恢复社区服刑人员的"社区成员"身份，并协助其完成再社会化的任务，从而达到预防重新犯罪的目的。针对此，我国本土社区矫正社会工作实践形成了特定的身份建构机制：首先，社会工作者通过践行专业价值理念，协助解决实际问题，以及用持续的关怀与陪伴等方式所传递的身份信息，实现社区服刑人员"社区成员"身份的赋予；其次，社区服刑人员通过比较社会工作实践情境与社区矫正制度情境、日常生活情境之间的区别，进行了"社区成员"身份的积极体验；最后，社区服刑人员经过对同伴和对社工的情感承诺，得以完成其"社区成员"身份的再生产。[2] 对社区矫正对象的身份建构其实也是对社

---

〔1〕 杨宏："'社区矫正'的重新表述"，载《山东警察学院学报》2017 年第 3 期。

〔2〕 洪佩、费梅苹："本土社会工作实践中社区服刑人员的身份建构机制"，载《中国青年研究》2018 年第 4 期。

区矫正性质的回应。

（3）社区矫正体制架构及设置

2016 年《中华人民共和国社区矫正法（征求意见稿）》共 36 个条款，相当数量的学者认为这部立法征求意见稿总体上比较粗糙，回避了很多问题，另有部分学者认为该法案确认的体制是明显不合理的。但是王利荣撰文对该征求意见稿做了理性和客观的评价，并对矫正体制架构提出了建设性的想法。他认为 2016 年《中华人民共和国社区矫正法（征求意见稿）》逆转了社区矫正体制演进的方向，其中拒绝从矫正概念中推导矫正部门所主张的"制服效应"应予肯定，将惩戒决定和执行权交还给公安机关的结论却违背了行刑一体化思维和权力运行规律。行刑过程中维持现状走不出监禁刑执行僵局：一是现行体制尚可支撑社区行刑；二是微调体制尚可抑制再犯率，因为社区矫正人员再犯罪类型集中于侵财类犯罪和其他轻罪；三是拟定的矫正体制加剧监狱一关到底的状态。[1]本着打破监禁刑执行困局即扩大假释的初心，矫正体制仍应继续在以下层面转型：国家司法行政部门全面承担社区矫正职能是限制而非扩张警察权，消除管理权与惩戒权间隙旨在明确行为与责任的逻辑关联，令惩戒设而少用。归并执行权不等于警察权扩张，警察权内部按职能性质分配的规则是谁承担具体法律事务谁就最有发言权，况且监禁刑执行与社区行刑同属自由刑执行，在整体思维模式和刑法规范主义语境中理顺体制是当然结论。一方面，国家司法行政系统全面承担社区矫正职能，更有利于统筹推进和部署社区矫正；另一方面，归并社区矫正权力不必在区县级矫正部门新设拘禁场所和配置司法警察。决定短期震慑性监禁处分的权力移交区县级社区矫正部门，既能有效支持基层矫正活动又能节制惩戒冲动，但替代现行治安拘留做法无须在区县级矫正部门专设拘禁场所和配置司法警察，指定轻警戒型监狱承担 3 至 10 天震慑性监禁任务，只涉及警察权内部分配而非扩张，而且自由刑执行机制运行更顺畅；基层矫正人员是不可或缺的执法力量，由其承担督导和帮扶综合职能，继续优化和规制收集定位技术，社区矫正才可能实至名归。

王利荣的这一论证及建议有理有据、客观中立。与之呼应，2019 年《社

---

〔1〕 王利荣："行刑一体化视野下的矫正体制架构——写在《社区矫正法》征求意见之际"，载《当代法学》2017 年第 6 期。

区矫正法（草案）》扩充至 55 个条款，其中将社区矫正决定机关定义为依法判处罪犯管制、宣告缓刑、裁定假释、决定暂予监外执行的人民法院和依法批准罪犯暂予监外执行的监狱管理机关、公安机关。行刑权由公安机关移交社区矫正部门，司法所作为基层社区矫正机构，但对于社区矫正机构的性质和社区矫正工作人员的身份仍未具体明确。同时，在我国社区矫正试点和扩大试点期间，探索的焦点有四个：一是承担 8 项行政工作职责但是平均不到 3 人的司法所能否作为社区矫正的主体；二是从事社区矫正的司法行政人员是否应当转为人民警察身份；三是如何认识专职社工组织在社区矫正执法中的作用；四是县（市、区）司法局创建社区矫正中心这样的执法场所。[1]可见，对社区矫正体制的整体架构和具体落实仍需学界联合实务界进一步探讨和明晰。

2. 社区矫正的运作模式和实现路径

中国社区矫正走过了 10 多年（启动于 2003 年 7 月，2012 年开始全面实行），到 2016 年，以社区矫正中心这样的执法平台为依托，最为成熟的、最具代表中国特色的"政府主导、官民结合"的社区矫正执法模式已经形成。2016 年以后，新建或者升级改造的社区矫正中心纷纷落成。其中，山东省费县司法局社区矫正中心的创新做法充分体现了政府主导创建社区矫正中心和推动社区矫正执法工作的优势，浙江省宁波市北仑区司法局与"红领之家"的协作、江苏省扬州市邗江区司法局与"珍艾事务所"的协作、浙江省杭州市拱墅区司法局与"社区矫正社会服务中心"的协作等，都展示出"政府主导、官民结合"的特殊的蓬勃生命力。[2]对于"政府主导、官民结合"这一运作模式的具体实现路径，2017 年至 2018 年这一阶段武良军和徐超凡从对象角度和主体角度分别对触法少年的矫治以及家庭治疗做出了论述。

日本和我国台湾地区的立法将"未达刑事责任年龄却实施了符合构成要件不法行为的人"简称为"触法少年"。武良军梳理了主张以降低刑事责任年龄来预防触法少年增生的理由主要有以下四点：一是遏制少年犯罪低龄化势头的现实需要；二是少年生理和心理条件的成熟为降低刑事责任年龄提供了依据；三是降低刑事责任年龄有助于安抚被害人，防止"恶逆变"；四是降低

---

〔1〕 鲁兰："'政府主导、依托社区矫正中心、官民结合'的社区矫正最佳路径——兼论中日社区矫正运作模式"，载《中国监狱学刊》2017 年第 4 期。

〔2〕 参见鲁兰："'政府主导、依托社区矫正中心、官民结合'的社区矫正最佳路径——兼论中日社区矫正运作模式"，载《中国监狱学刊》2017 年第 4 期。

刑事责任年龄符合国外的少年司法发展趋势。同时明确了其并不赞成一味地降低刑事责任年龄，认为这样做不仅有违刑法责任主义原则，也容易造成更多触法少年交叉感染，阻碍其再社会化，可能是一条要付出惨痛代价的歧途。试图通过降低刑事责任年龄起点、运用刑罚手段来制裁少年触法行为，并不是一种理性选择，更不是匡正我国触法少年行为矫治惩罚性孱弱的妥当路径。理由如下：一是降低刑事责任年龄并不能长期有效抑制少年犯罪；二是少年生理成熟时间提前并不意味着心理成熟时间的提前；三是降低刑事责任年龄有转嫁责任之嫌；四是我国刑事责任年龄起点的设定契合我国国情。[1]武良军还认为我国对触法少年的行为矫治出现了方向性偏差，保护性有余而惩罚性孱弱。若要从根本上扭转这一方向性偏差，只有从造成这种偏差的理念切入。触法少年的行为矫治应是惩罚性与保护性价值平衡的结果。但目前我国触法少年行为矫治呈现出"强保护性、弱惩罚性"的特征，应适度偏向惩罚性。从这一理念出发，我国触法少年行为矫治惩罚性路径的实现可从完善触法少年行为矫治措施体系、构建不同矫治措施之间的转换机制和推行触法少年行为矫治裁定的司法化三方面入手。

在家庭治疗方面，其实是强调矫正主体的多元化，与对触法少年的矫正中官方主导相对，该论点主要侧重民间力量的结合与参与。在社区矫正工作中综合运用社会人力资源及专业资源是发挥社区融合优势的关键所在，专业心理工作者对社区服刑人员开展个案心理矫治是目前较为普及的资源融入方式，在与个案一对一访谈中，咨询师可以提供服刑人员心理状态的动态评估，因而提供及时的心理干预。家庭治疗以家庭为单位，从系统观入手，着重研究人际关系和互动对个体心理问题的影响，干预实现索引病人的减轻或消除，可以弥补社区矫正个体心理矫治的不足。徐超凡撰文指出，家庭治疗对社区矫正的功能体现在三点：一是预防再犯；二是提高社会归属感；三是对未成年犯的特殊意义。家庭治疗的具体步骤为：初始评估阶段—家庭评估阶段—家庭治疗实施阶段（治疗和矫治真正意义上开始的阶段）—矫治效果评估阶段。他主张将"家庭介入"社区矫正成文成制，同时也客观地指出了家庭治疗中有三个问题值得注意：一是咨询伦理问题；二是咨访关系问题；三是有

---

[1] 武良军："触法少年行为矫治的惩罚性及其实现路径"，载《青年研究》2018年第1期。

关社区矫正立法中"家庭介入"的思考。[1]这些建议和观点都是理性且客观中立的，为社区矫正的具体实践运作提供了很好的理论探讨和指导。

3. 社区矫正立法和实务中存在的问题与完善对策

（1）社区矫正立法中存在的问题与完善对策

对于社区矫正立法中存在的问题大部分是从宏观上而言，对此提出了完善对策也相对较为宏观。如任希全撰文认为，当前中国社区矫正立法工作中存在对拟适用社区矫正被告人、罪犯调查评估不翔实、相关责任主体职权界定不清、社区矫正工作队伍建设亟待加强、社区服刑人员的权利与义务保障不到位、特殊社区服刑人员矫正面临窘境等问题。针对上述问题，应当建立完善的社区矫正法律规范体系，赋予社区矫正机关应有的法律地位，构建"专兼结合、专群结合"的社区矫正队伍，为社区矫正执法工作者提供必要的执法保障，完善社区服刑人员相关权利与义务。[2]谢超撰文指出《中华人民共和国社区矫正法》应当遵循宪法和法治、民主、科学、实事求是、与时俱进等主要原则。同时，他认为该法中应当明确社区矫正的基本属性是刑罚执行、社区矫正的执行机构是司法行政部门、社区矫正中应当配备警察、社区矫正中各相关机构的职责和任务，需要建立省级以上财政统一保障为主的财政体制和权责利相一致的队伍职业保障机制。[3]对此，也有不同观点。刘政撰文认为社区矫正的本质是刑罚，并将完善凸显刑罚本质和惩罚功能的社区矫正管理体制作为我国现代刑罚执行制度改革的当务之急，推进这项改革的基本路径应以社区矫正刑罚本质法理重塑为核心，从而弥补社区矫正刑罚功能缺失的缺陷，确立社区矫正刑罚目的的价值取向。同时，以社区矫正管理体制法律完善为重心，尽量克服社区矫正管理体制不顺的制度弊端，合理配置刑罚执行权能、不断提升刑罚执行效益。社区矫正刑罚本质偏离引发惩罚功能缺失：一是社区矫正惩罚措施短缺；二是社区矫正惩罚手段乏力。刘政对社区矫正管理体制和管理机制完善的主要构想是：在我国建立健全以司法行政机关为主体的集中统一的社区矫正管理体制和管理机制。为推进一体化建设，需要实现以下突破：一是依法赋予司法行政机关对社区矫正的统一管

---

〔1〕 徐超凡："家庭治疗在社区矫正中的功能和实现"，载《河北法学》2017年第4期。

〔2〕 任希全："当前中国社区矫正实务工作存在的问题与对策研究"，载《中国监狱学刊》2017年第3期。

〔3〕 谢超："我国社区矫正现状及立法建议"，载《法学杂志》2017年第11期。

理全能；二是依法赋予司法行政机关对社区矫正的统一执法权能。[1]这一建议倒是与学界大部分观点一致，但是对于社区矫正的性质认识是有所不同的。

社区矫正是我国司法向社会化、行政化转移的一项刑罚管理举措，各省级司法行政部门对社区矫正都有各自的具体实施办法和程序。但是在司法权和行政权的运行中，顶层立法设计与基层执法实践中却出现了权力断层。对此，张静撰文指出，应在正确理解社区矫正立法目的的基础上，重构社区矫正实施层面的法益框架，明确社区矫正的性质、执行主体和监管主体，探索建立专业性强、具备良好衔接性的社区矫正体系，为我国社区矫正提供理论和制度支撑。张静认为可以借鉴行政法中的合法性和合理性原则，要求社区矫正各项制度的设立应符合立法目的，不同社区的社区矫正行为应建立在考虑相关因素的基础上。社区矫正工作的设计不但要符合自然规律和社会道德，也要从管理的效率、成本处罚，使法的分支价值——效率价值、秩序价值和法的基本价值——平等及公平正义价值达到基本统一，最终符合人类理性和公平正义观念。[2]在制度设计上要达到义务、责任与权力平衡，必须理顺社区矫正的考核和评价体系，使执法主体能主动、积极、充分、有效地行使法定职权。执法主体违法必须承担法律责任。如果社区矫正能够定位于监狱管理与社会治安之间，那么能够适用行政复议或行政诉讼等现有的救济途径及模式，都可以依据我国实际来确定。具体如：对于司法行政机关和工作人员，要有明确的奖惩机制，要按照职权法定原则，落实执法责任和依法执法等基本原则，制定经费专项配套措施。依照依法治国的理念，执法主体必须对自己的社区矫正执法行为承担责任。张静还建议社区矫正机构应与街道办、乡镇建立配合机制，借用行政机关与居委会、村委会之间的指导协助关系，理顺社区矫正的管理职责。同时，可按照不同罪名和社会危害性，对服刑人员进行适当分组，以防止其相互交流犯罪经验导致产生二次犯罪。

虽然现实中有时候实务走在前面，但终归是需要理论加以指导的，社区矫正制度的发展也是一样。社区矫正制度的价值追求与恢复性司法理念存在共同之处，即最终能够达到矫正罪犯、预防犯罪的目的。基于此，贾晨刚、

---

〔1〕　刘政："完善社区矫正管理体制之构想"，载《法学杂志》2018 年第 4 期。

〔2〕　张静："社区矫正实施的困境及其制度完善——以太原市社区矫正实务为样本"，载《山东警察学院学报》2018 年第 2 期。

刘行星撰文指出应当加强对恢复性司法理念的研究和应用，将恢复性司法理念的相关理论落实到社区矫正制度的完善中去。他们提出了以下宏观上的理念倡导和立法建议：一是转变刑罚理念，抛弃重刑主义观念，倡导多元化的犯罪预防体系，注重对被损害的社会关系的恢复和犯罪人的矫正；二是完善对社区矫正工作的立法，系统全面地规定社区矫正的具体事项；三是注重对被害人的保护和被害人的参与；四是坚持区别对待的理念，坚持行刑个别化原则；五是加强监督管理，建立科学的评价体系。[1]

（2）社区矫正实务中存在的问题与完善对策

对于社区矫正实务中存在的问题则既有宏观层面，也有中观和微观层面的，对此提出的完善对策也与之相对应。

首先，宏观层面主要是对社区矫正施行中社会基础和社区矫正整体运行的论证。社会基础在社区矫正实现监督、教育、帮扶服刑人员的过程中扮演着无可替代的角色。更确切地说，社会基础是社区矫正功能发挥的前提，失去了社会基础的社区矫正将陷入深层的社会风险与社会危机之中。从某种意义上讲，社区矫正制度在西方国家能够突破"监狱行刑悖论"、实现行刑目的和实际效果的统一，与其成熟的社区建设、完善的社区功能直接相关。但在我国，由于社区矫正的社会基础遭遇社区发展"内卷化"、公众认同程度偏低、社会力量参与不足的困境，社会生活的原子化、个体化过程使社区逐渐从人们的公共视野中消退，进而出现社区信任、社区互动、社区关系、社区安全、社区认同等现象的断裂与分裂，这最终致使社区矫正制度在中国的社会基础不牢。因此，冯景等人撰文指出，培育现代意义的社区、获得公众的宽容和认同、深度整合社会力量参与社区矫正，是破解中国当前社区矫正困境、生成社区矫正社会基础的重要途径。至于如何在现有的条件下牢固社区矫正的社会基础，促进其顺利运行，该文进一步提出，从社会环境建设来看，一方面要为社区矫正培育现代意义的社区，获得公众的宽容和认同，另一方面也要深度整合社会力量参与社区矫正，为生成社区矫正社会基础提供智力支持。只有这样，中国的社区矫正制度方能步入健康、有序的良性运行之路。[2]

---

〔1〕 贾晨刚、刘行星："恢复性司法理念下中国社区矫正制度的完善"，载《中国监狱学刊》2017 年第 2 期。

〔2〕 冯景、任建通、牛竞凡："中国社区矫正制度面临的窘境——以社会基础为视角"，载《中国监狱学刊》2017 年第 4 期。

对于社区矫正整体运行中的问题，浙江省金华市婺城区人民政府课题组撰文指出当前主要存在两大问题：一是宏观层面执行主体权责不匹配，社区矫正的社会属性未能体现，社区矫正对象单一；二是操作层面入矫前的社会调查实际使用率影响矫正效果，入矫阶段交付不及时易于出现漏管现象，矫正期间相关措施乏力易于出现脱管现象，解矫中收监过程的扯皮致使司法行政机关不堪重负。该文提出完善社区矫正制度的建议：一是将社区矫正三大职能进行分解，重构社区矫正工作体制；二是扩大社区矫正类型；三是加强具体制度的可操作性。[1]刘政则认为当务之急是要在我国构建一个符合中国国情、凸显刑罚本质、在司法行政机关集中统一管理下的社区矫正工作网络，即：一是实现社区矫正管理机构与执行机构相整合；二是实现社区矫正专门机构与协调议事机构相结合；三是实现社区矫正垂直管理与横向管理相融合。他建议构建一个由司法警察、社会志愿者和社会工作者三位一体的社区矫正队伍体系：一是以司法警察为社区矫正执法主体；二是以社会志愿者为社区矫正工作基础；三是以社会工作者为社区矫正辅助力量。具体可从以下几个方面来推进社会工作者的建构：一是政府向社会购买服务的队伍建构方式；二是确立社区矫正日常管理的用人方式；三是加强社会工作者的专业培训方式。[2]

其次，中观层面则从分级处遇、循证社区矫正等方面加以论证。何显兵、廖斌撰文指出，我国社区矫正工作实践已普遍实行分级处遇，但还存在分级前过渡期性质不明、分级标准模糊、分级动态调整评估机制不完善、处遇等级之间的差异过小等缺陷。完善分级处遇机制有利于节约社区矫正行刑资源、增强社区矫正的激励性与威慑性、帮助社区服刑人员回归社会。为此，应当明确分级前过渡期的性质（建议：一是区分成年犯与未成年犯；二是区分暴力犯和非暴力犯；三是区分社区刑罚类型开展入矫教育），规范分级评估（入矫分级评估涉及服刑人员人身自由的限制程度，执法应当规范化、标准化、正规化），完善分级动态调整评估，增强不同处遇等级的差异，对未成年人分级处遇做出特殊规定。同时，该文指出应当显著增强三级处遇的监管差异，充分体现宽者更宽、严者更严的矫正特点，具体建议如下：①对宽管人员尽

---

〔1〕　金华市婺城区人民政府课题组："社区矫正制度完善研究——以浙江省金华市婺城区的实践为样本"，载《法治研究》2017年第2期。

〔2〕　刘政："完善社区矫正管理体制之构想"，载《法学杂志》2018年第4期。

量减少不必要的生活干预。不必强制参加社区服务，不必强制报到、强制参加集中教育学习。②对严管人员应当体现出"严"，强化中间制裁。[1]

关于循证社区矫正，它是指矫正工作者在矫正罪犯时，针对罪犯的具体问题，寻找并按照现有的最佳证据，结合罪犯的特点和意愿来实施矫正活动的总称。英国医学领域最先开展循证实践，认为医生应严谨、清晰、明智地应用当前所能获得的最佳研究证据，同时结合个人专业技能和多年临床经验，考虑患者的价值观和愿望，将三者完美地结合，制定出符合患者意愿的治疗措施。随后其又迅速地渗入其他学科中，形成循证管理学、循证犯罪预防等新兴学科。循证社区矫正的主体包括：研究者、矫正工作者、矫正对象、矫正管理者。研究者建立矫正证据分类、分级标准，矫正工作者找出矫正对象的犯因性问题和优势，在循证社区矫正数据库内检索相类似的个案，在结合自身经验，综合考虑矫正机构的资源、矫正对象的主观意愿的基础上，从类似的个案中选择最佳证据。矫正管理者建立循证社区矫正数据库，根据最佳证据制定社区矫正方案，并定期评估与修正矫正方案，从而提高社区矫正的质量。

最佳证据是循证社区矫正中的核心问题，它源于高质量的研究证据，是适合矫正对象的最好证据。刘立霞、孙建荣撰文指出，循证模式下筛选及应用最佳证据，需要注意以下三大问题：一是既然高质量的研究证据是最佳证据的来源，对最佳证据来说至关重要。那么矫正领域的研究者要注意利用高质量证据的生成技术，如系统综述、随机对照试验等方法，针对具体的矫正问题，生产高质量的研究证据。二是随着循证实践的发展，加快建立适合我国社区矫正领域的证据质量评价体系。三是循证社区矫正研究与实践是一个长期的过程，建设案例库是其中一项基础工程。在大数据时代，我们应加快循证社区矫正数据库建设，以充分有效地管理和利用各类社区矫正证据，使矫正数据库成为进行科学研究和矫正决策的重要技术手段，以帮助矫正工作者运用最佳证据设计适合矫正对象的社区矫正方案。[2]

最后，微观层面则主要是以具体社区矫正区点为样本对其运行中的问题进行分析并提出具体完善性建议，以及对农村地区、帮教基地的社区矫正进

---

[1] 何显兵、廖斌："论社区矫正分级处遇机制的完善"，载《法学杂志》2018年第5期。

[2] 刘立霞、孙建荣："循证社区矫正中最佳证据研究"，载《河北法学》2017年第1期。

行分析论证。浙江省金华市婺城区人民政府课题组以浙江省金华市婺城区社区矫正为样本，对社区矫正实践中运行问题进行分析并提出完善措施：按照社区服刑人员的监管主要靠政府、矫治主要靠社会的思路重构社区矫正工作体制，确立司法行政机关的刑罚执行主体地位，并建立社区矫正垂直管理体系；扩大社区矫正类型，增设社区服务刑；细化操作规程，完善入矫阶段的调查评估制度，加强交付执行环节的衔接，实施"互联网+社区矫正"工程提升信息化管理水平，明确收监执行主体确保责任落实，以期推动我国社区矫正制度的完善。[1]

　　社区矫正制度作为一项司法改革措施虽已在中国确立，但一线执行情况特别是农村地区社区矫正面临的问题急需重视。但未丽、苏现翠撰文指出我国农村地区社区矫正所面临的主要问题有：司法所缺乏执法力度和执法威慑，不能胜任刑罚执行机构角色要求；矫正所需的基础条件和保障条件薄弱，人手不足且素质不济，社区矫正在司法所无所依傍；各部门配合不力，社会参与有限，不能有效整合社会资源致社会帮教落空；农村矫正区域广，住户遥远分散，控制手段有限，矫正对象监管矫正难度大；矫正对象为生计流动性需求强，跟踪控制力度不足；矫正项目少、形式单一，矫正效果难以保证，致矫正对象事实上脱管漏管现象严重。[2]遗憾的是，该文并未对此提出具体的完善建议，只是宏观性地提出司法所不适合长期作为社区矫正执行机构，建议在县（县级市、区）司法行政部门下成立社区矫正的专门执行机构，该执行机构主要由矫正官为主的专职社区矫正工作队伍组成。[3]

　　自 2003 年 7 月试点社区矫正制度以来，帮教基地就逐步与社区组织紧密连接在一起。从现存的社区矫正中的帮教基地与所在社区的互动关系来看，社区是帮教基地良好运行的前提，帮教基地又促成社区组织建设。吴之欧在整理归纳现存的多种帮教基地的基础上，分析帮教基地与所在社区之间的应然与实然状态，尝试性地提出建构两者良性互动的若干意见，力图促进社区

---

〔1〕　金华市婺城区人民政府课题组："社区矫正制度完善研究——以浙江省金华市婺城区的实践为样本"，载《法治研究》2017 年第 2 期。

〔2〕　但未丽、苏现翠："制度初衷与现实：农村社区矫正现存阻力分析——基于 S 省 W 镇的社区矫正执行调查"，载《中国人民公安大学学报（社会科学版）》2018 年第 6 期。

〔3〕　但未丽：《社区矫正：立法基础与制度构建》，中国人民公安大学出版社 2008 年版，第 291页。

矫正中的帮教基地与所在社区和谐发展。帮教基地作为社区矫正工作中的一种创新型的载体形式，与所在社区具有相当密切的关系。社区是否成熟在一定意义上决定了帮教基地的生存状态和发展前景，甚至影响了我国社区矫正工作的趋势走向。该文指出，增强帮教基地的独立性关键在于司法机构的正确态度和基地自身的发育程度。在当前的司法实践背景下，可以通过完善社区的自身建设，促进帮教基地与所在社区的良性联系，进一步提升矫正项目的效率性和科学性。[1]

（二）监狱矫治

1. 监狱的合理定性

监狱定性事关其在法治国家中的地位，属于监狱的基础性问题。准确定性监狱是监狱法治建设的前提，不能把监狱法治建设仅仅理解为狱务公开。长期以来，监狱被定性为"专政机关"和"刑罚执行机关"，并以军治管理模式运行。随着改革开放的深入发展，我国的政治、经济和社会形势发生了根本变化，因而，"专政机关"和"刑罚执行机关"的监狱定性及其军治管理模式不符合宪法的要求，不利于监狱的法治建设。监狱在现行《中华人民共和国宪法》框架内应定性为执行刑罚的行政机关，监狱的管理制度应符合行政机关的基本要求。王志亮撰文指出，在建设法治国家和法治政府的新时期，应按照宪法规定，把监狱定性为执行刑罚的国家行政机关，将执行刑罚、剥夺权利与权利保障置于同等重要的地位。[2]依据这一基本认识设置监狱的各项制度，尤其是监狱在执行刑罚的同时，应注重保障服刑人员未被剥夺的基本权利，这应该是监狱制度改革的方向和主要内容。其中，就如何保障监狱服刑人员的劳动权，王志亮认为主要有治标和治本两个方案：治标方案就是在维持现状、不实行监企分离的前提下，要求监狱加强保障服刑人员的劳动权；治本方案即在改革监狱军治管理模式的基础上，由政府全额保障监狱财政拨款，彻底实行监企分离。对监狱的合理定性，体现了监狱矫治的本质，既惩治打击了犯罪，也有利于服刑人员的再社会化，体现了执行刑罚、剥夺权利与权利保障的统一。

---

[1] 吴之欧："论社区矫正中的'帮教基地'与'社区'的关系及完善"，载《法学杂志》2017年第8期。
[2] 王志亮："监狱在法治国家建设中的合理定性"，载《法学》2017年第8期。

2. 监狱矫治中的大数据技术应用

大数据是信息化发展的新阶段，拥有处理大数据能力和有效分析大数据工具的大数据技术能够为行刑一体化、分类行刑、个别化矫正等提供信息、工具、平台支撑，是推动监狱行刑发展的动力机和加速器。监狱治理运用大数据技术是坚持以应用为导向、以服务基层实践为引领、以提升监狱工作整体效能为目标，将大数据技术成果嵌入监狱治理的全领域、全过程、全方位，有效挖掘监狱数据资源价值，增强数据活性，最大限度释放数据红利，推动大数据技术成为监狱治理提升的新引擎，实现行刑更加精准、精细、精确的目标。

姜金兵撰文指出，罪犯矫正领域中可依托大数据技术实行罪犯个体危险评估、罪犯矫正方案推送、罪犯矫正效果评估。具体而言，罪犯个体危险评估主要是依托大数据技术探索建立虚拟入监中心，拓展应用罪犯个体危险性评估工具，开展罪犯认罪悔罪可信表征评估、认罪悔罪证据多渠道提取等技术研究，综合评估罪犯现实和潜在危险，为罪犯实施分类关押、分类矫正打下基础，为监狱制定个别化矫正方案提供帮助。罪犯矫正方案推送主要是依托大数据技术延伸拓展罪犯分类矫正手段，构建网上矫正中心，全面集成罪犯数据，深化罪犯心理评估、危机干预、循证矫正等技术应用，加快建设循证矫正案例库，建立心理矫治专家库。结合罪犯改造信息，通过基于业务模型的智能分析，对不同罪犯个体提出较为科学合理的矫正方案建议，构建完善罪犯分类管理、动态调整、个别化矫正体系，推动传统教育改造手段与现代矫正技术的有机结合。罪犯矫正效果评估则是依托大数据对矫正项目和矫正对象做出效度价值判断，开展个体、群体矫正效果评估，开展罪犯重新犯罪要素关联模型、重新犯罪风险评估模型等技术研究，为矫正项目的继续开展和罪犯的回归安置提供决策依据，更好地巩固深化罪犯教育矫正工作成效；依托大数据跟踪分析刑满释放人员重新犯罪率，对重新犯罪原因进行研判，对加强监狱与社会协作协同、更好地完善社会综合治理措施提出合理化的建议。[1]

3. 监狱管理中所涉相关问题

2017 年至 2018 年犯罪矫正研究中有关监狱管理的问题主要集中于监狱管理制度、监狱管理方式以及监狱管理教育三个方面。

---

[1] 姜金兵："大数据技术在监狱治理中的深度应用研究"，载《中国监狱学刊》2017 年第 6 期。

监狱管理制度方面，因为监狱作为社会的法律服务机构，是国家的刑罚执行机关，故而在统一刑罚执行体制、完善刑罚执行制度的大框架下，其战略目标应该是建设现代监狱制度。张晶撰文指出，建设现代监狱制度应当在科学、安全、公正、法治的理念下，改革监狱体制机制。[1]现代监狱制度是指具有中国特色，运用现代科学理论做指导，与社会主体现代化建设相适应，与现代侦查制度、现代检察制度、现代审判制度相协调、相一致、相制约的监狱政治体系。

监狱管理方式方面，中国高度戒备监狱建设尚处于初级阶段，在监狱的选址、关押对象、建设规模等方面还没有具体及明确的标准，在高度危险罪犯的甄别、评估、管理、教育、劳动等方面也没有具体的规范性文件进行规范。高度戒备监狱是监狱的一种类型，主要用来关押那些经过评估具有较大危险性的罪犯。杨木高撰文指出，高度戒备监狱应该选在城市或者城市的郊区。其建设和管理，需要通过借鉴国外经验、注重罪犯人权保障、加强民警队伍建设和理论研究，来确保戒备监狱和管理规范有序。[2]

监狱管理教育方面，2017 年至 2018 年这一时期的相关研究主要是对新入监罪犯的管理教育进行了探讨。于龙撰文从新入监罪犯群体构成特点入手、分析研究新入监罪犯管理教育工作中存在的不足，进而探讨完善工作的对策，以期提高新入监罪犯管理教育水平。于龙在文中总结了当前新入监罪犯群体主要有十个方面的特点，即：文化程度普遍偏低；年龄构成上 20 岁至 30 岁的年轻罪犯占主体；暴力型罪犯和财产型罪犯占主体；并重罪犯所占比重较大；普遍具有焦虑恐惧、负疚忏悔、痛苦怨恨、悲观失望、绝望抗拒等负面心理特征；思想存在临时性、行为具有试探性；适应性不足；情感缺失；对权利义务有错误认知；对安全过分担忧与对处遇过高期待并存。他指出了当前新入监罪犯管理教育中存在的不足主要有：处遇单一，考核机制不完善；惩罚缺位，管理教育针对性不强；严格管理弱化，"三不"现象突出；教育内容不具体，教育形式单一。进而，文章对提高新入监罪犯管理教育质量提出了相应的对策：一是完善新入监罪犯认知机制；二是建立健全新入监罪犯激

---

〔1〕 张晶："统一刑罚执行体制框架下建设现代监狱制度的思考"，载《中国监狱学刊》2017 年第 3 期。

〔2〕 杨木高："高度戒备监狱（监区）建设与管理若干问题研究"，载《中国监狱学刊》2017 年第 5 期。

励机制（首先，完善新入监罪犯日常考核细则，建立符合新入监罪犯特点的分级、分类处遇机制；其次，完善新入监罪犯考核鉴定机制，建立新入监罪犯改造表现的衔接机制；最后，完善新入监罪犯惩处措施，建立一般违纪问题学习反省机制）；三是完善新入监罪犯人本管理模式；四是打造特色入监教育动态教学模式；五是营造健康向上的改造环境。[1]如此，最终方能达到"底线安全观"向"治本安全观"转变的需要。

4. 监狱矫治中的其他具体问题

2017年至2018年犯罪矫正研究中有关监狱矫治中的其他具体问题主要集中于监狱改革、监狱精细化治理、监狱教育改造成效评估三个方面。

监狱改革方面，应与我国改革开放以来的社会生活变化相适应。监狱的改革发展应以服务社会安定、保障犯人权益为基点，以改造人为宗旨、依法治监为准则，以监管、教育、劳动为基本手段，以监狱安全、全额经费和行刑监督为保障。21世纪初，经过10年左右的努力，我国基本实现了监狱布局结构的调整，在此基础上，切实实行监狱、监区的科学分类，落实有关措施和手段，对犯人实施有效的分类管理和个别教育。根据人类文明发展的方向和行刑发展的国际趋势，结合中国国情，在法治逐步完备的条件下，在社区矫正和开放式处遇、适度加大减刑力度、扩大假释的适用等方面，进行行刑手段科学化的探索，是有必要和有益的。张绍彦撰文指出，中国监狱的改革发展必须从惩罚犯罪、改造犯人、保护犯罪人合法权益的总体目标出发，遵循监狱自身发展的规律，吸取中外监狱发展的文明成果，根据犯罪、犯人情况变化和刑罚、行刑发展的国际趋势，在中国社会建设市场经济和法治化的进程中，主动适应新时代对监狱工作的新要求，关注社会和民众对监狱工作的新期待，在不断的改革创新探索中寻求监狱健康发展的长治久安之路。[2]

监狱精细化治理方面，范世捷等人撰文指出，监狱精细化治理是在以纠错纠偏为目的、制度建设为基础、流程管理为主线、技术运用为支撑、管理考核为保障的情景下使用的一种全新的治理模式。该文在原有基础上对"五步流程法"进行创新，结合监狱工作实际和精细化治理的要求，围绕过程管理，提出"标准（standard）—收集（collect）—分析（analyze）—公示（public）—

---

〔1〕　于龙："关于新入监罪犯管理教育的实践思考"，载《中国监狱学刊》2017年第6期。

〔2〕　张绍彦："中国监狱改革发展的问题和方向"，载《政法论坛》2018年第6期。

控制（control）"（SCAPC）这一新流程模式，其特点体现为精准细严全五个方面。[1]

监狱教育改造成效评估方面，杨木高、邹双菊撰文指出，目前监狱教育改造成效评价存在属系统内评价、社会参与度不高、评价标准缺少科学性等问题，不能客观反映教育改造效果，需要建立由社会第三方机构对监狱教育改造成效进行评价的机制。在这一机制建立过程中，需要提高对其重要性的认识，委托有资质的第三方评估机构开展评估，建立科学的评估体系和标准，确保充足的评估工作经费，并重视评估结果的运用。[2]

（三）罪犯矫正和改造的司法制度及基础理论研究

1. 罪犯矫正的司法制度研究

2017 年至 2018 年犯罪矫正研究中有关罪犯矫正的司法制度研究主要集中于罪犯分类关押制度、罪犯危险性评估制度两个方面。

第一，有关罪犯分类关押制度。罪犯分类关押是分类管理与分类矫正的基础。构建完善的罪犯分类体系，对罪犯进行科学的分类关押、管理与矫正，有利于监狱安全稳定目标的实现，更有利于罪犯矫正与回归目的的实现。罪犯分类应与监狱分类建设同步推进、同步实施。国外罪犯分类关押经历了大致三个阶段：一是初创阶段（16 世纪末—18 世纪中期）；二是形成阶段（18 世纪末—20 世纪初期）；三是深入发展阶段（第二次世界大战后至今）。江苏省监狱管理局课题组梳理分析国外罪犯分类历史及其代表性做法，国外罪犯分类主要呈现出以下特点：一是从简单到复杂；二是从静态到动态；三是从经验到科学。江苏省监狱管理局课题组认为中国罪犯分类关押存在的影响和制约因素主要有：一是罪犯分类制度不够完善；二是罪犯分类工具存在不足；三是动态调整分类不够及时；四是罪犯分类保障尚未到位。罪犯分类关押的目标主要体现为安全、公正、矫正三个方面，其基本原则有：一是依法规范、科学系统的原则；二是评估分级、分类管控的原则；三是相对集中、动态调整的原则。完善罪犯分类关押的路径主要注意以下五点：一是探索科学的罪犯评估分类方法；二是坚持以风险评估作为分类导向；三是同步推进罪犯分

---

〔1〕 范世捷、钱智勇、程龙："监狱精细化治理初探——基于纵向维度导向的 SCAPC 模式实证研究"，载《中国监狱学刊》2017 年第 4 期。

〔2〕 杨木高、邹双菊："论建立监狱教育改造工作成效第三方评估机制"，载《江苏警官学院学报》2018 年第 6 期。

类与监狱分类；四是动态调整罪犯分类与处遇模式；五是注重培育专兼结合的人才队伍。[1]

第二，有关罪犯危险性评估制度。罪犯危险性评估是现代监狱构筑安全体系和构建监狱风险管理机制的重要因素。它是一种过程防范和控制监狱风险、社会治安风险的现代监狱管理制度，是行刑个别化的一项基础性工作。或者，更准确地说，它是用以控制监狱安全风险，保障监狱安全、社会安全和社会秩序的一项组织化的社会管理措施。秦心福撰文指出，创建和完善具有中国特色的监狱罪犯危险性评估制度体系，必须着重加强四个方面的建设：一是进一步研究评估指标体系的科学性、合理性和可操作性；二是努力实现评估专门化、规范化；三是逐步加强评估人员的专业化、职业化建设；四是监狱评估要实现科学化、常态化发展，必须实现五个转变。这五个转变是：在评估机制上从阶段性工作转变为长期性制度安排；评估主体上从监狱评估转变为监狱、社会、专业机构共同参加联合评估；评估标准和评估组织上逐步由监狱内部标准和监狱内部评估模式向国家标准和国家评估转变；评估内容上从罪犯危险性评估转变为危险性、矫正可能性、重新犯罪可能性评价转变；手段上从依赖国外量表测试转变为自主研发和本土化消化改造。[2]

2. 罪犯改造的基础理论研究

2017 年至 2018 年犯罪矫正研究中有关罪犯改造的基础理论研究主要集中于罪犯改造是否有效、矫正范式研究两大问题上。

第一个问题，对罪犯改造是否有效的探究，可以分解为两方面：一是对重新犯罪率的增长进行社会归因，考察重新犯罪率的增长到底是与一般性的社会因素相关还是与一般性的改造因素相关。如果能够证明重新犯罪率的增长仅与一般性的社会因素相关，则意味着监狱的改造活动无效果；若能够证明重新犯罪率的增长仅与一般性的改造因素相关，则意味着改造有效；若能够证明与两者都相关，则应当考察变量之间的相关程度，以确证改造在何种程度上有效。二是罪犯改造是否有效，不但应当对重新犯罪率在宏观上进行归因，还应当在微观上对改造活动进行实证考察，即在具体的改造个案上考

---

[1]　江苏省监狱管理局课题组："罪犯分类关押研究"，载《中国监狱学刊》2017 年第 3 期。
[2]　秦心福："罪犯改造质量评估与监狱安全研究——罪犯危险性评估的实证研究"，载《中国监狱学刊》2017 年第 2 期。

察改造活动究竟是否真正有效。刘崇亮、严励撰文先对改造无效（有效论）的历史源流、评价标准及方式进行梳理和分析，然后以中国东部、中部及西部各选两个监狱的狱内押犯重新犯罪率为因变量、反映该地区一般性社会因素和改造因素的指标为自变量，以及来自于《中国法律年鉴》《中国统计年鉴》等官方出版物的数据，采用分析工具 SPSS17.0 进行自变量与因变量的相关性分析，初步筛选出影响重新犯罪率的一般性因素，再以初步筛选出的因素为自变量进行多元回归分析，最后以微观的罪犯改造具体个案进行实证，结果发现仅几项一般性社会经济因素与重新犯罪率显著相关，在宏观上归因得出"改造无效"的结论。对参加为期一年的循证改造方案的 168 名暴力犯进行科学评估与干预，结果发现重新犯罪率显著降低，在具体个案上得出"改造有效"的结论。两个看似矛盾的结论证实减少重新犯罪不仅在于狱内改造，更在于整个社会反应的全过程。该文得出三大结论[1]：

其一，一个国家重新犯罪率的高低是衡量罪犯改造有效的唯一评价标准，但反过来却无法证明一个国家的重新犯罪率的高低完全取决于罪犯改造是否有效。重新犯罪率的最终真正有效因素为经济发展水平和社会宽容度，关涉改造性的因素对重新犯罪率相关性程度并不高，这就意味着影响重新犯罪的因素为社会归因。但具体到任何一个社会内的重新犯罪的个体，都是社会环境下的产物，都是个体化的社会演变过程。作为社会个体的重新犯罪人，即便在狱内建立起不再犯罪的观念，一旦面对因不同经济发展水平及不同社会宽容度引起的各种社会性犯罪诱因，见诸主观的个体化的重新犯罪则难以避免。

其二，微观条件下的个案改造有效与宏观条件下重新犯罪率连续上升之间的矛盾并非悖论。重新犯罪是个体自由意志的选择结果，狱内的循证改造是对个体自由意志的干预，从历史与逻辑的角度出发都可以印证这种干预的有效性。只不过这种干预的有效性在时效上并非永久，正如某种流行疾病治愈后遇到病原体再次患病一样，我们不能否定前次治疗的有效性。

其三，控制犯罪是一个极其复杂的综合系统，它既包括刑罚权运行机制的合理设置，使每个改造个案得以科学实施，从而使刑罚执行得以发挥最大

---

[1] 刘崇亮、严励："对中国'罪犯改造无（有）效论'的实证分析"，载《政法论丛》2018年第 5 期。

的效益，还更应包括整个社会控制的过程。既然证明社会因素对重新犯罪具有显著相关性，那么，合理的社会政策过程必然具有控制重新犯罪的现实意义。

该文得出了减少重新犯罪不仅在于狱内改造，更在于整个社会反应全过程的结论，这就需要将罪犯改造置于整个社会体系中去，从国家层面既要重视监狱内的改造，也要重视社会层面监狱外的反应。从国家层面而言，监狱内的矫正需要重视再犯罪风险评估。刘崇亮撰文指出，诸多学者通常把再犯罪风险评估与人身危险性理论相混淆，实质上两者在理论源流、评估对象和对象评估上都存在着明显区别。受强调风险评估与控制的新刑罚理论的影响，再犯罪风险评估理论与监禁刑改革在方法论的选择上具有高度的契合性，风险评估理论为监禁刑改革的目的转向与技术支撑提供了基础。以再犯罪风险评估为中心的监禁刑改革可以考虑包括改变减刑假释模式、建构科学的罪犯分类制度、建立现代监狱改造制度等具体路径的选择。"减刑为主、假释为辅"的模式存在诸多缺陷，我国之所以大量运用减刑而少用假释，其背后的原因在于减刑与假释的技术性手段选择存在缺陷。减刑考察的依据仅为罪犯在服刑期间的狱内表现，而假释考察的依据不仅为罪犯在服刑期间的狱内表现，还至少包括犯罪性质及犯罪类型等。风险评估不但对于矫正部门具有制度性的优越性，从成本效益的角度来看，建立完善的矫正计划比其他的刑事司法系统计划更具有经济性。相对于重新犯罪之后花费在所有的刑事司法环节中的费用，已经证明了效果的循证矫正明显具有成本调入更少的优势。因此，不管从理论还是实践来看，建立制度化、系统化和可操作化的再犯罪风险评估体系，对于罪犯改造现代化具有重要的价值。[1]

在押罪犯再犯罪风险评估机制的构建和完善正成为监狱和地方司法行政部门日常工作中的重要组成部分。李恺撰文指出再犯罪风险评估机制面临的困境有：理论依据薄弱、评估手段有限、社会参与度低、评估组织职能不够纯化。该文具体以浙江省乔司监狱为例，通过在浙江省乔司监狱选取1863名因重新犯罪入狱的罪犯作为样本，进行统计和分析，并采用问卷调查的形式来探索和研究罪犯再犯罪的原因，即文化程度低、经济条件差、个人恶习深重、亲情缺失、社会歧视、监管不到位，试图以此出发设计科学、合理的评

---

[1]　刘崇亮："再犯罪风险评估与中国监禁刑改革的新路径"，载《现代法学》2018年第6期。

估内容，认为再犯罪风险评估的内容应该包括：罪犯个体项目（年龄、文化程度、个人经历、心理健康水平、不良嗜好史）、家庭环境项目（家庭接受度、家庭是否完整、家庭经济情况）、社会环境项目（社会认可度、安置帮教情况、居住地治安情况）。[1]

同时，监狱内的矫正还需结合服刑人员的犯罪多重原因重视监狱外的反应，从而据此提出科学的矫正方案。如毕向阳、王孟成撰文从心理学科的角度分析了少儿时期父母关爱与服刑人员敌对特质及个人公正世界信念之间的关系，通过实证研究发现：敌对特质和个人公正世界信念在暴力和非暴力犯罪组之间存在显著差异。整体而言，敌对特质在父母关爱与个人公正世界信念之间起到中介作用。对于暴力犯罪组来说，这一关系尤为显著。最终得出结论：少儿时期父母关爱的匮乏，助长敌对人格特质的形成，对个人公正世界信念产生不利影响，该机制与暴力犯罪类型存在显著关联。[2]这一研究对有针对性地制定科学的矫正对策及同类犯罪的预防对策有着治本的意义和作用。

第二个问题，有关矫正范式的研究。建立以矫正项目为基本导向的矫正范式是矫正科学化的一个显著标志。当前西方以循证矫正为主线的矫正模式，促进了矫正项目和项目化矫正的发展。当代西方矫正项目具有多种类别，国内有研究者将西方矫正项目的主要种类归纳为：劳动技能培训类、教育类、重返社会帮助类、认知行为矫正类、社会交往技能类、情绪控制类、家庭矫正类、生活能力帮助类、戒毒类、暴力防治类和性犯罪控制项目类等。[3]这些项目涵盖了导致犯罪发生的各方面的内容，对控制和降低重新犯罪能够发挥有效的作用。而且，随着循证矫正实践活动的广泛推进，矫正项目的研究和开发会得到更大的发展，可以说，现代矫正进入了项目矫正的新领域，而这一切都依赖于矫正项目的普及。矫正项目是指矫正系统以罪犯为矫正对象，围绕具体矫正目标、针对犯因性需求而实施的系统化、规范化、程序化的干预措施或矫正课程。矫正项目具有科学性、精准性、综合性、规范性、有效

---

〔1〕 李恺："罪犯再犯罪风险评估研究"，载《中国监狱学刊》2017年第2期。

〔2〕 毕向阳、王孟成："父母关爱与服刑人员敌对特质及个人公正世界信念的关系"，载《中国临床心理学杂志》2018年第1期。

〔3〕 参见翟中东："西方矫正制度的新进展（一、二、三）——矫正需要评估与矫正项目实施"，载《犯罪与改造研究》2010年第9—11期。

性、可推广性六大特征。其功能在于担当矫正证据的主要角色、实现矫正目标的基本途径、实施矫正方案的重要载体、进行矫正操作的基本规范。其基本要素有项目名称、项目目标、适用对象、工作原理、干预方式、剂量安排、关键要点、效果评估、项目说明和附件等。

张庆斌撰文以江苏省矫正项目开发的基本思路和体系作为可供借鉴的矫正范式：一是矫正项目针对罪犯的犯因；二是一个矫正项目针对的是一个特定的犯因；三是矫正项目运用于中高度危险的罪犯；四是矫正项目内在体系科学完备。[1]中国监狱改革的目的是建立高效的刑罚执行体系、提高罪犯的教育改造质量、降低重新犯罪率，要实现此目的就需要在矫正项目——以此为标杆的矫正技术上取得质的突破。

3. 罪犯矫正的衔接与处遇

2017年至2018年犯罪矫正研究中有关罪犯矫正的衔接与处遇的研究主要集中于监狱执行体系，被施以刑事禁令、短期监禁刑、缓刑、假释等罪犯的矫正衔接及处遇两大问题。

宏观而言，对于监狱执行体系的完善，就是要建立独立完备且统一的刑罚执行体制。其主要路径就是要构建和完善我国的刑事执行法律体系，注重刑罚执行权力的合理配置，搭建协作协同平台，强化监狱内部管理，进一步夯实社会支持系统基石。对此，贾洛川撰文提出了相应的宏观建议：首先，在刑罚执行权力的合理配置方面，他建议刑事执行权应当统一于司法行政管理，将司法行政系统原来的监狱、社区矫正等纳入一个统一的刑罚执行体系，建立统一的执行机关，来实现人民法院判决的兑现，并与侦查权、审判权形成一体化链条。其次，在搭建协作协同平台方面，他建议：一是要加强法律、政策适用的衔接；二是加强执法协作；三是加强监狱行刑信息核查对接；四是加强刑释人员与当地相关部门的安置帮教衔接。再次，在强化监狱内部管理方面，他建议：一是进一步建立健全监狱内部管理制度体系；二是严格规范监狱及民警执法权力行使；三是切实强化执法风险防范；四是深化拓展狱务公开工作。最后，在进一步夯实社会支持系统基石方面，他建议：一是进一步加大对监狱经费投入力度；二是疏通监狱与社会联动渠道；三是重视涉监

---

[1]　张庆斌："矫正项目：突破矫正效益的利器"，载《中国监狱学刊》2017年第3期。

舆情及其危机的积极引导和应对。[1]

微观而言，对于被施以刑事禁令、短期监禁刑、缓刑、减刑、假释等罪犯的矫正衔接及处遇问题上，2017 年至 2018 年这一时期对此研究的相关论文做了细致探讨。

首先，在刑事禁令的适用处遇上，自 2011 年《中华人民共和国刑法修正案（八）》实施以来，管制、缓刑的适用率逐年提高，这与刑事禁止令的制度的出台显然有着内在的密切关系。各级法院对刑事禁止令从争先尝鲜到慎重对待甚至避而不用，几年间出现巨大反差凸显了当前刑事禁止令制度适用的尴尬局面，原因是多方面的。《中华人民共和国刑法修正案（八）》引入社区矫正和刑事禁止令制度，规定对管制犯、缓刑犯和假释犯实行社区矫正，对管制犯和缓刑犯还可以依法同时适用禁止令。刑事禁止令难以实现令行禁止、易沦为"空判"应是一个相当重要的原因。王迪生、袁登明撰文指出刑事禁止令制度出台以来，存在着由"热"到"冷"、先扬后抑的转变过程，个中的原因是多方面的，既有制度自身的适用规则再细化、再明确的问题，如刑事禁止令的立法规定过于原则化、适用标准与条件不够明确、禁令内容空泛模糊等制度自身的问题，具体而微观的问题也是不可忽视的因素，而后者是可以在法律框架范围内解决的，也存在执行过程中各部门的工作如何衔接、如何协调、如何破解"有令难禁"等问题。该文以人民法院刑事审判工作为中心，探讨了刑事禁止令适用的准则，实践中存在的启动、可诉性、期限变更以及违禁行为追究时效等司法难题。[2]

其次，在短期监禁刑的矫正衔接与处遇上，随着短期监禁犯数量的上升，短期监禁犯症状在我国监狱管理工作中日益突显。何谓短期监禁犯症状？瞿中东撰文将"短期监禁犯症状"的特征进行概括为：一是认罪服法意识弱，不认真或者不积极悔罪，症状严重者，不悔罪；二是不积极接受管教，症状严重者公开对抗管教。短期监禁犯症状的蔓延，不仅加重国家管理监狱的负担，而且使得重新犯罪率上升。该文指出，制定社区性刑罚是国际社会解决短期监禁犯症状成功的探索。社区性刑罚是正在发展中的概念，其产生得比

---

〔1〕 贾洛川："统一刑罚执行体制视域下完善监狱刑罚执行体系的若干思考"，载《政法论丛》2017 年第 1 期。

〔2〕 王迪生、袁登明："刑事禁止令适用疑难问题研究——基于刑事审判的观察"，载《法律适用》2017 年第 9 期。

较晚，尚未被广泛传播；其自身尚在发展中，无论体系、运作还是结构都在发展中。社区性刑罚主要经历了如下几个发展阶段：突出"改造－矫治"的阶段；强调监禁的"替代性"作用的阶段；重视社区性刑罚的"惩罚"阶段。我国有必要引入社区性刑罚的理由：一是社区性刑罚具有与短期监禁刑相当的功能，可以替代短期监禁刑；二是适用社区性刑罚能够降低、消除我国监狱现在出现的短期监禁犯症状。鉴于我国刑罚体系存在的功能性不足，不能充分应对短期监禁犯症状所带来的问题，应当考虑制定社区性刑罚。本着先易后难的推进思路，先规定社区劳动刑，然后将缓刑规定为刑罚，在此基础上规定半监禁刑。具体建议为：一是规定社区劳动刑；二是缓刑刑罚化；三是规定半监禁刑。[1]

再次，在缓刑适用的处遇上，中国法官倾向于将"犯罪情节较轻"理解为罪行整体较轻，尽管他们在实践中也会"自己反对自己"，这表明中国法官在缓刑正当化根据上偏好并合主义立场。法官们的再犯罪危险预测存有一定程度的偏差，裁判风险对缓刑结果的影响远远大于再犯危险的影响。基于此，赵兴洪撰文指出，缓刑适用规则、裁判结果社会影响与审判责任追究的不确定性，塑造了冒险与保守并存的缓刑司法格局。要让缓刑裁判更加科学和正义，必须为缓刑制度注入确定性。宜将"犯罪情节较轻"解释为"（再）犯罪（危险性）情节较轻"，进而在正当化根据上坚持分阶段的并合主义立场；要通过再犯罪危险评估的科学化、定量化和专门化来提高缓刑实质条件的操作化程度。[2]

最后，在减刑、假释适用的矫正与处遇方面，控制行刑阶段再次犯罪不总是与降低重新犯罪率整体目标一致。在立法层面，刑法持续扩大"不得假释"范围明显带有社会短视眼光甚至体现了部门自保的动机，新增条目不仅拉裂刑罚结构层次及规范链条，还有悖于绝大多数服刑人重返社会的事实。在执法层面，因顾及再犯率，行刑部门更是将社会推入再度受害的风险之中。监狱管理以减刑为中心无异于将出狱人陡然推向陌生社会；社区矫正部门评估犯罪人再犯风险时高频做出不予假释的意见，从外部堵住了监狱出口；社

---

〔1〕　翟中东："社区性刑罚的立法与短期监禁刑问题的解决"，载《法学家》2018年第2期。
〔2〕　赵兴洪："缓刑适用的中国图景——基于裁判文书大数据的实证研究"，载《当代法学》2017年第2期。

区矫正部门顾忌再犯率指标考核而强调全方位管控和不得不虚置执行逆转程序，这些都反映出执法取向的错乱。王利荣、李鹏飞撰文指出，其原因在于政府、司法机构和公众都在不当放大再犯率对于社会治理状况的标识作用。虽然，2018 年两会期间我国司法部部长提出本着"治本安全观"扩大假释的思路。循证矫正是近年司法部着力倡导的提升监狱矫正效果的制度尝试，但循证矫正的场所有限。为了避免法院和行刑系统在不确知风险和被指标捆绑时采取救火式对策，也是为了正视监禁刑犯的矫正以及还原减刑、假释等适用的理性处遇问题，王利荣、李鹏飞撰文建议：一是从共治者位置，理清抑制再次犯罪、又犯罪与重新犯罪的辩证关联，联通自由刑执行与社会治安的综合治理。二是在社会犯罪量曲线处于小幅平稳波动的背景下，越是着力引导服刑人的行为和扶助犯过罪的人群，重新犯罪风险的控制就越有效果，社区就越能在原有基础上减害减损，在这一基础上，即使假释人再犯率有所增高，缓刑、假释和暂予监外执行中撤销率有所增高，都是可接受的。三是向减刑索要假释空间看似算式的简单转换，却能带来降低重新犯罪效果。四是刑法不断扩大"不得假释"范围是没有实质价值的。五是服刑人危险性评估的结论不是将绝大多数服刑人隔离于社会之外，而是确定在社区环境采取何种针对性的矫正方案。六是撬动经年不变的自由刑执行格局和改变分段治理方式，既须顶层设计又须强力部署。[1]

三、犯罪矫正研究的学术推进

（一）矫正过程中不仅关注矫正对象，而且关注矫正人员

罪犯这一群体，影响到数百万甚至上千万家庭的平安、和谐和幸福。对其进行正确和理性的矫正以及达到有成效的矫正是具有重大现实意义的，这是全社会达成共识的。所以，理论界和实务界将关注重心放在矫正对象身上理所当然，但是在影响到矫正对象的矫正成效中矫正人员的素质和水平是其中重要的一个方面和环节，也不容忽视。2017 年至 2018 年这一时期在犯罪矫正研究中，我们很欣喜地看到理论界已经有学者不但重视这一问题，而且开始从心理学科角度以实证的研究方法论证并得出相应结论，据此希望对监狱

---

[1] 王利荣、李鹏飞："严控再次犯罪指标下的行刑误区——监禁模式固化的成因及系统性破解"，载《政治与法律》2018 年第 11 期。

执行实践中的顶层设计有所影响。如李苏蓉等人为了探讨监狱警察从工作中的心理脱离对其生活满意度的影响，以及工作冲突在二者之间的作用，就采用心理脱离量表、工作家庭冲突量表和生活满意度量表对河南省 5 所监狱的 238 名监狱警察进行调查。结果发现：从工作中的心理脱离可以显著提高监狱警察的生活满意度，并且这种影响是通过工作－家庭冲突的完全中介作用实现的。易言之，家庭－工作冲突显著地负向影响生活满意度，一方面家庭－工作冲突同工作－家庭冲突一样，容易引起个体内心的矛盾感，引发心理和生理问题；另一方面工作作为一种有偿劳动，具有实现自我价值和提升自尊的功能，而家庭对工作的干扰使个体在工作时难以投入，影响工作任务的完成，个体可能会因此产生低成就感和消极的自我评价，这进一步降低了个体对生活质量的评估。[1]李豫黔也撰文对此进一步提出，将以关心监狱干警心理健康为重点，不断提高干警心理健康的服务水平作为监狱心理矫治工作的七个创新发展思路之一。[2]这为进一步规范科学的矫正观念提供了有别于传统理念的另一种视角和思路，对执行法学的学术和实践发展是一个不小的推进。

（二）重视心理矫治的创新发展

监狱中心理矫治工作从无到有，到今天已发展成为罪犯教育改造的重要辅助手段，彰显了教育改造工作水平。习近平总书记对于推进健康中国建设重大意义的论述，特别是对心理健康工作的关注，鼓励我们要继续认真做好罪犯的心理矫治工作。当前监狱心理矫治工作存在的问题有：罪犯心理矫治工作开展不平衡，领导重视程度不一致；机构设置不平衡，队伍不稳定；心理矫治队伍专业化水平不平衡，专业化水平不高；干警的心理健康状况不平衡，已经普遍影响到监狱的监管安全和教育改造工作。也就是说，罪犯心理矫治工作的制约因素有警察和罪犯双方对心理咨询认识都存在偏差、监狱对心理咨询工作管理存在不足、网络机制运行不畅等多方面的因素。据此，李豫黔撰文提出了监狱心理矫治工作的创新发展思路：一是以健全编制体系为基础，进一步提高罪犯心理矫治工作的保障力度；二是以促进监狱安全稳定为前提，进一步发挥罪犯心理矫治工作的根本作用；三是以提高教育改造质

---

〔1〕　李苏蓉等："监狱警察从工作中的心理脱离对生活满意度的影响：工作家庭冲突的作用"，载《中国临床心理学杂志》2017 年第 1 期。

〔2〕　参见李豫黔："监狱心理矫治工作的发展历程及新时期的创新思路"，载《中国监狱学刊》2017 年第 1 期。

量为中心，进一步发挥罪犯心理矫治工作的治本作用；四是以维护罪犯心理健康为核心，进一步发挥罪犯心理矫治工作的基础作用；五是以培训交流为抓手，进一步提高罪犯心理矫治工作的专业作用；六是以创新发展为方向，不断提高罪犯心理矫治工作水平；七是以关心监狱干警心理健康为重点，不断提高干警心理健康的服务水平。[1] 朱体壮撰文提出了相应的创新性思路，即罪犯心理矫治工作深入推进的方法有：普及相关知识以纠正认识错误；健全心理咨询工作平台和心理咨询人员培养机制以整合资源、加强人才建设；发挥心理健康教育的预防性作用、团体心理咨询的牵引性作用和以点带面的示范性作用来夯实基础、创建特色品牌；理清心理咨询师的管理主体、完善心理咨询师考评机制和心理矫治工作运行机制以实现罪犯心理矫治工作常态运行。[2] 整体而言，不论是从宏观上对心理矫治工作的整体设计，还是从具体层面上对心理咨询工作的方法更新，这些观念和方法都是具有创新性的。

（三）强调分类矫治的进一步细化

2017 年至 2018 年犯罪矫正研究中进一步强调对罪犯矫正的分类矫治的细化，主要是在老病残罪犯的矫治、青少年犯罪的矫治、涉毒犯罪的矫治及预防、涉家庭暴力受虐而致犯罪的女性罪犯矫治等方面加以细化。

首先，在老病残罪犯的矫治上，顾建民等人撰文以上海市南汇监狱中罪犯家庭关系调适矫正项目为切入点，针对老病残罪犯的犯因性需求和因服刑产生的问题，整合监狱与监区现有矫治资源，充分调动罪犯的矫治需求，以个别化矫治的集约化执行为核心理念，探索建立并固化新的罪犯教育矫治模式。该论文最后得出结论：一是老病残罪犯作为一类狱内特殊群体，也是作为我们这次家庭关系调适涉及的重点指向群体，尽管其群体内部在年龄、文化程度、犯罪手段、犯罪动机、调适原因等方面有较大的组内差异，其通过家庭关系调适后，仍然总体取得了较为理想的效果。二是该课程的设计是建立于个别化矫治模式下的家庭关系调适工作，因此，为了达到高效开展矫治的目的，大部分工作是以集约化形式开展的。为节省一线警力，将罪犯容易

---

〔1〕 李豫黔："监狱心理矫治工作的发展历程及新时期的创新思路"，载《中国监狱学刊》2017年第1期。

〔2〕 朱体壮："论罪犯心理矫治工作的深入化开展"，载《江苏警官学院学报》2018年第6期。

遇到的家庭关系问题以及对应的建议或者成功处理的经验以个案精选集的形
式予以整理，无疑将会对罪犯及主管民警提供很大的帮助。三是如何更好地
对性格内向、自卑或者高年龄段的罪犯开展强调互动交流的课程，需要下一
步继续研究。四是需进一步提高家庭关系调适的科学性。[1]

　　其次，在青少年犯罪的矫治上，主要是集中在未成年人犯罪矫正和少年
犯社区矫正以及青少年涉毒犯罪预防等几个方面。其一，在未成年人犯罪矫
正方面。未成年人犯罪问题是现代社会的功能分化特点的展现，也是犯罪的
社会语义多元性的重要例证。我们通过引入社会系统的沟通、二阶观察、区
分与结构耦合等系统理论概念对未成年人犯罪矫正问题进行了重新考察，发
现政治福利政策、社会科学知识的介入使得未成年人犯罪问题变得复杂和分
化。但是，也正是由于社会分化的展开，未成年人犯罪才从一般性的犯罪问
题中分离出来。虽然现有的未成年人犯罪矫正存在多语义和多系统的冲突，
不过也正是有关未成年人犯罪知识的多系统维度，使得我们对未成年人犯罪
问题的观察加深了，并由此得以将刑事司法放置在更为宽广的社会视域中进
行观察。刘涛撰文指出，现代社会的功能分化，导致未成年人犯罪处遇的不
同系统运作，从而不可避免产生系统理性的冲突。未成年人犯罪的治理具有
系统演化的递归上升的形态。正如老年人、精神病人、妇女等建立在区分基
础上的社会二阶观察都是现代社会演进的有益产物，以司法为中心（结构耦
合），通过改造法律规范与法律参与流程的未成年人犯罪处遇具有良好的社会
前景。系统间的结构耦合机制可以弥合这种差异，但结构耦合不易形成，未
成年人犯罪问题的福利主义政策失败便是例证。现有未成年人犯罪的法律制
裁与改造未成年人的社会政策存在系统冲突，未成年人犯罪处遇可以通过系
统论进行分析并改造。未成年人犯罪的法律判断不能舍弃，但可引入具有未
来事项判断的反思法模式和关系性程式，以弥合犯罪惩罚与犯罪人处遇之间
的矛盾。[2]其二，在少年犯社区矫正方面。社会控制理论认为少年犯罪是少
年与传统社会的联系薄弱或破裂的结果。当个人与传统社会的联系薄弱时，
个人就会无约束地随意进行越轨与犯罪行为。而个人与社会联系加强可以阻

　　〔1〕 顾建民、陶杰、杨晓俊："罪犯家庭关系调适矫正项目的实践与探索——以上海市南汇监狱
为例"，载《中国监狱学刊》2017年第4期。
　　〔2〕 刘涛："青少年犯罪矫治的社会功能与法律模式——一个社会系统论的视角"，载《青年研
究》2017年第3期。

止个人进行违反社会准则的越轨与犯罪行为。社会联系主要由四个部分组成，即感情依恋、目标投入、常规参与和观念认同。该理论对少年犯社区矫正体系的启示意义重大。丁敏撰文通过考察美国少年社区矫正的实践，发现其具有以下特点：一是恢复性司法理念在少年犯社区矫正中的地位凸显；二是少年犯社区矫正的参与主体广泛；三是少年犯社区矫正的内容丰富；四是少年犯的社区矫正项目可由法庭创设及更改。该文指出我国少年犯社区矫正存在的四个问题：一是少年犯适用社区矫正的情形不多，对少年的保护重视不够；二是少年犯社区矫正的参与主体单一，影响矫正工作的创新开展；三是少年犯社区矫正的项目不多，制约矫正效果的发挥；四是少年犯社区矫正评价模型未能形成，阻碍矫正系统的优化升级。文章进一步提出我国少年犯社区矫正需要以社会控制理论为指导实现系统化，具体应从目标要素（实现对少年的保护处分）、主体要素（促进参与主体的多元化）、内容要素（健全多层次针对性强的项目群）和评价要素（建立矫正效果的质量评估体系）四方面进行。[1]其三，在青少年涉毒犯罪预防方面。对毒品和吸毒行为出现认知偏差是致使青少年反复吸毒的一个重要原因，因此引导青少年意识到自己认知存在偏差、配合戒毒工作是社会工作者干预的关键。虽然吸毒行为在我国尚不构成犯罪，但从犯罪学角度而言，基于认知偏差而有可能导致其他涉毒犯罪和不法行为，对此类行为需要加以预防和矫正介入。认知偏差的原因在于存在错误逻辑：一是新型毒品不属于毒品；二是吸毒是个人行为，政府无权干涉。季小天撰文以理性情绪疗法为指导理论，以武汉 H 未成年人强制隔离戒毒所的 L 为代表个案，针对其对毒品和吸毒行为的不合理认知进行个案干预，帮助案主形成正确的戒毒认知，适应戒毒生活。其中对青少年不批判、接纳的态度是改变原有认知的重要支撑，即在了解案主成长背景的前提下，关注其在成长中的特殊问题，以此为案主建构新的认知。[2]

再次，在涉毒犯罪的矫治及预防上，主要是集中在涉毒社区服刑人员的矫正、涉毒不法行为中对戒毒的方式及矫治等方面。其一，在涉毒社区服刑人员的矫正方面，涉毒社区服刑人员兼具罪犯和病人双重身份，传统的矫正

---

〔1〕 丁敏："少年犯社区矫正之系统化——以社会控制理论为指导"，载《江苏警官学院学报》2018 年第 4 期。

〔2〕 季小天："理性情绪疗法干预青少年吸毒认知的研究——以武汉 H 未成年人强制隔离戒毒所 L 为个案"，载《中国青年研究》2018 年第 1 期。

模式用罪犯身份替代其身份，因而出现矫正手段和方法的不适应性。敬雪华撰文指出，在社区矫正的四类人中，缓刑犯占绝大多数，假释犯次之，再就是暂予监外执行犯和管制犯。由于基数大，缓刑中的涉毒罪犯数量亦居社区矫正中有吸毒史的人数之首。涉毒服刑人员中吸毒成瘾者由于长期吸食毒品，呈现出疾病缠身、毒瘾难解等生理和心理特征。涉毒社区服刑人员兼具罪犯和病人双重身份，面临再犯风险高、收监执行难、不被社会接纳等难题，因而对涉毒社区服刑人员要立足社会支持系统，从犯因和病情中寻找矫正证据，以循证矫正替代传统的矫正模式，从而形成社区矫正与社区戒治相结合的新范式。循证矫正的本意是"基于证据的矫正"，其核心是遵循研究证据进行矫正实践，强调罪犯改造的科学性和有效性，把研究者的科研成果与矫正工作者的矫正实践结合起来，实现矫正实践的效益最大化。对涉毒社区服刑人员这类特殊群体遵循证据对其进行矫正和戒治，对该类罪犯通过犯因、病情、社会支持系统等寻找证据，制定个性化矫正方案。[1]

其二，在涉毒不法行为中对戒毒的方式及矫治方面，主要集中在强制隔离戒毒模式和社区戒毒等戒毒场所以及戒毒对象中的男性戒毒问题上。吸毒人员的逐年增加对个人健康、家庭及社会的稳定都带来了严重的负面影响。在戒毒模式上，2008年开始，我国实行强制隔离戒毒所戒毒模式，它结合了劳教戒毒与心理戒毒以期提高戒毒效果。柴向南基于对两个强制隔离戒毒所415名戒毒人员的调查数据撰文，采用有序多分类逻辑斯蒂回归模型分析了戒毒人员对戒毒重要性的认知、戒毒需求、精神健康状态、毒品使用经历与自我评估的戒毒效果的相关性。结果表明，戒毒人员对戒毒所戒毒重要性的认知、戒毒需求与戒毒效果有显著正相关性。戒毒人员的精神健康状态、进入强制戒毒所次数则与结果变量呈现显著负相关性。针对这一研究结论，该文具体针对强制隔离戒毒所的戒毒工作提出了一些建议：①应加强对戒毒人员的心理干预，增强其对强制隔离戒毒所戒毒重要性的认知，并激发戒毒人员自身的戒毒需求，以更好地配合戒毒所的工作。②在激励戒毒人员戒毒积极性的基础上，须进一步了解有心理戒毒需求和对身体戒毒、心理戒毒均有需求的戒毒人员的具体脱毒治疗需求。③鉴于毒品使用与一些精神疾病（如抑郁症）的相互诱发，戒毒所应加大对戒毒人员精神健康状况的关注，对于有

---

[1]　敬雪华："涉毒社区服刑人员与循证矫正"，载《山东警察学院学报》2018年第3期。

精神疾病的戒毒人员须进行及时、有效的治疗。尤其是应增强对多次戒毒的戒毒人员的关注，包括其对戒毒所戒毒重要性的认知、身体或/和心理戒毒需求、精神健康状态等。此外，增强对曾经使用过大麻的吸毒人员的关注。④须增强对曾经食用海洛因的吸毒人员的关注，详细了解其对脱毒治疗尤其是美沙酮替代治疗的需求。[1]在戒毒场所上，我国的戒毒医疗机构可以分为监所戒毒医疗机构和社会戒毒医疗机构两类，后者包括戒毒医院和戒毒药物维持治疗门诊。褚宸舸撰文通过对西安市四家社会戒毒医疗机构的调查发现，戒毒医院数量逐渐下降，相关专业人才缺乏，美沙酮门诊病患数量减少，门诊覆盖面不够，管理难度大。其问题背后凸显出顶层设计不足，相关政策、法律体系需要完善。社会戒毒医疗机构作为国家救治责任的载体，应对其功能进行准确定位。建议《中华人民共和国禁毒法》《戒毒条例》修改时，完善并明确地方政府对社会戒毒医疗机构的政策性投入，明确病患管理制度。同时，还应创新社会戒毒医疗机构的管理，将自愿戒毒、戒毒药物维持治疗的医疗机构与社区戒毒、社区康复制度有机结合，提高医护人员的待遇和职业荣誉感。[2]在戒毒对象上，2017年至2018年在犯罪矫正研究中有关分类矫治问题上，针对戒毒对象主要将关注点放在男性戒毒人员的矫正上。曾晓青等人为了探究男性戒毒人员的焦虑和抑郁在药物渴求与复吸倾向之间的中介作用，以及自我控制在焦虑、抑郁和复吸倾向之间的调节作用，采用药物渴求问卷、复吸倾向问卷、焦虑量表、抑郁量表和自我控制量表对800名男性戒毒人员进行问卷调查，结果发现：①药物渴求、焦虑、抑郁和自我控制是复吸倾向的影响因素；②药物渴求会部分通过焦虑、抑郁的并行中介效应影响复吸倾向；③自我控制在焦虑和复吸倾向之间没有明显的直接调节效应。由此，曾晓青等人撰文指出，降低戒毒者的复吸倾向不仅要从减少其对药物的渴求入手，还需要关注其情绪状态，尤其是焦虑情绪，通过减少负性情绪来降低甚至控制其复吸倾向，防止戒毒者进入复吸与更强烈的负性情绪体验的恶性循环。有研究发现在日常生活中加强自我控制的行为练习有助于降低戒毒者短期复吸的发生率，因此有必要对戒毒者的自我控制能力进行训练，以

---

〔1〕 柴向南：“强制隔离戒毒所戒毒效果及个体层面影响因素——基于两个戒毒所415名戒毒人员的调查”，载《中国青年研究》2018年第1期。

〔2〕 褚宸舸：“我国社会戒毒医疗机构存在的问题及其完善——以西安市四家戒毒医疗机构的调查为例”，载《山东警察学院学报》2017年第6期。

提高其自我控制能力，增强戒毒效果。[1]任怡臻等人为了探讨男性强制戒毒人员的神经质人格、应对方式和毒品拒绝自我效能感之间的关系及内在作用机制，使用大五人格问卷神经质分量表、简易应对方式问卷和毒品拒绝自我效能感量表对 157 名男性强制戒毒人员施测，结果发现：①神经质人格、消极应对和毒品拒绝自我效能感得分之间均呈显著正相关，积极应对与神经质人格、毒品拒绝自我效能感无显著相关；②神经质人格可以通过消极应对的中介作用对毒品拒绝自我效能感产生影响。最终得出结论，即消极应对在神经质人格与毒品拒绝自我效能感之间起部分中介作用。同时，该研究没有发现积极应对方式和神经质人格、毒品拒绝自我效能感之间的相关性。可能是因为戒毒人员普遍具有高神经质的特点，较少的积极应对并不能显著改善戒毒人员的拒绝自我效能感，而一旦采用消极的应对方式，后果却是非常严重的。[2]据此，要想增强男性戒毒效果，就要谨防其产生消极应对的心理态度，降低其对药物的渴求以及减少其负面和焦虑情绪，如此，方能减少复吸的可能性。

最后，在涉家庭暴力受虐而致犯罪的女性罪犯矫治上，王燕、张晋通过调查发现，原生家庭社会支持不足、自身受教育程度低和国家对受虐女性权利保护不足，对家庭暴力受虐女性犯罪被害化产生影响。家庭暴力受虐女性犯罪被害化取决于微观层面父母对女性受教育的支持程度和社会对受虐女性权利的社会保护程度。国家、社会、个人有必要进一步加大对家庭暴力干预的力度。预防家庭暴力受虐女性服刑人员犯罪被害化的对策有两点：一是对于家庭暴力，在家庭层面应零容忍；二是家庭暴力不是个人隐私，而是社会公害。[3]

整体而言，2017 年至 2018 年有关犯罪矫正的研究在强调分类矫治方面进一步细化了，甚至关注到了犯罪人被害化的问题，如涉家庭暴力受虐而致犯罪的女性罪犯矫治，这其实是矫正观念的提升，即将服刑人员的矫正置于社

〔1〕　曾晓青、肖翔、董圣鸿："男性戒毒人员药物渴求对复吸倾向的影响：多重中介与调节作用"，载《中国临床心理学杂志》2018 年第 5 期。

〔2〕　任怡臻等："男性强制戒毒人员神经质人格对毒品拒绝自我效能感的影响：应对方式的中介作用"，载《中国临床心理学杂志》2018 年第 3 期。

〔3〕　王燕、张晋："家庭暴力受虐女性服刑人员犯罪被害化问题研究"，载《江苏警官学院学报》2017 年第 6 期。

会体系中去，考察其犯罪的多重原因，强调多视角、全方位的矫治协同协作，以提高矫正效率和效果为导向，以实现矫治的标本兼治。同时，在对涉毒人员、青少年犯、老病残罪犯的矫治细化上，提出的相关矫正建议具有理论的可验证性和实践的可操作性，这对相关的学术研究是一个较大的推进。

（四）注重监狱行刑与社区矫正一体化互动

监狱行刑与社区矫正应相辅相成，行刑资源的优化重组及整体行刑效能的提升势必有赖于两者一体化发展。社区矫正开启了我国行刑"一体双翼"的格局。社区矫正并非一个孤立的系统，矫正目标的一致性表明社区与监狱是关联互动的统一体，它们就像是相互咬合的一组"齿轮"，唯有实现两者优势互补、交互发展，方可真正地优化刑罚权力配置，有效整合行刑资源，发挥行刑机制的最大功效。在"齿轮咬合"式的衔接互动中，基于全国服刑人员基数的逐年攀升，监禁刑与非监禁刑规模均呈递增态势。构建协调统一的新型刑罚执行体系，必须力求两种模式相互衔接、相互贯通，做到"出口"和"进口"都顺畅。张东平撰文指出，对同一罪犯的教育改造，必须在行刑关系上保持前后照应与协调贯通。随着刑罚结构调整对传统行刑的深刻影响日渐显现，罪犯服刑将进一步在监狱与社区之间进行合理分配。积极提升非监禁刑的适用率，深度放开监狱行刑的出口与社区矫正的入口，是未来一段时间两种模式交融互嵌的主要趋向。对于在监狱服刑的罪犯，只要符合假释和暂予监外执行条件，即应依法提请假释和暂予监外执行，对其实施社区矫正。同样，对于在社区中服刑的罪犯，若违反社区行刑监管规定，可能危及社会安全的，即应依法及时收监执行监禁刑罚。可以说，刑罚资源的合理配置以及刑罚效能的整体增强取决于监禁刑与非监禁刑的协作配合与衔接贯通。[1]这种注重监狱行刑与社区矫正一体化互动的观念和思维模式有助于提升犯罪矫正的效率，这种体系性思维站位高，对今后该领域的学术发展和实践推动具有重要现实意义。

（五）矫治理念上注重保护矫正对象的合法权益

犯罪矫正的对象是罪犯，罪犯都是因为犯罪而被剥夺相关权益的人员，刑罚的目的除了惩罚犯罪也要保障人权，但是在执行领域很少有人关注刑罚

---

〔1〕 张东平："论监狱行刑与社区矫正的一体化互动"，载《北京警察学院学报》2017 年第 3 期。

执行过程的人权保障问题。王力达和一直致力于社区矫正研究的吴宗宪教授认为，由于未成年社区服刑人员的特殊性以及与相关刑事司法制度衔接的研究，很有必要保护未成年社区服刑人员的身份信息。但是，在目前的社区矫正实践中，对未成年社区服刑人员的身份信息保护存在一些突出问题，主要表现在：与成年社区服刑人员分开矫正存在困难、社区服务面临标签化风险、社会参与中的身份信息保护措施缺位。在对未成年社区服刑人员的矫正工作中，一方面要加强科学教育引导，另一方面必须采取相应的措施保护其身份信息，尽可能避免消极标定对其改造积极性的挫伤。只有这样，才能更好地教育、感化和挽救未成年社区服刑人员，实现良好的改造效果，有效地预防再犯。为了恰当解决上述问题，该文作者指出，应当建立切合实际的专人负责模式，具体构想为：在县级社区矫正机构由具备相关知识和技能的专门人员负责本辖区内的未成年人社区矫正工作。司法所负责对未成年社区服刑人员的日常矫正工作，利用接近未成年人日常生活区域的优势，及时与未成年人的父母、村（居）委会及学校沟通，了解未成年人在家庭、社区和学校的表现情况，对未成年社区服刑人员进行日常管理和监督，定期向县级社区矫正机构中的专门负责人汇报未成年社区服刑人员的情况。同时还需健全社区服务中的保护机制，完善社会参与中的保密制度，包括：限制知情范围，细化保密措施；设立保密义务告知程序，明确泄密责任。[1]这种矫治理念上注重保护矫正对象合法权益的宏观架构及具体构想对推进社区矫正乃至整体犯罪矫正工作的科学化、合理化都具有与时俱进的重要意义。

四、犯罪矫正研究的基本印象

（一）犯罪矫正研究方面学术论文的特点

上述概要和评述究竟能在多大程度上说明 2017 年至 2018 年间我国犯罪矫正研究的整体状况以及取得的学术成就，还需要读者来进行客观评价，但是毫无疑问，从其中我们依然可以清晰地发现 2017 年至 2018 年间我国犯罪学领域在犯罪矫正研究方面的若干特点。

---

〔1〕 吴宗宪、王力达："未成年社区服刑人员身份信息保护问题探讨"，载《山东警察学院学报》2017 年第 5 期。

1. 整体研究呈现出刑事一体化趋势

统一刑罚执行体制视域下完善监狱刑罚执行体系的重要性和紧迫性主要体现在，其是深化刑事一体化运行的必然选择，是建立统一刑罚执行体制的重要探索，是监狱治理现代化的现实需要。现行体制下监狱刑罚执行面临的问题主要表现为刑事执行法独立性有限，行刑机构分散重叠，造成资源浪费、成效低下，监狱行刑与外部有关部门衔接不够顺畅，监狱刑罚执行机制不适应，域外有关方面支持力度还不够大。完善监狱刑罚执行体系、建立独立完备统一的刑罚执行体制离不开对犯罪矫正制度的成文成制，离不开从刑事一体化的体系性视角考察犯罪产生的多因性，需要注重犯罪发生前、发生时、发生后的过程性预防和矫治；离不开对刑事实体立法和程序立法的优化；离不开刑罚执行中的多元协同与合作。如王利荣、李鹏飞撰文就从紧盯监狱循证矫正、服刑人危险性评估和社区矫正立法等分阶段考察，回归行刑一体化视角，凭借宏观政策杠杆，以扩大假释为支点，或可将整个行刑机制拉回理性轨道。这就体现出了研究视角刑事一体化的趋势，这对今后犯罪矫正的研究尤其是《中华人民共和国社区矫正法》的完善具有重要意义。

2. 注重交叉学科的借鉴与融合

学术研究应该建立自己的理论根基和话语权，同时也需要与时俱进，不断向纵深方向发展，需要不断发现新问题，并寻求解决思路。刑事执行法学的研究需要有自己的学术理论建构，离不开基础理论的研究与体系性思维，同时也需要打通学科壁垒，不断注重交叉学科之间的融合与借鉴，这样才能不断地推陈出新。2017年至2018年间有关犯罪矫正研究就已经非常注重交叉学科之间的借鉴与融合了。从其中发表论文作者研究方向的所属学科领域来看，已经有了医学、心理学、社会学领域的学者关注这一领域；从其中发表论文的内容来看，有注重大数据技术在监狱治理中的应用研究，如姜金兵撰文《大数据技术在监狱治理中的深度应用研究》就是其中之一；有注重应用心理学知识从心理角度关注男性戒毒人员矫正及罪犯矫治从少儿时期做起的，前者如曾晓青等撰文《男性戒毒人员药物渴求对复吸倾向的影响：多重中介与调节作用》，任怡臻等撰文《男性强制戒毒人员神经质人格对毒品拒绝自我效能感的影响：应对方式的中介作用》，后者如毕向阳、王孟成撰文《父母关爱与服刑人员敌对特质及个人公正世界信念的关系》，从心理学角度运用心理学科的知识分析少儿时期父母关爱与服刑人员敌对人格特质及个人公正世界信念之间的关系。这些研究形势和趋势都很好地将不同学科注入了执行法学的研究，使得犯罪矫正能更务实和更科学。

3. 研究方法上更注重实证研究

学科的发展需要研究观点的创新，也同样需要研究方法的创新。犯罪矫正研究需要有理论做指导，也需要能够落地实施加以验证其有效性，所以其学术研究方法上必须要注重理论与实践的结合，需要加强逻辑思辨和实证研究。2017 年至 2018 年间犯罪矫正研究的一大特点就是研究方法上相较于以往更注重实证研究了。一方面，很多学术论文都是以某某监狱或是某试点社区矫正区域为样本直接进行研究。如但未丽、苏现翠撰文《制度初衷与现实：农村社区矫正现存阻力分析——基于 S 省 W 镇的社区矫正执行调查》、张静撰文《社区矫正实施的困境及其制度完善——以太原市社区矫正实务为样本》、顾建民等撰文《罪犯家庭关系调适矫正项目的实践与探索——以上海市南汇监狱为例》、金华市婺城区人民政府课题组撰文《社区矫正制度完善研究——以浙江省金华市婺城区的实践为样本》等。另一方面，还有很多论文是直接运用了定性和定量的实证研究方法，既有对假设前提的验证，也有质性的新发现和新结论，这些实证研究方法的运用使得研究结论更具有说服力和可信度，如柴向南撰文《强制隔离戒毒所戒毒效果及个体层面影响因素——基于两个戒毒所 415 名戒毒人员的调查》、褚宸舸撰文《我国社会戒毒医疗机构存在的问题及其完善——以西安市四家戒毒医疗机构的调查为例》、李恺撰文《罪犯再犯罪风险评估研究》等，对实践中的矫正工作具有提示作用和借鉴意义。

4. 理论研究兼具学术情怀与人文关怀

任何一种学术研究发展到一定高度之后单有学术情怀是不够的，还需要兼具人文关怀，学术理念需要到达一定的高度，理性而中立。2017 年至 2018 年间有关犯罪矫正的研究已显示出其理论研究兼具学术情怀与人文关怀。其中很多作者都是在刑事执行领域深耕的，不断地在犯罪矫正这一原本不算热门的研究领域孜孜不倦地甘坐冷板凳，持续地在一些学报上和并不属于法学核心期刊上将其学术研究成果呈现出来。还有很多学者在关注犯罪矫正的过程中，不仅关注对矫正对象的矫正，还关注对其权益的保护，以及对矫正人员的心理健康关怀。前者如吴宗宪、王力达撰文《未成年社区服刑人员身份信息保护问题探讨》，强调必须采取相应的措施保护未成年社区服刑人员身份信息，尽可能避免消极标定对其改造积极性的挫伤；后者如李苏蓉等人撰文《监狱警察从工作中的心理脱离对生活满意度的影响：工作家庭冲突的作用》，指出从工作中的心理脱离可以显著提高监狱警察的生活满意度，并且这种影响是通过工作−家庭冲突的完全中介作用实现的，以此提示需要关注对监狱警察工作的心理压力释放。这些都是体现了理论研究中的人文关怀精神，实属大家风范。

（二）犯罪矫正研究的发展方向

基于对 2017 年至 2018 年间我国犯罪矫正研究的学术论文的分析，本书认为，我国犯罪矫正研究未来的发展方向应当是从理论指导到实践操作落地、从单向度矫治理论向多向度矫治理论、从注重矫正效果到重视矫正质量评估的多因素发展的转变。

1. 从理论指导到实践操作落地发展

在刑事一体化的理念指导下，刑事执行法学需要借助刑法学、刑事诉讼法学、犯罪学等学科基础理论的研究成果，并需要不断建构自己的理论基础，且需注重与其他刑事学科研究理论的衔接与体系化。只有这样，才能从程序上保证立案、侦查、起诉、审判、执行之间的衔接与接洽。也只有这样，才能真正让刑事法实体规范得到实施与落实。同时，执行法学是司法环节的最后一环，也是最重要的一环，其实施效果直接决定着前序环节的落实，因此，必须重视执行法学的务实操作。同时，法治的执行直接检验着法治的效果，关系着一个国家的法治进展及社会的长治久安，所以执行法学不能没有理论的指导，但是更为重要的是理论的指导需要联系实际，最后需要落地到实践操作，其是否有效以及有多大效果才是关键。今后犯罪矫正研究的发展方向一定是更多的务实，其理论指导需要更多地通过实践加以验证，小范围的试点工作将会持续展开。

2. 从单向度矫治理论向多向度矫治理论发展

刑事法学中很多学科都逐步由单向度向多向度发展转变，这样才能适应社会整体价值观和理念的进步。如刑法学研究就已经逐步从单向度刑法研究过渡到多向度刑法研究，单向度刑法仅仅关注惩罚犯罪，尤其是风险视域下更注重秩序与安全的维护，但是在现代刑罚基本原则和基本制度尚未完全形成体系、深植人心之时，过于重视刑法维护社会安全的作用不仅草率而且危险。[1]刑法最为重要的任务仍应是保障公民自由，同时还需兼具安全与秩序，走多向度发展之路。同样，刑事执行法学的研究发展也需要重视价值与理念的更新，尤其是犯罪矫正观念中需要重视犯罪行为本身，更要重视犯罪行为人犯罪的多重原因，要有治本的决心和理念，同时也要兼具刑事司法程序前后的衔接。因此，犯罪矫正不能局限于对犯罪人的改造、惩治与隔离，不能单单重视国家安全与保障，还需要重视对犯罪人的权益保障，能够真正地使其再社会化，而不是被永久性地定义和标签化为一个犯罪人，这对整个国家和社会的安全是有害无益的。同时，还需要注重对矫正人员的权益保障。如此，才能真正贯彻刑事一体化思维，实现矫治理论由单向度向多向度的转变与发展。

3. 从注重矫正效果到重视矫正质量评估的多因素发展

执行环节是检验刑事司法领域其他前序环节效果的重要依据，因此注重犯罪矫正的效果和质量是理所当然，也是情理之中。但是矫正效果并不是一个短时期就能呈现出来的，即使短期呈现出来较好的可视性结果也并不意味着其矫正效果和质量就真的优越，这是需要一个长期追踪和跟进的项目过程。因此，单有理论指导是不够的，还需要通过实践加以检验，而这个检验的过程需要进行持续的矫正质量评估，不断地发现问题并不断地进行调适，动态性、常态性的矫正质量评估，能够发现很多真问题，能够更重视服刑人员犯罪前的罪因性，以及执行完毕之后的社会环境因素，能够提早辨别风险因素和风险点，这对整体社会的安全稳定和有序是大有裨益的。同时，在重视矫正质量的评估过程中，还能够真正调动社会对于矫治工作的积极性。注重矫治工作的协同合作发展，探究服刑人员的犯罪深层次原因，这对于犯罪学理论发展也是一个促进，也能够更理性地做出相应的立法反应。所以，逐渐重视矫正质量评估的多因素发展将是今后犯罪矫正研究的一个发展方向，这是从治标矫正观迈向治本矫正观的一条必由之路。

---

[1]　本刊编辑部："中国刑法学科发展评价（2010-2011）基于期刊论文的分析"，载《中外法学》2013年第1期。

全书总结

犯罪控制需求与维护个体自由之间的平衡已经被悄然打破，新的犯罪防控理念逐渐朝向有利于国家的方向转变。

——英国学者凯特·穆雷（Kath Murray）

在这个充满灾难性想象和不确定性的新世界，存在着一种从"控制文化"到"怀疑文化"的转变。

——加拿大多伦多大学理查德·埃里克森（Richard V. Ericson）教授

通过对国外犯罪学前沿发展的考察，本书认为从三个方面可以观察到国外犯罪学治理方式和犯罪学研究的新进展。

首先，犯罪治理模式的宏观变迁。无论是乌尔里希·贝克的《风险社会》还是加兰的《控制文化》，都折射出西方刑罚理念由刑罚的"福利主义"转为刑罚的"惩罚主义"，甚至继续转变为刑罚的"预防主义"的刑罚理念的深层变化。在刑罚福利主义时代，笃信复归、矫治和个体预防等理念，强调对犯罪的比例性惩罚的侧重保护个体自由的法律思想，惩罚的报应或民粹思想被视为非理性、不恰当，官方的犯罪控制话语中几乎没有惩罚性情绪的流露。20世纪最后30年在美国、英国以及其他发达国家出现的后现代性，带来了一系列危险、不确定性以及难以控制的问题，这些问题在制定对犯罪的反应对策时扮演了核心角色。这意味着以复归和福利国家为导向的刑罚时代已经终结，新的刑罚政策更加侧重对犯罪风险进行"控制"。以美国大规模监禁为代表的监禁刑扩张化趋势愈演愈烈；强调对移民进行严格的管控，"移民犯罪"成为新兴的犯罪学研究词汇；犯罪的常规控制手段从国家自上而下的全面系统地治理犯罪，到社区层面自下而上地防控犯罪，甚至连一向视为刑罚福利主义"硕果仅存"的北欧地区——被视为"斯堪的纳维亚例外主义"的地区也发生了重大变化，也开始对特定犯罪人（主要是外国移民犯罪人）采取隔离、驱逐政策；以往基于理性研究犯罪问题从而制定相应的犯罪治理政策转变为更多地依赖于民意取向，特别体现在毒品犯罪的犯罪圈划定上，越来越重视民意导向和舆论呼声，而较为忽视对毒品犯罪现象本身的科学研究。这种刑罚的惩罚主义毕竟是以造成实害为标准的，而最近的刑罚的"预防主义"似乎成了新的发展趋势，这意味着国家刑罚权的进一步扩张，国家介入犯罪预防的时点进一步提前，对个体自由的干预程度进一步加强，预防性警务、预防性刑法已经成为理论研究的重点问题。如西方很多国家热议的拦截搜查原本仅适用于警方基于合理怀疑基础上对可能进行犯罪活动的个体，但这一治安手段转变为一种犯罪预防的策略，越来越多的法案出台，允许警察可以不基于合理怀疑，对恐怖主义嫌疑人和危害公共秩序的嫌疑人进行拦截搜查。动用拦截搜查权的法律正当性和适当性问题，让位于维护公共安全、预防风险的需要。

其次，犯罪学研究关注点的前沿性。国外犯罪学理论最主要的前沿发展用一句话来概括，就是传统犯罪形态的异化分析和相应的对策探寻。如果说作为一门规范科学的刑法学主要研究犯罪事实与刑法规范文本之间的符合性问题，是一种应然的研究，那么犯罪学更加侧重对犯罪现象的客观观察、分析和解读，侧重一种实然的研究。互联网时代、信息化时代的今天，世界人民的生活都发生了显著变化，这给犯罪学研究提出了新挑战和新的学术增长点。国外犯罪学家非常注重描绘和提炼新的生活情态、地区发展、全球发展形态，并以敏锐的学术眼光和学术洞察力赋予其犯罪学意义。无论是在微观层面，青少年到成年时期婚姻、就业、家庭观念的转变、互联网和社交媒体对传统犯罪行为的重塑和新的犯罪行为的衍生，还是在宏观层面，战争所带来的恐怖主义、移民问题、有组织犯罪的猖獗、发展中国家新旧犯罪治理体系的冲突问题，犯罪学家都在穷尽既有研究文献，并在踏实的考证研究、长时间深入的实地调查走访基础上把握事实变化的全貌和微观细节，并借以反思传统理论与新的事实形态之间的适配性，对传统犯罪学理论进行合理"扬弃"并提出针对性的对策建议。以"初显期成人"概念为例，一般认为，从事一份正当的工作、拥有婚姻家庭对于遏制犯罪有积极影响，生命历程犯罪学理论认为工作和婚姻会降低一个人犯罪的概率。但是今天的年轻人正在经历一个被发展心理学家称为"初显期成人"的时期，在这个20岁左右的阶段，青年们虽然已经步入成年，但不必像过去他们的父辈那样过早地进入家庭承担起家庭责任，对待工作的态度也显得更加散漫，带有更多游戏和实验性质。对于初显期成人来说，工作和婚姻对于降低其犯罪概率的作用很可能发生了重点改变。总体来看，西方犯罪学学者并非是"从理论到理论"，侧重于对旧有权威理论的修补，而是"从事实到理论"，更为关注事实变化给传统理论带来的冲击，继而完善理论或提出新的理论用以应对新的事实问题。

最后，犯罪学研究方法的多元化。一般认为国外的犯罪学研究主要以定量研究为主，事实上美国的犯罪学研究的确是以定量研究为主。但欧洲犯罪学研究者在定量研究的基础上也非常重视定性研究。采取了GT、文件分析方法、民族志研究、焦点小组访谈等定性方法。这与欧洲学界重视思辨的研究传统有关。在其犯罪学论文当中，对于犯罪学理论的诠释总会占据不小篇幅，甚至还有一些纯粹的理论性分析文章出现在核心的犯罪学期刊当中。这在美国犯罪学研究中是比较少见的。本书认为，无论是定量研究还是定性研究，本身并没有孰优孰劣的绝对优先的研究方法，研究者本人也不应固守某种僵化的研究方式，如认为科学的犯罪学研究只能采取定量研究方法，定性研究是不科学的。"研究方法本身并不存在'对'与'不对'、'好'与'不好'之分，只有与研究的问题以及研究过程中其他因素相联系时才可能衡量研究方法是否是'适宜'的。"[1]定量分析比较适合在宏观层面对事物进行大规模的调查和预测；定性研究比较适合在微观层面对个别事物进行细致、动态的描述和分析。国外的犯罪学研究当中，总体来看，定量研究和定性研究都被犯罪学研究者广泛使用，不能说哪一种研究方法具有绝对的统治力，定量研究和定性研究并非二元对立而是各有侧重、各有所长。国外犯罪学研究方法的发展还呈现出一种"时空的延展性"，即不局限于犯罪前后对犯罪事件、犯罪人、被害人的研究，而是延伸到整个犯罪生涯、被害生涯的一种生命历程研究方式（时间）；从犯罪地点的选择、受害地点的分布延伸到与犯罪相关的地点——犯罪人的住所、犯罪人亲属的住所、被害人的住所、犯罪热点地区等（地点），显示了犯罪研究时空维度的广度和厚度。此外，国外犯罪学研究方法还存在一些颇有兴趣的新角度，如对"涂鸦"亚文化的研究，涂鸦者既不是"政治家"，也不是"艺术家"，但也并不简单地被认为是"破坏者"，涂鸦代表了一种复杂的亚文化，可以被视为对城市空间秩序权威的一种挑战或扰乱。这种研究为犯罪学对空间的理解开辟了新的路径。一直以来犯罪学

---

〔1〕 陈向明：《质的研究方法与社会科学研究》，教育科学出版社2000年版，第2页。

家都认为空间是一种惰性的物质背景，或是可以用来描绘犯罪活动的背景布，而非复杂的社会文化和政治动态的产物。但"空间"不应被理解为一个抽象、虚无、中性的容器，而应被视为由社会产生或建构的、各种社会关系的产物。再如一类特殊的研究——（前）罪犯犯罪学研究，是指曾经或正在服刑，并拥有犯罪学或类似学科博士学位，或即将完成此类研究的人，将其被监禁经历与犯罪学结合起来的特殊的研究方式。具有犯罪被监禁经历的犯罪学家经历了某种"双重刑罚经历"，一方面是作为犯罪人所受到的监禁刑惩罚，另一方面是作为民族志研究中的一种研究工具和研究视角，研究者本人的监禁体验成了重要的研究工具。这被称为"自传式民族志研究"，这种研究方法已经逐渐被社会学研究领域认可。

相比而言，我国犯罪学理论发展也有了长足进步，无论在研究的数量还是质量上都有实质性进展，在刑事一体化理念的指引下，犯罪学理论逐步与规范刑法学、刑事诉讼法、刑事执行法等学科相融合，研究工具更加多样化，较复杂的实证分析工具已被较多学者掌握和使用，研究方向日益精细化、精致化、精确化，基础理论和应用理论并行发展，传统的犯罪问题和后现代犯罪现象都受到了关注和研究。但与此同时，不可否认的是，在整个刑事科学的大范围内，犯罪学学科没有得到应有的地位、受到应有的尊重、发挥应有的作用。这可能与如下因素有关：

其一，缺乏经典犯罪学理论的科学支撑。我国的犯罪学研究也很重视理论探索，不少论文都是从犯罪学理论出发进行假设，并通过实证方法加以验证的。然而，纵观整个犯罪学研究现状，更多的研究是"现状—问题—对策"式的较为粗浅的分析，犯罪学学界缺乏"主打"的犯罪学理论，学者们对此既无讨论的兴趣也无法达成广泛共识，也就难以为犯罪学的学科发展创造有影响力的学科命题和学科亮点。相比而言，如美国的生命历程理论、日常行为理论、不同交往理论、理性选择理论、社区集体效能理论，不仅在犯罪学学者内部达成广泛共识，促进了学术发展，而且也是犯罪学区别于其他学科的闪亮的"名片"。欧洲犯罪学理论借鉴了社会学经典理论，如布尔迪厄、涂尔干的犯罪学理论至今仍具备广泛和深远的影响。不可否认，美国和欧洲都经历了犯罪学、社会学的长期建设，学科发展历程扎实，学术基础深厚。作为后发的我国犯罪学，或许应当从学科经典理论的构建开始，致力于犯罪学理论的深耕细作和体系化、系统化，在此基础上促生类似刑法学界的"结果无价值""行为无价值"的学术之争，建立若干犯罪学学派，在一个具有共同学术话语的犯罪学圈子中，促进犯罪学的繁荣发展。

其二，缺少学科话语权。尽管近年来刊登在法学核心期刊上的犯罪学论文并不少见，各主要高校法学院中不断涌现出新的具备较强科研实力的犯罪学研究者，但相比于规范刑法学而言，犯罪学研究的地位仍很薄弱。学界认为犯罪学是刑法学的补充的观点也并不少见。从国外犯罪学研究情况来看，犯罪学并非天然是刑法学的附属学科，美国犯罪学之于刑事立法、刑事政策的制定和检验来说，其地位甚至高于其他刑事学科。这就说明一切问题的核心在于我国的犯罪学本身发展不足。改善这一现状不仅需要上文所说的犯罪学理论上的精耕细作，也需要各方面的通力合作。犯罪学的研究当中，数据是研究基础。一方面，从国家层面而言，有利于犯罪学研究的统一的数据库体系亟待建立。目前我国的犯罪学研究论文中所涉数据很多源自裁判文书网，但这一来源是远远不够的。国外长期在政府主导下开展国家、地区层面的各种犯罪问题、被害问题调查，政府单独或与基金会合作开发，或民营运作的犯罪相关的数据库的建立和完善，能够为犯罪学发展提供基本条件，这些经验做法值得我国借鉴和学习。另一方面，法学期刊也应加大对犯罪学优秀论文的刊登力度。如对某些重要的犯罪学问题开辟专题或专栏，目前这样的尝试多在地方一级的犯罪学学报中进行，尽管有一定的影响力，但这种影响力还远远不够。目前我国很多从事犯罪学研究的高校学者是学习刑法学出身，但刑法学与犯罪学论文载体的刊物等级差异较大，出于完成科研考核的压力，学者们更倾向于发表核心期刊，犯罪学刊物的等级限制直接制约了研究者的研究热情。

对于我国的犯罪学研究前景，我们应乐观坚定，努力前行。我国刑法学已经经历了从对苏俄刑法学的简单借鉴，到对德日刑法学的热烈讨论，再到本土性体系建构的深入思考。犯罪论体系的三阶层和四要件之争、结果无价值与行为无价值之争、风险社会和风险刑法、人工智能时代的犯罪等问题都促进了整个规范刑法学的发展。对此，犯罪学研究不妨向刑法学的发展历程取经，或许可以从对国外发达犯罪学理论的学习开始，努力构建自己的犯罪学体系，在一代代犯罪学学者的努力下，为我国犯罪学收获应有的荣誉。

后　记

　　本书的编著是一项集体工作，由天津社会科学院法学研究所（天津社会科学院犯罪学研究中心）"国际犯罪学前沿问题研究课题组"合作完成。一直以来，天津社会科学院法学研究所（天津社会科学院犯罪学研究中心）以犯罪实证调查为重点研究领域，取得了丰硕的成果，得到了学界的肯定和支持。目前，研究方向主要包括：犯罪人实证调查研究、中国犯罪学学说通史研究、国际犯罪学前沿问题研究（持续性研究）。本书即是国际犯罪学前沿研究的一项成果，主要针对全球犯罪学研究中主要国家和地区的研究成果进行考察与分析，同时也对我国当前犯罪学研究中的前沿问题进行了简要的概括，以期为学界同仁提供研究参考。

　　本卷国际犯罪学前沿问题综述的侧重点是突出研究主题，希望将国外犯罪学研究中的最新研究主题和成果展示给国内的犯罪学研究者。由于各种条件的限制，本书不可避免地存在若干局限。首先，鉴于外文资料的庞杂和搜索论文的难度，本综述只能关注有限代表性的犯罪学刊物，这种取舍会带来材料选取的偏差性，如亚洲犯罪学尤其是日本犯罪学也很发达，南美地区治理犯罪问题也有其独特经验，但本次综述并未收录相关论文；其次，鉴于国外犯罪学文献的篇幅很长，综述的阐释更侧重于相关文献的理论基础和研究结论，对于具体的研究方法和研究过程无法进行具体展开，只是在各部分的研究方法一节进行了相关补充；最后，鉴于我们学术水平、语言能力以及文献整理所需的专业技能均有限，对相关文献的编译可能存在误解和误读。上述问题既是缺陷也是遗憾，我们诚恳地希望学界同仁批评指正，我们会在下一次综述研究时努力弥补不足、进行完善。

　　在本书的编著过程中成立了编委会，成员包括：刘志松、王焱、段威、张智宇、赵希、龚红卫、魏慧静。全体编委分工合作，由刘志松、赵希、龚红卫负责全书的组织与主要编著工作，并负责全书的统稿与校订；赵希负责

第一章第一节至第四节、第六节，第二章至第四章的撰写工作；魏慧静负责第一章第五节的撰写工作；龚红卫负责第五章第一节和第四节的撰写工作；段威负责第五章第二节、第三节的撰写工作；王焱、张智宇负责相关文献的收集整理与本书部分内容的校订工作。

另外需要说明的是，本书被列入"天津社会科学院法学文库"系列，"天津社会科学院法学文库"系由天津社会科学院组织策划出版的法学学术成果丛书。

在本书的编著过程中，得到了诸多师长、同仁和朋友的指导、帮助和支持。特别感谢美国圣弗朗西斯大学张乐宁教授对本书提出的诸多宝贵意见，感谢北京师范大学刑事法律科学研究院吴宗宪教授提出的宝贵意见与建议，并慷慨赐序。天津社会科学院社会学研究所丛梅研究员对本书提出的宝贵意见，天津大学法学院于阳副教授对本书写作的支持和鼓励，北京大学法学院刑法学博士、美国宾夕法尼亚大学犯罪学哲学博士（Ph. D.）候选人吴雨豪以及西北政法大学刑事法学院赵姗姗博士对本书文献收集工作提供的无私帮助和建议，在此表示感谢。在本书出版过程中，中国政法大学出版社第四编辑室同仁付出了大量辛劳，深表谢意。对于为本书的撰写和出版提供过帮助的朋友，对于一直以来帮助、支持和鼓励我们的研究工作的朋友，一并表示感谢。

再次恳切希望学界同仁对我们的研究提出宝贵建议，我们会努力坚持把这项研究持续下去。

2020 年 10 月 23 日于天津社会科学院